匡时 新方法系列

因果推断实用计量方法

邱嘉平 著

A PRACTICAL GUIDE TO ECONOMETRIC METHODS
FOR CAUSAL INFERENCE

上海财经大学出版社

图书在版编目(CIP)数据

因果推断实用计量方法/(加)邱嘉平著. —上海：上海财经大学出版社，2020.7
(匡时·新方法系列)
ISBN 978-7-5642-3586-4/F·3586

Ⅰ.①因… Ⅱ.①邱… Ⅲ.①计量经济学—教材 Ⅳ.①F224.0

中国版本图书馆 CIP 数据核字(2020)第 112217 号

责任编辑　温　涌
封面设计　贺加贝

因果推断实用计量方法

著 作 者：邱嘉平　著
出版发行：上海财经大学出版社有限公司
地　　址：上海市中山北一路 369 号(邮编 200083)
网　　址：http://www.sufep.com
经　　销：全国新华书店
印刷装订：上海叶大印务发展有限公司
开　　本：787mm×1092mm　1/16
印　　张：21.25
字　　数：404 千字
版　　次：2020 年 7 月第 1 版
印　　次：2022 年 6 月第 6 次印刷
定　　价：86.00 元

序　言

不知不觉，从最初动笔到完成最后一稿已经过去了几个寒暑。我要感谢在本书写作过程中身边很多老师和学生的鼓励，他们让我坚信写作本书的意义，促使我在繁忙的科研和教学工作之余能够坚持写作，最终成稿。

写这本书的初衷源起于我对计量经济学教学和实证研究之间“距离”的一些体验：其一，在实证研究中，我们通常关注的是社会现象间的因果关系，但传统计量经济学教材并未以因果关系推断作为核心。其二，在学习计量经济学的过程中，无论是在本科阶段还是研究生阶段，学生把大多数时间和精力花在了给定假设条件下的数学证明，但对于假设条件与实证研究间的联系却不甚了解，而这些假设条件恰恰是实际研究中要面对的问题。以线性回归模型中干扰项条件均值为 0[$E(e \mid X)=0$] 的假设为例，学生通常直接使用它来证明回归系数的性质(例如无偏性)，但对于这个假设的含义以及这一假设与回归系数、因果推断三者间的关系并没有进行直观和深入的理解。其三，运用计量模型对现实问题进行实证研究时，由于数据结构、研究情境等的差异，常常会遇到各种需要研究者自主选择和判断的具体问题，这些问题在教科书里往往没有对应的答案。例如，使用面板模型得到的结果和横截面模型得到的结果差异可能很大，但如何解释这些差异并没有简单答案，它需要读者在理解这两种方法差异的基础上结合数据的特点进行解释。其四，网络上随手可得的实用计量方法介绍大多是碎片化的，缺乏系统性和深度。还有一些教材和课程着重介绍如何运用统计软件实现各种计量模型估计，这种“直奔运用式”的方法虽然能让读者很快地将计量模型运用到数据里，但并没有帮助读者真正了解所使用计量方法的本质，从而对实证结果的理解容易流于表面甚至出现偏差。

本书的目的是为本科生、研究生和从事社会科学实证研究的科研工作者提供一道缩短计量经济学理论学习与实证研究间距离的桥梁。为达到这个目的，本书的内容坚持三个特点：第一，逻辑性。以因果推断为核心，梳理各种方法的逻辑联系和优缺点。具体体现在，本书中尽量避免不必要的数学证明，使读者从繁复的公式中解脱出来，把关注重点放到使用各种计量方法进行因果推断的原理以及它们之间的联系和区别上。

第二，直观性。尽量用最少的数学公式，通过最直接的语言和例子来理解各种方法的本质。具体体现在每章都会通过图形和简单的具体数值例子来直观解释不同的计量方法。第三，实用性。本书涵盖了因果推断中最常用的方法，包括简单回归法、匹配方法、面板分析法、双重差分法、工具变量法、样本自选择模型和断点回归法，着重讲解不同计量方法在实际运用过程中将面对的各种细节问题。具体体现在讲解每个计量方法时，都会通过 Stata 程序命令来分析一个实证例子，并且会讨论实证中常见的问题。

作为一本与传统计量经济学教科书不尽相同的实用计量经济学教材，为了满足以上特点，本书使用较为通俗易懂的语言，并且简化和省略了一些数理证明方面的细节，因此错误和缺失在所难免。欢迎读者对本书不足之处提出改进意见和建议。祝阅读愉快！

邱嘉平

2020 年 6 月 1 日

目　录

第一章　因果推断常用计量方法图解与概览

事物之间的因果关系是我们经常要面对和思考的问题。例如，个人可能会想知道，结婚会让人更快乐吗？或者读博士能增加收入吗？如果可以的话，能增加多少？企业可能想知道，独立董事对提高企业业绩有帮助吗？或者股权对员工的激励作用有多显著？政府可能想知道，降低个人所得税对个人消费有多大影响？这些问题的核心在于因果关系：X 会影响 Y 吗？如果会的话，这种影响有多大？探究因果关系问题是许多社会科学研究的出发点。当然，社会现象纷繁复杂，即使某些因果关系问题看起来直截了当，要得到确切的答案也未必简单。但通过三四十年来实证研究方法的不断创新与发展，对于如何界定因果关系和估计因果关系的大小，我们已经有了较为清晰的分析框架和有效的方法。本章作为全书内容的概览，第一节通过讨论“辛普森悖论”来说明区分因果关系和相关关系的重要性；第二节引入分析因果关系的一种有效工具——变量关系路径图；第三节通过变量关系路径图，直观地介绍因果关系估计中会遇到的 3 类偏差——混淆偏差、过度控制偏差和内生选择偏差；第四节对解决这些偏差的各种常见因果关系估计方法提供一个概览。

第一节　辛普森悖论

在现实生活中，我们不时地观测到各种变量之间的相关性。某些相关关系较简单，比如身高和体重的相关性；也有较复杂的相关关系，比如班级人数和教学质量的相关性。但是，这些相关关系并不一定反映因果关系。尽管因果关系必然造成相关关系，但相关关系却未必就是因果关系。如果我们不注意对因果关系和相关关系进行区分，在个人生活、公司决策和政府政策制定中便容易做出错误的判断。我们下面用著名的“辛普森悖论”(Simpson’s Paradox)来探讨区分因果关系和相关关系的必要性。辛普森悖论现象通俗而言是指两个变量 X 和 Y 在每个分组中的关系是正(负)，但在总体(所有组加总)中关系会发生逆转变成负(正)。

一、一个简单的例子

假设我们要研究某种治疗药物的疗效。数据里有两组人：30 岁年龄组和 40 岁年龄组，每组都有服药和未服药的个体。观测到的数据如表 1.1 所示。

表 1.1　辛普森悖论例一数据

个体（*Id*）	年龄（*Age*）	服药与否（*Treat*）	身体健康指数（*Health*）
1	30	0	75
2	30	0	78
3	30	0	80
4	30	0	80
5	30	0	82
6	30	0	85
7	30	1	87
8	30	1	93
9	40	0	56
10	40	0	60
11	40	0	64
12	40	1	60
13	40	1	62
14	40	1	65
15	40	1	68
16	40	1	70

我们把表 1.1 数据总结到表 1.2 中。

表 1.2　辛普森悖论例一数据总结

		未服药	服药	健康状况差异
		（1）	（2）	（3）＝（2）－（1）
30 岁组	平均身体健康指数 （人数）	80 （6）	90 （2）	10
40 岁组	平均身体健康指数 （人数）	60 （3）	65 （5）	5
所有人	平均身体健康指数 （人数）	73.3 （9）	72.1 （7）	－1.2

我们看到在分组计算中，在 30 岁年龄组中，服药者的平均身体健康指数比未服药者的高 10。对于 40 岁年龄组，服药者的平均身体健康指数比未服药者的高 5。但如果不分组，所有服药者的平均身体健康指数比所有未服药者的低 1.2。换言之，在分组数据中，服药和健康指数正相关；而在总体数据中，服药和健康指数负相关。为什么总体的结果和分组的结果会不一样呢？哪一种相关性才能够反映服药对健康的因果效应？

我们可以通过图 1.1 来查找造成差异的原因。图中的"×"点是 30 岁个体的身体状况。图中 30 岁虚线连接了 30 岁未服药者的平均身体健康指数(80)和 30 岁服药者的平均身体健康指数(90)。该虚线的斜率为正，显示对于 30 岁组，服药者的平均健康状况较未服药者的更好。图中"·"点表示 40 岁个体的身体状况。40 岁虚线连接了 40 岁未服药者的平均身体健康指数(60)和 40 岁服药者的平均身体健康指数(65)。该虚线的斜率为正，显示对于 40 岁组，服药者的平均健康状况较未服药者的更好。如果不区别 30 岁和 40 岁，图中总体实线连接了所有未服药者的平均身体健康指数(73.3)和所有服药者的平均身体健康指数(72.1)。我们发现实线的斜率变负，显示对于所有人，服药者的平均健康状况较未服药者的更差。

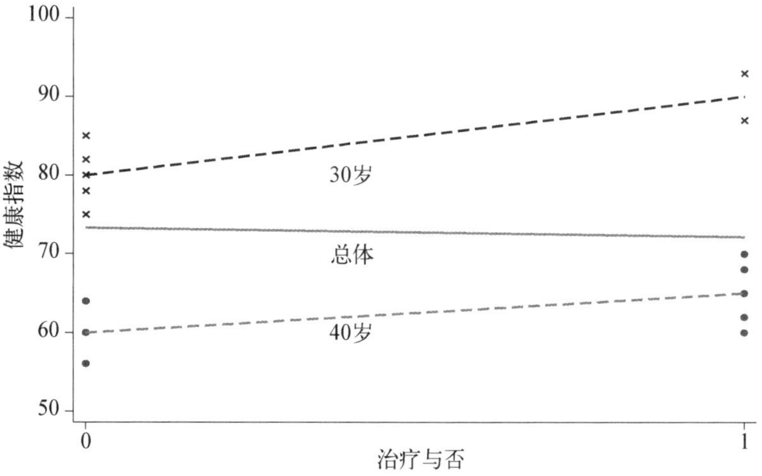

图 1.1　辛普森悖论例一图形分析

从图 1.1 我们可以清楚地看到造成实线和虚线斜率不同的原因：未服药者大部分是 30 岁且健康状况较佳的个体(左上角部分)，而服药者大部分是 40 岁且健康状况较差的个体(右下角部分)。因此，当我们用总体数据去比较服药者和未服药者的平均健康状况时，占大多数的 30 岁未服药者的健康状况决定了总体未服药者(包括 30 岁和 40 岁未服药者)的平均健康状况，占大多数的 40 岁服药者的健康状况决定了总体服药者(包括 30 岁和 40 岁服药者)的平均健康状况，因此造成总体实线的斜率逆转变负。

具体而言，30岁组里未服药者与服药者人数的比例是6:2。40岁组里未服药者与服药者人数的比例是3:5。显然40岁组的个体中服药者较多。换言之，服药与否和个体年龄呈正相关。同时40岁组的平均健康状况又较30岁组的更差，即健康状况与个体年龄呈负相关。由此可见，总体数据的比较结果并不完全是服药的因果效果，其中还包含由于年龄因素造成的健康状况差异。总体数据的比较结果并未对个体年龄的因素进行“控制”，因而造成服药效果中混入了个体年龄的影响。

如果使用表1.1的数据，我们用健康指数（$Health$）对服药与否（如果服药，$Treat=1$；如果未服药，$Treat=0$）做线性回归，结果为：

$$Health = 73.3 - 1.2 \times Treat$$

其中，$Treat$ 的系数为负，显示服药与否和健康状况负相关。由于服药个体中大多年龄较大，如果没有控制年龄因素，服药与否与健康状况的相关性就包含了个体年龄对健康状况的负作用，因此得到负的治疗效果。

如果我们控制年龄因素，用健康指数对服药与否和年龄做回归，结果为：

$$Health = 146.9 + 7.2 \times Treat - 2.2 \times Age$$

其中，服药与否（$Treat$）的系数为正，显示在控制了年龄因素后，服药与否和健康指数有正相关关系。由于剔除了年龄的影响，假设不存在其他混淆因素的话，我们就可以将服药与否同健康指数的正相关关系归结于服药对健康有正向的因果效应。

二、一个实证研究的例子

在实证研究中，辛普森悖论其实时常出现。我们用一个研究公司治理的例子来说明。假设我们现在研究的问题是所有权集中度对公司业绩的影响。我们首先对样本公司进行初步的分组，统计结果如表1.3所示。

表1.3 辛普森悖论例二数据总结

		企业业绩		
		分散所有权	集中所有权	业绩差异
		(1)	(2)	(3)=(2)−(1)
小企业	平均利润率 (企业数)	8.5% (238)	9% (81)	0.5%
大企业	平均利润率 (企业数)	7.1% (50)	7.5% (240)	0.4%
所有企业	平均利润率 (企业数)	8.26% (288)	7.88% (321)	−0.38%

从表 1.3 的数据我们可以看到，集中所有权对不同大小企业的平均利润率都有提升。但如果将所有企业一起考虑，集中所有权却对企业业绩形成负面影响。这种看似自相矛盾的现象是由以下两方面原因造成的：

1. 采取分散所有权的企业大部分是小企业，采取集中所有权的企业大部分是大企业（集中所有权和企业规模正相关）；

2. 小企业的业绩较好（业绩和企业规模负相关）。

由此可见，由于企业规模同时会影响所有权和业绩，如果不考虑企业规模的影响，而只是比较集中所有权和分散所有权企业的业绩，并不能正确反映所有权与企业业绩的因果关系。

如图 1.2(a)所示，如果将企业规模分组，企业业绩和所有权集中度有正向关系；而图 1.2(b)显示，如果只看总体而不剔除企业规模的影响，企业业绩和所有权集中度的关系为负。

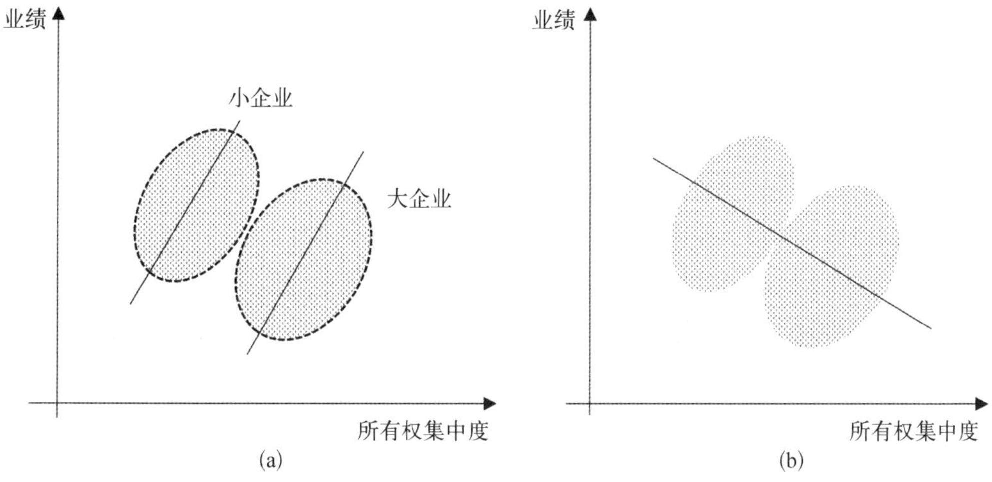

图 1.2　辛普森悖论例二图形分析

这两个例子告诉我们，相关关系并不一定反映因果关系。某些情况下，通过相关关系去推断因果关系还会自相矛盾。如果我们要从相关关系中识别出因果关系，就需要对相关关系产生的原因进行分析。例如，在例一中，医学知识告诉我们，服药与否和个体年龄都可能导致健康变化；而例二中，经济学理论告诉我们，所有权集中度和企业规模都可能影响企业业绩。在理论分析的前提下，还需要应用适当的实证模型从相关关系中识别出因果关系。下面我们通过变量关系路径图来进一步说明形成变量相关关系的各种原因，以及如何识别出因果关系。

第二节 变量关系路径图

我们要介绍的变量关系路径图，也称为有向无环图(Directed Acyclic Graph)，为方便讨论，我们简称其为路径图。路径图是因果关系实证研究中一个有效的辅助工具，它可以帮助我们分析因果关系，将复杂问题图形化，避免烦琐的公式。本节的描述以 Pearl(1995，2009，2010)以及 Elwert and Winship(2014)为基础，由于我们主要的目的是用路径图来理解本书的实证方法，因此本书只是侧重于从实用的角度介绍路径图以及与本书实证方法相关的概念。

一、基本要素

路径图是由节点和单向箭头组成。图中的每个节点表示一个变量。我们用实心圆点表示观测得到的变量，空心圆点表示观测不到的变量。路径图是一个有向无环图："有向"是指以单向箭头表示变量之间的因果关系；"无环"是指无法从某一个节点出发经过若干条路径回到原节点。

图 1.3(a)是正确的有向无环图；图 1.3(b)中有双向箭头，因此是错误的；图 1.3(c)也是错误的，因为包含一个有环路径 $X \rightarrow A \rightarrow Y \rightarrow X$。本书只考虑"无环"的有向路径图，这就意味着我们不能用无环有向图去描述互为因果(simultaneous causation)和反馈循环(feedback loops)。虽然通过较复杂的无环有向图也可能描述以上情形(White and Chalak，2009)，但在实际实证研究中，大多数问题可以通过无环有向图来描述。

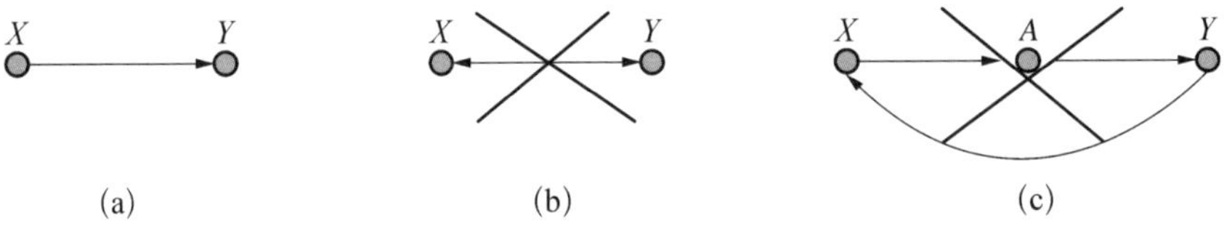

图 1.3 路径图基本要素

二、路径种类

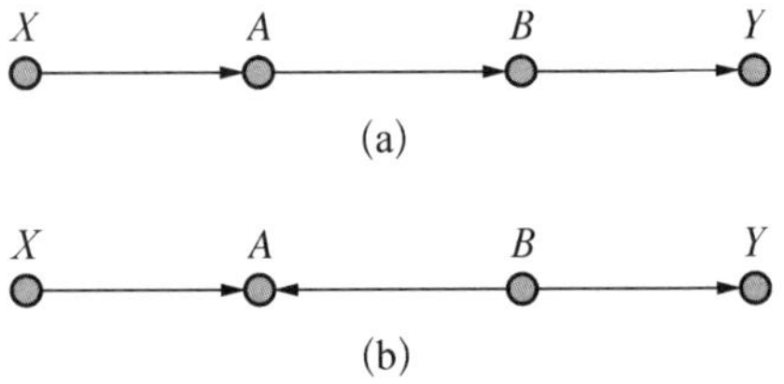

图 1.4 路径

路径是指连接两个变量的一系列箭头线，这些箭头线并不一定要同方向，但只能通过一个变量一次。例如图 1.4(a)中，X 到 Y 的路径 $X \rightarrow A \rightarrow B \rightarrow Y$ 中的箭头方向都是同方向的；而在图 1.4(b)中，X 到 Y 的路径 $X \rightarrow A \leftarrow B \rightarrow Y$ 中的箭头方向并不完全是同一方向的。

路径可分为三类：因果路径（也称为链状路径 $A \to B \to C$）、混淆路径（也称为叉状路径 $A \leftarrow B \to C$），以及对撞路径（也称为反叉状路径 $A \to B \leftarrow C$）。我们把会造成变量相关的路径定义为开放路径，不会造成变量相关的路径定义为死路径。下面我们具体介绍各种路径。

（一）因果路径

因果路径是从解释变量指向被解释变量的单向路径，其特点是所有箭头指向同一方向。图 1.5(a)中，X 到 Y 之间是没有中介变量的直接因果关系路径 $X \to Y$，二者之间只存在一个箭头。图 1.5(b)中，X 到 Y 之间是有中介变量的间接因果关系路径 $X \to A \to B \to Y$。图 1.5(c)中，X 到 Y 之间既包含了有中介变量的间接因果关系路径 $X \to A \to Y$，也包含了没有中介变量的直接因果关系路径 $X \to Y$。

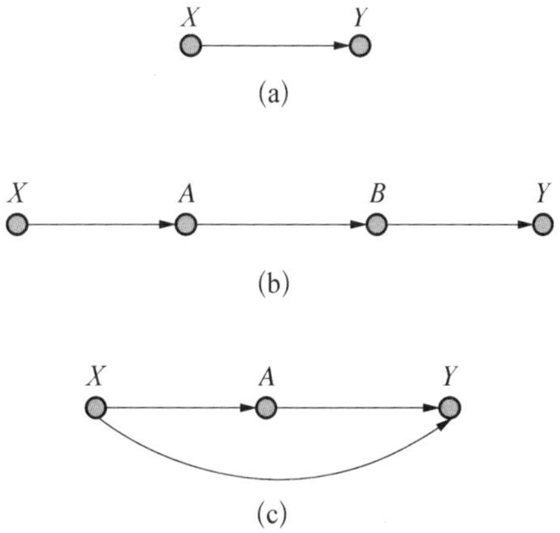

图 1.5　因果路径

两个变量之间如果存在因果关系路径，它们就存在相关性，所以因果路径为开放路径。图 1.6是个因果路径的具体例子。锻炼与否和健康的相关性是通过两条因果路径：第一条因果路径是，锻炼与否直接影响健康，即锻炼与否→健康；第二条因果路径是，锻炼与否首先影响生活规律，进而影响健康，即锻炼与否→生活规律→健康。如果要研究锻炼和健康的因果关系，我们需要把这两条路径都考虑进去。

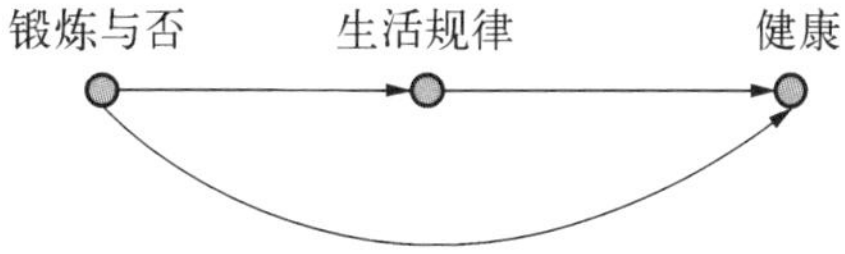

图 1.6　因果路径例子

（二）混淆路径

混淆路径是指在解释变量 X 与被解释变量 Y 之间存在混淆变量的路径。混淆变量是同时影响 X 和 Y 的变量。图 1.7(a)中，变量 C 是 X 和 Y 共同的解释变量，C 称

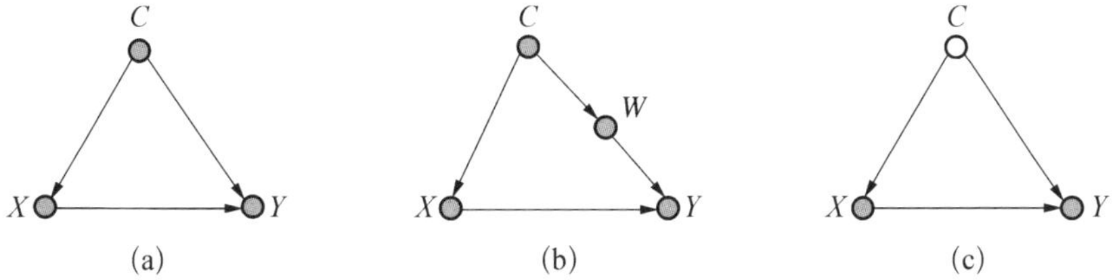

图 1.7　混淆路径

为混淆变量。X 到 Y 的路径包含了因果路径 $X \to Y$ 和混淆路径 $X \leftarrow C \to Y$。图 1.7(b)中，X 到 Y 的混淆路径为 $X \leftarrow C \to W \to Y$，混淆变量 C 通过 W 间接影响 Y。图 1.7(c)中的混淆变量 C 是观测不到的(以空心圆点表示)。

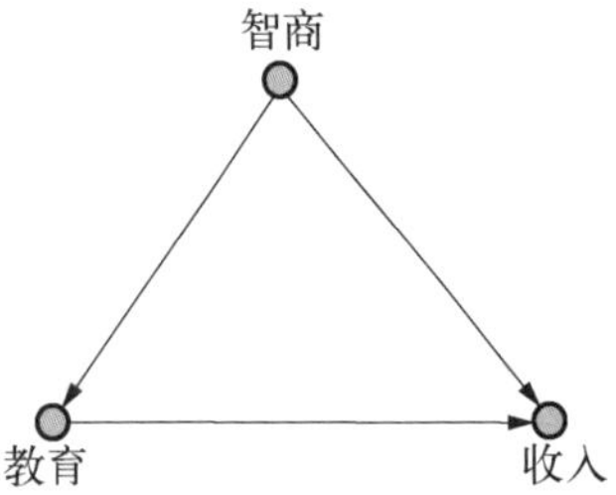

图 1.8 混淆路径例子

混淆路径的存在也会造成两个变量的相关性，因此混淆路径也是开放路径。图 1.8 是关于混淆变量的具体例子。智商会同时影响教育和收入，因此智商是一个混淆变量。教育和收入之间有两条路径：因果路径，教育→收入；混淆路径，教育←智商→收入。教育和收入的相关性可能是由于教育对收入的因果影响造成的，也可能是由于教育和收入同时受到智商影响造成的。

(三) 对撞路径

对撞路径是包含对撞变量的路径。对撞变量是被两个变量共同影响的变量。图 1.9 中，变量 C 由变量 A 和变量 B 共同决定，为对撞变量。路径 $A \to C \leftarrow B$ 为对撞路径。

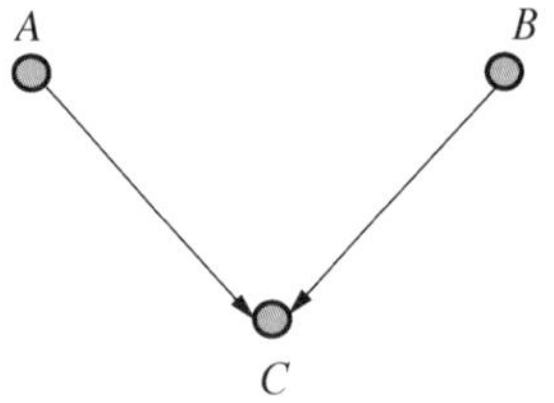

图 1.9 对撞路径

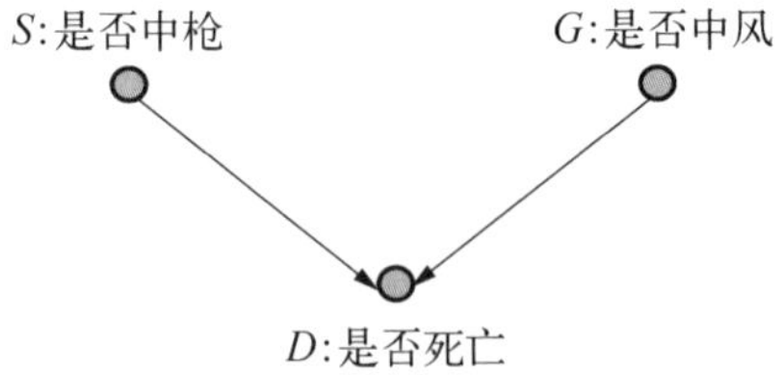

图 1.10 对撞路径例子

对撞路径并不会造成两个变量的相关性，因此对撞路径是死路径。图 1.10 是对撞路径的一个例子，变量 S 代表是否中枪，变量 G 代表是否中风，变量 D 代表是否死亡。是否中枪和是否中风都会决定是否死亡，因此 D 是对撞变量。但是否中枪和是否中风之间并没有相关性，因此 $S \to D \leftarrow G$ 是一条死路径。

第三节 因果关系估计偏差来源

从前面介绍的路径种类我们可以看到，估计变量之间因果关系的本质是找到二者间所有的因果路径，同时去除二者间的非因果关系路径。原理虽然很简单，但在实际研究中如果没能正确处理变量间的路径关系，就会造成各种偏差。这些偏差可以归纳为以下 3 类。

一、混淆偏差

上节介绍的混淆路径会造成两个变量的相关性，但这个相关性并非因果关系。因果关系分析中处理混淆路径的方法是截断混淆路径。所谓截断混淆路径，是通过给定混淆变量(conditional on confounding variable)，从而排除混淆因素的干扰。给定混淆变量可以简单地理解为固定混淆变量的值。在关系图里，我们给变量加个方框表示这个变量是给定的。

我们来看一个例子，假设我们要研究教育对收入的影响，我们知道智商会同时影响教育和收入，智商是一个混淆变量。图 1.11 显示教育→收入是一个因果路径，教育←智商→收入是一个混淆路径。如果智商是可以观测到的，要截断混淆路径，我们可以通过给定智商来截断混淆路径。截断后的混淆路径教育←[智商]→收入为死路径。

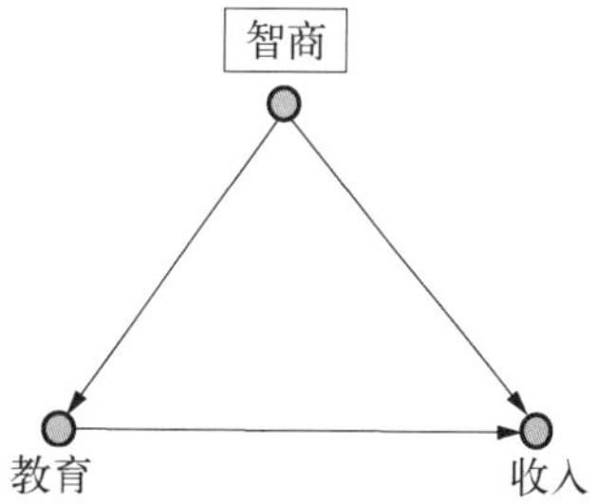

图 1.11　截断混淆路径

给定智商为何能达到截断混淆路径的目的？图 1.12 提供了两个给定智商的路径图：图 1.12(a)中给定智商＝100，由于智商固定了，收入变化和教育变化的相关性就与智商无关。图 1.12(b)中给定智商＝150，收入变化和教育变化的相关性也与智商无关。因此，当给定混淆变量后，解释变量和被解释变量的相关性就与混淆变量无关，二者的相关性就反映了因果关系。在回归分析里，给定某个变量也称为控制某个变量。

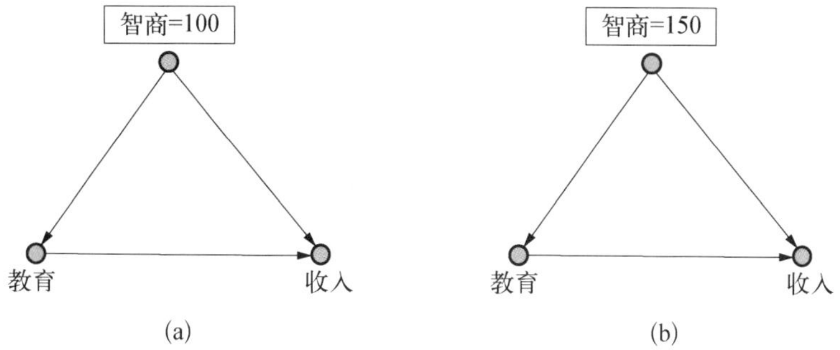

图 1.12　截断混淆路径例子

但问题是，如果混淆变量是观测不到的，无法对其“给定”，我们就没法截断混淆路径。例如在上例中，如果还有另一个变量“竞争意识”会同时影响教育和收入，并且个体的竞争意识是无法观测到的，此时，控制了智商后，仍然存在一条混淆路径：教育←竞争意识→收入，如图 1.13 所示。如果竞争意识强的人通常会有较高的学历和收入，教育和收入的正相关性可能一部分是由竞争意识造成的。如果没有截断

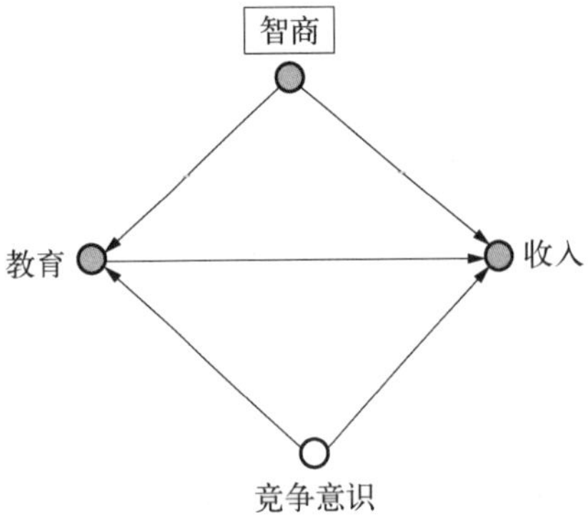

图 1.13　存在未截断的混淆路径

这条混淆路径，教育和收入的相关性就会包括因果路径（教育→收入）以及混淆路径（教育←竞争意识→收入）造成的相关性，并不能反映教育和收入之间的因果关系，即存在混淆偏差。

简言之，混淆偏差是指在解释变量和被解释变量之间存在未截断的混淆路径，造成解释变量和被解释变量的相关性不仅包含因果关系，还包含非因果关系。

二、过度控制偏差

过度控制偏差是指控制了因果路径上的变量造成的偏差。例如，我们要研究锻炼与否对健康的因果影响。图 1.14 显示了锻炼与否到健康有两条因果路径：锻炼与否会直接影响健康，锻炼与否→健康；锻炼会通过改善生活规律来影响健康，锻炼与否→生活规律→健康。

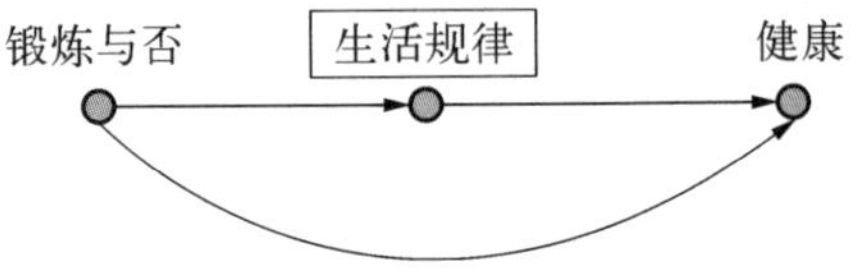

图 1.14　过度控制偏差例子

如果控制了生活规律，就截断了其中的一条因果路径。这种情况下，我们只估计了锻炼对健康的直接因果关系，从而低估了锻炼对健康的影响。因此研究中，我们要避免控制受解释变量影响并会影响被解释变量的中介变量，否则会造成过度控制偏差。

三、内生选择偏差

内生选择偏差也称为对撞偏差。前面我们提到对撞路径是死路径，它不会造成两个变量相关。但如果给定了两个变量的对撞变量，会造成两个本不相关的变量之间产生相关关系，这个错误的相关性称为对撞偏差。内生选择偏差是一个比较不好理解的概念，我们通过下面的例子讲解。

图 1.15 中，是否中枪和是否中风是没有关系的，但它们都会决定是否死亡。如果我们给定对撞变量 D 是否死亡，就会发现是否中枪与是否中风是相关的。

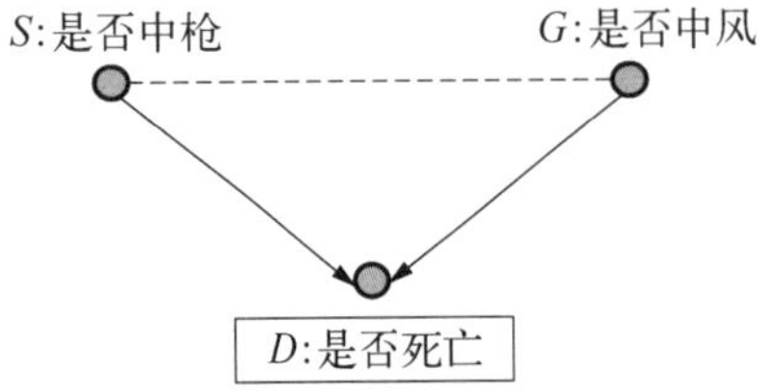

图 1.15　内生选择偏差（对撞偏差）例子

表 1.4 说明了为何会出现这种情况。表 1.4(a) 显示了当给定对撞变量 D（是否死亡）的值为“否”（即样本为活人），如果一个人的中风状态为“否”，那么他的中枪状态应该也是“否”。可

见当给定对撞变量 D(是否死亡)的值为“否”时,中风状态和中枪状态为正相关。这意味着在活人的样本中,中风状态和中枪状态呈正相关。表 1.4(b)显示了当给定对撞变量 D(是否死亡)的值为“是”(即样本为死人)时,如果一个人中风状态为“否”,那么他的中枪状态应该为“是”。可见当给定对撞变量 D(是否死亡)为“是”时,中风状态和中枪状态为负相关。这意味着在死人的样本中,中风状态和中枪状态是负相关的。因此当给定对撞变量,两个没关系的变量之间会产生相关性。

表 1.4　内生选择偏差例子

(a)

是否死亡	是否中风	是否中枪
否	否	否

(b)

是否死亡	是否中风	是否中枪
是	否	是

内生选择偏差可以理解为,当给定两个变量共同的被解释变量(对撞变量)时,两个变量之间会产生一个衍生路径。衍生路径会造成两个原本不相关的变量变为相关,或造成两个原本相关变量的相关性发生改变。

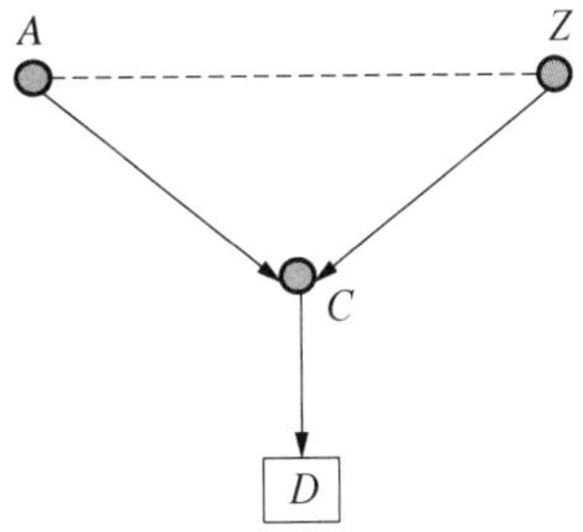

图 1.16　衍生路径

给定对撞变量的被解释变量也会造成衍生路径和内生选择偏差。图 1.16 中,D 是对撞变量 C 的被解释变量。如果给定 D,也会产生 A 和 Z 之间的衍生路径。这是因为,D 包含了 C 的信息,给定 D 相当于在一定程度上给定了 C。

小结

图 1.17 总结了前面讨论的各种路径和可能造成的偏差。由于因果关系通常无法被直接观测到,我们只能通过变量间的相关性去推测因果关系,因此从路径的角度讲,因果关系分析的本质就是发现因果路径,截断混淆路径,避免对撞路径产生的衍生路径。

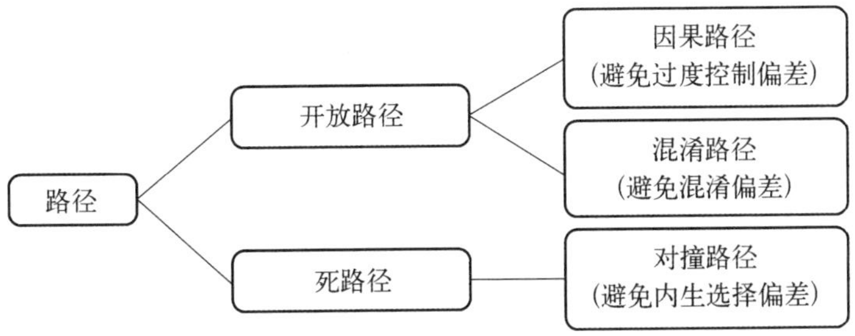

图 1.17　路径和偏差种类总结

第四节 常用因果关系估计方法概览

因果关系可以直观地定义为解释变量 X 的变化(因)导致被解释变量 Y 的变化(果),也可以通过潜在结果模型定义为处置效应(第五章)。在理想状态中,如果我们关注的某个解释变量(例如服药与否)是通过随机分配(random assignment)给不同个体的,我们可以认为这个解释变量就与任何其他可能的混淆变量都不相关。在这种情况下,解释变量与被解释变量之间就不会存在混淆路径,二者的相关性能够直接反映因果关系。因此,通过"控制实验"达到随机分配效果是估计变量间因果关系最为理想的方法。但由于控制实验的方法对于社会科学研究而言可能存在伦理问题,并且实际操作成本和难度较高,因此通过控制实验的方法来研究因果关系较为少见。但在一些特殊情况下,即使没有控制实验,数据也达到了随机分配的效果。例如,假设大学高考分数线是 60 分。得分刚好高于 60 分(上了大学)和刚好低于 60 分(没上大学)具有局部随机性,通过比较高考得分在 60 分左右上大学和没上大学个体的收入差异,就能够估计大学教育对这部分人收入的因果影响。断点回归方法(第十二章)就是使用这种具有局部随机分配特点的数据达到估计因果关系的方法。

另一类通过外生事件来估计因果关系的方法通常称为"准实验法"。所谓外生事件,简单而言是指这些事件发生与否并不是个体自己所能选择的。例如,一个省的税法改革并非企业能够自主选择的,因此我们可以通过不同省的税法改革来研究税收与企业业绩之间的因果关系。准实验和随机控制实验的不同之处在于,准实验的干预行为不是随机分配的。例如,不同省的税法改革并不是随机分配的,在这种情况下,进行税法改革的省(及其省内企业)与没有税改的省(及其省内企业)具有不同的特性。由于准实验法获取的数据和控制实验获取的随机分配数据不完全相似,因此通过准实验法估计因果关系对数据有一定的要求,并且需要使用相应的估计方法。双重差分法(第九章)是一种用来估计"准实验"事件造成因果影响的常见方法。

在实际研究中,我们通常面对的是观测数据,这类数据的特点是,数据产生不具备随机安排并且是个体自行选择产生的。例如,我们观测到的服药和身体健康的数据包含了个人根据自身情况选择服药与否的因素。因此,要从观测数据中的相关性反推出因果关系比较困难。为了方便理解常见的几种观测数据的因果关系估计方法,我们可以用一个简单的例子来说明。假设我们要研究受教育程度(EDU)对收入(INC)的因果影响。但同时性别($GENDER$)、年龄(AGE)和其他不可观测因素(e)对收入都有因果影响。通常的回归方程表示如下：

$$INC_{it}=\alpha+\underbrace{\beta_1 EDU_{it}+\beta_2 AGE_{it}}_{\substack{\text{可观测的}\\\text{随时间变化的}\\\text{变量}}}+\underbrace{\beta_3 GENDER_i}_{\substack{\text{可观测的}\\\text{不随时间变化的}\\\text{变量}}}+\underbrace{e_{it}}_{\substack{\text{不可观测的}\\\text{变量}}} \tag{1.1}$$

其中，i 代表个体，t 代表时间。EDU_{it}（受教育程度）是我们关注的解释变量，INC_{it}（收入）是被解释变量。AGE_{it}（年龄）和 $GENDER_i$（性别）是混淆变量。EDU_{it}、AGE_{it} 和 $GENDER_i$ 都是可观测到的变量。EDU_{it} 和 AGE_{it} 是可观测的随时间变化的变量（observable time-variant variable）。$GENDER_i$（性别）为可观测变量，其值不随时间推移发生变化，这类变量为可观测的不随时间变化的变量（observable time-invariant variable）。干扰项 e_{it} 代表了不可观测变量（例如个性）。

如果 e_{it} 不是混淆变量，图 1.18(a)显示了通过控制（给定）可观测变量，回归方程(1.1)可以达到切断混淆路径的目的（为简化图形，我们把混淆变量 AGE_{it} 和 $GENDER_i$ 放在同一个框中）。简单回归方法（第二、三、四章）和匹配方法（第六、七章）都能够通过控制可观测变量来达到截断混淆路径的目的，从而避免了由可观测变量造成的混淆偏差。在具体如何控制可观测变量的方法上，两种方法有所区别，但整体思路是一致的。

但如果 e_{it} 是混淆变量（例如包含了既与教育相关又与收入相关的“竞争意识”），那么模型(1.1)就没有完全控制所有的混淆变量，还存在如图 1.18(b)中的混淆路径 $EDU\leftarrow e\rightarrow INC$，因此简单回归方法和匹配方法可能存在由不可观测变量造成的混淆偏差。

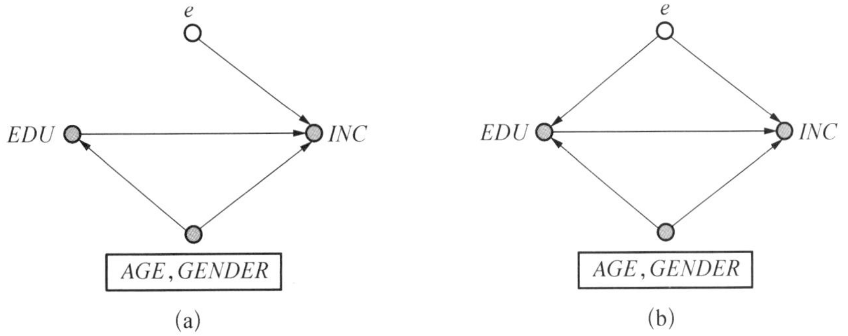

图 1.18　简单回归路径图

为进一步截断不可观测变量造成的混淆变量，我们可以将不可观测变量分解为：不可观测的不随时间变化的变量 α_i（unobservable time-invariant variable）和不可观测的随时间变化的变量 u_{it}（unobservable time-variant variable）。即 $e_{it}=\alpha_i+u_{it}$。例如，α_i 是一个人的竞争意识。因此公式(1.1)可以进一步细化为：

$$INC_{it}=\alpha+\underbrace{\beta_1 EDU_{it}+\beta_2 AGE_{it}}_{\substack{\text{可观测的}\\\text{随时间变化的}\\\text{变量}}}+\underbrace{\beta_3 GENDER_i}_{\substack{\text{可观测的}\\\text{不随时间变化的}\\\text{变量}}}+\underbrace{\alpha_i}_{\substack{\text{不可观测的}\\\text{不随时间变化的}\\\text{变量}}}+\underbrace{u_{it}}_{\substack{\text{不可观测的}\\\text{随时间变化的}\\\text{变量}}} \tag{1.2}$$

如果混淆路径 $EDU\leftarrow e\rightarrow INC$ 是由于 α_i 造成的，我们希望通过分解并控制 α_i，达到截断混淆路径的目的，如图 1.19(a)所示。由于面板数据包含了同一个个体在不同时间的信息，我们可以通过使用面板数据的固定效应模型(第八章)达到控制不可观测的不随时间变化的变量 α_i 的目的。

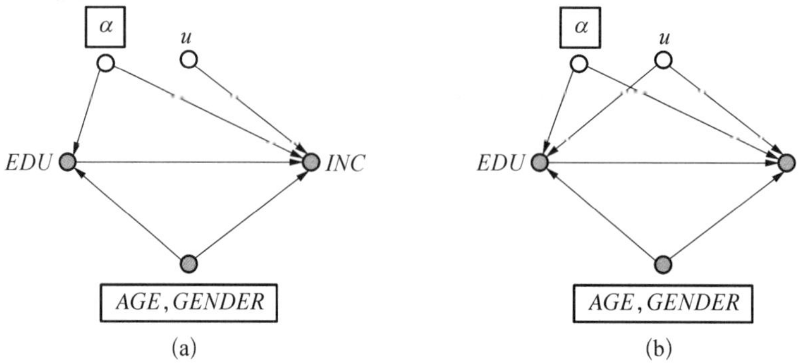

图 1.19　面板数据的固定效应模型路径图

但如果在控制了不可观测的不随时间变化的变量 α_i 后，不可观测的随时间变化的变量 u_{it} 仍然是一个混淆变量，即存在如图 1.19(b)所示的混淆路径 $EDU\leftarrow u\rightarrow INC$，那么我们只能借助一个与 EDU_{it} 相关，但与不可观测变量 e_{it} 无关的工具变量 Z_i，分解出 EDU_{it} 变化中与不可观测变量 e_{it} 无关的部分，即 $EDU_{it}=\widehat{EDU}_{it}+v_{it}$，其中，$\widehat{EDU}_{it}$ 是 EDU_{it} 变量中与 e_{it} 变化无关的部分。例如，Z_i 可以是学校与家的距离，距离太远可能会导致辍学，因此 Z_i 与受教育程度 EDU_{it} 之间存在因果关系；但学校与家之间的距离无法通过其他路径影响收入，因此 Z_i 与不可观测因素 e_{it} 无关。分解后我们希望获得的路径如图 1.20 所示。通过工具变量分解得到的变量 $\widehat{EDU}_{it}$ 和 INC_{it} 不再存在混淆路径，因此工具变量的方法(第十章)让我们能够通过工具变量分解出 EDU_{it} 中不被 e_{it} 混淆的信息来估计 EDU_{it} 与 INC_{it} 的因果关系。

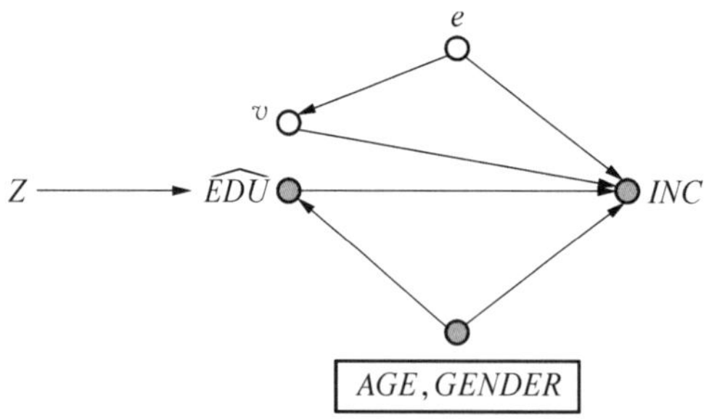

图 1.20　工具变量路径图

在实证中，一个经常遇到的偏差是内生选择偏差(对撞偏差)。内生选择偏差不是由于解释变量和不可观测因素 e 本身在总体里存在相关性造成的，而是由于用来估计的样本不是从总体里随机抽取，导致样本里解释变量和不可观测因素 e 存在相关性，因此样本估计的结果不反映因果关系。在实证中的一个著名的内生选择偏差是研究受教育程度对收入的影响。我们希望知道所有人的受教育程度和收入之间的因果关系，但研究的样本中只包含参加工作的个体(因为这些人有收入信息)，我们观测不到那些不参加工作的人，如果他们参加工作，受教育程度提高对他们收入的影响。由于是否参加工作是个人选择，因此参加工作的人和不参加工作的人很可能具有不同的特性，如果我们的样本中只包括参加工作的人，就会造成内生选择偏差。

图 1.21 给出了参加工作与否受个人选择影响下的因果路径图。如果参加工作的效用是由可观测特征(如受教育程度 EDU)和不可观测特征(如个人情商 e)决定的，个人受教育程度 EDU 和情商 e 在总体上并不存在关系。但参加工作的效用变量 $Utility_{it}$ 是变量 EDU_{it} 和 e_{it} 的共同被解释变量，是一个对撞变量。对个人而言，只有参加工作的效用达到一定值(假设 $Utility_{it}>0$)，才会选择参加工作。可以想象，选择参加工作的人，如果受教育程度较低，他必然需要较高的情商，才能使得参加工作的效用大于0。因此在参加工作的人里，EDU_{it} 和 e_{it} 存在负相关关系。通过前面关于对撞变量的讨论，我们知道，给定对撞变量 $Utility_{it}$ 的值(>0)，会导致 EDU_{it} 和 e_{it} 之间直接产生一条衍生路径，因此在样本里，EDU_{it} 和 INC_{it} 之间不仅存在因果路径 $EDU\rightarrow INC$，还存在衍生路径 $EDU\cdots e\rightarrow INC$。这意味着在参加工作个体的样本里，$EDU_{it}$ 和 e_{it} 存在相关性，e 成为混淆变量。Heckman 样本自选择模型(第十一章)是用来处理这类与不可观测变量有关的样本自选择产生的估计偏差。

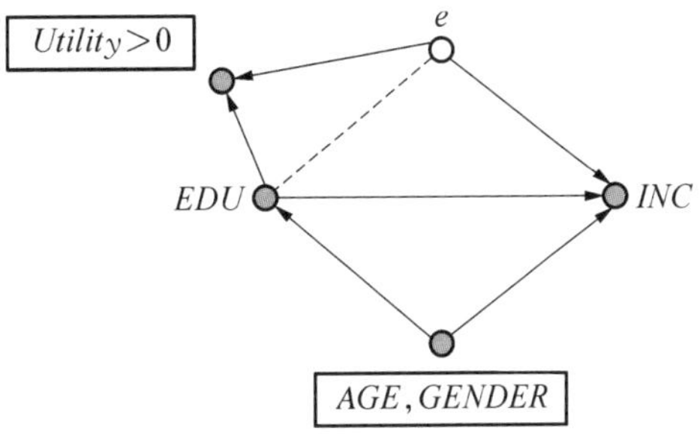

图 1.21　样本自选择模型路径图

表 1.5 总结了针对各类因果关系估计偏差的各种处理方法。

表 1.5　常见实证方法解决的估计偏差

方　　法	解决的因果关系估计中的偏差
简单回归法、匹配法	可观测因素造成的混淆偏差
面板数据分析法	可观测因素＋不随时间变化的不可观测因素造成的混淆偏差
工具变量法、双重差分法、断点回归法	可观测因素＋不可观测因素造成的混淆偏差
样本自选择模型	包含不可观测因素造成的内生选择偏差

本章对以后章节中将要详细介绍的方法提供了一个简要的概述。在后面各章里，我们会从直观理解、具体模型、实际运用和常见问题这 4 个主要方面对各种方法进行详细讲解。

第二章　线性回归——理解篇

“回归”(regression)或“回归分析”(regression analysis)是一种寻找被解释变量和解释变量之间函数关系的数学方法。线性回归模型包含两个基本要素：一个是被解释变量、解释变量和干扰项之间的线性函数关系；另一个是干扰项和解释变量之间的相关性。求解线性回归模型系数，最常用的方法是最小二乘法(Ordinary Least Square, OLS)。有时候我们简单说“将 Y 对 X 回归”，它通常的意思是指，用最小二乘法找到线性回归模型里被解释变量 Y 和解释变量 X 之间线性关系函数的系数。回归分析作为一种数学计算方法，求得的回归函数并不必然反映变量之间的因果关系。本章的目的是理解线性回归分析和因果推断之间的关系。第一节讲解如果要得到解释变量和被解释变量之间存在因果关系的结论，线性回归模型需要满足的条件；第二节介绍求解线性回归函数系数的最小二乘法；第三节运用图形直观地说明最小二乘法是如何使用变量间的相关性信息来估计解释变量对被解释变量的因果影响；第四节介绍多元线性回归分解法，掌握多元线性回归分解法，有助于我们进一步理解多元线性回归中估计每个解释变量系数的信息来源；第五节讨论回归中的“内生性”问题及其对因果关系估计的影响。

第一节　线性回归模型、条件期望函数与因果推断

一、被解释变量、解释变量与干扰项

我们用一个简化的例子来讲解线性回归模型和因果推断之间的关系。假设我们要研究的问题是受教育程度 (EDU) 对收入 (INC) 的因果影响，其中 EDU 和 INC 均为可观测到的变量。我们希望估计 EDU 对 INC 的因果影响程度，EDU 也称为处置变量。智商 (IQ) 是另外一个可观测变量。智商对收入也有影响；同时，智商越高，受教育程度也越高，二者之间存在正相关关系。由于 EDU 和 IQ 都会影响收入 INC，它们也同时为被解释变量 INC 的解释变量。要单独估计 EDU 对 INC 的因果影响，我们必须控制住 IQ 对 INC 的影响，因此 IQ 也称为控制变量。我们把其他无法观测

但会实际影响收入的变量称为干扰项 e。我们把以上变量之间的因果关系用线性方程描述为：

$$INC = \alpha + \beta_1 EDU + \beta_2 IQ + e \tag{2.1}$$

我们希望能够识别出变量 EDU 对 INC 的因果影响系数 β_1。由于干扰项是无法观测的，因此即使观测到了变量 INC、EDU 和 IQ 的变化关系（即三者之间的相关关系），我们并不能确定 EDU 对 INC 的影响有多大（即系数 β_1），因为它们之间变化的相关性可能是由于干扰项 e 造成的。例如，如果干扰项中包含了个人的人格特性，人格特性中，较勤勉尽责的人受教育程度较高，并且较勤勉尽责的人收入也较高。因此，变量 EDU 和 INC 的正相关性可能是由于人格特性造成的，而并非由于二者之间存在实际的因果关系造成。

图 2.1(a)显示了模型(2.1)中变量的路径。如果干扰项 e 包含某个混淆变量，该混淆变量又同时与 EDU 和 INC 相关，那么即使控制了 IQ（截断了混淆路径 $EDU \leftarrow IQ \rightarrow INC$），$EDU$ 到 INC 仍然有两条路径：一条是因果路径 $EDU \rightarrow INC$；另一条是混淆路径 $EDU \leftarrow e \rightarrow INC$。这种情况下，我们无法分辨出 EDU 对 INC 的因果影响程度；也就是说，无法识别系数 β_1。

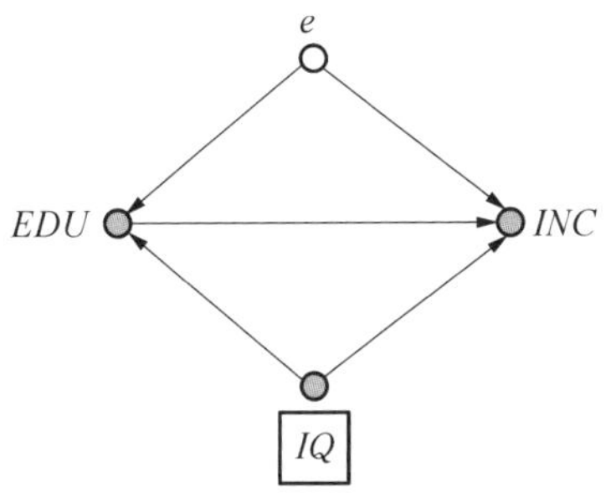

(a) 干扰项与解释变量相关

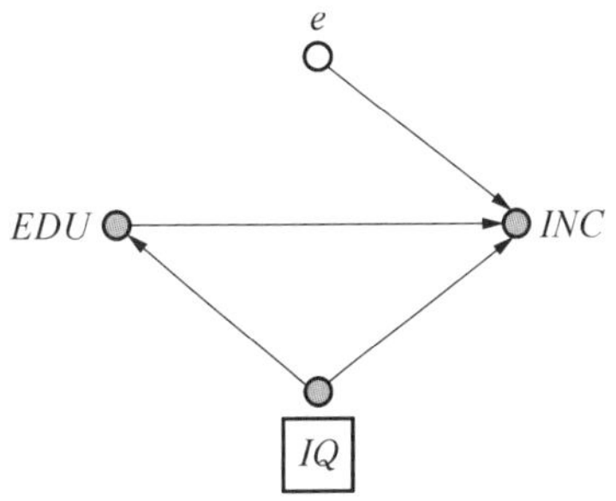

(b) 干扰项与解释变量不相关

图 2.1　变量路径图

如果我们需要辨识 EDU 对 INC 的因果影响程度，那么在控制了 IQ 之后，干扰项 e 和 EDU 就不应该存在混淆路径。如图 2.1(b)所示，在控制了 IQ 后，EDU 到 INC 只有一条因果路径，即 $EDU \rightarrow INC$。此时，我们就可以通过 EDU 和 INC 的相关性来确认二者的因果关系，即给定 IQ 的值，并且 EDU 的变化与 e 无关，那么 EDU 和 INC 的相关性就反映了二者的因果关系，从而可以识别出系数 β_1。

二、因果关系条件期望函数

要达到图 2.1(b)所示的目标，即干扰项 e 和 EDU 在控制了 IQ 后不存在混淆路径，回归中通常使用的条件是：干扰项条件均值独立于解释变量，即：

$$\mathrm{E}(e \mid EDU, IQ) = \mathrm{E}(e) = c$$

上式的意思是，对于给定任意受教育程度 $EDU = edu$ 和智商水平 $IQ = iq$ 的人，干扰项的平均值都是一样的(等于常数 c)。例如，如果人格特性会影响收入，由于人格特性无法观测而进入干扰项，如果干扰项条件均值独立于解释变量成立，则意味着对于给定任意受教育程度和智商水平的个体，他们的人格特性平均值都等于 c。因此，当教育水平或智商发生变化时，人格特性的平均值并不会发生变化。在这种情况下，收入平均值的变化就可以归因于教育水平或智商发生变化，因此我们就可以识别出 EDU 和 IQ 对 INC 的因果影响系数 β_1 和 β_2。

例如，对于同样 $IQ = iq$ 的个体，当 EDU 从 10 增加到 11，干扰项 e 的均值不变，即 $\mathrm{E}(e \mid EDU=10, IQ=iq) = \mathrm{E}(e \mid EDU=11, IQ=iq) = c$。对应的 INC 均值变化为：

$$\begin{aligned}
&\mathrm{E}(INC \mid EDU=11, IQ=iq) - \mathrm{E}(INC \mid EDU=10, IQ=iq) \\
=&[\alpha + \beta_1 11 + \beta_2 iq + \mathrm{E}(e \mid EDU=11, IQ=iq)] \\
&-[\alpha + \beta_1 10 + \beta_2 iq + \mathrm{E}(e \mid EDU=10, IQ=iq)] \\
=&\beta_1
\end{aligned}$$

根据上述推导可见，在这种情况下，INC 均值的变化完全归因于 EDU 的变化，因此我们可以通过二者的变化关系得到 β_1。

同理，例如对于同样 $EDU = edu$ 的个体，当 IQ 从 100 增加到 101，干扰项 e 的均值不变，即 $\mathrm{E}(e \mid EDU=edu, IQ=100) = \mathrm{E}(e \mid EDU=edu, IQ=101) = c$。对应的 INC 均值变化为：

$$\begin{aligned}
&\mathrm{E}(INC \mid EDU=edu, IQ=101) - \mathrm{E}(INC \mid EDU=edu, IQ=100) \\
=&[\alpha + \beta_1 edu + \beta_2 101 + \mathrm{E}(e \mid EDU=edu, IQ=101)] \\
&-[\alpha + \beta_1 edu + \beta_2 100 + \mathrm{E}(e \mid EDU=edu, IQ=100)] \\
=&\beta_2
\end{aligned}$$

在这种情况下，INC 均值的变化完全归因于 IQ 的变化，因此我们可以通过二者的变化关系得到 β_2。

由于线性回归模型(2.1)里包含了常数项，所以我们可以把 $\mathrm{E}(e \mid EDU, IQ) = c$ 中的常数 c 并入常数项，使得：

$$\mathrm{E}(e \mid EDU, IQ) = 0 \tag{2.2}$$

上述这个条件也称为干扰项条件均值为 0。这是计量经济学教科书中通常紧接着线性方程假设(2.1)的第二个假设。

综上所述，能够识别出解释变量和被解释变量因果关系的线性回归模型要满足以下两个假设：

线性关系假设：$INC=\alpha+\beta_1 EDU+\beta_2 IQ+e$

干扰项条件均值为 0 假设：$\mathrm{E}(e \mid EDU,\ IQ)=0$

对线性函数(2.1)两边取期望值，可得：

$$\begin{aligned}\mathrm{E}(INC \mid EDU,\ IQ) &= \alpha+\beta_1 EDU+\beta_2 IQ+\mathrm{E}(e \mid IQ,\ EDU)\\ &= \alpha+\beta_1 EDU+\beta_2 IQ\end{aligned}$$

由此可见，线性回归模型的两个假设对应的是线性条件期望函数(Conditional Expectation Function，CEF)：

$$\text{CEF: } \mathrm{E}(INC \mid EDU,\ IQ)=\alpha+\beta_1 EDU+\beta_2 IQ \tag{2.3}$$

我们可以用 CEF 来进一步理解回归函数系数 β_1 和 β_2 的含义。将条件期望函数(2.3)分别对 EDU 和 IQ 求偏导数，可得：

$$\frac{d\mathrm{E}(INC \mid EDU,\ IQ)}{dEDU}=\beta_1,\quad \frac{d\mathrm{E}(INC \mid EDU,\ IQ)}{dIQ}=\beta_2 \tag{2.4}$$

在数学中，一个多变量函数的偏导数是指在保持其他变量固定不变时，该函数关于其中一个变量的导数。因此，系数 β_1 的意义即为：当 IQ 保持固定不变时，INC 的期望值(简称均值)随 EDU 如何变化。系数 β_2 的意义即为：当 EDU 保持固定不变时，INC 的期望值随 IQ 如何变化。因此，在 $\mathrm{E}(e \mid EDU,\ IQ)=0$ 的情况下，β_1 和 β_2 分别给出了 EDU 和 IQ 对 INC 的均值的因果影响。可见通过运用 $\mathrm{E}(e \mid EDU,\ IQ)=0$ 的假设，我们保证所有解释变量的系数反映它们分别对被解释变量的因果影响大小。因此，其对应的条件期望函数 $\mathrm{E}(INC \mid EDU,\ IQ)=\alpha+\beta_1 EDU+\beta_2 IQ$ 称为因果关系 CEF 或因果关系回归函数。

三、相关关系条件期望函数

如果干扰项均值独立于解释变量的假设不成立，那么这个干扰项的存在会如何影响因果关系的估计？假设我们只观测到了 EDU 和 INC，并未观测到 IQ，因此只能把 IQ 作为干扰项的一部分。方程(2.1)成为：

$$INC=\alpha+\beta_1 EDU+\underbrace{\varepsilon}_{\beta_2 IQ+e} \tag{2.5}$$

由于干扰项 $\varepsilon=\beta_2 IQ+e$ 包含了 IQ，并且 IQ 和 EDU 存在相关性，所以 ε 和解释变量

EDU 之间也产生了相关性：

$$E(\varepsilon \mid EDU_i) = E(\beta_2 IQ + e \mid EDU) = \beta_2 E(IQ \mid EDU) \neq 0 \tag{2.6}$$

在这种情况下，干扰项不满足条件均值为 0 的假设。此时描述解释变量、被解释变量和干扰项关系的线性模型为：

$$INC = \alpha + \beta_1 EDU + \varepsilon,\ E(\varepsilon \mid EDU) \neq 0 \tag{2.7}$$

模型(2.7)虽然正确地描述了解释变量、被解释变量与干扰项之间的关系，但在模型(2.7)中，由于干扰项中包含 IQ 这个变量，因而当 EDU 变化时，干扰项也随之发生变化。这使得我们无法识别出 EDU 对 INC 的单独因果影响，也就无法识别出模型里的系数 β_1。

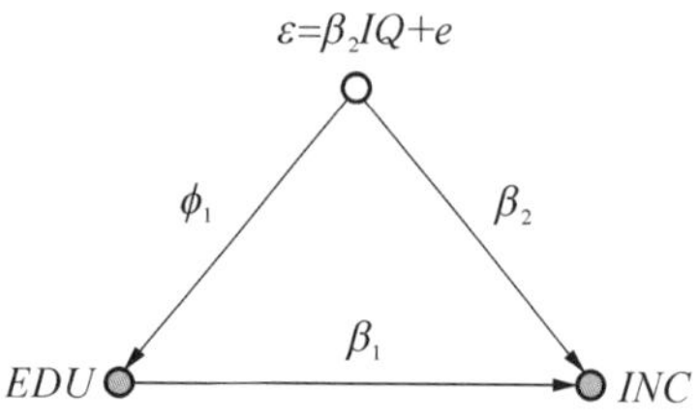

图 2.2　干扰项包含混淆变量时的路径图

图 2.2 描述了模型(2.7)中变量的关系。由于干扰项 $\varepsilon = \beta_2 IQ + e$ 中包含 IQ，因而与变量 EDU 产生相关关系。EDU 到 INC 有两条路径：一条是因果路径 $EDU \rightarrow INC$；另一条是混淆路径 $EDU \leftarrow \varepsilon \rightarrow INC$。在这种情况下，我们之所以无法通过 EDU 和 INC 之间的相关性识别出 EDU 对 INC 的因果影响程度(即系数 β_1)，是因为造成它们之间相关性的原因不完全是因果路径，还有可能是混淆路径。

如前所述，如果干扰项与解释变量相关，那么我们就无法识别解释变量对被解释变量的因果影响系数。我们常见的错误是认为此类与解释变量相关的干扰项与解释变量不相关。由于误以为干扰项与解释变量不相关，我们就“扭曲”了干扰项，进而“扭曲”了 INC、EDU 和干扰项的关系。在判断错误的情况下，三者的关系形成如下模型：

$$INC = \gamma_0 + \gamma_1 EDU + u,\ E(u \mid EDU) = 0 \tag{2.8}$$

在这个反映了“扭曲”关系的模型里，我们认为“扭曲”的干扰项 u 和 EDU 是不相关的，即 $E(u \mid EDU) = 0$。然而，在反映因果关系的模型(2.7)里，干扰项 ε 和 EDU 是相关的，即 $E(\varepsilon \mid EDU) \neq 0$，因此，这两个模型中的干扰项 u 和 ε 是不同的。为便于区分，我们将“扭曲”的干扰项 u 称为伪干扰项，以区别于真干扰项 ε。

模型(2.7)和模型(2.8)由于使用不同的干扰项，必然导致两个模型 $INC = \gamma_0 + \gamma_1 EDU + u$ 和 $INC = \alpha + \beta_1 EDU + \varepsilon$ 中的系数值及其所代表的意义并不相同。

我们可以进一步通过 CEF 来具体理解 γ_1 和 β_1 的关系。模型(2.8)所对应的 CEF 为：

$$E(INC \mid EDU)=\gamma_0+\gamma_1 EDU$$

对 EDU 求导数，可得：

$$\frac{dE(INC \mid EDU)}{dEDU}=\gamma_1$$

γ_1 反映了 INC 的期望值如何随 EDU 变化，但并没有保持 IQ 固定不变。这与等式(2.4)里 $E(INC_i \mid EDU_i, IQ_i)$ 对 EDU 求偏导得到的 β_1 不同，β_1 反映的是在 IQ 保持固定不变时，INC 的期望值如何随 EDU 变化。

要得到 γ_1 和 β_1 的关系，将 $INC=\alpha+\beta_1 EDU+\beta_2 IQ+e$ 代入 $E(INC \mid EDU)$，可得：

$$\begin{aligned}E(INC \mid EDU)&=E(\alpha+\beta_1 EDU+\beta_2 IQ+e \mid EDU)\\&=\alpha+\beta_1 EDU+\beta_2 E(IQ \mid EDU)\end{aligned}$$

对 EDU 求导：

$$\frac{dE(INC \mid EDU)}{dEDU}=\beta_1+\beta_2\frac{dE(IQ \mid EDU)}{dEDU}$$

因此：

$$\gamma_1=\beta_1+\beta_2\frac{dE(IQ \mid EDU)}{dEDU} \tag{2.9}$$

假设受教育程度 EDU 和智商 IQ 存在线性相关关系：

$$E(IQ \mid EDU)=\phi_0+\phi_1 EDU$$

即受教育程度高的个人平均智商也高(注意这个 CEF 并没有反映因果关系，只反映了二者的相关关系)，则：

$$\frac{dE(IQ \mid EDU)}{dEDU}=\phi_1$$

代入等式(2.9)，可得：

$$\gamma_1=\beta_1+\beta_2\phi_1$$

我们可以看到，γ_1 只是反映了 EDU 和 INC 的相关性，它包含了受教育程度 EDU 对收入 INC 的因果影响 β_1，以及受教育程度 EDU 与智商 IQ 的相关性 ϕ_1 乘以智商 IQ 对收入 INC 的因果影响 β_2。在图 2.2 中我们可以更直观地看到，在没有控制 IQ 的情况下，EDU 和 INC 之间的相关性(γ_1)包含了因果路径($EDU\xrightarrow{\beta_1}INC$)和混淆路径（$EDU \xleftrightarrow{\phi_1} \varepsilon \xrightarrow{\beta_2} INC$）产生的相关性。这样我们就可以理解模型(2.7)与模型(2.8)中两个 EDU 系数不同的原因：模型(2.8)错误地将与 EDU 相关的干扰项设置为不相关，导致 EDU 的系数 γ_1 包含了 EDU 本身对 INC 的因果影响系数 β_1 和受干扰项混淆的部分 $\beta_2\phi_1$。

综上所述，我们可以得出 $E(INC_i \mid EDU_i)=\gamma_0+\gamma_1 EDU_i$ 仅为相关关系 CEF 或相关关系回归方程。它的系数 γ_1 反映的是教育和收入的相关性，并非纯粹的教育对收入的因果影响。

小结

1. 本节讨论 3 个模型

模型 1：$INC=\alpha+\beta_1 EDU+\beta_2 IQ+e$，$E(e \mid EDU, IQ)=0$。

模型 2：$INC=\alpha+\beta_1 EDU+\varepsilon$，$E(\varepsilon \mid EDU)\neq 0$。

模型 3：$INC=\gamma_0+\gamma_1 EDU+u$，$E(u \mid EDU)=0$。

在模型 1 中，我们假设的条件为：(1) 受教育程度和智商对收入的影响是线性的；(2) 对收入产生影响的其他干扰因素条件均值独立于智商和受教育程度。模型 1 正确地描述了被解释变量 INC、解释变量 EDU、IQ 和干扰项 e 之间的关系，其系数反映了因果关系并且是可以识别的。模型 1 对应的条件期望函数 $E(INC \mid EDU, IQ)=\alpha+\beta_1 EDU+\beta_2 IQ$ 为因果关系条件期望函数。

模型 2 也正确地描述了被解释变量 INC、解释变量 EDU 和干扰项 ε 之间的关系，它的系数反映了 EDU 对 INC 的因果影响，但由于干扰项中包含与 EDU 相关的 IQ 变量，因此系数 β_1 无法被识别。

模型 3 错误地将与 EDU 相关的干扰项视为与 EDU 不相关，引入了伪干扰项，导致被解释变量和解释变量关系发生变化。EDU 系数反映了相关关系，即系数中包含 EDU 对 INC 的因果影响以及通过 EDU 与 IQ 相关但由 IQ 对 EDU 产生的因果影响，它对应的条件期望函数 $E(INC \mid EDU)=\gamma_0+\gamma_1 EDU$ 为相关关系条件期望函数。

2. 相关关系回归函数并非完全没有价值

在上例中，如果想知道对于相同 IQ 的个体（IQ 不变），受教育程度提高 ΔEDU 的情况下，个人的收入会提高多少，我们就需要使用因果关系回归方程 $E(INC \mid EDU, IQ)=\alpha+\beta_1 EDU+\beta_2 IQ$ 中反映因果的系数 β_1，求得（当 IQ 不变时）受教育程度变化对收入影响的幅度 $\Delta INC=\beta_1 \Delta EDU$。但如果想预测

受教育程度相差 ΔEDU 的两组人，平均收入差异多大，在这种情况下，我们只关注预测收入的差别，并不在乎这些差别是否由受教育程度造成，那么我们可以使用相关回归函数 $\mathrm{E}(IQ \mid EDU)=\gamma_0+\gamma_1 EDU$ 中反映相关关系的系数 γ_1，得到平均收入差异 $\Delta INC=\gamma_1 \Delta EDU$。从这个意义上讲，模型本身并没有对错之分，只是我们必须清楚地认识到，我们所关注的是反映相关关系还是因果关系的系数，从而正确地选择相对应的模型。我们应当避免的错误是使用相关关系模型去估计因果关系系数，例如使用了相关关系模型 3：$INC=\gamma_0+\gamma_1 EDU+u$，$\mathrm{E}(u \mid EDU)=0$，但误以为求得的系数是因果关系系数 β_1。

3. 关注线性条件期望函数给我们的研究带来许多便利

其一，它可以帮助我们从“平均意义上”来验证一个理论是否正确。例如，理论告诉我们，收入 INC 是受教育程度 EDU 和 IQ 的函数，$INC=f(EDU, IQ)$。然而在实际数据中，INC、EDU 和 IQ 值的关系并不像理论预测的那样有明确的一一对应的 $INC=f(EDU, IQ)$ 关系，而是对应给定的 EDU 和 IQ 值，有多个不同的 INC 值。这是因为除了 EDU 和 IQ 外，还存在着其他各种干扰因素影响 INC。因此，我们将检验确定性一一对应的理论关系 $INC=f(EDU, IQ)$ 转换成检验二者的统计关系 $\mathrm{E}(INC \mid EDU, IQ)=f(EDU, IQ)$，即 INC 均值变化与 EDU 和 IQ 变化的关系。其二，均值易于理解，条件期望函数反映了解释变量变化对被解释变量（概率）均值的影响。其三，均值在统计上具备多种易于理解和计算的性质。其四，从政策角度而言，均值也具有较为清晰的指导意义。有兴趣的读者可以阅读本章附录三，进一步了解条件均值函数的意义、定义、计算和性质。

4. 由于干扰项是无法观测的，一个线性回归模型是否反映因果关系只能取决于我们对研究问题的认识与判断

例如，我们知道智商会影响收入，并且和教育相关。如果解释变量中没有包括智商，那么干扰项里就必然包括智商，从而导致干扰项和解释变量受教育程度相关，因此模型 3 对干扰项的假设是错误的，它的回归方程系数不反映因果关系。如果我们知道人格特性也会影响收入，并且与教育、智商相关，模型 1 里的解释变量中未包含人格特性，那么模型 1 对干扰项的假设也是错误的，它的回归方程系数并不反映真实的因果关系。但由于干扰项是无法观测的，一个模型的系数是否反映因果关系在本质上是没法检验的。

5. 干扰项 e 条件均值独立于解释变量 $\boldsymbol{X}$ 意味着，干扰项 e 和解释变量 $\boldsymbol{X}$ 不相关，即 $\mathrm{E}(e \mid \boldsymbol{X})=0 \Rightarrow \mathrm{Cov}(e, \boldsymbol{X})=0$

这个条件可以直观地解释为，当干扰项的均值不随解释变量值的改变而改

变时，意味着干扰项和解释变量不相关。$E(e \mid \boldsymbol{X})=0$ 是一个比 $Cov(e, \boldsymbol{X})=0$ 更强的条件，当 $E(e \mid \boldsymbol{X})=0$ 成立，$Cov(e, \boldsymbol{X})=0$ 一定成立。反之，当 $Cov(e, \boldsymbol{X}) \neq 0$，意味着 $E(e \mid \boldsymbol{X}) \neq 0$；即如果 $\boldsymbol{X}$ 和 e 是相关的，e 条件均值不独立于 $\boldsymbol{X}$。干扰项条件期望值为 0，意味着干扰项的无条件期望值也为 0，即 $E(e \mid \boldsymbol{X}) \Rightarrow E(e)=0$。这个条件也可以直观地解释为，当干扰项的均值对于任何给定的解释变量值 $\boldsymbol{X}=\boldsymbol{x}$ 都为 0 时，那么它总的均值必然为 0。证明可见附录一。

第二节　最小二乘法

上一节我们讲解了线性回归模型和条件期望函数的关系，以及因果关系和相关关系条件期望函数的区别。本节介绍用来求解线性回归模型系数的最小二乘法。我们在这里先讨论总体最小二乘法，因为它不涉及样本抽样，方便我们理解最小二乘法的本质。我们将在第三章讨论样本最小二乘法。

一、总体最小二乘法

假设我们要估计总体线性回归模型：

$$Y=\boldsymbol{X}'\boldsymbol{\beta}+\epsilon,\ E(\epsilon \mid \boldsymbol{X})=0 \tag{2.10}$$

的系数 $\boldsymbol{\beta}=(\beta_1 \quad \beta_2 \quad \beta_3 \quad \cdots \quad \beta_k)'$，$Y$ 是被解释变量，$\boldsymbol{X}$ 是包含 k 个解释变量的向量，即 $\boldsymbol{X}=(X_1 \quad X_2 \quad X_3 \quad \cdots \quad X_k)'$。回归模型对应的 CEF 是：

$$E(Y \mid \boldsymbol{X})=\boldsymbol{X}'\boldsymbol{\beta}$$

这个 CEF 既可以是因果关系的 CEF，也可以是相关关系的 CEF。例如，如果我们要估计上节中的模型 1：$INC=\alpha+\beta_1 EDU+\beta_2 IQ+e$，$E(e \mid EDU, IQ)=0$，则 $\boldsymbol{X}=(1 \quad EDU \quad IQ)'$，$\boldsymbol{\beta}=(\alpha \quad \beta_1 \quad \beta_2)'$，$\epsilon=e$；如果要估计上节中的模型 3：$INC=\gamma_0+\gamma_1 EDU+u$，$E(u \mid EDU)=0$，则 $\boldsymbol{X}=(1 \quad EDU)'$，$\boldsymbol{\beta}=(\gamma_0 \quad \gamma_1)'$，$\epsilon=u$。

使用总体最小二乘法求解系数 $\hat{\boldsymbol{\beta}}$，就是最小化被解释变量值 Y 和解释变量线性预测值 $\hat{Y}=\boldsymbol{X}'\boldsymbol{b}$ 的残差 $(\hat{\epsilon}=Y-\hat{Y})$ 平方的期望值，即求解下面问题：

$$\hat{\boldsymbol{\beta}}=\underset{b}{\operatorname{argmin}}\, E(Y-\boldsymbol{X}'\boldsymbol{b})^2$$

上式最小化的条件是，它对 $\boldsymbol{b}$ 的一阶导数等于 0，即 $\hat{\boldsymbol{\beta}}$ 满足：

$$\mathrm{E}[\boldsymbol{X}(Y-\boldsymbol{X}'\hat{\boldsymbol{\beta}})]=\mathbf{0} \tag{2.11}$$

这个条件也等同于：

$$\mathrm{E}[\boldsymbol{X}\,\hat{\epsilon}]=\mathbf{0} \tag{2.12}$$

由此可见，最小二乘法的本质是求解系数 $\hat{\boldsymbol{\beta}}$，使得解释变量 $\boldsymbol{X}$ 和残差 $\hat{\epsilon}$ 不相关。等式(2.11)的解为：

$$\hat{\boldsymbol{\beta}}=\mathrm{E}(\boldsymbol{X}\boldsymbol{X}')^{-1}\mathrm{E}(\boldsymbol{X}Y) \tag{2.13}$$

将线性回归模型(2.10)代入等式(2.13)，可得：

$$\hat{\boldsymbol{\beta}}=\mathrm{E}(\boldsymbol{X}\boldsymbol{X}')^{-1}\mathrm{E}(\boldsymbol{X}\boldsymbol{Y})=\mathrm{E}(\boldsymbol{X}\boldsymbol{X}')^{-1}\mathrm{E}(\boldsymbol{X}(\boldsymbol{X}'\boldsymbol{\beta}+\epsilon))=\boldsymbol{\beta}+\underbrace{\mathrm{E}(\boldsymbol{X}\boldsymbol{X}')^{-1}\mathrm{E}(\boldsymbol{X}\,\epsilon)}_{\text{差异项}}$$

当 $\mathrm{E}(\epsilon \mid \boldsymbol{X})=0$，就意味着 $\mathrm{E}(\boldsymbol{X}\epsilon)=\mathrm{E}_{\boldsymbol{X}}[\mathrm{E}(\boldsymbol{X}\epsilon \mid \boldsymbol{X})]=\mathrm{E}_{\boldsymbol{X}}[\boldsymbol{X}\mathrm{E}(\epsilon \mid \boldsymbol{X})]=0$，差异项 $\mathrm{E}(\boldsymbol{X}\boldsymbol{X}')^{-1}\mathrm{E}(\boldsymbol{X}\,\epsilon)=0$，由此可得：

$$\hat{\boldsymbol{\beta}}=\boldsymbol{\beta}$$

由此可见，通过最小二乘法得到的 Y 和 $\boldsymbol{X}$ 的线性关系系数 $\hat{\boldsymbol{\beta}}$ 就是线性模型 $Y=\boldsymbol{X}'\boldsymbol{\beta}+\epsilon$，$\mathrm{E}(\epsilon \mid \boldsymbol{X})=0$ 的系数 $\boldsymbol{\beta}$。换言之，通过最小二乘法得到的系数 $\hat{\boldsymbol{\beta}}$ 是条件期望函数 $\mathrm{E}(Y \mid \boldsymbol{X})=\boldsymbol{X}'\boldsymbol{\beta}$ 的系数。如果对应的条件期望函数是因果关系 CEF，用最小二乘法求得的系数 $\hat{\boldsymbol{\beta}}$ 就具备因果关系解释。如果求解的条件期望函数是相关关系 CEF，用最小二乘法得到的系数 $\hat{\boldsymbol{\beta}}$ 就只具备相关关系解释。

例如，用最小二乘法求解 $Y=INC$ 和 $\boldsymbol{X}=(1\quad EDU\quad IQ)'$ 的线性关系系数，得到的系数 $\hat{\boldsymbol{\beta}}$ 是线性模型 $INC=\alpha+\beta_1 EDU+\beta_2 IQ+e$，$\mathrm{E}(e \mid EDU, IQ)=0$ 的系数，即因果关系 CEF：$\mathrm{E}(INC \mid EDU, IQ)=\alpha+\beta_1 EDU+\beta_2 IQ$ 的系数，因此得到的系数 $\hat{\boldsymbol{\beta}}=(\alpha\quad \beta_1\quad \beta_2)'$ 具备因果关系解释。

但是，如果用最小二乘法求解 $Y=INC$ 和 $\boldsymbol{X}=(1\quad EDU)'$ 的线性关系系数，得到的系数 $\hat{\boldsymbol{\beta}}$ 是线性模型 $INC=\gamma_0+\gamma_1 EDU+u$，$\mathrm{E}(u \mid EDU)=0$ 的系数，即相关关系 CEF：$\mathrm{E}(INC \mid EDU)=\gamma_0+\gamma_1 EDU$ 的系数，因此得到的系数 $\hat{\boldsymbol{\beta}}=(\gamma_0\quad \gamma_1)'$ 具备相关关系解释。注意，这时得到的系数 $\hat{\boldsymbol{\beta}}$ 不是上节中模型 2：$INC=\alpha+\beta_1 EDU+\varepsilon$ 的系数 $\boldsymbol{\beta}=(\alpha\quad \beta_1)'$，因为这个模型中的干扰项 $\varepsilon=\beta_2 IQ+e$ 与解释变量 EDU 是相关的，即 $\mathrm{E}(\varepsilon \mid EDU)\neq 0$。

上面的讨论说明了总体最小二乘法的解 $\hat{\boldsymbol{\beta}}$ 对应的系数是模型 $Y=\boldsymbol{X}'\boldsymbol{\beta}+\epsilon$，$\mathrm{E}(\epsilon \mid \boldsymbol{X})=\mathbf{0}$，即条件期望函数 $\mathrm{E}(Y \mid \boldsymbol{X})=\boldsymbol{X}'\boldsymbol{\beta}$ 的系数 $\boldsymbol{\beta}$。最小二乘法只是一个数学计算工具，它的解 $\hat{\boldsymbol{\beta}}$ 是否反映因果关系，取决于求解的回归模型对应的条件期望函数是否为因果关系 CEF。因此在使用最小二乘法计算系数前，我们首先要思考的问题是，我们要用最小二乘法求解的条件期望函数是因果关系 CEF 还是相关关系 CEF？

二、干扰项(error term)和残差(residual)

用最小二乘法得到的系数和模型系数的关系，也可以从残差项和干扰项的区别与联系上进行理解。干扰项包含了除解释变量之外其他影响被解释变量的因素。因为干扰项是无法观测到的，所以干扰项与解释变量是否相关是无法检验的，这只能依靠我们用经济理论和实证经验去判断。

残差是用最小二乘法计算出来的，并且总是与解释变量不相关。由最小二乘法的一阶公式(2.11)我们可知：

$$\mathrm{E}[\boldsymbol{X}(Y-\boldsymbol{X}'\hat{\boldsymbol{\beta}})]=\mathrm{E}(\boldsymbol{X}\hat{\epsilon})=\boldsymbol{0}$$

由此可见，最小二乘泆得到的系数解 $\hat{\boldsymbol{\beta}}$ 保证了残差项 $\hat{\epsilon}$ 与解释变量 $\boldsymbol{X}$ 不相关总是成立的。

但是，残差 $\hat{\epsilon}$ 和解释变量 $\boldsymbol{X}$ 不相关，并不代表模型中干扰项 ϵ 和解释变量 $\boldsymbol{X}$ 不相关。只有当干扰项与解释变量不相关时，用最小二乘法得到的残差才是干扰项的正确估计。例如，在线性模型 1：$INC=\alpha+\beta_1 EDU+\beta_2 IQ+e$ 中，干扰项与解释变量不相关，即 $\mathrm{E}(e \mid EDU,\ IQ)=0$，因此用最小二乘法得到的残差 $\hat{\epsilon}$ 等于干扰项 ϵ，由此得到系数 $\hat{\boldsymbol{\beta}}=(\alpha \quad \beta_1 \quad \beta_2)$。

但是，如果要估计的是线性模型 2：$INC=\alpha+\beta_1 EDU+\varepsilon$，这个模型中的干扰项 ε 包含了观测不到的干扰因素 IQ，干扰项 ε 与解释变量 EDU 是相关的，即 $E(\varepsilon \mid EDU)\neq 0$。如果用最小二乘法求解 INC 和 EDU 的线性关系系数，所得到的系数 $\hat{\boldsymbol{\beta}}$ 会使得残差 $\hat{\epsilon}$ 与解释变量 EDU 不相关，即 $\mathrm{E}(\hat{\epsilon} \mid EDU)=0$。因此得到残差 $\hat{\epsilon}$ 不等于干扰项 ε，系数 $\boldsymbol{\beta}$ 也不等于 $(\alpha \quad \beta_1)'$。这种情况下得到的残差 $\hat{\epsilon}$ 是线性模型 3：$INC=\gamma_0+\gamma_1 EDU+u$，$\mathrm{E}(u \mid EDU)=0$ 中的伪干扰项 u，得到的系数解 $\hat{\boldsymbol{\beta}}$ 等于模型 3 的系数 $(\gamma_0 \quad \gamma_1)'$。

第三节　多元回归系数估计的直观理解

我们了解了对于线性回归模型 $Y=\boldsymbol{X}'\boldsymbol{\beta}+\epsilon$，$\mathrm{E}(\epsilon \mid \boldsymbol{X})=0$，用总体最小二乘法得到的解 $\hat{\boldsymbol{\beta}}=\mathrm{E}(\boldsymbol{XX}')^{-1}\mathrm{E}(\boldsymbol{X}Y)$ 等于总体系数 $\boldsymbol{\beta}$，这个解给出了每个解释变量对被解释变量的线性影响。紧接着的问题是：如果模型里有多个被解释变量 $\boldsymbol{X}=(X_1 \quad X_2 \quad X_3 \quad \cdots \quad X_k)'$，并且变量间是相关的，最小二乘法是如何使用变量的信息来区别每个解释变量对被解释变量的影响并得到对应的估计系数 $\hat{\boldsymbol{\beta}}=(\hat{\beta}_1 \quad \hat{\beta}_2$

$\hat{\beta}_3 \quad \cdots \quad \hat{\beta}_k)'$ 的？例如，估计模型是 $INC = \alpha + \beta_1 EDU + \beta_2 IQ + e$，$E(e \mid EDU, IQ) = 0$，受教育程度 EDU 和智商 IQ 存在相关关系。那么最小二乘法是如何区分 EDU 和 IQ 对 INC 的影响，并识别出它们分别对 INC 因果影响的系数 β_1 和 β_2？

我们可以用图 2.3 中的韦恩图（Venn Diagram）来直观理解最小二乘法估计多元线性回归模型系数的机理。韦恩图最早由 Cohen and Cohen（1975）引入计量教学，后经过 Ip（2001）和 Kennedy（1981，2008）加以改进和推广。图 2.3 中的 3 个圆圈 INC、EDU 和 IQ 分别代表收入、受教育程度和智商的变化。下面我们根据它们变化相关性的不同情况来讨论回归系数所估计的信息来源。

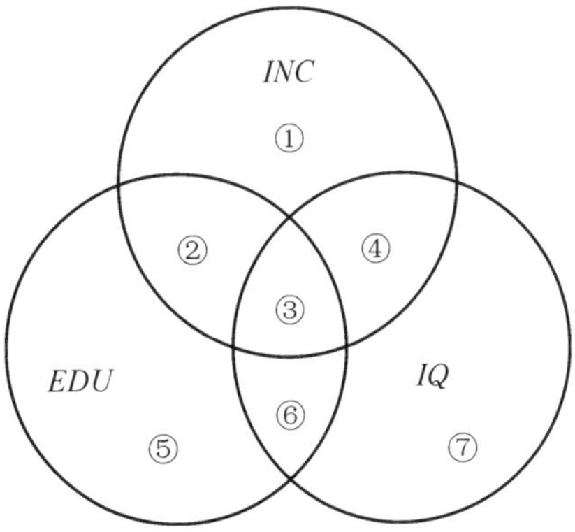

图 2.3　多元线性回归图解——情形 1：解释变量相关

一、三种情形

（一）情形 1：INC、EDU 和 IQ 的变化都是相关的

反映在图 2.3 中，INC、EDU 和 IQ 均相交。INC 和 EDU 的交集是②和③；INC 和 IQ 的交集是③和④；EDU 和 IQ 的交集是③和⑥。这些两两相交的部分是两个变量共同变化的部分，表明两个变量之间存在一定的线性相关关系。我们若直接将 INC 对 EDU 回归，则②和③的信息被用于估计 EDU 和 INC 的关系。这样得出的系数反映了 INC 和 EDU 的相关性，即 γ_1。①和④是 INC 变化与 EDU 无关的部分，即 INC 对 EDU 回归的残差项的变化。同样，我们若直接将 INC 对 IQ 进行回归，则③和④的信息将被用于估计 IQ 对 INC 的关系。这样得出的系数都反映了 IQ 和 INC 的相关性。①和②是 INC 变化与 IQ 无关的部分，是 INC 对 IQ 回归残差项的变化。

但是，若将 INC 对 EDU 和 IQ 同时进行回归，情况则有所不同。EDU 的影响 β_1 是由②的信息所得，IQ 的影响 β_2 是由④的信息所得。这里的关键是，在多元回归中求解系数 β_1 和 β_2 时舍去了③的信息。这样做的原因是：③是 EDU 和 IQ 共同变化的部分。这些变化对 INC 造成的影响究竟是由 EDU 还是由 IQ 造成的，是不能确定的，故被舍去。②是 EDU 变化中与 IQ 不相关，但与 INC 相关的部分。④是 IQ 变化中与 EDU 不相关，但与 INC 相关的部分。因此，用②和④的信息来估计 EDU 和 IQ 分别对 INC 的影响，这样得到的结果反映了 EDU 和 IQ 各自对 INC 的影响，即因果关系。

图 2.3 也可以帮助我们理解，为什么对模型 $INC = \alpha + \beta_1 EDU + \beta_2 IQ + e$，$E(e \mid EDU, IQ) = 0$ 和 $INC = \gamma_0 + \gamma_1 EDU + u$，$E(u \mid EDU) = 0$ 使用最小二乘法进行估计会得到不同的 EDU 系数。第一节中，我们用偏导数证明了 $\gamma_1 = \beta_1 + \beta_2 \phi_1$。从图 2.3

看到，γ_1 是利用②和③的信息进行估计。它既包含从②的信息得到的 *EDU* 对 *INC* 的因果影响β_1，也包含从③的信息得到的 *EDU* 和 *IQ* 一起变化的，但是 *IQ* 对 *INC* 的因果影响，即 $\beta_2\phi_1$。

通过图 2.3 我们还可以看到，多元回归可以分解为两步。例如，想要得到模型 $INC=\alpha+\beta_1 EDU+\beta_2 IQ+e$，$\mathrm{E}(e \mid EDU, IQ)=0$ 中的 *EDU* 系数β_1，第一步将 *EDU* 对 *IQ* 回归并取残差项v，这个残差项的信息就是②和⑤，即 *EDU* 变化中和 *IQ* 不相关的部分；第二步将 *INC* 对残差项 v 回归，这一步使用的是（①，②，③，④）和（②，⑤）的交集信息，即②。这两个步骤和多元回归中将 *INC* 对 *EDU* 和 *IQ* 同时进行回归并使用②的信息来估计 *EDU* 的系数是一致的，因此得到的系数值是相同的。

细心的读者也许注意到了，这个两步法也可以是另一种做法。第一步，将 *EDU* 对 *IQ* 回归并取残差项v，这个残差项的信息就是②和⑤；同时 *INC* 对 *IQ* 回归并取残差项φ，这个残差项的信息就是①和②。第二步，将残差项 φ 对残差项 v 回归，这一步使用的是（①，②）和（②，⑤）的交集信息，即②。可见，无论是哪种做法，多元回归的本质都是，在估计 *EDU* 对 *INC* 的因果影响时，去除了 *IQ* 的相关混淆信息。关于这个两步法，我们会在下一节进一步讨论。

（二）情形 2：*EDU* 和 *IQ* 重合的面积③特别大，变量独有的②和④特别小

反映在图 2.4 中，这是 *EDU* 和 *IQ* 有严重共线性的情形。在这种情况下，能提供给我们分别估计 *EDU* 和 *IQ* 对 *INC* 影响的信息很少，原因是 *EDU* 和 *IQ* 几乎总是一起变动，无法区分是哪个变量在影响 *INC*。 由于两个变量可供估计的独立信息很少，回归结果得到的系数 β_1 和 β_2 很难体现出统计显著。在极端情况下，当 *EDU* 和 *IQ* 完全重合时（完全共线性），将没有剩余②和④的信息来求得系数。此时，我们将无法估计出 β_1 和 β_2。

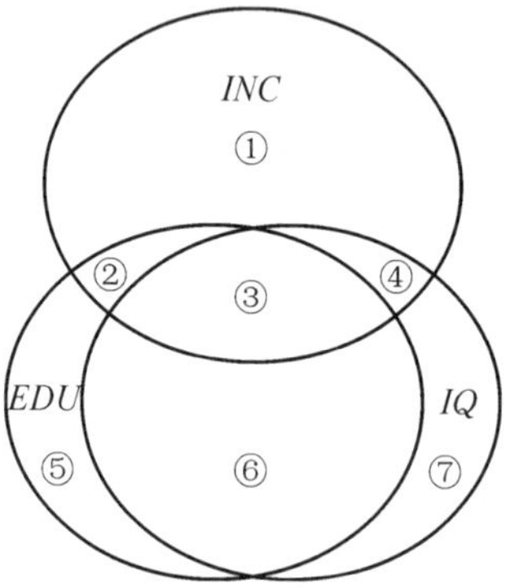

图 2.4 多元线性回归图解——情形 2：解释变量高度共线性

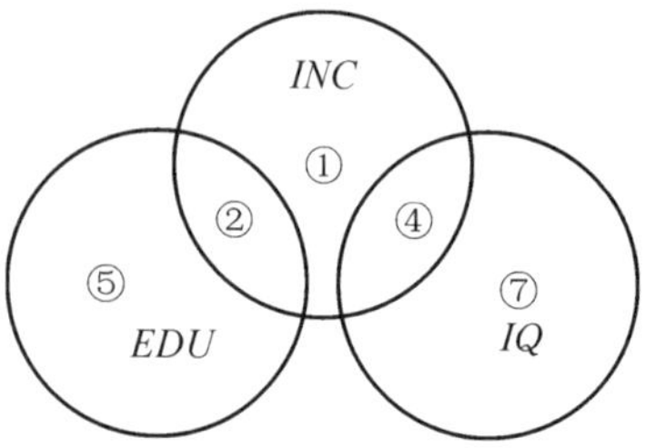

图 2.5 多元线性回归图解——情形 3：解释变量不相关

（三）情形 3：*INC*、*EDU* 和 *IQ* 均相交，但 *EDU* 和 *IQ* 不相交

反映在图 2.5 中，③为空集。也就是说，*EDU* 和 *IQ* 并不相关，但它们分别都会影

响 INC。在这种情况下，INC 对 EDU 和 IQ 同时进行回归或 INC 只对 EDU 回归，用这两种方法得到的 EDU 系数是一样的。这是因为，这两种情况下都用同样的②的信息来估计 EDU 的影响。简言之，当两个解释变量不相关时，缺失其中一个并不会影响另一个的回归系数。用我们前面的例子，如果模型缺失 IQ，对 $INC=\gamma_0+\gamma_1 EDU+u$，$\mathrm{E}(u \mid EdU)=0$ 进行估计所求得的系数为 $\gamma_1=\beta_1+\beta_2\phi_1$。但当 EDU 和 IQ 不相关，即 $\phi_1=0$ 时，代入上述系数可得 $\gamma_1=\beta_1$，不存在偏差。

二、R^2 和系数显著性

在图 2.3 中，尽管在估计 EDU 和 IQ 系数的过程中舍去了 EDU 和 IQ 共同变化的部分③，但如果我们想要知道的是 INC 的变化中有多少是由 EDU 和 IQ 共同决定的，即通常所说的拟合系数 R^2，我们使用的是②、③、④部分的面积和与整个 INC 的面积的比值，即（②＋③＋④）/（①＋②＋③＋④）。计算 R^2 时，我们并不需要去掉③的信息，因为③也反映了 INC 的变化是由 EDU 和 IQ 决定的（虽然我们无法区别③里面哪些是由 EDU 或 IQ 变化造成的）。在图 2.4 中，③很大，②和④很小，这种情况会导致 R^2 值很大，但系数却并不显著；也就是说，我们发现 EDU 和 IQ 对 INC 有很好的共同解释力，但它们各自的系数却不显著。我们现在了解了严重的多重共线性会造成这种现象，这也是我们在实证工作中通常要先检验解释变量之间是否存在共线性问题的原因。

第四节　多元线性回归分解

在上一节中，我们通过韦恩图直观地了解到，最小二乘法是如何使用变量信息来估计系数 $\hat{\boldsymbol{\beta}}=(\hat{\beta}_1 \quad \hat{\beta}_2 \quad \hat{\beta}_3 \quad \cdots \quad \hat{\beta}_k)'$ 的。我们还了解到，多元回归系数的估计可以分解为两步。本节我们将对这种两步法进行详细阐释，从而进一步加强对多元线性回归系数本质的理解。

回归分解法可以描述如下：

用最小二乘法计算得到被解释变量 Y 和解释变量 $(X_1 \quad \cdots \quad X_i \quad \cdots \quad X_k)$ 的线性函数关系：

$$Y=\hat{\alpha}+\hat{\beta}_1 X_1+\cdots+\hat{\beta}_i X_i+\cdots+\hat{\beta}_k X_k+\hat{e}$$

上式中的任何一个解释变量 X_i 的系数 $\hat{\beta}_i$ 都等同于通过以下两步求得的解：

第一步：将 X_i 作为因变量，其他不包括 X_i 的解释变量作为自变量，用最小二乘法得到它们线性函数关系的残差项 $X_i = \hat{v}_i$，即用最小二乘法得到下面附属方程的系数和残差项：

$$X_i = \hat{\gamma}_0 + \hat{\gamma}_1 X_1 + \cdots + \hat{\gamma}_{i-1} X_{i-1} + \hat{\gamma}_{i+1} X_{i+1} + \cdots + \hat{\gamma}_k X_k + \hat{v}_i$$

第二步：将 Y 作为因变量，$\widetilde{X}_i$ 作为自变量，用最小二乘法得到下面方程的系数 β_i：

$$Y = \hat{a} + \hat{\beta}_i \widetilde{X}_i + \hat{\varepsilon}$$

$$\hat{\beta}_i = \frac{\text{Cov}(Y,\ \widetilde{X}_i)}{\text{Var}(\widetilde{X}_i)}$$

这个二元线性回归方程中 $\widetilde{X}_i$ 系数的最小二乘法解 $\hat{\beta}_i$ 等于多元线性回归方程中 X_i 系数的解 $\hat{\beta}_i$。

证明：见附录二。

回归分解法帮助我们将复杂的 k 个解释变量的多元线性回归解转换成简单的 k 个单解释变量的线性回归解。

以模型 $INC = \alpha + \beta_1 EDU + \beta_2 IQ + e$ 为例，通过多元回归得到 $INC = \hat{\alpha} + \hat{\beta}_1 EDU + \hat{\beta}_2 IQ + \hat{e}$。其中，$EDU$ 的系数 $\hat{\beta}_1$ 等同于通过以下两步得到的系数。

第一步：将 EDU 对 IQ 做线性回归（即用最小二乘法）得到残差项 $\widetilde{EDU}$，这样首先排除了 EDU 变化中与 IQ 相关的部分，即：

$$EDU = \hat{\gamma}_0 + \hat{\gamma}_1 IQ + \widetilde{EDU}$$

第二步：将 INC 对残差项 $\widetilde{EDU}$ 做线性回归，得到 EDU 对 INC 的单独影响，即：

$$INC = \hat{a} + \hat{\beta}_1 \widetilde{EDU} + \hat{\varepsilon}$$

根据二元回归的系数公式，$\hat{\beta}_1$ 有一个简单的表达式是：

$$\hat{\beta}_1 = \frac{\text{Cov}(INC,\ \widetilde{EDU})}{\text{Var}(\widetilde{EDU})}$$

从上式我们看到，EDU 对 INC 的因果影响系数取决于 $\widetilde{EDU}$（EDU 变化中与 IQ 不相关的部分）与 INC 的相关性程度（即图 2.3 中的②）。

同理，为得到 IQ 系数 $\hat{\beta}_2$，也可以先将 IQ 对 EDU 做线性回归，得到残差 $\widetilde{IQ}$。$\widetilde{IQ}$ 排除了 IQ 变化中和 EDU 相关部分，即：

$$IQ = \hat{\gamma}_0 + \hat{\gamma}_1 EDU + \widetilde{IQ}$$

下一步将 INC 对残差 $\widetilde{IQ}$ 做线性回归，得到 IQ 对 INC 的单独影响，即：

$$INC = \hat{a} + \hat{\beta}_2 \widetilde{IQ} + \hat{\varepsilon}$$

根据二元回归的系数公式，$\widetilde{IQ}$ 系数的表达式是：

$$\hat{\beta}_3 = \frac{\mathrm{Cov}(INC,\ \widetilde{IQ})}{\mathrm{Var}(\widetilde{IQ})}$$

从上式我们看到，IQ 对 INC 的因果影响系数取决于 $\widetilde{IQ}$(IQ 变化中与 EDU 不相关的部分)与 INC 的相关性程度(即图 2.3 中的④)。

回归分解的理论对我们理解回归系数很有帮助，它将复杂且不直观的多元回归系数分解为简单直观的二元回归系数，帮助我们了解多元线性回归系数每个系数解的信息来源，并把前一节韦恩图的直观理解正式形成了理论。

第五节　内生性和因果关系

一、什么是内生性问题

我们经常遇到的一个说法是，“内生性问题会造成最小二乘法估计系数有偏”。这句话中有 3 个需要厘清的问题：第一，什么是内生性？第二，所谓偏差，究竟指的是估计系数对谁的偏差？第三，内生性为什么会导致偏差？

广义而言，对于给定的线性回归模型 $Y = \alpha + \beta_1 X_1 + \beta_2 X_2 + \cdots + \beta_k X_k + e$，如果干扰项和解释变量是相关的，即 $\mathrm{E}(e \mid X_1, X_2, \cdots, X_k) \neq 0$，那么我们可以说这个线性模型存在内生性的问题。例如第一节里的模型 2：$INC = \alpha + \beta_1 EDU + \varepsilon$，$\mathrm{E}(\varepsilon \mid EDU) \neq 0$。我们知道，干扰项里包含 IQ 变量，因此 $\mathrm{E}(\varepsilon \mid EDU) \neq 0$，存在内生性问题。这里需要注意的是模型 3：$INC = \gamma_0 + \gamma_1 EDU + u$，$\mathrm{E}(u \mid EDU) = 0$，表面上不存在内生性问题。但我们知道，$\mathrm{E}(u \mid EDU) = 0$ 是错误判断干扰项和解释变量关系的后果，满足这个关系的干扰项并非真实的干扰项。因此，$\mathrm{E}(u \mid EDU) = 0$ 并不代表真实的干扰项和解释变量不相关。

对于第二个问题，在因果关系分析里，所谓偏差，是指我们希望求得反映因果关系的系数，但所得的估计系数却不反映因果关系的情况，即相关关系系数对因果关系系数的偏差。

厘清了前两个问题，第三个问题就可以具体解释为：“解释变量和干扰项的相关性为什么会造成最小二乘法得到的解释变量系数不反映因果关系？”同样用前例来说明。模型 2：$INC = \alpha + \beta_1 EDU + \varepsilon$，$\mathrm{E}(\varepsilon \mid EDU) \neq 0$ 存在内生性。但最小二乘法只是一种算法，算法本身并不知道 $E(\varepsilon \mid EDU) \neq 0$，其得到的系数总是使得样本里的残差值和解释变量值不相关，因此得到的系数实际上为模型 3：$INC = \gamma_0 + \gamma_1 EDU + u$，$E(u \mid EDU) = 0$ 的相关系数 γ_1，它是因果关系系数 β_1 的有偏估计。

简言之，"内生性问题"是指当干扰项和解释变量相关时，我们无法识别解释变量的因果关系系数的情形。当出现内生性问题时，如果使用最小二乘法进行估计，用最小二乘法得到的系数使得残差和解释变量不相关，因此用最小二乘法得到的估计系数并非我们希望识别的因果关系系数，是有偏的。

二、内生性来源

造成干扰项和解释变量相关 $(e \mid X_1, X_2, \cdots, X_k) \neq 0$ 的原因有 3 种情况。我们用简单的两个解释变量模型说明。

（一）遗漏解释变量

假设模型为：$Y = \alpha + \beta_1 X_1 + \beta_2 X_2 + e$，$E(e \mid X_1, X_2) = 0$，但回归估计的模型遗漏了 X_2 这个变量，使用以下模型：$Y = \alpha + \beta_1 X_1 + v$。如果 X_1 和 X_2 存在相关性，那么 $E(v \mid X_1) = E((\beta_2 X_2 + e) \mid X_1) = \beta_2 E(X_2 \mid X_1) \neq 0$。

由此可见，遗漏变量造成内生性的原因是：遗漏变量 X_2 和解释变量 X_1 的相关性导致包含遗漏变量的干扰项 v 和解释变量 X_1 相关。

（二）测量误差

1. 解释变量的测量误差

假设模型为：$Y^* = \beta_0 + \beta_1 X^* + e$，$E(e \mid X^*) = 0$。在观测 X^* 时存在测量误差 u，即观测到的 $X = X^* + u$，但测量误差 u 与 X^*、Y^* 不相关，且均值为 0。Y^* 观测值不存在测量误差，即 $Y = Y^*$。

把观测值代入模型：

$$Y^* = \beta_0 + \beta_1 X^* + e$$

$$Y^* = \beta_0 + \beta_1 (X - u) + e = \beta_0 + \beta_1 X - \beta_1 u + e = \beta_0 + \beta_1 X + \underbrace{v}_{-\beta_1 u + e}$$

此时观测值 $X = X^* + u$ 和干扰项 $v = -\beta_1 u + e$ 中都包含测量误差 u。这造成了 $\mathrm{Cov}(X, v) = \mathrm{Cov}(X, v) = \mathrm{Cov}(X^* + u, e - \beta_1 u) = -\beta_1 \mathrm{Var}(u) \neq 0$。

由此可见，解释变量的观测误差造成内生性的原因是：使用有测量误差的解释变量造成了干扰项里包含测量误差，进而导致干扰项与观测的解释变量相关（因为二者都包含了测量误差）。

2. 被解释变量的测量误差

假设模型为：$Y^* = \beta_0 + \beta_1 X^* + e$，$\mathrm{E}(e \mid X^*) = 0$。在观察 Y^* 时存在测量误差 u，即观察到的 $Y = Y^* + u$，测量误差 u 与 Y^*、X^* 不相关，且均值为 0。X^* 的观察值不存在误差 $X = X^*$。

把观测值代入模型：

$$Y^* = \beta_0 + \beta_1 X^* + e$$

$$Y - u = \beta_0 + \beta_1 X^* + e$$

$$Y = \beta_0 + \beta_1 X^* + u + e = \beta_0 + \beta_1 X^* + \underbrace{v}_{u+e}$$

这时干扰项 $v = u + e$ 中包含测量误差 u，但 X^* 不存在误差。$\mathrm{E}(v \mid X^*) = \mathrm{E}(e + u \mid X^*) = 0$，因此不存在内生性问题。不过由于误差项(噪声)变大，回归结果的显著性会有所降低。

可见使用有测量误差的被解释变量虽然造成了干扰项里包含测量误差，但解释变量并没有测量误差，因此二者仍然不相关。

(三) 互为因果

如果两个变量互为因果，任何一方都可以作为对方的解释变量，那么任何一个单方面的回归都存在内生性问题，也称为逆向因果。我们用一个简单的模型说明。如果 Y_1 与 Y_2 互为因果并满足如下关系：

$$Y_1 = \beta_1 X_1 + \phi_1 Y_2 + e_1 \tag{2.14}$$

$$Y_2 = \beta_2 X_2 + \phi_2 Y_1 + e_2 \tag{2.15}$$

其中，X_1 和 X_2 均与 e_1、e_2 不相关，且 e_1 与 e_2 也不相关。

将 Y_2 代入等式(2.14)的右边项，我们可以得到如下“简化式”(reduced form)：

$$Y_1 = \frac{\beta_1}{1-\phi_1\phi_2} X_1 + \frac{\beta_2\phi_1}{1-\phi_1\phi_2} X_2 + \frac{e_1}{1-\phi_1\phi_2} + \frac{e_2\phi_1}{1-\phi_1\phi_2}$$

可以看到模型(2.15)中解释变量 Y_1 和干扰项 e_2 存在相关性：

$$\begin{aligned}\mathrm{Cov}(Y_1, e_2) &= \mathrm{Cov}\left(\frac{\beta_1}{1-\phi_1\phi_2} X_1 + \frac{\beta_2\phi_1}{1-\phi_1\phi_2} X_2 + \frac{e_1}{1-\phi_1\phi_2} + \frac{e_2\phi_1}{1-\phi_1\phi_2}, e_2\right) \\ &= \frac{\phi_1}{1-\phi_1\phi_2} \mathrm{Var}(e_2) \neq 0\end{aligned}$$

故 Y_1 具有内生性问题。等式(2.14)中的 Y_2 同理。

可见互为因果造成内生性的原因是：当等式(2.14)中干扰项 e_1 发生变化，造成被

解释变量 Y_1 变化，由于存在逆向因果，Y_1 在等式(2.15)中成为解释变量，其变化造成了被解释变量 Y_2 的变化，进而导致等式(2.14)中干扰项 e_1 的变化和解释变量 Y_2 的变化形成了相关性。

在实证研究中，这三种情况是很普遍的。它们最终造成的问题就是，当解释变量发生变化时，其他干扰因素也会同时发生变化。因此，简单的回归方法无法区分与衡量哪部分被解释变量的变化是由于解释变量变化造成的，而非干扰因素变化造成的。如何解决内生性的问题、正确估计因果关系是实证工作中面对的一大挑战。在后面的章节，我们将会围绕这个问题讨论各种解决办法。

附　录

附录一　条件均值独立性质的推论

1. e 对 $\boldsymbol{X}$ 的条件均值为 0 意味着 e 和 $\boldsymbol{X}$ 不相关：$E(e \mid \boldsymbol{X})=0 \Rightarrow \mathrm{Cov}(\boldsymbol{X}, e)=0$

证明：

$$\begin{aligned}\mathrm{Cov}(\boldsymbol{X}, e) &= E(\boldsymbol{X}e)-E(\boldsymbol{X})E(e)=E_X(E(\boldsymbol{X}e \mid \boldsymbol{X}))-E(\boldsymbol{X})E_X(E(e \mid \boldsymbol{X})) \\ &= E_X(\boldsymbol{X}E(e \mid \boldsymbol{X}))-E(\boldsymbol{X})E_X(E(e \mid \boldsymbol{X}))\end{aligned}$$

当 $E(e \mid \boldsymbol{X})=0$，上式等号右边第一、二项均为 0。因此，$\mathrm{Cov}(\boldsymbol{X}, e)=0$。

2. $E(e \mid \boldsymbol{X})=0 \Rightarrow E(e)=0$

证明：

运用迭代期望法，则可以得到 $E(e)=E_X(E(e \mid \boldsymbol{X}))=0$。

附录二　回归分解法证明

Y 作为被解释变量，$(X_1 \quad \cdots \quad X_i \quad \cdots \quad X_k)$ 作为解释变量，用最小二乘法得到线性函数关系：

$$Y=\hat{\alpha}+\hat{\beta}_1 X_1+\cdots+\hat{\beta}_i X_i+\cdots+\hat{\beta}_k X_k+\hat{e} \tag{2A.1}$$

上式中变量 X_i 的回归系数 $\hat{\beta}_i$ 等于：

$$\hat{\beta}_i=\frac{\mathrm{Cov}(Y, \hat{v}_i)}{\mathrm{Var}(\hat{v}_i)} \tag{2A.2}$$

v_i 是将 X_i 作为因变量，所有其他自变量为自变量，用最小二乘法得到的线性函数的残差项：

$$X_i = \hat{\gamma}_0 + \hat{\gamma}_1 X_1 + \cdots + \hat{\gamma}_{i-1} X_{i-1} + \hat{\gamma}_{i+1} X_{i+1} + \cdots + \hat{\gamma}_k X_k + \hat{v}_i \tag{2A.3}$$

证明：

将等式(2A.1)代入等式(2A.2)，有：

$$\frac{\mathrm{Cov}(Y,\ \hat{v}_i)}{\mathrm{Var}(\hat{v}_i)} = \frac{\mathrm{Cov}(\hat{\alpha} + \hat{\beta}_1 X_1 + \cdots + \hat{\beta}_i X_i + \cdots + \hat{\beta}_k X_k + \hat{e},\ \hat{v}_i)}{\mathrm{Var}(\hat{v}_i)} \tag{2A.4}$$

我们知道，用最小二乘法得到的线性方程(2A.3)中的残差项 $\hat{v}_i$ 与所有自变量都不相关：

$$\mathrm{Cov}(\hat{v}_i,\ X_1) = \cdots = \mathrm{Cov}(\hat{v}_i,\ X_{i-1}) = \mathrm{Cov}(\hat{v}_i,\ X_{i+1}) = \cdots = \mathrm{Cov}(\hat{v}_i,\ X_k) = 0$$

因此，等式(2A.4)等于：

$$\frac{\hat{\beta}_i \mathrm{Cov}(X_i,\ \hat{v}_i) + \mathrm{Cov}(\hat{e},\ \hat{v}_i)}{\mathrm{Var}(\hat{v}_i)} \tag{2A.5}$$

其中，分子中的两项分别为：

$$\begin{aligned} & \mathrm{Cov}(X_i,\ \hat{v}_i) \\ = & \mathrm{Cov}(\hat{\gamma}_0 + \hat{\gamma}_1 X_1 + \cdots + \hat{\gamma}_{i-1} X_{i-1} + \hat{\gamma}_{i+1} X_{i+1} + \hat{\gamma}_k X_k + \hat{v}_i,\ \hat{v}_i) \\ = & \mathrm{Var}(\hat{v}_i) \end{aligned}$$

这是因为，用最小二乘法得到的线性方程(2A.3)中的残差项与所有自变量都不相关。

$$\begin{aligned} & \mathrm{Cov}(\hat{e},\ \hat{v}_i) \\ = & \mathrm{Cov}(\hat{e},\ X_i - \hat{\gamma}_0 - \hat{\gamma}_1 X_1 - \cdots - \hat{\gamma}_{i-1} X_{i-1} - \cdots - \hat{\gamma}_{i+1} X_{i+1} - \cdots - \hat{\gamma}_k X_k) \\ = & 0 \end{aligned}$$

这是因为，用最小二乘法得到的线性方程(2A.1)中的残差项与所有自变量都不相关。

代入等式(2A.5)得到：

$$\frac{\hat{\beta}_i \mathrm{Cov}(X_i,\ \hat{v}_i) + \mathrm{Cov}(\hat{e},\ \hat{v}_i)}{\mathrm{Var}(\hat{v}_i)} = \frac{\hat{\beta}_i \mathrm{Var}(\hat{v}_i) + 0}{\mathrm{Var}(\hat{v}_i)} = \hat{\beta}_i$$

附录三　条件期望函数

条件期望函数是实证的基础。本附录里用一个简单的例子讲解条件期望函数的定义和计算。

1. 理论、实证模型和条件期望函数

实证研究中遇到的第一个问题是，如何将理论结果转化为实证模型？我们用一个简单的例子来理解如何进行转换。

假定理论经济学家得到了一个结论：企业投资(investment，I)是现金流(cash flow，CF)的函数，$I=f(CF)$。我们想验证这组关系是否成立，那么应该怎么做呢？

假设我们有企业的投资与现金流的总体数据。投资、现金流的数据已用资本规模进行标准化，取值均在 0～1 之间。表 2A.1 给出每个(CF，I)组合的概率。比如(0.10，0.50)的概率是 0.001，意味着 $CF=0.10$ 和 $I=0.50$ 在总体里出现的概率是 0.001。

表 2A.1 提供的信息就是投资 I 和现金流 CF 这两个变量的联合分布率：纵向来看，我们可以知道给定现金流值的情况下，企业不同投资水平的概率，如：当 $CF=0.15$ 时，$I=0.50$ 的概率是 0.011，$I=0.45$ 的概率是 0.002。横向来看，我们可以知道给定投资水平值的情况下，企业具有不同现金流的概率，如：当 $I=0.15$ 时，$CF=0.10$ 的概率为 0.002，$CF=0.40$ 的概率为 0.008。

表 2A.1　企业投资—现金流(I-CF)联合分布概率

	CF									
	(1)	(2)	(3)	(4)	(5)	(6)	(7)	(8)	(9)	10
I	0.10	0.15	0.20	0.25	0.30	0.35	0.40	0.45	0.50	0.55
0.50	0.001	0.011	0.007	0.006	0.005	0.005	0.008	0.009	0.014	0.004
0.45	0.001	0.002	0.006	0.007	0.010	0.007	0.008	0.009	0.008	0.007
0.40	0.002	0.006	0.004	0.007	0.010	0.011	0.020	0.019	0.013	0.006
0.35	0.002	0.009	0.009	0.012	0.016	0.020	0.042	0.054	0.024	0.020
0.30	0.010	0.023	0.033	0.031	0.041	0.029	0.047	0.039	0.042	0.007
0.25	0.013	0.013	0.000	0.002	0.001	0.000	0.000	0.000	0.000	0.000
0.20	0.001	0.012	0.011	0.005	0.012	0.016	0.017	0.014	0.004	0.003
0.15	0.002	0.008	0.013	0.006	0.009	0.008	0.008	0.008	0.006	0.002
0.10	0.009	0.009	0.010	0.006	0.009	0.007	0.005	0.003	0.002	0.003

为了更直观地看到概率分布，我们可以把(CF，I)组合的联合分布概率大小用圆点的大小表示在图 2A.1 中。因为联合分布率总和为 1，这些圆点的大小总和是 1。

从图 2A.1 中我们可以观察到，投资—现金流的关系并非如同理论上那样有着清晰的一一对应的 $I=f(CF)$ 关系，而是每个 CF 对应着多个 I 值，并且每个值出现的概率不同。这是因为，存在各种干扰因素影响 I 和 CF 的关系。如何透过这些干扰因素来发现 I 和 CF 的关系呢？

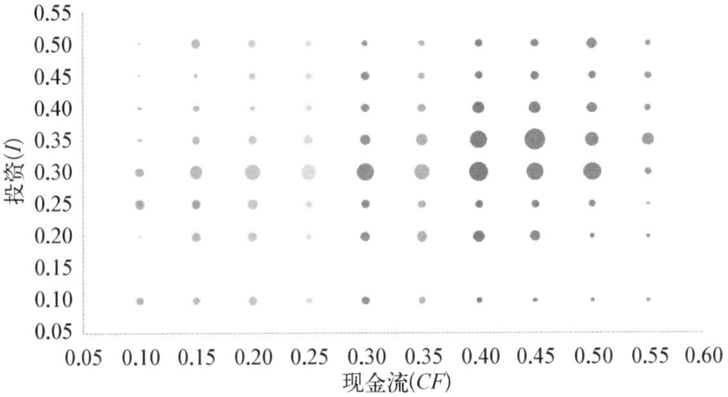

图 2A.1　企业投资—现金流(I-CF)联合分布概率图

一个最直接的方法是研究现金流变化如何影响企业的平均投资量，也就是从检验投资—现金流的确定关系 $I=f(CF)$，转化为检验二者的统计关系 $\mathrm{E}(I \mid CF)=f(CF)$。$\mathrm{E}(I \mid CF)=f(CF)$ 的意思是，I 的均值变化是 CF 的函数，也称为条件期望函数。这样转化的好处是：其一，从“平均意义”上来验证一个理论是否是对的，我们希望干扰因素取均值后会互相抵消；其二，均值易于理解；其三，均值在统计计算上有很多为人熟悉并易于计算的性质；其四，从政策角度上来讲，均值也具有较为清晰的指导意义。

在把确定性的理论关系转化为平均意义上的统计关系后，条件期望函数就成了实证工作的关键。

2. 条件期望函数定义和计算

(1) 定义

我们用大写字母代表随机变量，小写字母代表随机变量的具体数值。为方便讨论，我们把 X 作为解释变量，Y 作为被解释变量。条件期望值 $\mathrm{E}(Y \mid X=x)$ 是指给定一个 $X=x$ 值，对应的 Y 的期望值(即 Y 的概率平均值)。对于任何 $X=x$，都有对应的 Y 的期望值，因此 Y 的期望值是关于 X 的函数，即 $\mathrm{E}(Y \mid X=x)=f(x)$，我们称之为条件期望函数(Conditional Expectation Function，CEF)。条件期望函数 $\mathrm{E}(Y \mid X=x)=f(x)$ 告诉我们，当 X 值变化，Y 的期望值如何变化。当给定 $X=x$，我们可以通过条件期望函数找到对应的 Y 条件期望值，即 $\mathrm{E}(Y \mid X=x)=f(x)$。

(2) 计算

要计算条件期望，我们先要了解联合分布概率、边际分布概率和条件概率。相关数学定义如下：

$(X=x, Y=y)$ 的联合概率为：

$$P(X=x, Y=y)$$

它告诉我们 $X=x$ 并且 $Y=y$ 的概率为多少。

X 等于某个具体值 x 的边际概率为：

$$P(X=x)=\sum_{y} P(X=x, Y=y)$$

边际概率告诉我们，$X=x$ 的概率为多少。它是当 $X=x$ 时，所有可能 $(X=x, Y=y)$ 的联合概率加总。

知道了联合概率和边际概率，我们就可以求条件概率。给定 $X=x$ 时，Y 等于某个具体值 y 的条件概率为：

$$P(Y=y \mid X=x)=\frac{P(X=x, Y=y)}{P(X=x)}$$

知道了条件概率，就可以求条件期望了。给定 $X=x$，Y 的条件期望是 Y 的可能值乘以对应的条件概率的加总，即：

$$\mathrm{E}(Y \mid X=x)=\sum_{y} y P(X=x, Y=y)$$

表 2A.1 中每一格内的数字给出了企业投资—现金流 $(CF=cf, I=i)$ 的联合概率。要得到当 $CF=cf$ 时，I 的条件概率 $P(I \mid CF=cf)$，必须先将 $CF=cf$ 的一列中所有的联合概率加起来，得到该列的边际概率 $P(CF=cf)$；然后，该列的每个联合概率都除以所在列的边际概率，就得到了当 $CF=cf$ 时的条件分布概率 $P(I \mid CF=cf)$。表 2A.2 中每一格内的数字给出了表 2A.1 对应的条件概率 $P(I \mid CF)$。易知每一列条件概率和为 1。

要得到当 $CF=cf$ 时，I 的条件期望值 $\mathrm{E}(I \mid CF=cf)$，我们用每一列的条件期望概率乘以所在行对应的 I 值并相加，就得到每列 I 的条件期望 $\mathrm{E}(I \mid CF=cf)$。例如，第 9 列 $CF=0.50$，I 的条件期望是：

$$\begin{aligned}
\mathrm{E}(I \mid CF=0.50) &= \sum_{i} i P(i \mid CF=0.50) \\
&= 0.50 \times 0.124+0.45 \times 0.071+0.40 \times 0.115+0.35 \times 0.212 \\
&\quad +0.30 \times 0.372+0.25 \times 0.000+0.20 \times 0.035+0.15 \\
&\quad \times 0.053+0.10 \times 0.018 \\
&= 0.342
\end{aligned}$$

上式告诉我们，当现金流等于 0.5 时，投资的期望值是 0.342。

表 2A.2 条件概率 $P(I|CF)$ 和条件期望 $E(I|CF)$

	CF									
	(1)	(2)	(3)	(4)	(5)	(6)	(7)	(8)	(9)	(10)
I	0.10	0.15	0.20	0.25	0.30	0.35	0.40	0.45	0.50	0.55
0.50	0.024	0.118	0.075	0.073	0.044	0.049	0.052	0.058	0.124	0.077
0.45	0.024	0.022	0.065	0.085	0.088	0.068	0.052	0.058	0.071	0.135
0.40	0.049	0.065	0.043	0.085	0.088	0.107	0.129	0.123	0.115	0.115
0.35	0.049	0.097	0.097	0.146	0.142	0.194	0.271	0.348	0.212	0.385
0.30	0.244	0.247	0.355	0.378	0.363	0.282	0.303	0.252	0.372	0.135
0.25	0.317	0.140	0.000	0.024	0.009	0.000	0.000	0.000	0.000	0.000
0.20	0.024	0.129	0.118	0.061	0.106	0.155	0.110	0.090	0.035	0.058
0.15	0.049	0.086	0.140	0.073	0.080	0.078	0.052	0.052	0.053	0.038
0.10	0.220	0.097	0.108	0.073	0.080	0.068	0.032	0.019	0.018	0.058
$P(CF)$	0.041	0.093	0.093	0.082	0.113	0.103	0.155	0.155	0.113	0.052
$\sum P(I\|CF)$	1	1	1	1	1	1	1	1	1	1
$E(I\|CF)$	0.246	0.286	0.280	0.310	0.299	0.300	0.319	0.329	0.342	0.343

图 2A.2 描绘了给定不同 $CF=cf$ 对应的 I 的条件概率 $P(I \mid CF=cf)$ 和条件期望值 $E(I \mid CF=cf)$。每一列的实心圆点大小反映了给定 $CF=cf$ 的条件期望概率 $P(I \mid CF=cf)$ 的大小。每一列的实心圆点代表的条件期望概率总和为 1。每一列的空心圆点是给定 $CF=cf$，对应的 I 的条件期望值 $E(I \mid CF=cf)$。

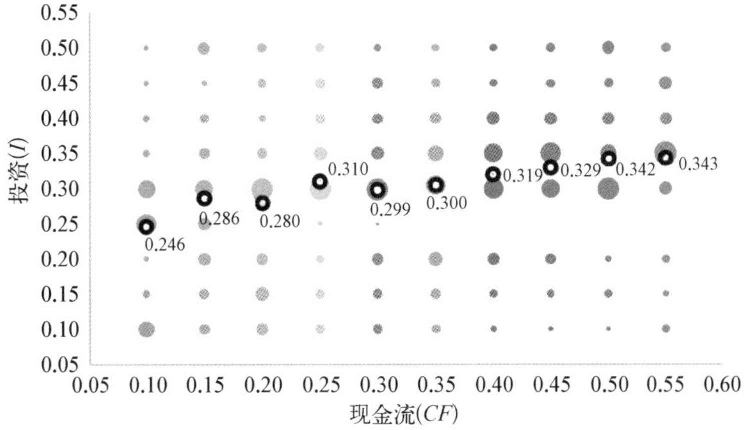

图 2A.2 条件概率 $P(I|CF)$ 和条件期望 $E(I|CF)$

我们可以将 CF 与 $E(I \mid CF)$ 的关系单独提取出来反映在图 2A.3 上。图中的 $E(I \mid CF)$ 连线正是我们想得到的条件期望函数 $E(I \mid CF)=f(CF)$。它反映企业平均投资如何随着现金流 CF 变化而变化。

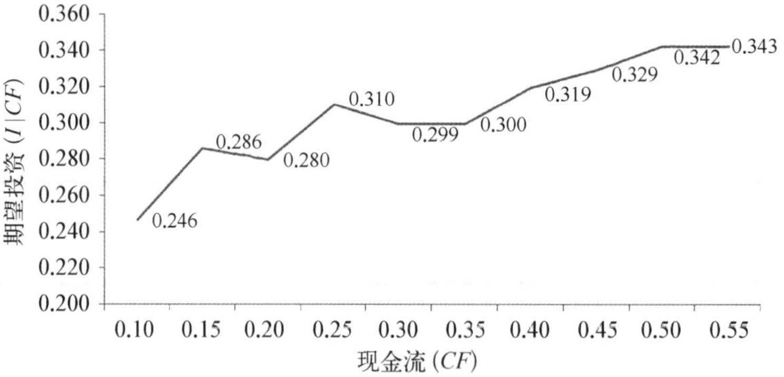

图 2A.3　现金流—期望投资的关系 $E(I \mid CF)=f(CF)$

3. 残差项

Y 和条件期望值 $E(Y \mid X)$ 之间的差异称为残差 $\hat{e}$。我们总可以把一个随机函数分解成它的条件期望和残差的和，即 $Y=E(Y \mid X)+\hat{e}$。残差有如下性质：

残差项的条件期望值为 0，即 $E(\hat{e} \mid X)=0$。

证明：$E(\hat{e} \mid X)=E((Y-E(Y \mid X)) \mid X)=E(Y \mid X)-E(Y \mid X)=0$

回到前面的例子来理解这个性质。给定每个 $CF=cf$，我们可以把 I 值拆解为 $I=E(I \mid CF=cf)+\hat{e}$。表 2A.3 中的每一格内的数字给出了分解后对应的残差值。例如在第 8 列（$CF=0.45$），从表 2A.2 我们知道条件均值是 $E(I \mid CF=0.45)=0.329$。因此当 $I=0.5$ 时，残差值 $\hat{e}=0.5-E(I \mid CF=0.45)=0.5-0.329=0.171$；当 $I=0.45$ 时，残差值 $\hat{e}=0.45-E(I \mid CF=0.45)=0.45-0.329=0.121$。以此类推，我们可以得到所有残差值。要验证给定任何 $CF=cf$，残差值的条件期望为 0，我们把表 2A.3 中的残差值再乘上表 2A.2 中对应的条件期望概率，最后把每列相加起来，和为 0。我们依然以第 8 列为例：

$$
\begin{aligned}
E(\hat{e} \mid CF=0.45) &= \sum_{\hat{e}} \hat{e} P(\hat{e} \mid CF=0.45) \\
&= (0.171 \times 0.058 + 0.121 \times 0.058 + 0.071 \times 0.123 + 0.021 \\
&\quad \times 0.348 - 0.029 \times 0.252 - 0.079 \times 0.000 - 0.129 \times 0.090 \\
&\quad - 0.179 \times 0.052 - 0.229 \times 0.019) \\
&= 0
\end{aligned}
$$

体现在图 2A.2 上就是，每列所有实心圆点和空心圆点的距离差值（即干扰项的值）乘以实心圆点的大小（即条件概率）加总为 0。

表 2A.3　残差值 $\hat{e} = I - E(I \mid CF)$

	CF									
	(1)	(2)	(3)	(4)	(5)	(6)	(7)	(8)	(9)	(10)
I	0.10	0.15	0.20	0.25	0.30	0.35	0.40	0.45	0.50	0.55
0.50	0.254	0.214	0.220	0.190	0.201	0.200	0.180	0.171	0.158	0.156
0.45	0.204	0.164	0.170	0.140	0.151	0.150	0.130	0.121	0.108	0.106
0.40	0.154	0.114	0.120	0.090	0.101	0.100	0.080	0.071	0.058	0.056
0.35	0.104	0.064	0.070	0.040	0.051	0.050	0.030	0.021	0.007	0.006
0.30	0.054	0.014	0.020	−0.010	0.001	0.000	−0.020	−0.029	−0.043	−0.044
0.25	0.004	−0.036	−0.030	−0.060	−0.049	−0.050	−0.070	−0.079	−0.093	−0.094
0.20	−0.046	−0.086	−0.080	−0.110	−0.099	−0.100	−0.120	−0.129	−0.143	−0.144
0.15	−0.096	−0.136	−0.130	−0.160	−0.149	−0.150	−0.170	−0.179	−0.193	−0.194
0.10	−0.146	−0.186	−0.180	−0.210	−0.199	−0.200	−0.220	−0.229	−0.243	−0.244
$E(I \mid CF)$	0.246	0.286	0.280	0.310	0.299	0.300	0.319	0.329	0.342	0.343
$E(\hat{e} \mid CF)$	0	0	0	0	0	0	0	0	0	0

第三章　线性回归——运用篇

前一章我们重点讲解了干扰项条件均值独立于解释变量对于识别解释变量和被解释变量间因果关系的重要性，以及最小二乘法如何使用变量的信息以达到识别不同解释变量对被解释变量的单独影响。上一章的讨论基本不涉及样本的问题。在实际运用中，我们使用样本观测值去估计回归模型里的系数。本章的目的是在上一章的基础上，具体解析样本回归模型的假设以及样本最小二乘法估计系数的性质。本章的目的不是重复其他书本里的数学推导，而是侧重于理解为什么需要一些假设以及厘清实际运用中经常容易混淆的一些问题。与其他教材的另一个不同之处是，在本章讲解中，我们会区别固定解释变量和随机解释变量两种模型设置，这样的区别虽然有些烦琐，但有助于我们理解问题的本质。第一节阐明固定解释变量和随机解释变量的区别；第二节和第三节解释并总结在两种不同解释变量下 N 个样本的回归模型假设，并讲解这些假设的直观含义及其对因果关系估计的影响；第四节总结样本最小二乘法估计系数的性质，重点区别小样本和大样本下的性质；第五节讲解大、小样本下的假设检验；第六节介绍主要的 Stata 回归命令；第七节讨论模型回归在实际应用中经常遇到的问题。

第一节　固定解释变量和随机解释变量

在阅读不同计量教科书时，我们可能会碰到两种不同的假设模型：一种是假设解释变量是固定的；另一种是假设解释变量是随机的。这一差别可能没有引起你的注意，也可能你注意到了，但并不知道为什么会有这些差异。理解这两种假设模型的区别与联系对我们了解如何通过样本数据推断因果关系是很有帮助的。

固定的解释变量是指解释变量在重复抽样中，其值是固定的(fixed/nonstochastic)。固定的解释变量通常出现在控制实验中，因为控制的实验条件可以人为地固定解释变量的数值。例如，在农业实验中，可将水量和施肥量作为解释变量 X，将产量作为被解释变量 Y。由于在重复的实验中，水量和施肥量是可控制的，在这种情况下，解释变量 X 就是固定而非随机的。如果解释变量是固定的，被解释变量随机变化的原因

就不是由解释变量 X 造成的，而完全是由干扰项造成的。例如，在重复实验中，我们所观测到的产量和水量以及施肥量的关系并不是完全确定的，因为产量还会受到其他随机干扰因素的影响。对社会科学而言，通常情况下，解释变量不可能像自然科学实验中的变量一样是可控制的固定解释变量，而是一个随机的(stochastic)解释变量。随机解释变量意味着在重复抽样中，得到的解释变量值并不一定都是一样的。固定自变量也可以理解为每次抽样值都是一样的随机变量。

固定解释变量假设可以让我们极大地简化线性回归中的数学证明。因此，入门级教科书中通常使用的是固定解释变量假设。然而有意思的是，用固定解释变量假设推导出的结论对随机自变量的情况也基本适用。

表 3.1 总结了在固定解释变量和随机解释变量下回归模型设置的差异。

表 3.1　回归模型假设

固定解释变量	随机解释变量
1. $\boldsymbol{X}$ 是固定的	1. $\boldsymbol{X}$ 是随机的或随机和固定混合的
2. $\boldsymbol{Y}=\boldsymbol{X\beta}+\boldsymbol{e}$	2. $\boldsymbol{Y}=\boldsymbol{X\beta}+\boldsymbol{e}$
3. $\mathrm{E}[\boldsymbol{e}]=0$	3. $\mathrm{E}[\boldsymbol{e}\mid\boldsymbol{X}]=0$
4. $\mathrm{E}(\boldsymbol{ee}')=\sigma^2\boldsymbol{I}$	4. $\mathrm{E}(\boldsymbol{ee}'\mid\boldsymbol{X})=\sigma^2\boldsymbol{I}$
$\mathrm{Var}(e_i)=\sigma^2$	$\mathrm{Var}(e_i\mid\boldsymbol{X})=\sigma^2$
$\mathrm{Cov}(e_i, e_j)=0$	$\mathrm{Cov}(e_i, e_j\mid\boldsymbol{X})=0$
5. $\boldsymbol{e}\sim\mathrm{N}(0, \sigma^2\boldsymbol{I})$	5. $\boldsymbol{e}\mid\boldsymbol{X}\sim\mathrm{N}(0, \sigma^2\boldsymbol{I})$
6. 解释变量不存在共线性并且观测点多于解释变量数	6. 解释变量不存在共线性并且观测点多于解释变量数

我们先介绍一下表里的符号。如果我们通过实验或抽样得到 N 个观测点(observation)，每个观测点 i 的解释变量、被解释变量和干扰项满足以下线性关系：

$$Y_i=\beta_1X_{1i}+\beta_2X_{2i}+\beta_3X_{3i}+\cdots+\beta_kX_{ki}+e_i$$

其中，Y 代表被解释变量，X 代表解释变量，β 代表解释变量的系数，e 代表干扰项，k 代表第 k 个解释变量，i 代表第 i 个观测点。

N 个观测点的变量线性关系可用矩阵形式表示如下：

$$\begin{bmatrix} Y_1 \\ Y_2 \\ \cdots \\ Y_i \\ \cdots \\ Y_N \end{bmatrix}=\begin{bmatrix} X_{11} & X_{21} & X_{31} & \cdots & X_{k1} \\ X_{12} & X_{22} & X_{32} & \cdots & X_{k2} \\ \cdots & \cdots & \cdots & \cdots & \cdots \\ X_{1i} & X_{2i} & X_{3i} & \cdots & X_{ki} \\ \cdots & \cdots & \cdots & \cdots & \cdots \\ X_{1N} & X_{2N} & X_{3N} & \cdots & X_{kN} \end{bmatrix}\times\begin{bmatrix} \beta_1 \\ \beta_2 \\ \cdots \\ \beta_i \\ \cdots \\ \beta_k \end{bmatrix}+\begin{bmatrix} e_1 \\ e_2 \\ \cdots \\ e_i \\ \cdots \\ e_N \end{bmatrix}$$

上述矩阵可进一步用 k 维向量 $\boldsymbol{X}_i=(X_{1i}\quad X_{2i}\quad\cdots\quad X_{ki})'$，$\boldsymbol{\beta}=(\beta_1\quad\beta_2\quad\cdots\quad\beta_k)'$ 简化为：

$$\begin{bmatrix}Y_1\\Y_2\\\cdots\\Y_i\\\cdots\\Y_N\end{bmatrix}=\begin{bmatrix}\boldsymbol{X}'_1\\\boldsymbol{X}'_2\\\cdots\\\boldsymbol{X}'_i\\\cdots\\\boldsymbol{X}'_N\end{bmatrix}\times\boldsymbol{\beta}+\begin{bmatrix}e_1\\e_2\\\cdots\\e_i\\\cdots\\e_N\end{bmatrix}$$

再进一步用 $N\times k$ 矩阵 $\boldsymbol{X}=(\boldsymbol{X}_1\quad\boldsymbol{X}_2\quad\cdots\boldsymbol{X}_N)'$、$N$ 维向量 $\boldsymbol{Y}=(Y_1\quad Y_2\quad\cdots\quad Y_N)'$ 和 $\boldsymbol{e}=(e_1\quad e_2\quad\cdots\quad e_N)'$ 简化表达式为：

$$\boldsymbol{Y}=\boldsymbol{X\beta}+\boldsymbol{e}$$

虽然用矩阵可以简化公式表达形式，但也容易掩盖细节，不易得到直观的理解。因此在下面的讨论中，我们会在必要时避免使用矩阵而使用详细的表达式。

我们先讲解较为简单的固定解释变量假设下的线性回归假设，再讨论随机解释变量假设下的线性回归假设。

第二节　理解固定解释变量下的回归模型假设

一、假设 1：解释变量 X 是固定的

$\boldsymbol{X}=(\boldsymbol{X}_1\quad\boldsymbol{X}_2\quad\cdots\quad\boldsymbol{X}_N)'$ 是固定的假设，意味着对于 N 个观测点，每个观测点的解释变量 $\boldsymbol{X}_i$ 都是固定值。例如要研究温度对细菌生长的影响，解释变量 X＝温度，被解释变量 Y＝细菌生长速度。我们做第一次实验，得到两个观测点值：观测点 1 控制温度为 30℃，观测点 2 控制温度为 60℃，实验得到(30，细菌生长速度$_1$)、(60，细菌生长速度$_2$)两个观测值。如果我们做第二次实验，还是使用同样的温度，实验得到(30，细菌生长速度$'_1$)、(60，细菌生长速度$'_2$)两个观测值。在这种情况下，我们认为解释变量温度是固定的，因为温度$_1$＝30、温度$_2$＝60 不是随机抽取的，而是我们设定的。因此，我们认为观测点 1 和观测点 2 的解释变量 X_1＝温度$_1$ 和 X_2＝温度$_2$ 是固定的。但细菌生长除了会受到温度影响，还会受到其他观测不到的随机干扰因素影响，因此细菌生长速度是随机的。

二、假设 2: $\boldsymbol{Y}=\boldsymbol{X\beta}+\boldsymbol{e}$

假设 2 认为被解释变量是解释变量的线性函数并加上一个干扰项。这里的线性关系是针对解释变量系数而言的。例如，以下三个回归模型均是线性关系：$Y=\beta_0+\beta_1 X+\mu$，$Y=\beta_0+\beta_1\sin(X)+v$，$Y=\beta_0+\beta_1\log(x)+w$。而下面这个模型是非线性的：$Y=\beta_0+\beta_1 X^{\beta_2}+\varepsilon$。在应用过程中，我们可以把一些非线性模型通过数学方法转换成线性模型。例如，我们可以利用取自然对数的方法将下面这个非线性模型转换成线性模型，即 $Y=AX^{\beta}\exp(e)\Rightarrow\log(Y)=\log(A)+\beta\log(X)+e$。

在前面的控制实验里，如果我们只有两个观测点，即样本数量 $N=2$。根据假设 2，观测点 1 和观测点 2 的被解释变量、解释变量和干扰项存在以下线性关系：

$$\text{细菌生长速度}_1=\alpha+\beta_1\text{ 温度}_1+e_1$$

$$\text{细菌生长速度}_2=\alpha+\beta_1\text{ 温度}_2+e_2$$

其中，e_1 和 e_2 是第 1 个和第 2 个观测点的干扰项。

很明显，解释变量和被解释变量的真实关系不太可能是简单的线性关系。线性关系的假设是对真实关系的线性近似，这个近似的好坏取决于真实关系的非线性程度。由于线性关系假设极大地方便计算，因此我们通常并不过多地纠结于线性关系假设。

三、假设 3: $\mathrm{E}[\boldsymbol{e}]=0$

这个假设是指每个观测点 i 的干扰项的均值为 0，即：

$$\mathrm{E}(\boldsymbol{e})=0\Leftrightarrow\begin{bmatrix}\mathrm{E}(e_1)=0\\ \mathrm{E}(e_2)=0\\ \mathrm{E}(e_3)=0\\ \cdots\\ \mathrm{E}(e_N)=0\end{bmatrix}$$

这个假设的意思是，对于每个观测点，在重复实验(重复抽样)的情形下，干扰项的值有时为正，有时为负，但平均值为 0。这个假设保证了在解释变量固定的情况下，我们可以通过重复实验(重复抽样)来去除干扰项的影响，从而得到解释变量和被解释变量的因果关系。

我们用温度和细菌生长的实验例子来说明这个假设的意义。在这个例子中，每轮实验有 2 个观测点。图 3.1 中的 A 点和 B 点是在一轮实验中得到的 2 个实验观测值，即(细菌生长速度$_1$，温度$_1$)和(细菌生长速度$_2$，温度$_2$)。通过这两点，我们可以估计温度和细菌生长速度的线性关系，这体现为连接 A 点和 B 点的虚线斜率：

$$\begin{aligned}\hat{\beta}_1 &\equiv \text{单次实验估计细菌生长速率和温度的线性关系系数}\\ &=[(\text{细菌生长速度}_2)-(\text{细菌生长速度}_1)]/(\text{温度}_2-\text{温度}_1)\\ &=[(\alpha+\beta_1 60+e_2)-(\alpha+\beta_1 30+e_1)]/(60-30)\\ &=\beta_1+\underbrace{(e_2-e_1)/(60-30)}_{\text{单次实验干扰项造成的误差}\neq 0}\end{aligned} \tag{3.1}$$

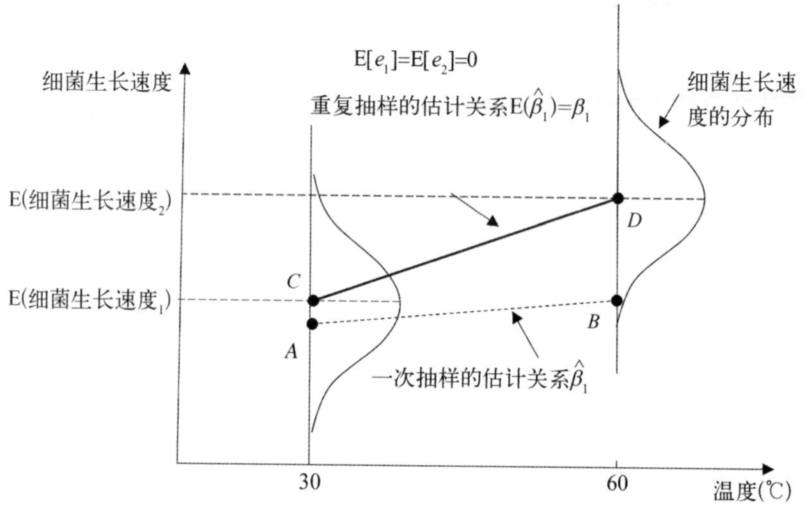

图 3.1　干扰项均值为 0[$E(e_1)=E(e_2)=0$] 情况下细菌平均生长速度和温度的关系

可见由于细菌生长还受到其他干扰因素的影响，因此通过单次实验得到的虚线斜率 $\hat{\beta}_1$ 并不反映生长速度和温度的真正的关系。但如果我们重复这个实验，就可以得到第一个观测点细菌的平均生长速度：E(细菌生长速度$_1$) $=\alpha+\beta_1$ 温度$_1$ $+E(e_1)=\alpha+\beta_1$ 温度$_1$。我们看到第一个观测点干扰项均值 $E(e_1)=0$ 意味着，第 1 个观测点干扰因素在重复实验里互相抵消了，因此细菌生长速度的均值排除了干扰项的影响。图 3.1中的 C 点是重复实验第 1 个观测点（设定温度为 30℃）所得到的细菌生长速度的均值。同理，第二个观测点干扰项均值 $E(e_2)=0$ 意味着，重复实验得到的第 2 个观测点细菌生长速度的均值排除了干扰项影响：E(细菌生长速度$_2$) $=\alpha+\beta_1$ 温度$_2$ $+E(e_2)=\alpha+\beta_1$ 温度$_2$。图 3.1 中的 D 点是重复实验第 2 个观测点（设定温度为 60℃）所得到的细菌生长速度的均值。由于 C 点和 D 点的值去除了干扰项的影响，连接 C 点和 D 点实线的斜率就反映了温度对细菌生长速度的因果影响，即：

$$\begin{aligned}E(\hat{\beta}_1) &\equiv \text{重复实验估计细菌生长速率和温度的线性关系系数的均值}\\ &=[E(\text{细菌生长速度}_2)-E(\text{细菌生长速度}_1)]/(\text{温度}_2-\text{温度}_1)\\ &=[E(\alpha+\beta_1 60+e_2)-E(\alpha+\beta_1 30+e_1)]/(60-30)\end{aligned}$$

$$=\beta_1+\underbrace{[\mathrm{E}(e_2)-\mathrm{E}(e_1)]/(60-30)}_{\text{重复实验干扰项造成的误差均值}=0}$$
$$=\beta_1 \tag{3.2}$$

可见，重复实验得到的系数是单次实验所得系数 $\hat{\beta}_1$ 的均值，即 CD 线的斜率是 AB 线斜率的均值，这个均值等于真实值 β_1。干扰项均值为 0 允许我们通过重复抽样排除干扰项的影响，从而能正确估计温度和细菌生长速度的因果关系。

干扰项包含了除解释变量外其他不可观测但会影响被解释变量的因素。在固定解释变量的情况下，如果存在缺失变量，会造成干扰项的均值不等于 0，并且不同观测点干扰项的均值是不同的，从而影响因果关系的估计。在研究温度对细菌生长影响的例子里，假如湿度也会影响细菌生长，如果实验没有控制湿度，此时的干扰项就包含了湿度。如果温度和湿度碰巧有正相关性，在重复实验里，观测点 2(温度为 60℃)的平均湿度会高于观测点 1(温度为 30℃)的平均湿度。由于湿度是作为干扰因素包含在干扰项里，这意味着在重复实验中，观测点 2(温度为 60℃)的干扰项均值会高于观测点 1(温度为 30℃)的干扰项的均值，即 $\mathrm{E}(e_2)=a_2>\mathrm{E}(e_1)=a_1$。

图 3.2 显示了这种情况对细菌生长速度和温度因果关系估计的影响。由于观测点 1 的干扰项均值为 $\mathrm{E}(e_1)=a_1$，重复实验得到观测点 1 的细菌生长速度均值 E(细菌生长速度$_1$) 从 C 变到 $C'=C+a_1$。由于观测点 2 的干扰项均值为 $\mathrm{E}(e_2)=a_2$，重复实验得到观测点 2 的细菌生长速度均值 E(细菌生长速度$_2$) 从 D 变到 $D'=D+a_2$。在这种情况下，连接均值 C'点和 D'点的实线的斜率比连接均值 C 点和 D 点的实线的斜率大，可见当每个干扰项均值不相同时，温度对细菌平均生长速度的因果关系估计将受到干扰项的影响。这种情况下重复实验得到估计系数的均值为：

$$\mathrm{E}(\hat{\beta}_1)\equiv\text{重复实验估计细菌生长速率和温度的线性关系系数的均值}$$
$$=[\mathrm{E}(\text{细菌生长速度}_2)-\mathrm{E}(\text{细菌生长速度}_1)]/(\text{温度}_2-\text{温度}_1)$$
$$=[\mathrm{E}(\alpha+\beta_1 60+e_2)-\mathrm{E}(\alpha+\beta_1 30+e_1)]/(60-30)$$
$$=\beta_1+[\mathrm{E}(e_2)-\mathrm{E}(e_1)]/(60-30)$$
$$=\beta_1+\underbrace{[a_2-a_1]/(60-30)}_{\text{重复实验干扰项造成的误差均值}\neq 0}$$
$$\neq\beta_1$$

我们看到，$\mathrm{E}(\hat{\beta}_1)\neq\beta_1$，原因是干扰项造成的误差均值不等于 0。这个例子说明，当干扰项均值会随着解释变量值发生变化时，我们无法通过重复抽样消除干扰项的影响，解释变量和被解释变量的因果关系估计将受到随解释变量变化的干扰项的混淆。

在固定解释变量的情况下，由于解释变量是固定的，不存在第二章中介绍的反向

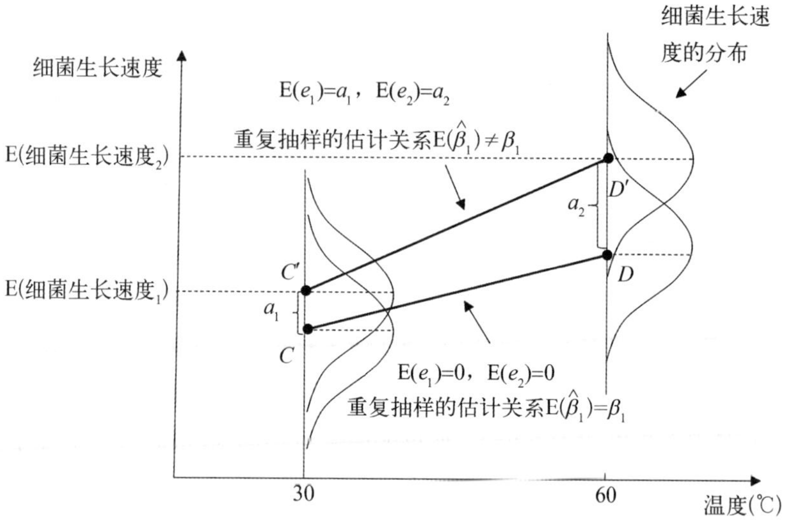

图 3.2 干扰项均值不相同$[E(e_1)=a_1,\ E(e_2)=a_2]$情况下细菌生长平均生长速度和温度的关系

因果问题(因为细菌生长不会对控制的温度有影响)和解释变量测量误差的内生性问题(控制的温度不会有测量误差),因此在固定解释变量情况下,$E[\boldsymbol{e}]=0$ 的假设可以认为是“不存在缺失解释变量”的假设。干扰项均值为 0 这个假设是在固定解释变量情况下,我们能够识别解释变量和被解释变量因果关系的关键。

四、假设 4: $E(\boldsymbol{ee}')=\boldsymbol{\sigma}^2\boldsymbol{I}$

假设 4 是关于不同观测点干扰项协方差的假设。我们先把干扰项的协方差矩阵表示出来:

$$E(\boldsymbol{ee}')=E(\begin{bmatrix} e_1 \\ e_2 \\ e_3 \\ \cdots \\ e_N \end{bmatrix}\times[e_1 \quad e_2 \quad e_3 \quad \cdots \quad e_N])=\begin{bmatrix} E(e_1e_1) & E(e_1e_2) & E(e_1e_3) & \cdots & E(e_1e_N) \\ E(e_2e_1) & E(e_2e_2) & E(e_2e_3) & \cdots & E(e_2e_N) \\ E(e_3e_1) & E(e_3e_2) & E(e_3e_3) & \cdots & E(e_3e_N) \\ \cdots & \cdots & \cdots & \cdots & \cdots \\ E(e_Ne_1) & E(e_Ne_2) & E(e_Ne_3) & \cdots & E(e_Ne_N) \end{bmatrix}$$

$$=\begin{bmatrix} \sigma_1^2 & \sigma_{12} & \sigma_{13} & \cdots & \sigma_{1N} \\ \sigma_{21} & \sigma_2^2 & \sigma_{23} & \cdots & \sigma_{2N} \\ \sigma_{31} & \sigma_{32} & \sigma_3^2 & \cdots & \sigma_{3N} \\ \cdots & \cdots & \cdots & \cdots & \cdots \\ \sigma_{N1} & \sigma_{N2} & \sigma_{N3} & \cdots & \sigma_N^2 \end{bmatrix}$$

因为 $\sigma_{ij}=\text{Cov}(e_i, e_j)=\text{E}(e_ie_j)-\text{E}(e_i)\text{E}(e_j)=\text{E}(e_ie_j)$，所以对角线上是每个观测点干扰项的方差，例如 σ_3^2 是观测点 3 干扰项的方差；对角线外是每两个不同观测点干扰项的协方差，例如 σ_{23} 是观测点 2 和观测点 3 的协方差。由于每个观测点的干扰因素来源可能是不一样的，而这些干扰因素之间可能是相关的，它们的存在形式会影响值估计系数的精确度，因此我们需要对不同观测点干扰项的方差和协方差做出假设。

$\text{E}(\boldsymbol{ee}')=\boldsymbol{\sigma}^2\boldsymbol{I}$ 的假设可以展开如下：

$$\text{E}(\boldsymbol{ee}')=\begin{bmatrix}\sigma_1^2 & \sigma_{12} & \sigma_{13} & \cdots & \sigma_{1N}\\ \sigma_{21} & \sigma_2^2 & \sigma_{23} & \cdots & \sigma_{2N}\\ \sigma_{31} & \sigma_{32} & \sigma_3^2 & \cdots & \sigma_{3N}\\ \cdots & \cdots & \cdots & \cdots & \cdots\\ \sigma_{N1} & \sigma_{N2} & \sigma_{N3} & \cdots & \sigma_N^2\end{bmatrix}=\begin{bmatrix}\sigma^2 & 0 & 0 & \cdots & 0\\ 0 & \sigma^2 & 0 & \cdots & 0\\ 0 & 0 & \sigma^2 & \cdots & 0\\ \cdots & \cdots & \cdots & \cdots & \cdots\\ 0 & 0 & 0 & \cdots & \sigma^2\end{bmatrix}$$

可以看到这个假设中包含了两个子假设：$\text{Var}(e_i)\equiv\sigma_i^2=\sigma^2$（不同观测点干扰项同方差）；$\text{Cov}(e_i, e_j)\equiv\sigma_{ij}=0$（不同观测点干扰项不相关）。

如果每个观测点干扰项的方差是相同的，我们就称其为同方差；如果每个观测点干扰项的方差是不相同的，我们则称其为异方差。异方差也意味着每个观测点干扰项的来源是不同的，例如，如果 $\sigma_3^2>\sigma_2^2$，说明观测点 3 干扰项的变化范围比观测点 2 干扰项的变化范围要大。在前面的控制实验里，如果干扰因素对细菌生长速度的影响范围会因为温度高而增加，虽然它们影响的平均值都为 0（根据假设 2），但观测点 2（温度为 60℃）的干扰项方差会大于观测点 1（温度为 30℃）的干扰项方差。

如果不同观测点干扰项的协方差为 0，那么我们可以得出不同观测点的干扰项不相关。这可以理解为，一个观测点干扰项的信息不包含预测另一个观测点干扰项的信息。如果观测点是时间序列，由于干扰因素的发生通常在时间上有连续性，会造成不同时间点的干扰项相关，这种情况下干扰项的方差就存在自相关问题。

$\text{E}(\boldsymbol{ee}')=\boldsymbol{\sigma}^2\boldsymbol{I}$ 对不同观测点的干扰项方差和相关性做了一个简单的假设：它们方差相同，而相关性为 0。这个假设便于我们判断样本估计系数的准确度。然而，这个假设在实际情况中通常不成立，不同观测点的干扰因素方差可能是不同的，不同观测点间的干扰因素也可能是相关的。违背该假设会导致异方差和自相关问题，我们将在下一章进行详细讨论。注意，这个假设和 $\text{E}(e)=0$ 关注的问题不同，$\text{E}(e)=0$ 关注的是干扰项的均值，而 $\text{E}(ee')=\sigma^2I$ 关注的是干扰项的分布范围。前者影响的是样本估计系数的平均值，后者影响的则是样本估计系数的方差。

五、假设 5：$e \sim \mathrm{N}(0, \boldsymbol{\sigma}^2 \boldsymbol{I})$

这个假设是指每个观测点的干扰项满足正态分布条件，由于前面我们还假设了每个观测点的干扰项均值为 0、方差为 σ^2，我们把这 3 个假设加在一起，即每个干扰项满足均值为 0、方差为 σ^2 的正态分布，也就是 $e_i \sim \mathrm{N}(0, \sigma^2)$，$i=1, 2, \cdots, N$。可以用矩阵表示如下：

$$\begin{bmatrix} e_1 \\ e_2 \\ e_3 \\ \cdots \\ e_N \end{bmatrix} \sim \mathrm{N}\left(\begin{bmatrix} 0 \\ 0 \\ 0 \\ 0 \\ 0 \end{bmatrix}, \begin{bmatrix} \sigma^2 & 0 & 0 & \cdots & 0 \\ 0 & \sigma^2 & 0 & \cdots & 0 \\ 0 & 0 & \sigma^2 & \cdots & 0 \\ \cdots & \cdots & \cdots & \cdots & \cdots \\ 0 & 0 & 0 & \cdots & \sigma^2 \end{bmatrix} \right)$$

在细菌实验的例子里，这个假设意味着每个观测点的干扰值都是这个正态分布的某个实现值。正态分布的假设并不是必需的，它只是在小样本里进行系数检验时需要。

六、假设 6：解释变量之间不存在共线性，并且观测点数量大于被解释变量数

这个假设是我们能够通过 N 个观测点得到 k 个解释变量系数的必要条件。如果解释变量之间存在共线性，我们就无法分辨出所有解释变量系数的值。例如，投资 $=\alpha+\beta_1$ 经营性收入 $+\beta_2$ 非经营性收入 $+\beta_3$ 总收入 $+e$。其中一个解释变量"总收入"等于另外两个解释变量"经营性收入"和"非经营性收入"之和，因此存在共线性问题。这意味着 3 个变量中，有一个变量的信息是多余的、无价值的，因此无法得到 3 个变量的系数。观测点数量之所以要多于解释变量个数，是因为如果有 k 个解释变量，但观测点数量少于 k，则意味着方程数量小于 k，就无法求解 k 个变量的系数。

第三节　理解随机解释变量下的线性回归假设

上一节我们介绍了固定解释变量下的模型假设，在社会科学实证研究中，解释变量通常是随机的。下面我们重点讲解随机解释变量与固定解释变量假设的不同之处，相同部分则不再赘述。

一、假设 1：解释变量 $\boldsymbol{X}$ 是随机的，或随机与固定混合的

解释变量 $\boldsymbol{X}$ 是随机的，就是指每个观测点 i 的解释变量值 $\boldsymbol{X}_i$ 是从某个总体分布

中抽取的。有时候一个线性回归模型的解释变量是固定和随机混合的。

在研究温度影响细菌生长的问题中，如果解释变量的两个观测点温度$_1$、温度$_2$不是通过控制实验得到的，而是抽取观测到的，那么我们就认为它们是随机的。为方便讨论，假设温度只有两个可能值：30℃和60℃。解释变量是随机的，意味着每次我们抽取两个观测点，观测点1的温度可能为30℃或60℃，观测点2的温度也可能为30℃或60℃。这与前面固定解释变量情况下，观测点1的温度固定为30℃、观测点2的温度固定为60℃有所不同。

二、假设2：$\boldsymbol{Y}=\boldsymbol{X\beta}+\boldsymbol{e}$

线性关系的假设和固定变量下的假设没有本质区别，只是解释变量不再是固定的。假设我们有两个观测点，其被解释变量和解释变量分别为（细菌生长速度$_1$，温度$_1$）和（细菌生长速度$_2$，温度$_2$），无论观测点1或观测点2"随机抽到"的温度是30℃还是60℃，这两个观测点的被解释变量与各自的解释变量和干扰项之间均存在以下线性关系：

$$\text{细菌生长速度}_1=\alpha+\beta_1\ \text{温度}_1+e_1$$
$$\text{细菌生长速度}_2=\alpha+\beta_1\ \text{温度}_2+e_2$$

三、假设3：$\mathrm{E}(\boldsymbol{e}\mid\boldsymbol{X})=\boldsymbol{0}$

假设3称为干扰项条件均值为0假设，它对于解释变量和干扰项的关系设定为：对于任何给定值的解释变量$\boldsymbol{X}=\boldsymbol{x}$，干扰项$\boldsymbol{e}$的期望值为$\boldsymbol{0}$。这个假设意味着每个观测点的干扰项的均值不会随着解释变量的值的变化而改变，因此也称为干扰项均值独立于解释变量。具体表示为：

$$\mathrm{E}(\boldsymbol{e}\mid\boldsymbol{X})=\begin{bmatrix}\mathrm{E}(e_1\mid\boldsymbol{X})=0\\ \mathrm{E}(e_2\mid\boldsymbol{X})=0\\ \mathrm{E}(e_3\mid\boldsymbol{X})=0\\ \cdots\\ \mathrm{E}(e_N\mid\boldsymbol{X})=0\end{bmatrix}=\begin{bmatrix}\mathrm{E}(e_1\mid X_1,\cdots,X_i,\cdots,X_N)=0\\ \mathrm{E}(e_2\mid X_1,\cdots,X_i,\cdots,X_N)=0\\ \mathrm{E}(e_3\mid X_1,\cdots,X_i,\cdots,X_N)=0\\ \cdots\\ \mathrm{E}(e_N\mid X_1,\cdots,X_i,\cdots,X_N)=0\end{bmatrix}=\boldsymbol{0}$$

我们看到这个假设是对于任何一个观测点i，干扰项满足：

$$\mathrm{E}(e_i\mid X_1,\cdots,X_i,\cdots,X_N)=0$$

它的意思是，对于给定所有观测点的解释变量值（$X_1=x_1\quad\cdots\quad X_i=x_2\quad\cdots\quad X_N=x_N$），任何一个观测点$i$的干扰项$e_i$的均值为0。因为$\mathrm{E}(e_i\mid\boldsymbol{X})=0$意味着

$\mathrm{Cov}(e_i, \boldsymbol{X})=0$，即 $\mathrm{Cov}(e_i, X_1)=\cdots=\mathrm{Cov}(e_i, X_i)=\mathrm{Cov}(e_i, X_N)=0$，因此，这个假设也可以简单地理解为，观测点 i 的干扰项 e_i 与其他观测点的解释变量都不相关；换言之，任何观测点的解释变量都不包含干扰项的信息。这个假设也称为强外生假设。

我们用温度和细菌生长的例子来理解 $\mathrm{E}(\boldsymbol{e} \mid \boldsymbol{X})=\boldsymbol{0}$ 的意义。在这个例子中有两个观测点，即 $N=2$，$\mathrm{E}(\boldsymbol{e} \mid \boldsymbol{X})=\boldsymbol{0}$ 包含两个条件：

$$\mathrm{E}(e_1 \mid 温度_1, 温度_2)=0$$
$$\mathrm{E}(e_2 \mid 温度_1, 温度_2)=0$$

上述条件的意思是，观测点 1 的干扰因素与两个观测点的温度不相关，观测点 2 的干扰因素与两个观测点的温度不相关。

这个假设的意义在于，在重复抽样里，无论两个观测点的温度是多少，干扰项均值都为 0，这样就保证了每个观测点干扰项的均值不会随其他观测点温度的变化而变化，从而能够允许我们通过温度变化和细菌生长速度变化的相关性得到二者的因果关系。

我们具体来看这个假设对因果关系的估计作用。我们知道，一次抽样得到的温度和细菌生长速度的系数估计值为：

$$\begin{aligned}\hat{\beta}_1 &= \frac{细菌生长速度_2 - 细菌生长速度_1}{温度_2 - 温度_1} \\ &= \frac{(\alpha + \beta_1 温度_2 + e_2) - (\alpha + \beta_1 温度_1 + e_1)}{(温度_2 - 温度_1)} \\ &= \beta_1 + \underbrace{\frac{(e_2 - e_1)}{(温度_2 - 温度_1)}}_{误差项}\end{aligned}$$

一次抽样估计值和真实值 β_1 之间存在误差项。重复抽样后，系数估计值的均值为：

$$\begin{aligned}\mathrm{E}(\hat{\beta}_1) &= \beta_1 + \mathrm{E}\left[\frac{(e_2 - e_1)}{温度_2 - 温度_1}\right] \quad \text{根据期望迭代法则 } \mathrm{E}(Y)=\mathrm{E}_X\mathrm{E}(Y \mid X) \text{ 得到} \\ &= \beta_1 + \mathrm{E}_{(温度_2,\ 温度_1)}\mathrm{E}\left[\frac{(e_2 - e_1)}{温度_2 - 温度_1} \middle| 温度_2, 温度_1\right] \\ &= \beta_1 + \mathrm{E}_{(温度_2,\ 温度_1)}\left[\frac{\mathrm{E}(e_2 \mid 温度_2, 温度_1) - \mathrm{E}(e_1 \mid 温度_2, 温度_1)}{温度_2 - 温度_1}\right] \\ &= \beta_1 + \mathrm{E}_{(温度_2,\ 温度_1)}(0) \\ &= \beta_1\end{aligned}$$

这个证明用到了期望迭代法则 $E\left(\frac{(e_2-e_1)}{温度_2-温度_1}\right)=E_{(温度_2,温度_1)}E\left(\frac{(e_2-e_1)}{温度_2-温度_1}\middle|温度_2,温度_1\right)$。它的计算过程可以这么理解：要求误差项 $\frac{(e_2-e_1)}{温度_2-温度_1}$ 的均值 $E\left(\frac{(e_2-e_1)}{温度_2-温度_1}\right)$，可以先给定温度，求其条件均值 $E\left(\frac{(e_2-e_1)}{温度_2-温度_1}\middle|温度_2,温度_1\right)$，再根据温度的分布去求条件均值的均值 $E_{(温度_2,温度_1)}E\left(\frac{(e_2-e_1)}{温度_2-温度_1}\middle|温度_2,温度_1\right)$。由于给定温度的干扰项均值为 0，所以条件均值 $E\left(\frac{(e_2-e_1)}{温度_2-温度_1}\middle|温度_2,温度_1\right)=0$。再根据温度分布，取条件均值的平均值一定等于 0，即 $E_{(温度_2,温度_1)}E\left[\frac{(e_2-e_1)}{温度_2-温度_1}\middle|温度_2,温度_1\right]=0$。

可见，$E(\boldsymbol{e}\mid\boldsymbol{X})=\boldsymbol{0}$ 保证了我们可以通过重复抽样，使得误差项均值为 0，从而估计系数的均值等于真实值，即系数估计是无偏的估计。

事实上，这个条件对于独立抽样的样本可以进行简化。如果不同观测点的样本是独立抽样得到的，则其不同观测点的信息是不相关的。例如，如果观测点 1 和观测点 2 是独立抽样的，两个观测点的信息不相关，因此 $E(e_1\mid 温度_2)=0$，$E(e_2\mid 温度_1)=0$。在这种情况下，我们只需要假设同一观测点温度和干扰项不相关就可以了，即 $E(e_1\mid 温度_1)=0$ 和 $E(e_2\mid 温度_2)=0$。又譬如我们独立抽取 100 个企业样本，每个企业是一个观测点，它们的信息是不相关的。这就保证了 $E(e_i\mid \boldsymbol{X}_j)=0$，当 $i\neq j$。在这种情况下，我们只需要假设同一观测点（同一家企业）的干扰项和解释变量不相关，即 $E(e_i\mid \boldsymbol{X}_i)=0$ 就可以了。

之所以要求观测点 i 的干扰项 e_i 和其他观测点的解释变量都不相关，是因为通常在有时间序列的数据里，不同期的解释变量可能包含当期干扰项的信息。例如样本是一家企业 100 个季度的数据，这家企业上一季度的企业规模可能和当季的干扰项相关。这种情况下，当期的干扰项包含了前期企业规模的信息，从而影响我们的估计。因此在有时间序列的数据（包括后面章节要讲的面板数据）中，要避免干扰项对因果关系的估计，会要求强外生假设。

四、假设 4：$E(\boldsymbol{e}\boldsymbol{e}'\mid\boldsymbol{X})=\sigma^2\boldsymbol{I}$

假设 4 的意思是，对于任何给定解释变量 $\boldsymbol{X}$ 的值，所有干扰项具有相同的条件方差且相互条件独立。假设 4 意味着干扰项的方差和相关性不随着解释变量值的改变而改变。

$$\mathrm{E}(\boldsymbol{ee}' \mid \boldsymbol{X}) = \begin{bmatrix} \mathrm{E}(e_1e_1 \mid \boldsymbol{X}) & \mathrm{E}(e_1e_2 \mid \boldsymbol{X}) & \mathrm{E}(e_1e_3 \mid \boldsymbol{X}) & \cdots & \mathrm{E}(e_1e_N \mid \boldsymbol{X}) \\ \mathrm{E}(e_2e_1 \mid \boldsymbol{X}) & \mathrm{E}(e_2e_2 \mid \boldsymbol{X}) & \mathrm{E}(e_2e_3 \mid \boldsymbol{X}) & \cdots & \mathrm{E}(e_2e_N \mid \boldsymbol{X}) \\ \mathrm{E}(e_3e_1 \mid \boldsymbol{X}) & \mathrm{E}(e_3e_2 \mid \boldsymbol{X}) & \mathrm{E}(e_3e_3 \mid \boldsymbol{X}) & \cdots & \mathrm{E}(e_3e_N \mid \boldsymbol{X}) \\ \cdots & \cdots & \cdots & \cdots & \cdots \\ \mathrm{E}(e_Ne_1 \mid \boldsymbol{X}) & \mathrm{E}(e_Ne_2 \mid \boldsymbol{X}) & \mathrm{E}(e_Ne_3 \mid \boldsymbol{X}) & \cdots & \mathrm{E}(e_Ne_N \mid \boldsymbol{X}) \end{bmatrix}$$

$$= \begin{bmatrix} \sigma^2 & 0 & 0 & \cdots & 0 \\ 0 & \sigma^2 & 0 & \cdots & 0 \\ 0 & 0 & \sigma^2 & \cdots & 0 \\ \cdots & \cdots & \cdots & \cdots & \cdots \\ 0 & 0 & 0 & \cdots & \sigma^2 \end{bmatrix}$$

在固定自变量关于假设 4 的讨论时，我们说明了这个假设便于判断样本估计系数的准确度。但在实际情况中，这个假设通常不成立。违背该假设会导致异方差和自相关问题，我们将在下一章详细讨论。

五、假设 5: $\boldsymbol{e} \mid \boldsymbol{X} \sim \mathrm{N}(\boldsymbol{0}, \boldsymbol{\sigma}^2\boldsymbol{I})$

假设 5 的意思是，对于任何给定自变量 $\boldsymbol{X}$ 的值，干扰项的条件分布服从正态分布 $\boldsymbol{e} \mid \boldsymbol{X} \sim \mathrm{N}(\boldsymbol{0}, \sigma^2\boldsymbol{I})$。假设 5 意味着干扰项的分布不随着解释变量值的改变而改变。这个假设也不是必需的，它只是在小样本里进行系数检验时需要。

六、假设 6: 解释变量之间不存在共线性，并且样本数量不少于被解释变量数

这个假设是为了保证能够得到 k 个解释变量的系数解，和固定变量下的要求没有区别。

小结

我们可以看到，与固定解释变量下回归模型的假设相比，随机解释变量下的回归模型的最大区别在于，对干扰项的假设不再是无条件的，模型对于干扰项 e 所做的假设都是以给定解释变量 $\boldsymbol{X}$ 为某个值为条件的。以给定解释变量 $\boldsymbol{X}$ 为某个值为条件的假设也可以理解为将解释变量 $\boldsymbol{X}$ 固定为某个值，因此固定解释变量和随机解释变量假设条件的本质并无不同。在求解样本估计量 $\hat{\boldsymbol{\beta}}$ 的性质时，在固定解释变量下，我们可以把固定解释变量当作常数，求解较为简单。在随机解释变量下，求解需分两步进行：第一步先得到给定 $\boldsymbol{X}$ 值情况下的结果；第二步对不同 $\boldsymbol{X}$ 值的结果按 $\boldsymbol{X}$ 值的概率分布取平均值。下面我们讨论样本估计系数的性质。

第四节　样本估计系数性质

对样本做回归分析的核心是使用最小二乘法去估计模型里的参数。第二章里我们介绍了总体最小二乘法，它不涉及抽样，得到的系数是确定值，不是样本估计值。在实际研究中，我们通常使用样本去估计总体的线性关系系数。本节介绍样本最小二乘法及其估计系数的性质。最小二乘法求解样本估计系数 $\hat{\boldsymbol{\beta}}$，使得 N 个观测点被解释变量值的观测值 Y_i 与其拟合值（也称预测值）$\hat{Y}_i=\boldsymbol{X}_i'\hat{\boldsymbol{\beta}}$ 之差 $\hat{e}_i=Y_i-\hat{Y}_i$（残差值）的平方和均值最小，即：

$$\hat{\boldsymbol{\beta}}=\underset{\boldsymbol{b}}{\operatorname{argmin}}\frac{1}{N}\sum_{i}^{N}(Y_i-\boldsymbol{X}_i'\boldsymbol{b})^2$$

上式最小化的条件是，它对 $\boldsymbol{b}$ 的一阶导数等于 0，即：

$$\sum_{i}^{N}\boldsymbol{X}_i(Y_i-\boldsymbol{X}_i'\hat{\boldsymbol{\beta}})=\boldsymbol{0} \tag{3.3}$$

最小二乘法的样本估计系数解 $\hat{\boldsymbol{\beta}}$ 为：

$$\hat{\boldsymbol{\beta}}=\left(\sum_{i=1}^{N}\boldsymbol{X}_i\boldsymbol{X}_i'\right)^{-1}\sum_{i=1}^{N}\boldsymbol{X}_iY_i$$

如果用矩阵表示，$\hat{\boldsymbol{\beta}}$ 可以表示为：

$$\hat{\boldsymbol{\beta}}=(\boldsymbol{X}'\boldsymbol{X})^{-1}\boldsymbol{X}'\boldsymbol{Y} \tag{3.4}$$

在线性关系假设成立的情况下，将 $\boldsymbol{Y}=\boldsymbol{X\beta}+\boldsymbol{e}$ 代入等式(3.4)，样本估计值和真实值之间关系如下：

$$\hat{\boldsymbol{\beta}}=(\boldsymbol{X}'\boldsymbol{X})^{-1}\boldsymbol{X}'\boldsymbol{Y}=(\boldsymbol{X}'\boldsymbol{X})^{-1}\boldsymbol{X}'(\boldsymbol{X\beta}+\boldsymbol{e})=\boldsymbol{\beta}+\underbrace{(\boldsymbol{X}'\boldsymbol{X})^{-1}\boldsymbol{X}'\boldsymbol{e}}_{\text{误差项}} \tag{3.5}$$

其中，$(\boldsymbol{X}'\boldsymbol{X})^{-1}\boldsymbol{X}'\boldsymbol{e}$ 是样本估计值和真实值的误差项，具体展开如下：

$$(\boldsymbol{XX}')^{-1}\boldsymbol{X}'\boldsymbol{e}=\left(\sum_{i=1}^{N}\boldsymbol{X}_i\boldsymbol{X}_i'\right)^{-1}\sum_{i=1}^{N}\boldsymbol{X}_ie_i=\left(\sum_{i=1}^{N}\boldsymbol{X}_i\boldsymbol{X}_i'\right)^{-1}\begin{bmatrix}\sum_{i=1}^{N}X_{1i}e_i\\ \sum_{i=1}^{N}X_{2i}e_i\\ \sum_{i=1}^{N}X_{3i}e_i\\ \cdots\\ \sum_{i=1}^{N}X_{Ni}e_i\end{bmatrix} \tag{3.6}$$

如果只对 N 个样本进行一次估计，由于干扰项的存在，估计值和真实值之间一定存在差异。误差项是一个随机变量，每次抽取 N 个样本进行估计，都会得到不同的差异值。关于估计值的性质讨论都是以这个误差项为核心的。

下面我们先考虑固定解释变量下估计系数的性质，接着我们讨论随机解释变量下估计系数的性质。我们会看到，它们的结论基本是一致的。

一、固定解释变量下的样本估计系数性质

估计系数的一些性质与样本大小无关，但另外一些性质只适用于大样本。适用于大样本的性质通常对假设条件的要求较低，更接近实际运用。因此在有大样本的情况下，我们通常使用大样本性质。为方便区分，我们把和样本大小无关的性质称为有限样本性质，把只适用于大样本的性质称为大样本性质。

（一）有限样本性质

1. 无偏性

无偏性是指样本估计系数的期望值等于真实值，即反复抽取 N 个样本得到的样本系数估计值的平均值等于真实的系数值。对公式(3.5)求期望值，得到：

$$\mathrm{E}[\hat{\boldsymbol{\beta}}]=\boldsymbol{\beta}+(\boldsymbol{X}'\boldsymbol{X})^{-1}\boldsymbol{X}'\mathrm{E}[\boldsymbol{e}]=\boldsymbol{\beta}$$

可以看到，在固定自变量下满足无偏性的要求是假设 3：干扰项均值为 0($\mathrm{E}[\boldsymbol{e}]=0$)。同时我们也看到，由于解释变量 $\boldsymbol{X}$ 是固定值，可以把它移出期望符号，简化计算。这个结果非常直观：当解释变量 $\boldsymbol{X}$ 是固定值，造成每次抽取 N 个观测点得到估计值的误差 $(\boldsymbol{X}'\boldsymbol{X})^{-1}\boldsymbol{X}'\boldsymbol{e}$ 不同的原因是干扰项值的不同。如果重复不断抽样，干扰项的均值为 0，误差项的均值也为 0，这与我们前面讨论 $\mathrm{E}[\boldsymbol{e}]=0$ 的假设时允许我们通过重复抽样消除干扰项影响，从而得到真实的系数是一致的。

2. 方差

由于每次抽取 N 个观测点，估计系数值都会不同，估计系数的方差告诉我们重复抽样里估计系数值分布的分散度。

$$\begin{aligned}\mathrm{Var}[\hat{\boldsymbol{\beta}}]&=\mathrm{E}[(\hat{\boldsymbol{\beta}}-\boldsymbol{\beta})(\hat{\boldsymbol{\beta}}-\boldsymbol{\beta})']=\mathrm{E}[((\boldsymbol{X}'\boldsymbol{X})^{-1}\boldsymbol{X}'\boldsymbol{e})((\boldsymbol{X}'\boldsymbol{X})^{-1}\boldsymbol{X}'\boldsymbol{e})']\\&=\mathrm{E}[(\boldsymbol{X}'\boldsymbol{X})^{-1}\boldsymbol{X}'\boldsymbol{e}\boldsymbol{e}'\boldsymbol{X}((\boldsymbol{X}'\boldsymbol{X})^{-1})]=(\boldsymbol{X}'\boldsymbol{X})^{-1}\boldsymbol{X}'\mathrm{E}[\boldsymbol{e}\boldsymbol{e}']\boldsymbol{X}(\boldsymbol{X}'\boldsymbol{X})^{-1}\end{aligned}$$

根据假设 4：$\mathrm{E}(\boldsymbol{e}\boldsymbol{e}')=\boldsymbol{\sigma}^2\boldsymbol{I}$，可以得到：

$$\mathrm{Var}[\hat{\boldsymbol{\beta}}]=(\boldsymbol{X}'\boldsymbol{X})^{-1}\boldsymbol{X}'\boldsymbol{\sigma}^2\boldsymbol{I}\boldsymbol{X}(\boldsymbol{X}'\boldsymbol{X})^{-1}=\sigma^2(\boldsymbol{X}'\boldsymbol{X})^{-1}\boldsymbol{X}'\boldsymbol{X}(\boldsymbol{X}'\boldsymbol{X})^{-1}=\sigma^2(\boldsymbol{X}'\boldsymbol{X})^{-1}$$

通过系数方差的推导过程可见，关于干扰项方差和相关性的假设 $\mathrm{E}(\boldsymbol{e}\boldsymbol{e}')$ 会影响我们对样本估计系数 $\hat{\boldsymbol{\beta}}$ 方差(精确度)的判断。

在同方差并且不存在相关性的假设下，$\mathrm{Var}[\hat{\boldsymbol{\beta}}]=\sigma^2(\boldsymbol{X}'\boldsymbol{X})^{-1}$，如果干扰项的方差

σ^2 越大，样本估计系数 $\hat{\boldsymbol{\beta}}$ 的方差就越大，即估计值偏离真实值的可能范围越大。$\sqrt{\text{Var}[\hat{\boldsymbol{\beta}}]}$ 称为估计系数的标准误差(standard error)。

3. 分布

对于样本估计系数 $\hat{\boldsymbol{\beta}}=\boldsymbol{\beta}+(\boldsymbol{X}'\boldsymbol{X})^{-1}\boldsymbol{X}'\boldsymbol{e}$，其中 $\boldsymbol{\beta}$ 是一个固定值，如果 $\boldsymbol{X}$ 也是固定的，$\hat{\boldsymbol{\beta}}$ 的分布是由干扰项 $\boldsymbol{e}$ 的分布决定的。当假设 5[干扰项服从正态分布，$\boldsymbol{e}\sim \text{N}(\boldsymbol{0},\sigma^2\boldsymbol{I})$] 成立，$\hat{\boldsymbol{\beta}}$ 的分布也是正态的，即：

$$\hat{\boldsymbol{\beta}}\sim \text{N}(\boldsymbol{\beta},\sigma^2(\boldsymbol{X}'\boldsymbol{X})^{-1})$$

这是一个多元正态分布，其中每个系数 $\hat{\beta}_k$ 都服从正态分布：

$$\hat{\beta}_k\sim \text{N}(\beta_k,\sigma^2(\boldsymbol{X}'\boldsymbol{X})^{-1}_{kk})$$

其中，$(\boldsymbol{X}'\boldsymbol{X})^{-1}_{kk}$ 是矩阵 $(\boldsymbol{X}'\boldsymbol{X})^{-1}$ 对角线上第 k 个值。估计系数的分布为我们对系数估计值进行统计检验提供了基础。

（二）大样本性质

前面讨论的性质依赖于对干扰项的期望值、方差和分布的假设。在实际运用中，当样本的数量足够大时，即使假设较弱，估计系数仍然能达到理想的性质。大样本的缺点是，它的性质只适用于大样本，对小样本并不适用。

我们通常关心大样本下估计系数的两个性质：

(1) 当样本数量变得很大，估计系数 $\hat{\boldsymbol{\beta}}$ 的分布是否集中于距离真实值 $\boldsymbol{\beta}$ 很近的范围内？如果是的话，通过大样本得到的 $\hat{\boldsymbol{\beta}}$ 都会很接近于 $\boldsymbol{\beta}$。我们称 $\hat{\boldsymbol{\beta}}$ 为 $\boldsymbol{\beta}$ 的一致估计量，即 $\hat{\boldsymbol{\beta}}$ 依概率 P 收敛于 $\boldsymbol{\beta}$，用符号 $\hat{\boldsymbol{\beta}}\xrightarrow{P}\boldsymbol{\beta}$ 或 $\text{plim}\,\hat{\boldsymbol{\beta}}=\boldsymbol{\beta}$ 表示。

(2) 当样本数量变得很大，估计系数 $\hat{\boldsymbol{\beta}}$ 的分布是否近似于某种已知分布 ϕ(例如正态分布)？如果是的话，我们称 $\hat{\boldsymbol{\beta}}$ 依分布 d 收敛于 ϕ，用符号 $\hat{\boldsymbol{\beta}}\xrightarrow{d}\phi$ 表示。

1. 一致性

我们先看一下，当样本数量变得很大，估计系数 $\hat{\boldsymbol{\beta}}$ 的分布是否高度集中于距离真实值 $\boldsymbol{\beta}$ 很近的范围内。对公式(3.5)取概率极限，得到：

$$\begin{aligned}\text{plim}\,\hat{\boldsymbol{\beta}}&=\text{plim}(\boldsymbol{\beta}+(\boldsymbol{X}'\boldsymbol{X})^{-1}\boldsymbol{X}'\boldsymbol{e})\\&=\boldsymbol{\beta}+\text{plim}((\boldsymbol{X}'\boldsymbol{X})^{-1}\boldsymbol{X}'\boldsymbol{e})\\&=\boldsymbol{\beta}+\lim\left(\frac{\boldsymbol{X}'\boldsymbol{X}}{N}\right)^{-1}\text{plim}\left(\frac{\boldsymbol{X}'\boldsymbol{e}}{N}\right)\\&=\boldsymbol{\beta}+Q^{-1}\text{plim}(\boldsymbol{X}'\boldsymbol{e})\end{aligned}$$

当样本数量增加，$\lim\left(\frac{\boldsymbol{X}'\boldsymbol{X}}{N}\right)^{-1}$ 的极限值为某个固定值 Q^{-1}，估计值和真实值的差是否为 $\mathbf{0}$，取决于 $\text{plim}\left(\frac{\boldsymbol{X}'\boldsymbol{e}}{N}\right)$ 是否为 $\mathbf{0}$。要判断 $\text{plim}\left(\frac{\boldsymbol{X}'\boldsymbol{e}}{N}\right)$ 是否为 $\mathbf{0}$，通常使用的方法是均值平方收敛(convergence in mean square)。均值平方收敛是指，如果当样本数量 N 趋向于无穷，$\frac{\boldsymbol{X}'\boldsymbol{e}}{N}$ 的期望值为 $\mathbf{0}$，并且其方差为 $\mathbf{0}$，则意味着 $\frac{\boldsymbol{X}'\boldsymbol{e}}{N}$ 均值平方收敛于 $\mathbf{0}$。如果一个随机变量均值平方收敛于某个常数，它必然概率收敛于该常数，因此如果 $\frac{\boldsymbol{X}'\boldsymbol{e}}{N}$ 均值平方收敛于 $\mathbf{0}$，也就意味着 $\text{plim}\left(\frac{\boldsymbol{X}'\boldsymbol{e}}{N}\right)=\mathbf{0}$。

我们先看 $\frac{\boldsymbol{X}'\boldsymbol{e}}{N}$ 的期望值：

$$\mathrm{E}\left(\frac{\boldsymbol{X}'\boldsymbol{e}}{N}\right)=\frac{1}{N}\mathrm{E}\left(\sum\nolimits_{i=1}^{N}\boldsymbol{X}_i e_i\right)=\frac{1}{N}\left(\sum\nolimits_{i=1}^{N}\mathrm{E}(\boldsymbol{X}_i e_i)\right)$$

固定解释变量情况下，$\mathrm{E}(\boldsymbol{X}_i e_i)=\boldsymbol{X}_i\mathrm{E}(e_i)=0$，$i=1, 2, \cdots, N$，因此 $\frac{\boldsymbol{X}'\boldsymbol{e}}{N}$ 的期望值为 $\mathbf{0}$。

接着看同方差情况下 $\frac{\boldsymbol{X}'\boldsymbol{e}}{N}$ 的方差：

$$\mathrm{Var}\left(\frac{\boldsymbol{X}'\boldsymbol{e}}{N}\right)=\frac{1}{N^2}\mathrm{Var}\left(\sum\nolimits_{i=1}^{N}\boldsymbol{X}_i e_i\right)=\frac{\sum\nolimits_{i=1}^{N}\boldsymbol{X}_i\boldsymbol{X}'_i}{N}\frac{\boldsymbol{\sigma}^2}{N}$$

当 $N\rightarrow\infty$，$\mathrm{Var}\left(\frac{\boldsymbol{X}'\boldsymbol{e}}{N}\right)\rightarrow\mathbf{0}$。

可见在固定解释变量情况下，当 $\mathrm{E}(e_i)=0$，$i=1, 2, \cdots, N$，$\frac{\boldsymbol{X}'\boldsymbol{e}}{N}$ 均值平方收敛于 $\mathbf{0}$，这也意味着 $\text{plim}\left(\frac{\boldsymbol{X}'\boldsymbol{e}}{N}\right)=\mathbf{0}$，$\text{plim}\,\hat{\boldsymbol{\beta}}=\boldsymbol{\beta}$。因此在固定解释变量下，假设 3：$\mathrm{E}(\boldsymbol{e})=\mathbf{0}$ 使得估计系数 $\hat{\boldsymbol{\beta}}$ 不仅是真实值 $\boldsymbol{\beta}$ 的无偏估计量，也是一致估计量。

2. 分布

在大样本下，我们可以利用中心极限定理来推导出 $\hat{\boldsymbol{\beta}}$ 在大样本下的近似分布为正态分布：

$$\hat{\boldsymbol{\beta}}\xrightarrow{d}\mathrm{N}\left[\boldsymbol{\beta}, \frac{\sigma^2}{N}Q^{-1}\right]$$

其中，$Q^{-1}=\lim\left(\frac{1}{N}\boldsymbol{X}'\boldsymbol{X}\right)^{-1}$ 是固定解释变量当样本数趋向无穷的极限值。大样本下的正态分布这个性质并不需要假设 5：$\boldsymbol{e}\sim \mathrm{N}(\boldsymbol{0},\boldsymbol{\sigma}^2\boldsymbol{I})$。因此如果假设 5 不成立，虽然我们无法知道 $\hat{\boldsymbol{\beta}}$ 在小样本中的分布，但如果样本相对大，我们知道其近似正态分布。

二、随机解释变量下的样本估计系数性质

（一）小样本性质

1. 无偏性

$$\mathrm{E}(\hat{\boldsymbol{\beta}})=\mathrm{E}_X[\mathrm{E}(\hat{\boldsymbol{\beta}}\mid \boldsymbol{X})]=\mathrm{E}_X[\boldsymbol{\beta}+(\boldsymbol{X}'\boldsymbol{X})^{-1}\boldsymbol{X}'\mathrm{E}(\boldsymbol{e}\mid \boldsymbol{X})]=\mathrm{E}_X(\boldsymbol{\beta})=\boldsymbol{\beta}$$

这里第一个等式用到了条件期望迭代的性质。这个证明的原理是，如果当 $\boldsymbol{X}$ 是任何一个给定值 $\boldsymbol{X}=\boldsymbol{x}$，样本估计量是无偏的 $[\mathrm{E}(\hat{\boldsymbol{\beta}}\mid \boldsymbol{X})=\boldsymbol{\beta}]$，那么对于所有 $\boldsymbol{X}$ 可能值，样本估计量的平均值也是无偏的。

可以从另一个更直观的角度理解这个性质。当 $\boldsymbol{X}$ 是某个给定值 $\boldsymbol{X}=\boldsymbol{x}$ 的情况，可以理解为将 $\boldsymbol{X}$ 值固定为某个给定值 $\boldsymbol{x}$ 的实验，$\mathrm{E}(\boldsymbol{e}\mid \boldsymbol{X}=\boldsymbol{x})=\boldsymbol{0}$ 保证了通过重复实验得到的估计系数平均值等于真实值 $\mathrm{E}(\hat{\boldsymbol{\beta}}\mid \boldsymbol{X}=\boldsymbol{x})=\boldsymbol{\beta}$。与此类似，当 $\boldsymbol{X}$ 是另一个给定值 $\boldsymbol{X}=\boldsymbol{x}'$，$\mathrm{E}(\boldsymbol{e}\mid \boldsymbol{X}=\boldsymbol{x}')=\boldsymbol{0}$ 保证了重复实验得到 $\mathrm{E}(\hat{\boldsymbol{\beta}}\mid \boldsymbol{X}=\boldsymbol{x}')=\boldsymbol{\beta}$。如果对所有 $\boldsymbol{X}$ 的可能值都进行重复实验，最后把所有实验的估计系数平均值按 $\boldsymbol{X}$ 值的分布概率取平均，因为对不同 $\boldsymbol{X}$ 值的重复实验都得到 $\mathrm{E}(\hat{\boldsymbol{\beta}}\mid \boldsymbol{X})=\boldsymbol{\beta}$，最后再取平均，一定等于 $\boldsymbol{\beta}$，即 $\mathrm{E}_X(\mathrm{E}(\hat{\boldsymbol{\beta}}\mid \boldsymbol{X}))=\mathrm{E}_X(\boldsymbol{\beta})=\boldsymbol{\beta}$。

我们看到，估计系数是真实系数的无偏估计，依赖的是假设 $\mathrm{E}[\boldsymbol{e}\mid \boldsymbol{X}]=\boldsymbol{0}$。这和前面我们讨论的在强外生假设下，每个观测点的干扰项和解释变量不相关，因此通过重复抽样能够消除干扰项影响，达到识别被解释变量和解释变量因果关系的原理是一致的。

2. 方差

$$\begin{aligned}\mathrm{Var}[\hat{\boldsymbol{\beta}}]&=\mathrm{E}[(\hat{\boldsymbol{\beta}}-\boldsymbol{\beta})(\hat{\boldsymbol{\beta}}-\boldsymbol{\beta})']=\mathrm{E}_X[\mathrm{E}((\hat{\boldsymbol{\beta}}-\boldsymbol{\beta})(\hat{\boldsymbol{\beta}}-\boldsymbol{\beta})\mid \boldsymbol{X})]\\&=\mathrm{E}_X[(\boldsymbol{X}'\boldsymbol{X})^{-1}\boldsymbol{X}'\mathrm{E}(\boldsymbol{ee}'\mid \boldsymbol{X})\boldsymbol{X}(\boldsymbol{X}'\boldsymbol{X})^{-1}]\end{aligned}$$

用假设 $\mathrm{E}(\boldsymbol{ee}'\mid \boldsymbol{X})=\sigma^2\boldsymbol{I}$，得到：

$$\mathrm{Var}(\hat{\boldsymbol{\beta}})=\sigma^2\mathrm{E}_X(\boldsymbol{X}'\boldsymbol{X})^{-1}=\sigma^2\mathrm{E}(\boldsymbol{X}'\boldsymbol{X})^{-1}$$

这与固定自变量情况下方差 $\sigma^2(\boldsymbol{X}'\boldsymbol{X})^{-1}$ 的区别是，需要对随机自变量值 $(\boldsymbol{X}'\boldsymbol{X})^{-1}$ 取期望，得到方差 $\sigma^2\mathrm{E}(\boldsymbol{X}'\boldsymbol{X})^{-1}$。

3. 分布

如果假设 5：$e\mid \boldsymbol{X}\sim \mathrm{N}(0,\sigma^2\boldsymbol{I})$ 成立，那么 $\hat{\boldsymbol{\beta}}=\boldsymbol{\beta}+(\boldsymbol{X}'\boldsymbol{X})^{-1}\boldsymbol{X}'\boldsymbol{e}$ 对于给定的 $\boldsymbol{X}$ 也

服从正态分布，即：

$$\hat{\boldsymbol{\beta}} \mid \boldsymbol{X} \sim \mathrm{N}(\boldsymbol{\beta},\ \sigma^2(\boldsymbol{X}'\boldsymbol{X})^{-1})$$

这是一个多元正态分布。对于任意给定 $\boldsymbol{X}$ 值，每个系数 $\hat{\beta}_k$ 是正态分布：

$$\hat{\beta}_k \mid \boldsymbol{X} \sim \mathrm{N}(\beta_k,\ \sigma^2(\boldsymbol{X}'\boldsymbol{X})^{-1}_{kk})$$

其中，$(\boldsymbol{X}'\boldsymbol{X})^{-1}_{kk}$ 是矩阵 $(\boldsymbol{X}'\boldsymbol{X})^{-1}$ 对角线上的第 k 个值。

（二）大样本性质

1. 一致性

$$\begin{aligned}\operatorname{plim}\hat{\boldsymbol{\beta}} &= \operatorname{plim}(\boldsymbol{\beta} + (\boldsymbol{X}'\boldsymbol{X})^{-1}\boldsymbol{X}'\boldsymbol{e}) \\ &= \boldsymbol{\beta} + \operatorname{plim}((\boldsymbol{X}'\boldsymbol{X})^{-1}\boldsymbol{X}'\boldsymbol{e}) \\ &= \boldsymbol{\beta} + \operatorname{plim}\left(\frac{\boldsymbol{X}'\boldsymbol{X}}{N}\right)^{-1}\operatorname{plim}\left(\frac{\boldsymbol{X}'\boldsymbol{e}}{N}\right) \\ &= \boldsymbol{\beta} + Q^{-1}\operatorname{plim}(\boldsymbol{X}'\boldsymbol{e})\end{aligned}$$

$\operatorname{plim}\left(\frac{\boldsymbol{X}'\boldsymbol{X}}{N}\right)^{-1}$ 的概率极限值为 Q^{-1}。当 $\mathrm{E}(\boldsymbol{e}_i\boldsymbol{X}_i)=0$，$i=1, 2, \cdots, N$ 时，$\operatorname{plim}(\boldsymbol{X}'\boldsymbol{e})=\boldsymbol{0}$（参见固定解释变量情况下一致性证明），$\operatorname{plim}\hat{\boldsymbol{\beta}}=\boldsymbol{\beta}$。因此在随机解释变量下，假设 3：$\mathrm{E}(\boldsymbol{e}\mid\boldsymbol{X})=\boldsymbol{0}$[$\mathrm{E}(\boldsymbol{e}_i\boldsymbol{X}_i)=0$ 是一个比 $\mathrm{E}(\boldsymbol{e}\mid\boldsymbol{X})=\boldsymbol{0}$ 更弱的条件]，使得估计系数 $\hat{\boldsymbol{\beta}}$ 不仅是真实值 $\boldsymbol{\beta}$ 的无偏估计量，也是一致估计量。

2. 分布

在大样本下，我们可以利用中心极限定理来推导出 $\hat{\boldsymbol{\beta}}$ 在大样本下的近似分布为正态分布：

$$\hat{\boldsymbol{\beta}} \xrightarrow{d} \mathrm{N}\left[\boldsymbol{\beta},\ \frac{\sigma^2}{N}Q^{-1}\right]$$

$Q^{-1}=\operatorname{plim}\left(\frac{1}{N}\boldsymbol{X}'\boldsymbol{X}\right)^{-1}$ 这个性质不依赖于假设 5：$\boldsymbol{e}\mid\boldsymbol{X}\sim\mathrm{N}(\boldsymbol{0},\ \sigma^2\boldsymbol{I})$，它为我们进行假设检验提供了理论基础。

第五节　有限样本和大样本假设检验

从上一节对回归估计量性质的推导中可以发现，样本数量大小会对样本估计系数的分布产生影响，由于假设检验需要根据估计系数的分布，我们区别有限样本和大样本的情况来讨论假设检验。

一、有限样本假设检验

(一) 固定解释变量

在固定自变量模型中，如果干扰项 e 服从正态分布(假设 5 成立)，有限样本的估计系数也服从正态分布，即 $\hat{\beta}_k \sim N(\beta_k, V_k)$，方差 $V_k = [\sigma^2(X'X)^{-1}]_{kk}$。其中，下标 kk 是指矩阵第 k 列 k 行。如果 σ^2 已知，我们可以使用 Z 统计量进行假设检验：

$$Z_k = \frac{\hat{\beta}_k - \beta_k}{\sqrt{V_k}} \sim N(0,1)$$

Z 统计量服从标准正态分布。

但 σ^2 通常是未知的，我们就需要先估计 σ^2，σ^2 的一个无偏估计为 $s^2 = \frac{\hat{\boldsymbol{e}}'\hat{\boldsymbol{e}}}{n-K}$，$\hat{\boldsymbol{e}}$ 是样本残差值，$\hat{V}_k = [s^2(X'X)^{-1}]_{kk}$。这种情况下，我们使用 t 统计量进行假设检验：

$$t_k = \frac{\hat{\beta}_k - \beta_k}{\sqrt{\hat{V}_k}}$$

其中，t 统计量服从 t 分布，自由度等于 $N-k$，N 是样本数，k 是解释变量个数。统计软件通常报告的 t 值是检验 $\beta_k = 0$，即 $t_k = \frac{\hat{\beta}_k}{\sqrt{\hat{V}_k}}$。

(二) 随机解释变量

在随机解释变量的情况下，我们还是用 $s^2 = \frac{\hat{\boldsymbol{e}}'\hat{\boldsymbol{e}}}{n-K}$ 去估计 σ^2 和 $\hat{V}_k = [s^2(X'X)^{-1}]_{kk}$。给定 $\boldsymbol{X}$，我们可以得到统计量满足 t 分布：

$$t \mid \boldsymbol{X} = \frac{\hat{\beta}_k - \beta_k}{\sqrt{\hat{V}_k}}$$

为了进行假设检验，我们需要知道该统计量的无条件分布。事实上，上述统计量的无条件分布与有条件分布一样都是自由度等于 $N-k$ 的 t 分布。这个结果是因为分布函数 $f(t \mid \boldsymbol{X})$ 并不是 $\boldsymbol{X}$ 的方程。因此上述统计量依然服从 t 分布，自由度等于 $N-k$。这和固定自变量下的假设检验并没有差异。

二、大样本假设检验

如果干扰项不服从正态分布的假设，我们只能依靠大样本的性质进行假设检验。

(一) 固定自变量

我们知道，估计量在大样本下服从正态分布：

$$\hat{\boldsymbol{\beta}} \xrightarrow{d} \mathrm{N}\left[\boldsymbol{\beta},\ \frac{\sigma^2}{N}\lim\left(\frac{1}{N}\boldsymbol{X}'\boldsymbol{X}\right)^{-1}\right]$$

其中，解释变量 X_k 的系数 $\hat{\beta}_k$ 分布为：

$$\hat{\beta}_k \xrightarrow{d} \mathrm{N}\left[\beta_k,\ \frac{\sigma^2}{N}\lim\left(\frac{1}{N}\boldsymbol{X}'\boldsymbol{X}\right)^{-1}_{kk}\right]$$

用残差值方差 $s^2=\dfrac{e'e}{n-K}$ 估计 σ^2，估计系数 $\hat{\beta}_k$ 的大样本方差的一致估计量为：

$$\widehat{\mathrm{Avar}(\hat{\beta}_k)}=[s^2(\boldsymbol{X}'\boldsymbol{X})^{-1}]_{kk}$$

得到估计方差后，我们可以用 Z 统计量进行假设检验：

$$Z_k=\frac{\hat{\beta}_k-\beta_k}{\widehat{\mathrm{Avar}(\hat{\beta}_k)}}\sim \mathrm{N}(0,\ 1)$$

（二）随机自变量

我们知道，估计量在大样本下的渐进分布为：

$$\hat{\boldsymbol{\beta}} \xrightarrow{d} \mathrm{N}\left[\boldsymbol{\beta},\ \frac{\sigma^2}{N}\mathrm{plim}\left(\frac{1}{N}\boldsymbol{X}'\boldsymbol{X}\right)^{-1}\right]$$

其中，解释变量 X_k 的系数 $\hat{\beta}_k$ 分布为：

$$\hat{\beta}_k \xrightarrow{d} \mathrm{N}\left[\beta_k,\ \frac{\sigma^2}{N}\mathrm{plim}\left(\frac{1}{N}\boldsymbol{X}'\boldsymbol{X}\right)^{-1}_{kk}\right]$$

对估计系数 $\hat{\beta}_k$ 的大样本方差的一致估计量为：

$$\widehat{\mathrm{Avar}(\hat{\beta}_k)}=[s^2(\boldsymbol{X}'\boldsymbol{X})^{-1}]_{kk}$$

假设检验依旧使用 Z 统计量：

$$Z_k=\frac{\hat{\beta}_k-\beta_k}{\widehat{\mathrm{Avar}(\hat{\beta}_k)}}\sim \mathrm{N}(0,\ 1)$$

小结

在有限样本中进行假设检验依赖于假设5，即干扰项正态分布假设，从而得到假设检验统计量的分布；而在大样本中，我们不需要对干扰项的分布进行假设，使用中心极限定理便可得到假设检验统计量的分布。在实际应用中，样本数量并不需要太大（例如样本数量＞30），小样本与大样本的假设检验和置信区间就已经非常接近。

当样本规模趋近于无穷时，有限样本假设检验使用的 t 统计量与大样本中的 Z 统计量是一样的，这是因为正态分布是 t 分布在自由度趋近于无穷大的分布。统计软件在系数显著性检验中通常只报告 t 值，这是因为有限样本情况下，应该使用 t 值。在大样本情况下，t 值和 Z 值是一致的。因此，使用 t 值在两种情况下都是正确的。

第六节　回归方法 Stata 命令实例

我们用一个例子介绍基本的 Stata 回归命令。这个例子研究的问题是就业训练对收入的影响，数据中包含的变量如表 3.2 所示。

表 3.2　实例数据变量

变量名	变量描述
treat	是否参加培训(是，*treat*=1；否，*treat*=0)
re78	1978 年收入
age	年龄
education	受教育年数
black	是否为非洲裔(是，*black*=1；否，*black*=0)
hispanic	是否为西班牙裔(是，*hispanic*=1；否，*hispanic*=0)
married	结婚否(是，*married*=1；否，*married*=0)
nodegree	是否高中没毕业（是，*nodegree*=1；否，*nodegree*=0)
un74	1974 年是否失业(是，*un74*=1；否，*un74*=0)
un75	1975 年是否失业(是，*un75*=1；否，*un75*=0)
re74	1974 年收入
re75	1975 年收入

数据来源：原始数据(cps_controls.dta 和 nswre74_treated.txt)可从 http://users.nber.org/～rdehejia/nswdata2.html 下载。

表 3.2 中，被解释变量是 *re78*(1978 年收入)，主要解释变量是 *treat*(是否参加培训)，其他变量是控制变量。

我们先用 Stata 的 describe 命令描述表 3.2 中数据：

```
. * 数据描述
. describe re78 treat age education black hispanic married nodegree re74 re75 un74 un75

              storage   display    value
variable name   type    format     label      variable label
-------------------------------------------------------------------------------
```

```
------------------------------------------
re78            float    %9.0g              1978 年收入
treat           byte     %9.0g              是否参加培训（是，treat=1；否，treat=0）
age             byte     %9.0g              年龄
education       byte     %9.0g              受教育年数
black           byte     %9.0g              是否为非洲裔（是，black=1；否，black=0）
hispanic        byte     %9.0g              是否为西班牙裔（是，hispanc=1；否，hispanic=0）
married         byte     %9.0g              结婚否（是，married=1；否，married=0）
nodegree        byte     %9.0g              是否高中没毕业（是，nodegree=1；否，nodegree=0）
re74            float    %9.0g              1974 年收入
re75            float    %9.0g              1975 年收入
un74            float    %9.0g              1974 年是否失业（是，un74=1；否，un74=0）
un75            float    %9.0g              1975 年是否失业（是，un75=1；否，un75=0）
```

这里，我们可以看到数据的变量名（variable name）、类型（storage type）和变量标注（variable label）。

接下来用 summarize 命令对变量的主要统计指标进行总结：

```
. * 数据的主要统计值
. summarize re78 treat age education black hispanic married nodegree re74 re75 un74 un75

    Variable |        Obs        Mean    Std. Dev.       Min        Max
-------------+---------------------------------------------------------
        re78 |     16,177    14749.48    9670.996          0   60307.93
       treat |     16,177     .011436    .1063292          0          1
         age |     16,177    33.14051    11.03651         16         55
   education |     16,177    12.00828    2.868005          0         18
       black |     16,177    .0823391    .2748892          0          1
-------------+---------------------------------------------------------
    hispanic |     16,177    .0718922    .2583173          0          1
     married |     16,177    .7057551    .4557167          0          1
    nodegree |     16,177    .3005502    .4585115          0          1
        re74 |     16,177    13880.47    9613.115          0   35040.07
        re75 |     16,177    13512.21    9313.207          0   25243.55
-------------+---------------------------------------------------------
        un74 |     16,177    .1263522    .3322562          0          1
        un75 |     16,177    .1149162    .3189307          0          1
```

我们可以使用 tabstat 命令产生统计数据报告表格。下面的表格中包含了样本数量、均值、中值、最小值、25 百分位值、75 百分位值和最大值。

```
. tabstat re78 treat age education black hispanic married nodegree re74 re75 un74 un75,
statistics(n mean median min p25 p75 max) format(%-7.4g) column(statistics)
    variable |         N      mean       p50       min       p25       p75       max
-------------+----------------------------------------------------------------------
        re78 |  16177     14749     16240     0         5493      25565     60308
       treat |  16177     .01144    0         0         0         0         1
         age |  16177     33.14     31        16        24        42        55
   education |  16177     12.01     12        0         11        13        18
       black |  16177     .08234    0         0         0         0         1
    hispanic |  16177     .07189    0         0         0         0         1
     married |  16177     .7058     1         0         0         1         1
    nodegree |  16177     .3006     0         0         0         1         1
        re74 |  16177     13880     14892     0         4075      23492     35040
        re75 |  16177     13512     14375     0         4103      22830     25244
        un74 |  16177     .1264     0         0         0         0         1
        un75 |  16177     .1149     0         0         0         0         1
------------------------------------------------------------------------------------
```

如果我们需要对某个变量更详细了解它的分布，可以执行 summarize，detail 命令如下：

```
. summarize age, detail
                            年龄
-------------------------------------------------------------
      Percentiles      Smallest
 1%           16             16
 5%           18             16
10%           19             16       Obs              16,177
25%           24             16       Sum of Wgt.      16,177

50%           31                      Mean           33.14051
                        Largest       Std. Dev.      11.03651
75%           42             55
90%           50             55       Variance       121.8045
95%           53             55       Skewness       .3580294
99%           55             55       Kurtosis       2.004498
```

在回归前我们通常需要先了解变量间的相关性，考察是否存在共线性问题。可以执行 correlate 命令如下：

```
. correlate re78 treat age education black hispanic married nodegree re74 re75 un74 un75
             |     re78    treat      age educat~n    black hispanic  married nodegree     re74     re75      u74      u75
-------------+------------------------------------------------------------------------------------------------------------
        re78 |   1.0000
       treat |  -0.0934   1.0000
         age |   0.1595  -0.0714   1.0000
   education |   0.1394  -0.0623  -0.1228   1.0000
       black |  -0.1063   0.2977  -0.0342  -0.1150   1.0000
    hispanic |  -0.0406  -0.0052  -0.0043  -0.1882  -0.0834   1.0000
     married |   0.2586  -0.1219   0.4428   0.0060  -0.0898   0.0117   1.0000
    nodegree |  -0.1594   0.0956   0.0441  -0.7278   0.1092   0.1443  -0.0791   1.0000
        re74 |   0.6403  -0.1319   0.4107   0.1005  -0.1103  -0.0455   0.4292  -0.1741   1.0000
        re75 |   0.6692  -0.1384   0.3546   0.1283  -0.1183  -0.0393   0.4040  -0.1859   0.8719   1.0000
        un74 |  -0.3787   0.1883  -0.1132  -0.0351   0.0729  -0.0036  -0.1962   0.1143  -0.5491  -0.4946   1.0000
        un75 |  -0.3970   0.1636  -0.0267   0.0031   0.0888  -0.0080  -0.1106   0.0420  -0.4545  -0.5228   0.6155   1.0000
```

在确定变量没有异常值和极强的共线性后，接着执行 regress 命令，使用最小二乘法对样本被解释变量和解释变量线性关系的系数进行估计：

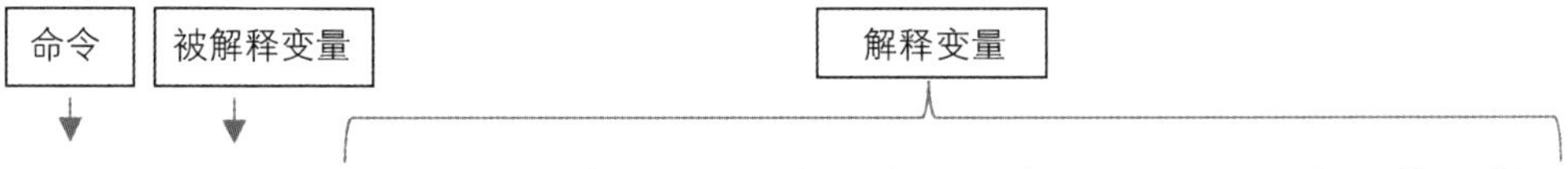


```
. regress re78 treat age education black hispanic married nodegree re74 re75 un74 un75

      Source |       SS           df       MS      Number of obs   =    16,177
-------------+----------------------------------   F(11, 16165)    =   1342.60
       Model |  7.2231e+11        11  6.5664e+10   Prob > F        =    0.0000
    Residual |  7.9060e+11    16,165  48908295.8   R-squared       =    0.4774
-------------+----------------------------------   Adj R-squared   =    0.4771
       Total |  1.5129e+12    16,176  93528158.7   Root MSE        =    6993.4

------------------------------------------------------------------------------
        re78 |      Coef.   Std. Err.      t    P>|t|     [95% Conf. Interval]
-------------+----------------------------------------------------------------
       treat |   1066.376   553.6052     1.93   0.054    -18.75118    2151.504
         age |  -94.45928   5.995323   -15.76   0.000    -106.2108   -82.70778
   education |   174.5181   28.67365     6.09   0.000     118.3146    230.7216
       black |  -809.7609   212.6746    -3.81   0.000    -1226.627   -392.8952
    hispanic |  -230.3339   218.4303    -1.05   0.292    -658.4815    197.8137
     married |    153.422    142.657     1.08   0.282    -126.2015    433.0456
    nodegree |   341.0801   177.7318     1.92   0.055    -7.293839     689.454
        re74 |   .2912801   .0127371    22.87   0.000      .266314    .3162462
        re75 |   .4414181   .0128607    34.32   0.000     .4162097    .4666266
        un74 |   351.5198   231.4532     1.52   0.129    -102.1542    805.1938
        un75 |  -1620.884   239.5726    -6.77   0.000    -2090.472   -1151.295
       _cons |   5778.708   445.2494    12.98   0.000     4905.969    6651.446
------------------------------------------------------------------------------
```

得到结果后，可以进行一系列的检验。一个常用的检验是检验两个系数是否相等。下面的命令是检验非洲裔(*black*)和西班牙裔(*hispanic*)的收入是否相同。

```
. * 检验系数相同
.
. test black=hispanic

 ( 1)  black - hispanic = 0

       F(  1, 16165) =    4.05
            Prob > F =    0.0441
```

另一个常用的检验是，检验几个变量在一起是否有共同显著的作用。

```
. * 检验系数共同显著性
.
. test married nodegree
( 1)  married = 0
( 2)  nodegree = 0
       F(  2, 16165) =    2.33
            Prob > F =    0.0973
```

在实际研究中，通常我们会使用不同的模型进行估计，并把不同模型的结果合并到一张表里。可以先用 Stata 官方命令 estimate store 把不同模型的回归结果储存，再使用 Jann(2005，2007)写的 esttab 命令合并生成表格。

下面我们用 regression、estimate store 和 esttab 命令生成包含两个回归结果的表格：

第 1 个回归：不控制 education 变量

```
. reg re78 treat age black hispanic married nodegree re74 re75 un74 un75

      Source |       SS           df       MS      Number of obs   =    16,177
-------------+----------------------------------   F(10, 16166)    =   1469.88
       Model |  7.2050e+11        10  7.2050e+10   Prob > F        =    0.0000
    Residual |  7.9241e+11    16,166  49017341.9   R-squared       =    0.4762
-------------+----------------------------------   Adj R-squared   =    0.4759
       Total |  1.5129e+12    16,176  93528158.7   Root MSE        =    7001.2

------------------------------------------------------------------------------
        re78 |      Coef.   Std. Err.      t    P>|t|     [95% Conf. Interval]
-------------+----------------------------------------------------------------
       treat |   1087.339   554.2113     1.96   0.050     1.023088    2173.654
         age |   -99.1878   5.951396   -16.67   0.000    -110.8532   -87.52241
       black |  -902.1561   212.3684    -4.25   0.000    -1318.422   -485.8905
    hispanic |  -401.2548   216.8589    -1.85   0.064    -826.3223    23.81267
     married |   126.4303   142.7469     0.89   0.376    -153.3695      406.23
    nodegree |  -421.9393   126.1248    -3.35   0.001    -669.1578   -174.7208
        re74 |   .2904142   .0127505    22.78   0.000     .2654218    .3154066
        re75 |   .4465513   .0128473    34.76   0.000      .421369    .4717335
        un74 |   410.4485   231.5083     1.77   0.076    -43.33344    864.2304
        un75 |   -1545.11   239.5154    -6.45   0.000    -2014.587   -1075.633
       _cons |   8225.612   191.5719    42.94   0.000      7850.11    8601.114
------------------------------------------------------------------------------
```

储存第 1 个回归结果

```
. estimate store reg1, title(regression 1)
```

第 2 个回归：不控制 age 变量

↓

```
. reg re78 treat education black hispanic married nodegree re74 re75 un74 un75

      Source |       SS           df       MS      Number of obs   =    16,177
-------------+----------------------------------   F(10, 16166)    =   1430.17
       Model |  7.1017e+11        10  7.1017e+10   Prob > F        =    0.0000
    Residual |  8.0274e+11    16,166  49656277.6   R-squared       =    0.4694
-------------+----------------------------------   Adj R-squared   =    0.4691
       Total |  1.5129e+12    16,176  93528158.7   Root MSE        =    7046.7

------------------------------------------------------------------------------
        re78 |      Coef.   Std. Err.      t    P>|t|     [95% Conf. Interval]
-------------+----------------------------------------------------------------
       treat |   1392.023   557.4335     2.50   0.013     299.3912    2484.654
   education |   233.0604   28.64847     8.14   0.000     176.9063    289.2146
       black |  -839.2257   214.2864    -3.92   0.000    -1259.251   -419.2007
    hispanic |  -151.6843   220.0368    -0.69   0.491    -582.9808    279.6122
     married |  -522.1328   137.0973    -3.81   0.000    -790.8587   -253.4069
    nodegree |   308.7821   179.0738     1.72   0.085    -42.22233    659.7865
        re74 |   .2529857   .0125983    20.08   0.000     .2282916    .2776797
        re75 |   .4340886   .0129502    33.52   0.000     .4087047    .4594725
        un74 |   133.4967   232.7992     0.57   0.566    -322.8155    589.8089
        un75 |  -2151.583   238.9997    -9.00   0.000    -2620.049   -1683.117
       _cons |   3143.934   415.7953     7.56   0.000     2328.929    3958.938
------------------------------------------------------------------------------
```

储存第 2 个回归结果

↓

```
. estimate store reg2, title (regression 2)
```

在储存了两个回归回归结果后，使用 esttab 命令报告结果：

命令 ↓ ｜ 储存的回归结果 ↓ ｜ 系数的显示格式 ↓ ｜ 标准误差的显示格式 ↓ ｜ 附加报告统计量（样本数、R^2和F统计值）↓ ｜ 表格名称 ↓

```
. esttab reg1 reg2, b(%7.3f) se(%7.3f) stat(N r2 F) title  ("回归结果")

--------------------------------------------
                      (1)             (2)   
                     re78            re78   
--------------------------------------------
treat            1087.339*       1392.023*  
                (554.211)       (557.434)   

age               -99.188***                
                  (5.951)                   

black            -902.156***     -839.226***
                (212.368)       (214.286)   

hispanic         -401.255        -151.684   
                (216.859)       (220.037)   

married           126.430        -522.133***
                (142.747)       (137.097)   
```

```
nodegree        -421.939***       308.782
                (126.125)        (179.074)

re74               0.290***         0.253***
                  (0.013)          (0.013)

re75               0.447***         0.434***
                  (0.013)          (0.013)

un74             410.448          133.497
                (231.508)        (232.799)

un75            -1.5e+03***      -2.2e+03***
                (239.515)        (239.000)

education                         233.060***
                                  (28.648)

_cons           8225.612***      3143.934***
                (191.572)        (415.795)
----------------------------------------------
N                1.6e+04          1.6e+04
r2                 0.476            0.469
F               1469.882         1430.168
----------------------------------------------
Standard errors in parentheses
* p<0.05, ** p<0.01, *** p<0.001
```

第七节 回归分析运用常见问题

一、线性回归系数的解释

以简单的两变量线性回归为例：

$Y = a + \beta_1 X_1 + \beta_2 X_2 + e$，$E(e \mid X_1, X_2) = 0$

（一）总体系数 β_1 解释

$$E(Y \mid X_1 = x_1, X_2 = x_2) = \alpha + \beta_1 x_1 + \beta_2 x_2$$

$$E(Y \mid X_1 = x_1 + 1, X_2 = x_2) = \alpha + \beta_1 (x_1 + 1) + \beta_2 x$$

$$E(Y \mid X_1 = x_1 + 1, X_2 = x_2) - E(Y \mid X_1 = x_1, X_2 = x_2) = \beta_1$$

因此，β_1 的解释为：当 X_2 保持不变，解释变量 X_1 变化 1 单位，被解释变量 Y 的期望值变化。α 代表当所有解释变量为 0 时，被解释变量的期望值。

（二）样本估计系数 $\hat{\beta}_1$ 解释

在样本里，通过最小二乘法得到的被解释变量拟合值和解释变量的关系为：$\hat{Y} = \hat{a} + \hat{\beta}_1 X_1 + \hat{\beta}_2 X_2$。其中，$\hat{a}$，$\hat{\beta}_1$，$\hat{\beta}_2$ 是样本估计系数。当 X_1 从 x_1 变到 $x_1 + 1$，且 X_2 保持不变时，拟合值的变化为：

$$\hat{Y} = \hat{a} + \hat{\beta}_1 X_1 + \hat{\beta}_2 X_2$$

$$\hat{Y}' = \hat{\alpha} + \hat{\beta}_1(X_1 + 1) + \hat{\beta}_2 X_2$$

$$\hat{Y}' - \hat{Y} = \hat{\beta}_1$$

因此，$\hat{\beta}_1$ 的解释为：当 X_2 保持不变，解释变量 X_1 变化 1 单位导致被解释变量拟合值 $\hat{Y}$ 变化 $\hat{\beta}_1$。因为拟合值 $\hat{Y}$ 也是样本里被解释变量的条件期望值（简称均值），因此我们也说 $\hat{\beta}_1$ 的解释为：当 X_2 保持不变，解释变量 X_1 变化 1 单位导致 Y 的均值变化 $\hat{\beta}_1$。在实际研究中，我们通常提供样本结果的解释，因此下面的讨论都是关于样本结果的。需要注意的一点是，$\hat{\beta}_1$ 是通过一个样本得到的结果，因此这个结果的解释只适用于该样本（但通常我们并不太强调这一点）。

二、对变量取对数

实践中许多变量间的关系是非线性的（non-linearity）。（注：这里的非线性是指解释变量非线性而不是系数非线性。）例如，当构建产量与收益的关系时，由于边际收益递减，简单地将二者关系设定为线性显然与实际不符。一个简单的对非线性关系建模的方法是对变量取对数。利用这种方式不仅可以保留线性方程简明、易于分析的优点，又往往具有经济含义。取对数的另一个用途是，将分布偏度较大的变量转换成接近正态分布的变量。

根据对解释变量和被解释变量是否取对数，可以有以下 4 种情况，如表 3.3 所示。

表 3.3　解释变量和被解释变量是否取对数的四种情况

被解释变量	解　释　变　量	
	X	**ln(X)**
Y	linear $\hat{Y} = \hat{\alpha} + \hat{\beta}X$	linear-log $\hat{Y} = \hat{\alpha} + \hat{\beta}\ln(X)$
ln(Y)	log-linear $\widehat{\ln(Y)} = \hat{\alpha} + \hat{\beta}X$	log-log $\widehat{\ln(Y)} - \hat{\alpha} + \hat{\beta}\ln(X)$

接下来我们考虑以上情况的系数解释：

（一）对被解释变量取自然对数（log-linear）：$\widehat{\ln(Y)} = \hat{\alpha} + \hat{\beta}X$

当解释变量变化 1 单位，我们得到：

$$\widehat{\ln(Y)} = \hat{\alpha} + \hat{\beta}X$$

$$\widehat{\ln(Y')} = \hat{\alpha} + \hat{\beta}(X + 1)$$

$$\widehat{\ln(Y')} - \widehat{\ln(Y)} = \hat{\beta}$$

$$\ln\left(\frac{\hat{Y}'}{\hat{Y}}\right) = \hat{\beta}$$

$$\ln\left(1+\frac{\hat{Y}'-\hat{Y}}{\hat{Y}}\right)=\hat{\beta}$$

$$\ln\left(1+\frac{\Delta\hat{Y}}{\hat{Y}}\right)=\hat{\beta}$$

1. 如果使用自然对数近似的性质，当 m 很小时，$\ln(1+m)\approx m$，近似关系为①：

$$\frac{\Delta\hat{Y}}{\hat{Y}}=\hat{\beta}$$

2. 如果不使用近似值，精确关系为：

$$\frac{\Delta\hat{Y}}{\hat{Y}}=e^{\hat{\beta}}-1$$

因此，当对被解释变量取对数，近似的解释为，X 增加 1 单位，被解释变量均值 $\hat{Y}$ 增加（$100\,\hat{\beta}$）%；精确的解释为：当 X 增加 1 单位，$\hat{Y}$ 增加 $[100(e^{\hat{\beta}}-1)]\%$。在实际运用中，我们通常使用较为清晰易懂的近似解释。②

（二）对解释变量取自然对数（linear-log）：$\hat{Y}=\hat{\alpha}+\hat{\beta}\ln X$

$$\hat{Y}'-\hat{Y}=\hat{\beta}(\ln X'-\ln X)$$

$$\Delta\hat{Y}=\hat{\beta}\ln\left(\frac{X'}{X}\right)=\hat{\beta}\ln\left(1+\frac{\Delta X}{X}\right)$$

1. 近似关系为：

$$\Delta\hat{Y}=\hat{\beta}\,\frac{\Delta X}{X}$$

2. 精确关系为：

$$\Delta\hat{Y}=\hat{\beta}\ln\left(1+\frac{\Delta X}{X}\right)$$

当对解释变量取对数，近似的解释为，当 X 增加 1%，$\hat{Y}$ 增加 $0.01\,\hat{\beta}$；精确的解释

---

① 自然对数的近似值这一性质在实证分析中经常被用到。然而，必须注意到，只有当变量的变化非常小时，这一近似才有意义。当变量的变化较大时，这一近似并不成立：假设 m 增加 3%，通过 $\ln\frac{m'}{m}=\ln 1.03\approx 2.96\%$，我们可以得出相对准确的近似值。假设 X 增加 60%，此时 $\ln\frac{m'}{m}=\ln 1.6\approx 47\%$，显然近似值与真实变化值相差较远。类似地，我们可以证明当 m 减少 3%时，近似值接近实际值；而当 m 减少 60%时，近似值与实际变化百分比相差较远。

② 严格而言，在对数模型里，预测值 $\widehat{\ln(Y)}$ 是算数平均值，意味着 $\hat{Y}$ 是几何平均值，但在实际运用中通常不加以区分。

为，当 X 增加 1%，$\hat{Y}$ 增加 $\hat{\beta}\ln(1+0.01)$。

（三）对解释变量和被解释变量同时取自然对数(log-log)：$\widehat{\ln(Y)}=\hat{\alpha}+\hat{\beta}\ln(X)$

$$\widehat{\ln(Y')}-\widehat{\ln(Y)}=\hat{\beta}(\ln X'-\ln X)$$

$$\ln\left(1+\frac{\Delta\hat{Y}}{\hat{Y}}\right)=\hat{\beta}\ln\left(1+\frac{\Delta X}{X}\right)$$

1. 近似关系为：

$$\frac{\Delta\hat{Y}}{\hat{Y}}=\hat{\beta}\,\frac{\Delta X}{X}$$

2. 精确关系为：

$$\frac{\Delta\hat{Y}}{\hat{Y}}=e^{\hat{\beta}\ln\left(1+\frac{\Delta X}{X}\right)}-1$$

当对被解释变量和解释变量都取对数，近似的解释为，当 X 增加 1%，$\hat{Y}$ 增加 $\hat{\beta}$%；精确的解释为：当 X 增加 1%，$\hat{Y}$ 增加 $(100[(e^{\hat{\beta}\ln(1+0.01)})-1])$%。

三、在线性模型中加入二次项

以二次方程 $\hat{Y}=\hat{\beta}_0+\hat{\beta}_1X+\hat{\beta}_2X^2$ 为例，将 Y 对 X 求导，得到：

$$\frac{\Delta\hat{Y}}{\Delta X}=\beta_1+2\beta_2X$$

可以看出，X 对 Y 的作用取决于 X 的值，因此我们需要选取一个特定的 X 来评估其对被解释变量的影响。

我们可以将上述二次方程表示为：

$$\hat{Y}=\hat{\beta}_2\left(X+\frac{\hat{\beta}_1}{2\,\hat{\beta}_2}\right)^2+\left(\hat{\beta}_0-\frac{\hat{\beta}_1^2}{4\,\hat{\beta}_2}\right)$$

不难看出，$\hat{Y}$ 和 X 具有抛物线型的关系，例如当 $\hat{\beta}_1<0$，$\hat{\beta}_2>0$ 时，随着 X 的增大，$\hat{Y}$ 首先减小，当 $X=-\dfrac{\hat{\beta}_1}{2\,\hat{\beta}_2}$ 时，$\hat{Y}$ 达到最低点，然后增大。这里需要注意 X 的取值范围，如果其取值范围不包括转折点 $X=-\dfrac{\hat{\beta}_1}{2\,\hat{\beta}_2}$，那么 $\hat{Y}$ 在 X 的取值范围内只会是单一方向。

四、缩放变量

在实践中，由于特定的需要，我们可能需要将解释变量或者被解释变量扩大或缩小一定的倍数，这种情况会对回归系数有什么影响？

（一）将被解释变量变化 n 倍

原回归结果为：$\hat{Y}=\hat{\alpha}+\hat{\beta}X$，如果被解释变量变化 n 倍，要保持回归方程等式成立，所有系数会变化 n 倍。

变化后的回归方程为：$\underbrace{n\hat{Y}}_{\hat{Y}^*}=\underbrace{n\hat{\alpha}}_{\alpha^*}+\underbrace{n\hat{\beta}}_{\beta^*}X\Rightarrow\hat{Y}^*=\hat{\alpha}^*+\hat{\beta}^*X$。

可以看出，新的斜率为 $\hat{\beta}^*=n\hat{\beta}$，是原斜率的 n 倍；新的截距为 $\hat{\alpha}^*=n\hat{\alpha}$，是原截距的 n 倍。

需要注意的是，虽然系数大小发生了变化，但并不改变解释变量与被解释变量之间的经济关系，扩大或缩小变量仅仅改变系数的单位。假设 $\hat{Y}$ 原来是以千米衡量的，现在用米衡量，$\hat{Y}^*=1000\hat{Y}$，$n=1000$。我们知道，原回归方程中 X 每变化 1 单位，$\hat{Y}$ 随之变化 $\hat{\beta}$ 千米，那么 $\hat{Y}$ 变为原来的 1000 倍后，新方程系数 $\hat{\beta}^*=1000\hat{\beta}$，$X$ 变化 1 单位，Y^* 随之变化 $\hat{\beta}^*=1000\hat{\beta}$ 米，与原方程系数的经济意义是一样的。

（二）将解释变量变化 m 倍

原回归结果为：$\hat{Y}=\hat{\alpha}+\hat{\beta}X$。

变化后的回归方程为：$\hat{Y}=\hat{\alpha}+\frac{\hat{\beta}}{m}\underbrace{mX}_{X^*}\rightarrow\hat{Y}=\hat{\alpha}+\hat{\beta}^*X^*$。

新的斜率为 $\hat{\beta}^*=\frac{\hat{\beta}}{m}$，是原斜率的 $\frac{1}{m}$ 倍；新的截距为 $\hat{\alpha}$，与原截距相同。同样，将解释变量变为原来的 m 倍后并不改变其与被解释变量之间的经济关系，改变的仅仅是回归系数对应的单位。

（三）将被解释变量变化 n 倍，解释变量变化 m 倍

原回归结果方程为：$\hat{Y}=\hat{\alpha}+\hat{\beta}X$。

先得到被解释变量变化 n 倍后的方程为：$n\hat{Y}=n\hat{\alpha}+n\hat{\beta}X$。

再得到解释变量变化 m 倍后的方程为：$n\hat{Y}=n\hat{\alpha}+\frac{n\hat{\beta}}{m}mX$。

最后的方程为：$\hat{Y}^*=\hat{\alpha}^*+\hat{\beta}^*X^*$（$\hat{Y}^*=nY$，$X^*=mX$）。

可以看出，新的斜率为 $\hat{\beta}^*=\frac{n\hat{\beta}}{m}$，是原斜率的 $\frac{n}{m}$ 倍；新的截距为 $\hat{\alpha}^*=n\hat{\alpha}$，是原截距的 n 倍。

通过以上 3 种情况可见，无论如何改变自变量或者因变量的大小，二者之间的实际关系均不发生变化。因此当回归系数过大（如 1000000）或者过小（如 0.0000001）时，为了使结果更加简洁、更易解读，我们可以改变变量的规模以使回归系数更方便解释，且这种变化不会改变系数的经济含义和统计显著性。

需要注意的是，当解释变量和被解释变量以自然对数的形式存在于回归方程中时，对变量进行缩放并不会影响回归系数大小。例如，在 $\widehat{\ln Y}=\hat{\alpha}+\hat{\beta}\ln X$ 中将被解释变量扩大 n 倍 $(Y^{*}=nY)$，解释变量扩大 m 倍 $(X^{*}=mX)$：

$$\widehat{\ln Y}=\hat{\alpha}+\hat{\beta}\ln X$$

$$\widehat{\ln nY}-\ln n=\hat{\alpha}+\hat{\beta}\ln mX-\hat{\beta}\ln m$$

$$\ln Y^{*}=(\alpha-\beta\ln m+\ln n)+\beta\ln X^{*}$$

可见只有截距发生变化，斜率保持不变。这是因为当变量以自然对数的形式出现时，系数反映的是百分比影响，而非绝对值影响，这种情况下对变量扩大或缩小特定倍数并不影响百分比。

五、移动变量

除了缩放(scaling)变量外，我们也可以通过给变量增加或减去一定的值来改变变量大小。例如，给解释变量增加 p 单位，被解释变量增加 q 单位。

原回归结果方程为：$\hat{Y}=\hat{\alpha}+\hat{\beta}X$。

被解释变量增加 q 后的方程为：$\underbrace{\hat{Y}+q}_{Y^{*}}=\hat{\alpha}+q+\hat{\beta}X$。

解释变量增加 p 后的方程为：$\underbrace{\hat{Y}+q}_{Y^{*}}+\hat{\beta}p=\hat{\alpha}+q+\hat{\beta}\underbrace{(X+p)}_{X^{*}}$。

最后的回归方程为：$\hat{Y}^{*}=\underbrace{\hat{\alpha}+q-\hat{\beta}p}_{\hat{\alpha}^{*}}+\hat{\beta}X^{*}\ (Y^{*}=\hat{Y}+q,\ X^{*}=X+p)$。

新的斜率为 $\hat{\beta}$，与原斜率相同；新的截距为 $\hat{\alpha}^{*}=a+q-\hat{\beta}p$。

六、统计显著性和经济显著性

得到参数估计值后，我们要做假设检验(hypothesis test)来检查其是否显著不同于原假设(null hypothesis)假定的值。通常在原假设中假设参数为0。参数估计值统计显著不等于0，并不一定意味着它是有经济意义的。除了统计上的显著性(statistical significance)外，我们也要分析其在经济含义上的显著性(economic significance)，即当 X 变化1单位(或标准差、百分比)时，Y 变化多少单位(或标准差、百分比)；并把 Y 的变化和它的样本均值进行对比，可以看到 Y 的变化在经济上是否显著。因此在实践中，我们既要检验参数估计值统计上的显著性，又要检验其经济含义上的显著性。

七、包含交叉项的模型

在实证研究中，我们经常看到包含交叉项的模型。举一个简单的例子：

$$Y=\beta_0+\beta_1X_1+\beta_2X_2+\beta_3X_1X_2+u$$

其中，X_1 和 X_2 称为主项，X_1X_2 为交叉项。在使用含交叉项的模型时，要注意以下几点：

（一）在使用交叉项的回归中，一定要包含主项 X_1 和 X_2

否则，由于缺失变量偏差，交互作用估计可能是错误的（X_1 和 X_2 与 X_1X_2 相关）。

（二）正确解释系数

假设样本估计结果 $\hat{Y}=\hat{\beta}_0+\hat{\beta}_1X_1+\hat{\beta}_2X_2+\hat{\beta}_3X_1X_2$。我们可以得到 $\frac{\Delta\hat{Y}}{\Delta X_1}=\hat{\beta}_1+\hat{\beta}_3X_2$，$\frac{\Delta\hat{Y}}{\Delta X_2}=\hat{\beta}_2+\hat{\beta}_3X_1$。$\hat{\beta}_1$ 的解释是当 $X_2=0$ 时，X_1 每增加 1 单位，$\hat{Y}$ 增加 β_1 单位。如果 $\hat{\beta}_1$ 不显著，只能说明当 $X_2=0$ 时，X_1 对 Y 没有显著的影响。要检验 X_1 对 Y 在任何情况下都没影响，必须用 F 统计值检验 $\hat{\beta}_1=0$ 和 $\hat{\beta}_3=0$。同理，$\hat{\beta}_2$ 的解释是，当 $X_1=0$，X_2 每增加 1 单位，$\hat{Y}$ 增加 β_2 单位。交叉项系数反映一个变量对 $\hat{Y}$ 的影响是否受到另一个变量大小的影响。假设 $\beta_3<0$，则表示 X_2 的增加会使得 X_1 对 Y 的影响减小，也表示 X_1 的增加会使得 X_2 对 Y 的影响减小，即二者的交互作用为负。

（三）避免错误解释主项系数

假设 $\hat{\beta}_1>0$，$\hat{\beta}_3<0$，一个常见的解释为：“X_1 的增加会使得 $\hat{Y}$ 值增加，但是 X_1 对 $\hat{Y}$ 的影响会随着的 X_2 的增加而减少。”上述解释是不准确的。原因在于，$\hat{\beta}_1>0$ 并不能说明 X_1 的增加会使得 Y 值增加，X_1 对 $\hat{Y}$ 值的影响取决于 X_2 的大小。例如，当 X_2 等于其均值 $\overline{X_2}$ 时，X_1 对 $\hat{Y}$ 的影响等于：

$$\frac{\partial\hat{Y}}{\partial x_1}\bigg|_{x_2=\overline{x_2}}=\hat{\beta}_1+\hat{\beta}_3\overline{x_2}$$

由于 $\hat{\beta}_3<0$，如果的 X_2 平均值较大，那么 $\Delta Y/\Delta X_1$ 也可能是小于 0，即使 $\hat{\beta}_1>0$。因此，我们无法通过 $\hat{\beta}_1>0$，$\hat{\beta}_3<0$ 来判断 X_1 对 Y 的影响是正还是负。通过观察 $\hat{\beta}_1$，我们只能得到在 X_2 为 0 时 X_1 对 $\hat{Y}$ 的影响。

八、多余的解释变量

假设我们想要研究模型的真实情况是 $Y=\beta_0+\beta_1X_1+e$，而现实中我们在模型里加入一个与被解释变量无关的变量，模型变为 $Y=\beta_0+\beta_1X_1+\beta_2X_2+e$，在这里，$X_2$ 就是多余的解释变量。这个模型对系数估计会有何影响？首先，“正确”模型可以理解为“多余”模型 $\beta_2=0$ 的特例。因此使用“多余”模型，我们依然可以得到系数 β_1 和 β_2 的无偏估计 $\hat{\beta}_1$ 和 $\hat{\beta}_2$，$E(\hat{\beta}_1)=\beta_1$，$E(\hat{\beta}_2)=0$。

但是，通过含有不相关解释变量的模型得到的干扰项估计方差会增大，从而导致利用该错误模型较难发现显著的系数估计。下面，我们通过对方差计算公式的介绍来详细说明不相关解释变量问题对线性回归造成的影响。

在多元线性回归中，解释变量 X_j 系数估计的样本方差计算方法可以表示如下：

$$\mathrm{Var}(\hat{\beta}_j)=\frac{\sigma^2}{\sum_i^N (X_{ji}-\bar{X}_j)^2(1-R_j^2)} \tag{3.7}$$

上式中，R_j^2 是将 X_j 作为被解释变量、其他所有 X 作为解释变量进行回归得到的 R^2，σ^2 是回归干扰项的方差。通过观察上面的计算公式，我们可以看出，解释变量 X_j 系数估计的方差会受到下面 3 个因素的影响：

1. X_j 样本中变化 $(X_{ji}-\bar{X}_j)^2$ 越大，系数方差越小（因为当 X_j 变化越大，越有助于识别它对 Y 的影响）。

2. 回归干扰项的方差 σ^2 越大，系数方差越大（因为当干扰项变化越大，对识别 X_j 对 Y 影响的干扰越大）。

3. R_j^2 越大，系数方差越大（因为 R_j^2 越大，意味着 X_j 和其他变量的共线性程度越高，即 X_j 独立的信息较少，因此越难识别它对 Y 的影响）。

多余自变量由于对被解释变量没有解释力度，因此添加多余自变量无助于降低干扰项方差 σ^2，但如果多余自变量和解释变量 j 相关，会造成 R_j^2 变大，导致解释变量 j 的系数方差变大。举个例子，如果对于回归方程：细菌生长速度 $=\beta_0+\beta_1$ 温度 $+e$，我们添加了一个和细菌生长速度无关的变量“实验室人数”，方程变为细菌生长速度 $=\beta_0+\beta_1$ 温度 $+\beta_2$ 实验室人数 $+u$。一方面，实验室人数不会影响细菌生长速度，加入实验室人数作为新的自变量并无助于降低干扰项的方差。但如果凑巧温度高的时候，实验室人数通常比较少（例如夜间的实验通常设了较高的温度，同时实验室工作人员也较少），那么温度和实验室人数是相关的。如果把温度和实验室人数回归，$R_j^2>0$。我们在第二章讲过，当两个解释变量之间存在相关性，最小二乘法在估计两个解释变量各自系数时没有使用二者存在相关性的变化信息，而只使用二者互不相关的变化信息。当加入这个和温度相关的变量，使得能够用来估计影响细菌生长速度的温度变化的信息较少，造成温度的系数方差较大。因此，在存在多余解释变量的情况下，虽然我们得到的系数估计依然是无偏和一致的，但会影响假设检验的结果（较不容易发现真实的显著效应）。

九、多重共线性

在第二章，我们通过图形对多重共线性对回归结果的影响有了直观的了解。我们也可以通过公式(3.7)来进一步加深理解。从公式(3.7)中我们看到,解释变量之间的高度线性相关(多重共线性)会通过影响 R_j^2,使得估计系数标准误差增大。我们通过下面一个例子来具体说明多重共线性的影响。

假设我们的模型如下:

$$Y = \beta_0 + \beta_1 X_1 + \beta_2 X_2 + \beta_3 X_3 + e$$

其中,X_2 和 X_3 高度相关,而 X_1 与其他解释变量无关。在这种情况下,由于 $R_1^2 = 0$ (X_2 和 X_3 对 X_1 没有解释力度),从公式(3.7)看到,$\mathrm{Var}(\widehat{\beta}_1)$ 并不受 X_2 和 X_3 的影响。因此,如果我们感兴趣的系数估计是 β_1,其估计结果并没有受到 X_2 和 X_3 高度相关的影响。但如果我们想要估计 β_2 或 β_3,$\mathrm{Var}(\widehat{\beta}_2)$ 和 $\mathrm{Var}(\widehat{\beta}_3)$ 会受到较大影响(因为 R_2^2 和 R_3^2 较大),所以 β_2、β_3 更容易被判断为不显著。这与第二章中用韦恩图讲述的直观理解是一致的。

十、检验分组系数的不同

在实证研究中,我们经常遇到要将样本分组,并检验回归系数在不同组是否显著不同的情形。因为有各种不同的方法,我们用一个简单的例子进行讨论。假设研究财务杠杆对企业投资影响的模型为 $Investment_i = \alpha + \beta_1 Leverage_i + \beta_2 Size_i + \beta_3 Q_i + e_i$,其中 $Investment$ 是投资量,$Leverage$ 是财务杠杆,$Size$ 是企业资产,Q 是托宾 Q 值(企业业绩增长衡量指标)。

假设我们发现 β_1 显著为负,即财务杠杆降低投资量,但我们想进一步检验财务杠杆对投资量的影响是否对于有高增长机会的企业更严重。

(一) 方法一:全样本全交乘项

生成一个虚拟变量 $HighQ_i$:如果 $Q>$样本中值,则 $HighQ_i = 1$(高增长企业);否则,$HighQ_i = 0$(低增长企业)。将模型扩展为:

$$\begin{aligned} Investment_i = {} & \alpha + \beta_{11} Leverage_i + \beta_{12} Leverage_i \times HighQ_i + \beta_{21} Size_i \\ & + \beta_{22} Size_i \times HighQ_i + \beta_3 Q_i + e_i \end{aligned}$$

这个模型允许 $Leverage$ 和 $Size$ 对 $Investment$ 的影响在不同 Q 的企业是不同的。β_{11} 是 $Leverage$ 对低增长企业 $Investment$ 的影响($HighQ_i = 0$),β_{12} 是 $Leverage$ 对高增长企业和低增长企业影响的差别。如果 β_{12} 显著小于 0,则说明 $Leverage$ 对高增长企业的投资负面影响更大。如果要知道 $Leverage$ 对高增长企业投资的总影响,应该计算 $\beta_{11} + \beta_{12}$。这个模型的好处是,使用全样本数据,同时允许其他控制变量在不同组的系数是不同的。通过系数 β_{12} 是否显著,我们可以直接检验 $Leverage$ 对不同组的企业影响是否显著不同。它的缺点是，如果控制变量数量较多的话，需要加入许多交乘项。

（二）方法二：全样本单交乘项

为了避免许多交乘项，很多时候使用较简约的模型：

$$Investment_i = \alpha + \beta_{11} Leverage_i + \beta_{12} Leverage_i \times HighQ_i + \beta_2 Size_i + \beta_3 Q_i + e_i$$

这个模型的缺陷是，它隐含地限制了 $Size$ 在不同组对投资的影响都相同，即系数都等于 β_2。它的优点是，可以通过 β_{12} 是否显著，直接检验 $Leverage$ 影响在两组是否有显著差异。有时我们会看到使用两个分组虚拟变量的情况。一组是虚拟变量 $HighQ_i$：如果 $Q>$样本中值，则 $HighQ_i=1$；否则，$HighQ_i=0$。另一组是虚拟变量 $LowQ_i$：如果 $Q<$样本中值，则 $LowQ_i=1$；否则，$LowQ_i=0$。模型设置为：

$$Investment_i = \alpha + \beta'_{11} Leverage_i \times LowQ_i + \beta'_{12} Leverage_i \times HighQ_i + \beta_2 Size_i + \beta_3 Q_i + e_i$$

这个模型的系数解释和前面有所不同。β'_{11} 仍然是 $Leverage$ 对低增长企业 $Investment$ 的影响（$LowQ_i=1$，$HighQ_i=0$），$\beta'_{11}=\beta_{11}$。但 β'_{12} 为 $Leverage$ 对高增长企业 $Investment$ 的影响（$HighQ_i=1$，$LowQ_i=0$），而不是二者的差别。事实上，$\beta'_{12}=\beta_{11}+\beta_{12}$。如果使用这个设置，要检验 $Leverage$ 影响在两组是否有显著差异，还需要进一步检验 $\beta'_{12}-\beta'_{11}$ 是否显著不等于 0。因此，使用这种设置检验组间差异假设较为烦琐。

（三）方法三：分样本回归

将样本按 Q 是否大于样本中值分成两组，并对每组进行回归。对 Q 大于中值的组，得到：

$$Investment_i = \alpha + \beta_{11} Leverage_i + \beta_{21} Size_i + \beta_{31} Q_i + e_i$$

对 Q 小于中值的组，得到：

$$Investment_i = \alpha + \beta_{12} Leverage_i + \beta_{22} Size_i + \beta_{32} Q_i + e_i$$

这个做法的好处与方法一相同，即允许变量在不同组的系数不同。其缺点是，既要检验 $Leverage$ 影响在两组是否有显著差异，还需要进一步检验 $\beta_{12}-\beta_{11}$ 是否显著不等于 0。

第四章　标准误差

如果模型假设 $Y=\alpha+\beta X+e$ 及 $\mathrm{E}[e \mid X]=0$ 是正确的，并且我们有总体数据，使用最小二乘法方法就能得到系数 (α, β) 的真实值，不存在方差。但如果我们所有的只是样本数据，那么得到的样本估计系数 $(\hat{\alpha}, \hat{\beta})$ 是真实系数 (α, β) 的无偏和一致的估计。无偏性是指通过重复抽取样本进行估计，样本估计值的平均值等于真实的系数值。一致性是指当样本数量趋近无穷时，样本估计值几乎接近真实系数值。在实际研究中，我们只是针对某个有限样本进行估计，得到的估计值和真实值一定是存在差异的。因此，我们需要对估计系数可能的误差范围进行估计。估计系数的标准差称为系数标准误差(standard error)，它衡量了样本估计系数可能的误差范围，即精确程度。标准误差越小，系数可能的误差范围就越小，样本估计系数接近真实值的可能性就越高。因此，估计系数的标准误差和无偏性或一致性一样重要。标准误差会影响假设检验，最终影响研究的结论。

造成样本估计值存在误差的原因是干扰项 e 的存在。本章的目的是讲解实证中经常遇到的 4 种干扰项情形对样本估计值方差的影响。这 4 种情形包括同方差(homoscedasticity)、异方差(heteroscedasticity)、自相关(autocorrelation)和集群相关(clustering)。对每种干扰项的方差情况，我们都会先讲解直观原理，然后讨论具体的处理方法。第一节介绍最基础的干扰项同方差的处理方法；第二节和第三节讲解干扰项存在异方差和自相关的原因及处理方法；由于在实际工作中，我们更常遇见的是集群相关的情况，因此第四节对集群相关进行详细的讨论；第五节用具体的数据例子帮助我们进一步理解集群相关的本质和处理方法；第六节讨论集群在实际运用中的常见问题。

第一节　理解同方差

为方便讨论，本章中模型假定解释变量是非随机的。正如前一章所述，这个假设简化了计算，但并不影响结论。

回顾关于 OLS 样本回归系数协方差矩阵 $\mathrm{Var}(\hat{\boldsymbol{\beta}})$ 的表达式：

$$\hat{\boldsymbol{\beta}}^{OLS}=(\boldsymbol{X}'\boldsymbol{X})^{-1}\boldsymbol{X}'\boldsymbol{Y}=\boldsymbol{\beta}+(\boldsymbol{X}'\boldsymbol{X})^{-1}\boldsymbol{X}'\boldsymbol{e}$$

$$\mathrm{Var}(\hat{\boldsymbol{\beta}}^{OLS})=(\boldsymbol{X}'\boldsymbol{X})^{-1}\boldsymbol{X}'\mathrm{E}[\boldsymbol{ee}']\boldsymbol{X}(\boldsymbol{X}'\boldsymbol{X})^{-1} \tag{4.1}$$

$\mathrm{E}[\boldsymbol{ee}']$ 是干扰项的协方差矩阵，它的一般形式为：

$$\mathrm{E}(\boldsymbol{ee}')=\mathrm{Var}(\boldsymbol{e})=\boldsymbol{\Omega}=\begin{bmatrix}\sigma_1^2 & \sigma_{12} & \sigma_{13} & \cdots & \sigma_{1N}\\ \sigma_{21} & \sigma_2^2 & \sigma_{23} & \cdots & \sigma_{2N}\\ \sigma_{31} & \sigma_{32} & \sigma_3^2 & \cdots & \sigma_{3N}\\ \cdots & \cdots & \cdots & \cdots & \cdots\\ \sigma_{N1} & \sigma_{N2} & \sigma_{N3} & \cdots & \sigma_N^2\end{bmatrix}$$

矩阵 $\boldsymbol{\Omega}$ 主对角线上的项 σ_i^2 是第 i 个观测点（observation）干扰项的方差，对角线外的项 σ_{ij} 是第 i 个观测点和第 j 个观测点干扰项的协方差。将干扰项协方差矩阵 $\boldsymbol{\Omega}$ 代入公式(4.1)，可得：

$$\mathrm{Var}(\hat{\boldsymbol{\beta}}^{OLS})=(\boldsymbol{X}'\boldsymbol{X})^{-1}\boldsymbol{X}'\begin{bmatrix}\sigma_1^2 & \sigma_{12} & \sigma_{13} & \cdots & \sigma_{1N}\\ \sigma_{21} & \sigma_2^2 & \sigma_{23} & \cdots & \sigma_{2N}\\ \sigma_{31} & \sigma_{32} & \sigma_3^2 & \cdots & \sigma_{3N}\\ \cdots & \cdots & \cdots & \cdots & \cdots\\ \sigma_{N1} & \sigma_{N2} & \sigma_{N3} & \cdots & \sigma_N^2\end{bmatrix}\boldsymbol{X}(\boldsymbol{X}'\boldsymbol{X})^{-1} \tag{4.2}$$

可见，干扰项协方差矩阵 $\boldsymbol{\Omega}$ 的形式是决定样本估计系数方差的关键因素。

同方差是指，每个观测点干扰项的方差大小是相同的，在实际运用中，通常同方差假设也伴随着不相关假设，即不同观测点干扰项是不相关的。为方便讲解，我们将同方差不相关假设简称为同方差假设。即 $\mathrm{Var}(e_i)\equiv\sigma_i^2=\sigma^2$；对于任意的 $i\neq j$，均有 $\mathrm{Cov}(e_i,e_j)\equiv\sigma_{ij}^2=0$。这是一个比较特殊的情况。同方差形成原因可以是，每个观测点的干扰项是从独立且相同的分布（independent and identical distribution）中产生的。例如，我们研究教育对收入的影响，如果随机抽取 100 个工人，同方差假设认为，影响每个工人收入的干扰因素是不相关的且方差大小是一样的。很明显，这是一个很强的假设。

同方差矩阵可以表示为：

$$\mathrm{E}(\boldsymbol{ee}')=\begin{bmatrix}\sigma^2 & 0 & 0 & \cdots & 0\\ 0 & \sigma^2 & 0 & \cdots & 0\\ 0 & 0 & \sigma^2 & \cdots & 0\\ \cdots & \cdots & \cdots & \cdots & \cdots\\ 0 & 0 & 0 & \cdots & \sigma^2\end{bmatrix}=\sigma^2\begin{bmatrix}1 & 0 & 0 & \cdots & 0\\ 0 & 1 & 0 & \cdots & 0\\ 0 & 0 & 1 & \cdots & 0\\ \cdots & \cdots & \cdots & \cdots & \cdots\\ 0 & 0 & 0 & \cdots & 1\end{bmatrix}=\sigma^2\boldsymbol{I}$$

可以看到,主对角线上所有项均为 σ^2,即每个观测点的干扰项方差是一样的,即对于任意的 i,均有 $\sigma_i^2=\sigma^2$。主对角线外项均为 0,即不同观测量的干扰项之间没有相关性,对于任意的 $i \neq j$,均有 $\sigma_{ij}=0$。图 4.1 显示了同方差情况下干扰项分布。直线是被解释变量和解释变量的线性关系线 $Y_i=\alpha+\beta X_i$,黑点和直线之间的距离是干扰项的值 e_i。从图 4.1 可以看到,在同方差情况下,干扰项值会均匀地分布在直线两边。

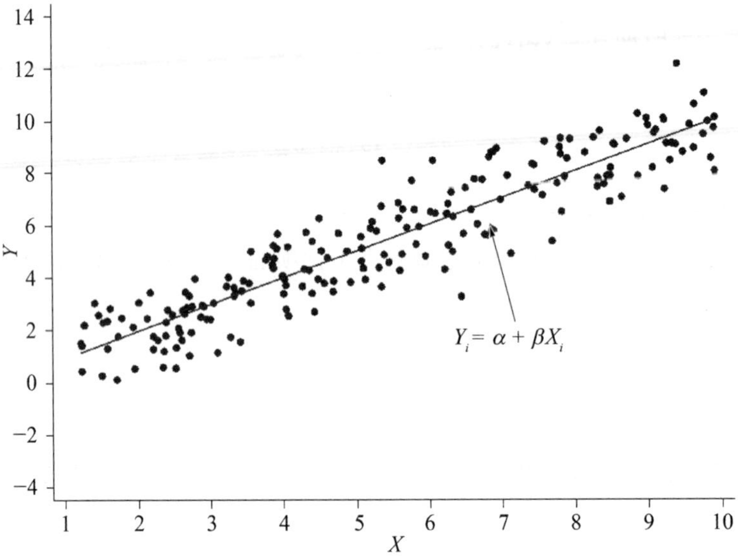

图 4.1　同方差情况下干扰项分布

要得到同方差情况下的估计系数协方差矩阵 $\mathrm{Var}(\hat{\boldsymbol{\beta}}_{homo}^{OLS})$,将同方差的干扰项协方差矩阵 $\boldsymbol{\Omega}$ 代入(4.1)式,得到:

$$
\begin{aligned}
\mathrm{Var}(\hat{\boldsymbol{\beta}}_{\text{homo}}^{OLS}) &= (\boldsymbol{X}'\boldsymbol{X})^{-1}\boldsymbol{X}'\begin{bmatrix}\sigma^2 & 0 & 0 & \cdots & 0\\ 0 & \sigma^2 & 0 & \cdots & 0\\ 0 & 0 & \sigma^2 & \cdots & 0\\ \cdots & \cdots & \cdots & \cdots & \cdots\\ 0 & 0 & 0 & \cdots & \sigma^2\end{bmatrix}\boldsymbol{X}(\boldsymbol{X}'\boldsymbol{X})^{-1}\\
&= \sigma^2(\boldsymbol{X}'\boldsymbol{X})^{-1}\boldsymbol{X}'\begin{bmatrix}1 & 0 & 0 & \cdots & 0\\ 0 & 1 & 0 & \cdots & 0\\ 0 & 0 & 1 & \cdots & 0\\ \cdots & \cdots & \cdots & \cdots & \cdots\\ 0 & 0 & 0 & \cdots & 1\end{bmatrix}\boldsymbol{X}(\boldsymbol{X}'\boldsymbol{X})^{-1}\\
&= \sigma^2(\boldsymbol{X}'\boldsymbol{X})^{-1}\boldsymbol{X}'\boldsymbol{X}(\boldsymbol{X}'\boldsymbol{X})^{-1}\\
&= \sigma^2(\boldsymbol{X}'\boldsymbol{X})^{-1}
\end{aligned}
\tag{4.3}
$$

我们看到，同方差情况下，估计系数的协方差矩阵是一个简单公式：$\mathrm{Var}(\hat{\boldsymbol{\beta}}_{homo}^{OLS})=\sigma^2(\boldsymbol{X}'\boldsymbol{X})^{-1}$。在实际运用中，由于干扰项的方差 σ^2 是未知的，我们需要利用样本残差值 $\hat{\boldsymbol{e}}$ 去估计 σ^2。$s^2=\dfrac{\hat{\boldsymbol{e}}'\hat{\boldsymbol{e}}}{N-K}=\dfrac{1}{N-K}\sum_{i=1}^{N}\hat{e}_i^2$ 是 σ^2 的无偏和一致估计（N 是样本数，K 是解释变量数）。因此在同方差情况下，OLS 系数估计值方差的估计量为：

$$\widehat{\mathrm{Var}}(\hat{\boldsymbol{\beta}}_{homo}^{OLS})=\frac{\hat{\boldsymbol{e}}'\hat{\boldsymbol{e}}}{N-K}(\boldsymbol{X}'\boldsymbol{X})^{-1}$$

系数标准误差（standard error）的估计量为：

$$\mathrm{Std.\ Err.}(\hat{\boldsymbol{\beta}}_{homo}^{OLS})=\sqrt{\widehat{\mathrm{Var}}(\hat{\boldsymbol{\beta}}_{homo}^{OLS})}=\sqrt{\frac{\hat{\boldsymbol{e}}'\hat{\boldsymbol{e}}}{N-K}(\boldsymbol{X}'\boldsymbol{X})^{-1}} \tag{4.4}$$

如果我们使用 OLS 进行线性回归，通常的统计软件会自动默认同方差，并用上式计算系数估计值的标准误差。

同方差是很少见的情况，因为每个观测点都独立并且同分布的可能性很小。违反 $\mathrm{Var}(e_i)=\sigma^2$ 或 $\mathrm{Cov}(e_i,e_j)=0$ 这两个假设分别会产生异方差（heteroscedasticity）和自相关（autocorrelation）。

我们可以用第三章中细菌生长—温度实验的例子来理解干扰项异方差和自相关如何影响我们对样本估计系数可靠性（即与真实系数接近程度）的判断。在这个实验里，有两个观测点，每个观测点满足以下关系：

$$细菌生长速度_1=\alpha+\beta_1\ 温度_1+e_1$$
$$细菌生长速度_2=\alpha+\beta_1\ 温度_2+e_2$$

干扰项的存在会影响我们对细菌生长和温度线性关系系数 β_1 的估计。干扰项方差越大（噪声越大），就会造成我们估计系数的方差越大（精确度越低）。两个观测点干扰项总方差为：

$$\mathrm{Var}(e_1+e_2)=\mathrm{Var}(e_1)+\mathrm{Var}(e_2)+2\mathrm{Cov}(e_1,e_2)$$

在同方差的情况下，每个观测点干扰项方差相同，并且不同观测点的干扰项不相关，$\mathrm{Var}(e_1)=\mathrm{Var}(e_2)=\sigma^2$，$\mathrm{Cov}(e_1,e_2)=0$，因此在同方差的情况下，干扰项的总方差为 $\mathrm{Var}(e_1+e_2)=2\sigma^2$。在异方差的情况下，每个观测点干扰项方差不相同，但不同观测点干扰项不相关，$\mathrm{Var}(e_1)=\sigma_1^2$，$\mathrm{Var}(e_2)=\sigma_2^2$，$\mathrm{Cov}(e_1,e_2)=0$，因此在异方差情形下，干扰项的总方差为 $\mathrm{Var}(e_1+e_2)=\sigma_1^2+\sigma_2^2$。在自相关和异方差同时存在的情况下，每个观测点干扰项方差并不相同，并且不同观测点干扰项相关，$\mathrm{Var}(e_1)=\sigma_1^2$，$\mathrm{Var}(e_2)=\sigma_2^2$，$\mathrm{Cov}(e_1,e_2)=\sigma_{12}$，因此在自相关和异方差的情况下，干扰项的总方差

为 $Var(e_1+e_2)=\sigma_1^2+\sigma_2^2+2\sigma_{12}$。

可见，不同观测点干扰项的方差和它们之间的相关性会影响干扰项的总体方差（即总的噪声大小），进而会影响我们对通过样本观测到的细菌生长和温度的关系 $\hat{\beta}_1$ 与真实值 β_1 之间可能误差范围的判断。

实践中，我们通常用以下两种方法处理异方差和自相关问题：

1. 先将模型进行转换，使得干扰项满足同方差，再用 OLS 进行回归。这种方法称为广义最小二乘法（Generalized Least Square，GLS）。这种方法的优点是，它得到的线性关系系数估计值的方差是最小的，即系数估计是最有效的；缺点则是，模型转换需要预知或估计干扰项的协方差矩阵形式，在实际运用中通常是不可行或十分复杂的。

2. 不转换模型，直接使用 OLS 在原模型中估计系数，并计算出异方差和自相关条件下 OLS 估计系数的方差。异方差或自相关的存在只是造成 OLS 估计值的方差不再等于 $\mathrm{Var}(\hat{\boldsymbol{\beta}}_{homo}^{OLS})=\sigma^2(\boldsymbol{X}'\boldsymbol{X})^{-1}$，但不影响无偏性和一致性，因为只要满足 $\mathrm{E}[\boldsymbol{e}\mid\boldsymbol{X}]=0$ 这一条件，OLS 参数估计值仍然是无偏和一致的。采用这种方法的优点是，处理简单，不需要转换模型，只需要找到在异方差或自相关情况下正确的 OLS 系数估计量方差即可；缺点是，OLS 系数估计量的标准误差相比 GLS 系数估计量的标准误差会较大。但由于转换模型较为困难，在实际工作中，我们通常使用第二种方法。

下面我们具体介绍如何理解并具体处理异方差和自相关。

第二节　理解异方差

一、定义

异方差是指每个观测点的干扰项方差是不相等的，$\mathrm{Var}(e_i)=\sigma_i^2$，但不同观测点的干扰项不相关，即对任意 $i\neq j$，均有 $\mathrm{Cov}(e_i, e_j)=0$。异方差意味着每个观测点的干扰项是从独立但不相同的分布（independent but non-identical distribution）中产生的。

在异方差的情况下，干扰项的方差矩阵是对角矩阵（diagonal matrix），即：

$$\mathrm{E}(\boldsymbol{ee}')=\begin{bmatrix}\sigma_1^2 & 0 & 0 & \cdots & 0\\ 0 & \sigma_2^2 & 0 & \cdots & 0\\ 0 & 0 & \sigma_3^2 & \cdots & 0\\ \cdots & \cdots & \cdots & \cdots & \cdots\\ 0 & 0 & 0 & \cdots & \sigma_N^2\end{bmatrix}=\sigma^2\begin{bmatrix}w_1 & 0 & 0 & \cdots & 0\\ 0 & w_2 & 0 & \cdots & 0\\ 0 & 0 & w_3 & \cdots & 0\\ \cdots & \cdots & \cdots & \cdots & \cdots\\ 0 & 0 & 0 & \cdots & w_N\end{bmatrix}=\sigma^2\boldsymbol{\Omega}_{heter} \quad (4.5)$$

主对角线上的第 i 项 σ_i^2 反映了第 i 个观测点干扰项的方差大小。与同方差不同的是，在异方差情况下不同观测点的方差可以是不同的值，即对任意 $i \neq j$，均有 $\sigma_i^2 \neq \sigma_j^2$。

二、理解异方差

一个异方差的例子是研究受教育程度对收入的影响。独立抽取 N 个工人，通常受教育程度高的人不仅平均收入较高，其收入的波动范围也较大。因此这 N 个观测点的干扰项方差是不一样的，使用异方差假设比同方差假设更符合实际情况。

图 4.2 显示了异方差情况下干扰项分布。我们看到，当 X 值越大，干扰项值的分布越分散。在这种情况下，如果样本抽到图右边个别较大的正干扰值，会导致估计的关系斜率远大于真实关系斜率；如果样本抽到图右边个别较大的负干扰值，会导致估计的关系斜率远小于真实关系斜率。但在重复的抽样中，较大的正误差和较大的负误差会互相抵消，因此异方差情况下样本估计值仍然是无偏的。

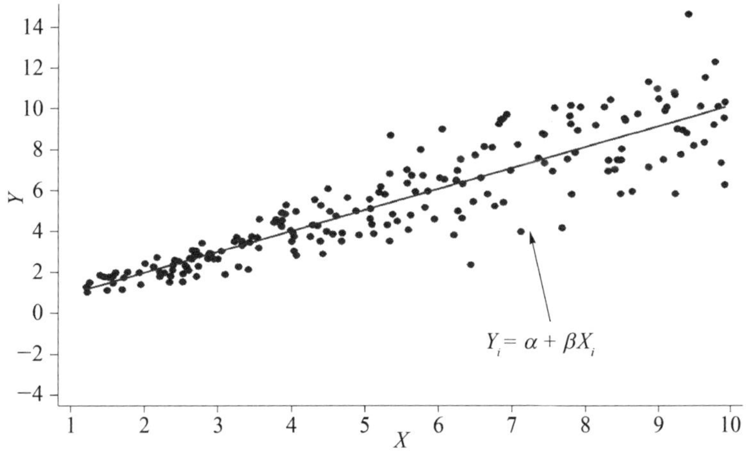

图 4.2 异方差情况下干扰项分布

虽然样本估计值是无偏的，但我们也看到，当 X 值较大时，对应的观测点 Y 值可能包含的干扰因素就越大。因此，我们必须把干扰项方差的差异对估计值准确性的影响考虑进去，否则我们就会错误判断估计系数的精确度。如果我们知道干扰项异方差的具体形式，我们可以采用 GLS 的方法对干扰项方差较大的观测点赋予较小的权重，原因是这些观测点的信息准确度较低。如果我们不知道异方差的具体情况，但知道存在异方差，通常使用 OLS 的方法并计算在异方差情况下 OLS 估计值的标准误差。下面我们讨论具体的解决方案。

三、处理方法

（一）使用 OLS 估计并计算稳健标准误差（robust standard error）

在异方差的情况下，如果还是使用 OLS 估计原方程的系数，该系数估计值为：

$$\hat{\boldsymbol{\beta}}_{heter}^{OLS}=\hat{\boldsymbol{\beta}}^{OLS}=(\boldsymbol{X}'\boldsymbol{X})^{-1}\boldsymbol{X}'\boldsymbol{Y}=\boldsymbol{\beta}+(\boldsymbol{X}'\boldsymbol{X})^{-1}\boldsymbol{X}'\boldsymbol{e}$$

$\hat{\boldsymbol{\beta}}_{heter}^{OLS}$ 仍然是无偏和一致的估计量，即 $\mathrm{E}(\hat{\boldsymbol{\beta}}_{heter}^{OLS})=\boldsymbol{\beta}$，$\mathrm{plim}\hat{\boldsymbol{\beta}}_{heter}^{OLS}=\boldsymbol{\beta}$。但在异方差情况下，$\hat{\boldsymbol{\beta}}_{heter}^{OLS}$ 的方差为：

$$\mathrm{Var}(\hat{\boldsymbol{\beta}}_{heter}^{OLS})=(\boldsymbol{X}'\boldsymbol{X})^{-1}\boldsymbol{X}'\mathrm{E}[\boldsymbol{e}\boldsymbol{e}']\boldsymbol{X}(\boldsymbol{X}'\boldsymbol{X})^{-1}$$

将异方差矩阵(4.5)代入上式，得到：

$$\begin{aligned}\mathrm{Var}(\hat{\boldsymbol{\beta}}_{heter}^{OLS})&=(\boldsymbol{X}'\boldsymbol{X})^{-1}\boldsymbol{X}'\begin{bmatrix}\sigma_1^2 & 0 & 0 & \cdots & 0\\ 0 & \sigma_2^2 & 0 & \cdots & 0\\ 0 & 0 & \sigma_3^2 & \cdots & 0\\ \cdots & \cdots & \cdots & \cdots & \cdots\\ 0 & 0 & 0 & \cdots & \sigma_N^2\end{bmatrix}\boldsymbol{X}(\boldsymbol{X}'\boldsymbol{X})^{-1}\\ &=\sigma^2(\boldsymbol{X}'\boldsymbol{X})^{-1}\boldsymbol{X}'\boldsymbol{\Omega}_{heter}\boldsymbol{X}(\boldsymbol{X}'\boldsymbol{X})^{-1}\end{aligned}$$

由此可见，在异方差的情况下，系数方差不等于同方差情况下的方差，$\mathrm{Var}(\hat{\boldsymbol{\beta}})_{heter}^{OLS}\neq\mathrm{Var}(\hat{\boldsymbol{\beta}})_{homo}^{OLS}=\sigma^2(\boldsymbol{X}'\boldsymbol{X})^{-1}$。计算异方差情况下系数方差的难点在于，异方差矩阵包含了 N 个参数，σ_1^2，σ_1^2，…，σ_N^2；即每一个观测点的干扰项 e_i 都有自己的方差 σ_i^2，但样本的每个观测点只能得到一个残差值。N 个残差值无法提供足够的信息估计出 N 个方差。

White 提出了不用估计每个 σ_i^2 就可以估计异方差下 $\mathrm{Var}(\hat{\boldsymbol{\beta}}_{heter}^{OLS})$ 的估计方法。在大样本的情况下，$\mathrm{Var}(\hat{\boldsymbol{\beta}}_{heter}^{OLS})$ 的一致估计量(consistent estimator)为：

$$\widehat{\mathrm{Var}}(\hat{\boldsymbol{\beta}}_{heter}^{OLS})=(\boldsymbol{X}'\boldsymbol{X})^{-1}\boldsymbol{X}'\begin{bmatrix}\hat{e}_1^2 & 0 & 0 & \cdots & 0\\ 0 & \hat{e}_2^2 & 0 & \cdots & 0\\ 0 & 0 & \hat{e}_3^2 & \cdots & 0\\ \cdots & \cdots & \cdots & \cdots & \cdots\\ 0 & 0 & 0 & \cdots & \hat{e}_N^2\end{bmatrix}\boldsymbol{X}(\boldsymbol{X}'\boldsymbol{X})^{-1}$$

这个解决办法很简单，只需将干扰项协方差矩阵中的方差 σ_i^2 用对应的样本残差值平方 $\hat{e}_i^2$ 替代即可。将 $\boldsymbol{X}=[\boldsymbol{X}_1\quad \boldsymbol{X}_2\quad \boldsymbol{X}_3\quad \cdots\quad \boldsymbol{X}_N]'$ 代入，上式可进一步简写为：

$$\widehat{\mathrm{Var}}(\hat{\boldsymbol{\beta}}_{heter}^{OLS})=\left(\sum\nolimits_i^N\boldsymbol{X}_i\boldsymbol{X}_i'\right)^{-1}\left[\sum\nolimits_i^N\hat{e}_i^2\boldsymbol{X}_i\boldsymbol{X}_i'\right]\left(\sum\nolimits_i^N\boldsymbol{X}_i\boldsymbol{X}_i'\right)^{-1}\tag{4.6}$$

这就是异方差情况下著名的 White 或 Eicker-Huber-White 的 OLS 系数方差的

估计量。这一估计不需要任何有关异方差结构形式的假设。在计量软件(如 Stata)中通常被称作 White 稳健估计值(robust estimator)。$\widehat{\mathrm{Var}}(\hat{\boldsymbol{\beta}}_{heter}^{OLS})$ 是 $\mathrm{Var}(\hat{\boldsymbol{\beta}}_{heter}^{OLS})$ 的一致估计量,在大样本情况下我们可以用它进行 Z 检验或 Wald(χ^2)检验。然而,$\widehat{\mathrm{Var}}(\hat{\boldsymbol{\beta}}_{heter}^{OLS})$ 不是无偏(unbiased)估计量,因此使用 White 标准误进行小样本 t 检验或 F 检验无效。

(二) 广义最小二乘法(GLS)

我们知道同方差情况下,OLS 估计值是最有效的(efficient,即方差最小)无偏线性估计量,那么如果能转换异方差模型为同方差模型,我们仍然能使用 OLS 得到最有效的参数估计。这个方法称为广义最小二乘法(GLS)。

如果我们知道异方差矩阵 $\boldsymbol{\Omega}_{heter}$ 的形式,可以将 $\boldsymbol{\Omega}_{heter}$ 分解为 $\boldsymbol{\Omega}_{heter}=(\boldsymbol{P}'\boldsymbol{P})^{-1}=\boldsymbol{P}^{-1}\boldsymbol{P}'^{-1}$,其中 $\boldsymbol{P}$ 为某可逆矩阵。通过 $\boldsymbol{P}$ 将原模型转换为:

$$\boldsymbol{PY}=\boldsymbol{PX\beta}+\boldsymbol{Pe}\rightarrow \boldsymbol{Y}^*=\boldsymbol{X}^*\boldsymbol{\beta}+\boldsymbol{e}^*$$

转换后模型干扰项满足同方差:

$$\mathrm{Var}(\boldsymbol{e}^*)=\mathrm{Var}(\boldsymbol{Pe})=\boldsymbol{P}\mathrm{Var}(\boldsymbol{e})\boldsymbol{P}'=\sigma^2\boldsymbol{P\Omega}_{heter}\boldsymbol{P}'=\sigma^2\boldsymbol{I}$$

接着对 $\boldsymbol{Y}^*=\boldsymbol{X}^*\boldsymbol{\beta}+\boldsymbol{e}^*$ 用 OLS 进行回归,我们可以得到参数估计值:

$$\hat{\boldsymbol{\beta}}_{heter}^{GLS}=(\boldsymbol{X}^{*\prime}\boldsymbol{X}^*)^{-1}\boldsymbol{X}^{*\prime}\boldsymbol{Y}^*=(\boldsymbol{X}'\boldsymbol{\Omega}_{heter}^{-1}\boldsymbol{X})^{-1}\boldsymbol{X}'\boldsymbol{\Omega}_{heter}^{-1}\boldsymbol{Y}$$

这个估计系数称为广义最小二乘法系数估计量。

$\hat{\boldsymbol{\beta}}_{heter}^{GLS}$ 是一个无偏和一致估计量,因为:

$$\begin{aligned}\mathrm{E}(\hat{\boldsymbol{\beta}}_{heter}^{GLS})&=\mathrm{E}[(\boldsymbol{X}'\boldsymbol{\Omega}_{heter}^{-1}\boldsymbol{X})^{-1}\boldsymbol{X}'\boldsymbol{\Omega}_{heter}^{-1}\boldsymbol{Y}]=\mathrm{E}[\boldsymbol{\beta}+(\boldsymbol{X}'\boldsymbol{\Omega}_{heter}^{-1}\boldsymbol{X})^{-1}\boldsymbol{X}'\boldsymbol{\Omega}_{heter}^{-1}\boldsymbol{e}]\\&=\boldsymbol{\beta}+(\boldsymbol{X}'\boldsymbol{\Omega}_{heter}^{-1}\boldsymbol{X})^{-1}\boldsymbol{X}'\boldsymbol{\Omega}_{heter}^{-1}\mathrm{E}(\boldsymbol{e})=\boldsymbol{\beta}\end{aligned}$$

其方差是:

$$\mathrm{Var}(\hat{\boldsymbol{\beta}}_{heter}^{GLS})=\sigma^2(\boldsymbol{X}^{*\prime}\boldsymbol{X}^*)^{-1}=\sigma^2(\boldsymbol{X}'\boldsymbol{\Omega}_{heter}^{-1}\boldsymbol{X})^{-1} \tag{4.7}$$

因为转换后的模型的干扰项是同方差,根据同方差情况下,OLS 估计量是最有效(方差最小)的无偏线性估计量的性质,我们可以推知,GLS 估计系数方差是最有效的无偏线性估计量。可以理解为,GLS(即转换模型后的 OLS)估计量的方差比不转换模型的 OLS 估计量的方差小,即 $\mathrm{Var}(\hat{\boldsymbol{\beta}}_{heter}^{OLS})>\mathrm{Var}(\hat{\boldsymbol{\beta}}_{heter}^{GLS})$,虽然二者都是无偏的估计量。

如果不知道 $\boldsymbol{\Omega}_{heter}$ 的值,则需要首先对它进行估计,求得 $\hat{\boldsymbol{\Omega}}_{heter}$ 的估计值,然后再进行模型转换。用这种方法得到的系数估计值称为可行的广义最小二乘法系数估计值

(Feasible GLS, FGLS)①,即:

$$\hat{\boldsymbol{\beta}}_{heter}^{FGLS}=(\boldsymbol{X}'\hat{\boldsymbol{\Omega}}_{heter}^{-1}\boldsymbol{X})^{-1}\boldsymbol{X}'\hat{\boldsymbol{\Omega}}_{heter}^{-1}\boldsymbol{Y}$$

我们用一个简单例子进一步说明 GLS 的方法。假设模型为:

$$Y_i=\alpha+\beta X_i+e_i,\quad i=1,\cdots,N \tag{4.8}$$

如果干扰项 e_i 的方差互不相关但与 X_i 相关,那么其关系可表示如下:

$$e_i=w(X_i)v_i \tag{4.9}$$

其中,$w(X_i)$ 是一个关于 X_i 的函数,v_i 满足同方差假设:$\mathrm{E}(v_i)=0$,$\mathrm{E}(v_i^2)=1$,$\mathrm{E}(v_iv_j)=0$,$i\neq j$。

e_i 的方差和协方差分别为:

$$\mathrm{Var}(e_i)=w^2(X_i),\ \mathrm{Cov}(e_i,e_j)=\mathrm{Cov}[w(X_i)v_i,w(X_j)v_j]=0,\ i\neq j$$

可见,e_i 存在异方差。而同方差是(4.9)式的特例,当 $w(X_i)=\sigma$ 时,$e_i=\sigma v_i$,它的方差大小是固定的(σ^2,不随 X 变化)。

将模型(4.9)两边除以 $w(X_i)$,可得:

$$\frac{Y_i}{w(X_i)}=\frac{\alpha}{w(X_i)}+\beta\frac{X_i}{w(X_i)}+\frac{e_i}{w(X_i)}=\frac{\alpha}{w(X_i)}+\beta\frac{X_i}{w(X_i)}+v_i$$

$$Y_i^*=\alpha^*+\beta X_i^*+v_i \tag{4.10}$$

经过转换,新模型的干扰项 v_i 为同方差。我们可以对转换后的模型 $Y_i^*=X_i^*\beta+v_i$ 用 OLS 按同方差的方法进行估计。我们可以看到,这个转换的本质是给 X 越大的观测值赋予越小的权重 $1/w(X_i)$,原理是,X 越大的观测点的 Y 值受到干扰项的影响越大,其可信度越低,因此赋予越低的权重。当然这只是一个简单的例子,异方差函数 $w(\cdot)$ 不一定是 X 的函数,也可能是一些其他可观测变量或不可观测变量的函数。

虽然 GLS 方式理论上简单,但实践中我们很难得到 $\boldsymbol{\Omega}_{heter}$ 的结构,从而无法进行模型转换,所以 GLS 或 FGLS 在实证中很少使用。

小结

1. 异方差情况下,不转换模型的 OLS 方法的系数估计量 $\hat{\boldsymbol{\beta}}_{heter}^{OLS}=(\boldsymbol{X}'\boldsymbol{X})^{-1}\boldsymbol{X}'\boldsymbol{Y}$ 和 GLS 方法(即转换模型的 OLS 方法)的系数估计量 $\hat{\boldsymbol{\beta}}_{heter}^{GLS}=(\boldsymbol{X}^{*\prime}\boldsymbol{X}^*)^{-1}\boldsymbol{X}^{*\prime}\boldsymbol{Y}^*=(\boldsymbol{X}'\boldsymbol{\Omega}_{heter}^{-1}\boldsymbol{X})^{-1}\boldsymbol{X}'\boldsymbol{\Omega}_{heter}^{-1}\boldsymbol{Y}$ 都是无偏的估计量。

① 由于 $\hat{\boldsymbol{\Omega}}_{heter}$ 是估计值而非真实值,所以与 GLS 不同,FGLS 的估计量常常不是有效的。

2. 如果使用不转换模型的 OLS 方法，异方差情况下，估计系数方差 $\mathrm{Var}(\hat{\boldsymbol{\beta}}_{heter}^{OLS}) \neq \sigma^2(\boldsymbol{X}'\boldsymbol{X})^{-1}$，而是 $\mathrm{Var}(\hat{\boldsymbol{\beta}}_{heter}^{OLS}) = \sigma^2(\boldsymbol{X}'\boldsymbol{X})^{-1}\boldsymbol{X}'\boldsymbol{\Omega}_{heter}\boldsymbol{X}(\boldsymbol{X}'\boldsymbol{X})^{-1}$。

3. 异方差情况下，使用不转换模型的 OLS 方法比 GLS 方法简单，因为后者需要估计 $\boldsymbol{\Omega}_{heter}$ 进行模型转型。但与不转换模型的 OLS 系数 $\hat{\boldsymbol{\beta}}_{heter}^{OLS}$ 估计量相比，GLS 的系数估计量 $\hat{\boldsymbol{\beta}}_{heter}^{GLS}$ 更加有效[方差更小，$\mathrm{Var}(\hat{\boldsymbol{\beta}}_{heter}^{OLS}) > \mathrm{Var}(\hat{\boldsymbol{\beta}}_{heter}^{GLS})$]。

（三）异方差 Stata 应用例子

在这一部分，我们用具体的例子来比较在异方差情况下，三种系数的方差估计结果。第一，$\mathrm{Var}(\hat{\boldsymbol{\beta}}_{homo}^{OLS})$：使用 OLS 但忽略异方差。第二，$\mathrm{Var}(\hat{\boldsymbol{\beta}}_{heter}^{OLS})$：使用 OLS 并考虑异方差。第三，$\mathrm{Var}(\hat{\boldsymbol{\beta}}_{heter}^{GLS})$：使用 GLS。

首先根据公式(4.8)和公式(4.9)，设定存在异方差的线性回归模型：

$$Y = 5 + 3X + e,\ x \sim \mathrm{N}(0,\ 5)$$
$$e = w(X) \times v,\ v \sim \mathrm{N}(0,\ 5)$$
$$w(x) = \sqrt{\exp(-0.5 + 0.2X)}$$

根据模型产生模拟数据。Stata 命令如下：

```
. quiet set obs 200          /*产生 200 个观测点*/
. gen x=5*rnormal(0,1)       /*产生正态分布 N(0 , 5 ) 的解释变量*/
. gen v=5*rnormal(0,1)       /*产生正态分布 N(0,5) 的干扰项*/
. gen w=exp(-0.5+0.2*x)      /*产生权重函数 w=exp(-0.5+0.2*x)*/
. gen e=w*v                  /*产生异方差干扰项 e=w*v*/
. gen y=5+3*x+e              /*产生解释变量 y=5+3x+e*/
```

1. $\mathrm{Var}(\hat{\boldsymbol{\beta}}_{homo}^{OLS})$：使用 OLS 但忽略异方差

```
. reg y x

      Source |       SS           df       MS      Number of obs   =       200
-------------+----------------------------------   F(1, 198)       =    927.07
       Model |  44217.9297         1  44217.9297   Prob > F        =    0.0000
    Residual |  9443.88149       198  47.6963711   R-squared       =    0.8240
-------------+----------------------------------   Adj R-squared   =    0.8231
       Total |  53661.8112       199  269.657343   Root MSE        =    6.9063

------------------------------------------------------------------------------
          y2 |      Coef.   Std. Err.      t    P>|t|     [95% Conf. Interval]
-------------+----------------------------------------------------------------
           x |   3.171639   .1041663    30.45   0.000     2.966221    3.377057
       _cons |   5.533257   .4883476    11.33   0.000     4.570227    6.496287
------------------------------------------------------------------------------
```

我们看到，估计系数值 $\hat{\boldsymbol{\beta}}^{OLS} = 3.17$，与真实值 3 接近，但存在样本误差 0.17。由于没考虑异方差，Stata 自动当作同方差处理，用默认同方差标准误差公式(4.4)得到系数标准误差估计值为 Std. Err.$(\hat{\boldsymbol{\beta}}^{OLS}_{homo})=0.104$。

2. Var$(\hat{\boldsymbol{\beta}}^{OLS}_{heter})$：使用 OLS 并考虑异方差

计算 White Robust 标准误差

```
. reg y x, robust

Linear regression                               Number of obs     =        200
                                                F(1, 198)         =     313.83
                                                Prob > F          =     0.0000
                                                R-squared         =     0.8240
                                                Root MSE          =     6.9063

------------------------------------------------------------------------------
             |               Robust
          y2 |      Coef.   Std. Err.      t    P>|t|     [95% Conf. Interval]
-------------+----------------------------------------------------------------
           x |   3.171639   .1790352    17.72   0.000     2.818578      3.5247
       _cons |   5.533257   .4902041    11.29   0.000     4.566566    6.499948
------------------------------------------------------------------------------
```

我们可以看到，系数估计值仍然是 $\hat{\boldsymbol{\beta}}^{OLS}=3.17$。但考虑到异方差，使用了 White 的异方差估计式(4.6)所得的系数标准误差为 Std. Err.$(\hat{\boldsymbol{\beta}}^{OLS}_{heter})=0.179$。本例中，考虑到异方差，系数的方差变大了，但这并不是必然的情况，Std. Err.$(\hat{\boldsymbol{\beta}}^{OLS}_{homo})$ 可能比 Std. Err.$(\hat{\boldsymbol{\beta}}^{OLS}_{heter})$ 大或小，这取决于 $\boldsymbol{\Omega}_{heter}$ 的情况。

3. Var$(\hat{\boldsymbol{\beta}}^{GLS}_{heter})$：使用 GLS

因为我们知道了造成异方差的原因是 $w(x)=\sqrt{\exp(-0.5+0.2x)}$，我们可以用公式(4.10)的方法转换模型：$\alpha^*=\dfrac{\alpha}{w(X_i)}$；$Y_i^*=\dfrac{Y_i}{w(X_i)}$；$X_i^*=\dfrac{\alpha}{w(X_i)}$。命令如下：

```
. gen one_star=1/w    /*常数项除以 w*/
. gen y_star=y/w      /*y 除以 w*/
. gen x_star=x/w      /*x 除以 w*/
```

接着对转换模型 $Y_i^*=\alpha^*+\beta X_i^*+v_i$ 进行估计，得到 GLS 估计值和方差：

```
. reg y_star x_star one_star , noconstant

      Source |       SS           df       MS      Number of obs   =       200
-------------+----------------------------------   F(2, 198)       =  13835.17
       Model |  905679.284         2  452839.642   Prob > F        =    0.0000
    Residual |  6480.74854       198  32.7310533   R-squared       =    0.9929
-------------+----------------------------------   Adj R-squared   =    0.9928
       Total |  912160.033       200  4560.80016   Root MSE        =    5.7211

------------------------------------------------------------------------------
      y_star |      Coef.   Std. Err.      t    P>|t|     [95% Conf. Interval]
-------------+----------------------------------------------------------------
      x_star |   3.055126   .0333594    91.58   0.000      2.98934    3.120911
    one_star |   5.442435   .2585522    21.05   0.000     4.932565    5.952304
------------------------------------------------------------------------------
```

我们看到，异方差情况下，GLS 方法的系数估计值为 $\hat{\boldsymbol{\beta}}_{heter}^{GLS}=3.05$，系数标准误差为 Std. Err.$(\hat{\boldsymbol{\beta}}_{heter}^{GLS})=0.033$，与考虑了异方差的 OLS 系数标准误差$\sqrt{\mathrm{Var}(\hat{\boldsymbol{\beta}}_{heter}^{OLS})}$相比较小。这和前面讨论的 GLS 估计量比 OLS 估计量更有效$[\mathrm{Var}(\hat{\boldsymbol{\beta}}_{heter}^{GLS})<\mathrm{Var}(\hat{\boldsymbol{\beta}}_{heter}^{OLS})]$的理论是一致的。注意，我们不能将其与$\sqrt{\mathrm{Var}(\hat{\boldsymbol{\beta}}_{homo}^{OLS})}$进行比较，因为后者将异方差当作同方差进行估计，是错误的 OLS 系数方差估计。

第三节 理解自相关

一、定义

违背 $\mathrm{Cov}(e_i, e_j)=0,\ i\neq j$ 这一假设会产生自相关，即不同观测点的干扰项是相关的。自相关常见于包含时间序列的数据。实证研究中，通常存在自相关的干扰项，也会存在异方差，因此我们将二者一并考虑。

在异方差和自相关同时存在的情况下，干扰项的方差矩阵如下：

$$\mathrm{E}(\boldsymbol{ee}')=\boldsymbol{\Omega}_{auto}=\begin{bmatrix}\sigma_1^2 & \sigma_{12} & \sigma_{13} & \cdots & \sigma_{1N}\\ \sigma_{21} & \sigma_2^2 & \sigma_{23} & \cdots & \sigma_{2N}\\ \sigma_{31} & \sigma_{32} & \sigma_3^2 & \cdots & \sigma_{3N}\\ \cdots & \cdots & \cdots & \cdots & \cdots\\ \sigma_{N1} & \sigma_{N2} & \sigma_{N3} & \cdots & \sigma_N^2\end{bmatrix} \tag{4.11}$$

对角线外的项 σ_{ij} 是反映两个不同观测点干扰项 i 和干扰项 j 相关性的协方差。当干扰项存在异方差时，对角线上的干扰项方差 σ_i^2 也是不同的。

二、理解自相关

自相关和异方差意味着每个观测点的干扰项是从相关的并且不相同的分布(interdependent and non-identical distribution)中产生的。自相关的产生可以是由于地理上的联系，例如造成天气变化的异常因素在两个相邻的城市可以是相关的，也可能是由于时间上的延续性，例如影响企业经营的干扰因素通常具有持续性。

图 4.3 显示了自相关情况下干扰项的分布情况：我们可以观测到，当第一个干扰项偏离关系线为正，接下来几个干扰项的偏离值也为正。一旦偏离值变为负，接下来几个偏离值也是负的。这说明干扰项存在正的自相关。如果干扰项存在正自相关，一

个较大的干扰项值很可能跟随着另一个较大的干扰项值，但后者的值并非完全新信息，而是由与前者相关造成。例如我们观测到了一个中规模地震，如果在此之前刚发生了一次大规模地震，这个中规模地震可能只是上次地震的余震，而非新的地震。相比单独发生的地震，余震的信息含量较小。因此和处理异方差一样，我们可以采用 GLS 方法对一个较大的干扰项值后的观测点赋予较小的权重，从而提高估计的精度(降低方差)。如果我们不知道干扰项自相关关系的具体形式，但知道存在自相关，最好采用 OLS 的方法并计算在自相关情况下 OLS 估计值的标准误差。

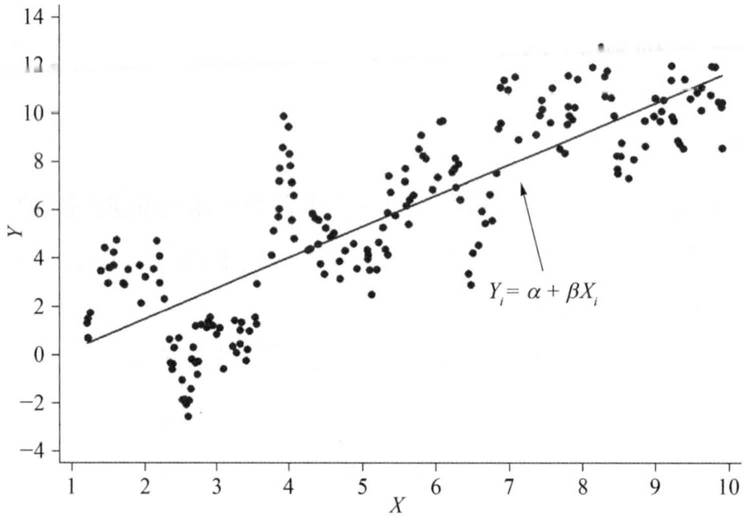

图 4.3 自相关方差情况下干扰项分布

干扰项正或负相关关系对方差的影响可以通过第一节中细菌增殖速度—温度的例子来理解。这个例子中两个观测点的总方差为 $\text{Var}(e_1+e_2)=\text{Var}(e_1)+\text{Var}(e_2)+2\text{Cov}(e_1, e_2)=\sigma_1^2+\sigma_2^2+2\rho\sigma_1\sigma_2$。当两个观点干扰项的相关系数为正($\rho>0$)时，自相关增加了总方差(降低估计精确度)；当两个观点干扰项的相关系数为负($\rho<0$)时，自相关降低了总方差(增加估计精确度)。在大多数情况下，自相关为正；少数情况下，自相关可能为负，即一个正的干扰项值可能紧跟着一个负的干扰项值。

下面我们讨论具体的解决方案。

三、处理方法

(一) 使用 OLS 估计并计算稳健标准误差(robust standard error)

我们用一阶自相关为例来说明存在自相关情况下 OLS 估计量的方差。如果干扰项存在一阶自相关，即 i 期和 $i+1$ 期的干扰项存在相关性 $\text{Cov}(e_i, e_{i+1})=\sigma_{i,i+1}$，OLS 系数的方差为：

$$\mathrm{Var}(\hat{\boldsymbol{\beta}}_{auto}^{OLS})=(\boldsymbol{X}'\boldsymbol{X})^{-1}\boldsymbol{X}'\boldsymbol{\Omega}_{auto}\boldsymbol{X}(\boldsymbol{X}'\boldsymbol{X})^{-1}$$

$$=(\boldsymbol{X}'\boldsymbol{X})^{-1}\boldsymbol{X}'\begin{bmatrix}\sigma_1^2 & \sigma_{12} & 0 & \cdots & 0\\ \sigma_{12} & \sigma_2^2 & \sigma_{23} & \cdots & 0\\ 0 & \sigma_{22} & \sigma_3^2 & \cdots & 0\\ \cdots & \cdots & \cdots & \cdots & \cdots\\ 0 & 0 & 0 & \cdots & \sigma_N^2\end{bmatrix}\boldsymbol{X}(\boldsymbol{X}'\boldsymbol{X})^{-1}$$

Newey 和 West 提出，在大样本下，一次性估计自相关情况下的 OLS 估计值方差 $\mathrm{Var}(\hat{\boldsymbol{\beta}}_{Auto}^{OLS})$ 的一致估计量，这个估计量通常被称为 Newey-West 标准误差。它的估计方法和 White 估计异方差标准误差的思路是一样的，即用 e_i^2 替代 σ_i^2、用 e_ie_{i+1} 替代 $\sigma_{i,\,i+1}$。具体如下：

$$\widehat{\mathrm{Var}}(\hat{\boldsymbol{\beta}}_{auto}^{OLS})=(\boldsymbol{X}'\boldsymbol{X})^{-1}[\boldsymbol{X}_1\quad \boldsymbol{X}_2\quad \boldsymbol{X}_3\quad \cdots\quad \boldsymbol{X}_N]\begin{bmatrix}\hat{e}_1^2 & \hat{e}_1\hat{e}_2 & 0 & \cdots & 0\\ \hat{e}_2\hat{e}_1 & \hat{e}_2^2 & \hat{e}_2\hat{e}_3 & \cdots & 0\\ 0 & \hat{e}_3\hat{e}_2 & \hat{e}_3^2 & \cdots & 0\\ \cdots & \cdots & \cdots & \cdots & \cdots\\ 0 & 0 & 0 & \cdots & \hat{e}_N^2\end{bmatrix}\begin{bmatrix}\boldsymbol{X}_1'\\ \boldsymbol{X}_2'\\ \boldsymbol{X}_3'\\ \cdots\\ \boldsymbol{X}_N'\end{bmatrix}(\boldsymbol{X}'\boldsymbol{X})^{-1}$$

$$=(\boldsymbol{X}'\boldsymbol{X})^{-1}\left[\sum\nolimits_{i=1}^{N}\hat{e}_i^2\boldsymbol{X}_i\boldsymbol{X}_i'+\sum\nolimits_{i=1}^{N-1}\hat{e}_i\hat{e}_{i+1}(\boldsymbol{X}_i\boldsymbol{X}_{i+1}'+\boldsymbol{X}_{i+1}\boldsymbol{X}_i')\right](\boldsymbol{X}'\boldsymbol{X})^{-1}$$

$$=\underbrace{(\boldsymbol{X}'\boldsymbol{X})^{-1}\left[\sum\nolimits_{i=1}^{N}\hat{e}_i^2\boldsymbol{X}_i\boldsymbol{X}_i'\right](\boldsymbol{X}'\boldsymbol{X})^{-1}}_{\text{异方差}}+\underbrace{(\boldsymbol{X}'\boldsymbol{X})^{-1}\left[\sum\nolimits_{i=1}^{N-1}\hat{e}_i\hat{e}_{i+1}(\boldsymbol{X}_i\boldsymbol{X}_{i+1}'+\boldsymbol{X}_{i+1}\boldsymbol{X}_i')\right](\boldsymbol{X}'\boldsymbol{X})^{-1}}_{\text{自相关}}$$

我们看到自相关的系数方差一致估计量 $\widehat{\mathrm{Var}}(\hat{\boldsymbol{\beta}}_{Auto}^{OLS})$ 包含了两个部分：第一部分是处理异方差，第二部分是处理自相关。由于 Newey-West 标准误差估计量同时也处理了异方差，因此又常称为异方差和自相关一致标准误差（heteroscedasticity and autocorrelation consistent standard error），简称 HAC 标准误差。

如果干扰项存在 $H(>1)$ 阶自相关，Newey-West 标准误差估计量的一般表达形式为：

$$\widehat{\mathrm{Var}}(\hat{\boldsymbol{\beta}}_{auto}^{OLS})=(\boldsymbol{X}'\boldsymbol{X})^{-1}\boldsymbol{X}'\hat{\boldsymbol{\Omega}}_{auto}\boldsymbol{X}(\boldsymbol{X}'\boldsymbol{X})^{-1}$$

其中：

$$\boldsymbol{X}'\hat{\boldsymbol{\Omega}}_{auto}\boldsymbol{X}=\sum_{i=1}^{N}\hat{e}_i^2\boldsymbol{X}_i\boldsymbol{X}_i'+\sum_{j=1}^{H}\sum_{i=j+1}^{N}\left(1-\frac{j}{H+1}\right)\hat{e}_i\hat{e}_{i-j}(\boldsymbol{X}_i\boldsymbol{X}_{i-j}'+\boldsymbol{X}_{i-j}\boldsymbol{X}_i')$$

同样地，上式等号右边第一部分 $\sum\nolimits_{i=1}^{N}\hat{e}_i^2X_iX_i'$ 是处理异方差，第二部分是处理自相关。H 也称为滞后参数，即自相关效应只延续 H 时段，$\mathrm{E}[e_i,\ e_{i-s}]=0$，$s=H+1$，

$H+2$，…。[1]HAC加入了$\left(1-\frac{j}{H+1}\right)$，它从技术上保证了HAC标准误差在有限样本里是正定的。直观上，也可以理解为时间距离越远（j越大）的自相关效应对估计的影响越小，因此赋予更小的权重。

与不需要判断的White标准误差不同，Newey-West标准误差必须选择最大滞后H。通常情况下，设定超过数据周期的滞后时间就足够了；例如对于季度数据至少为4，对于每月数据至少为12。

（二）广义最小二乘法（GLS）

我们以一阶自相关为例，假设模型的形式为：

$$Y_t = \alpha + \beta X_t + e_t, \quad t - 1, 2, \cdots, T \tag{4.12}$$

由于自相关通常出现在时间序列中，所以我们用t代表时间t的观测点。干扰项e_t（假设$|\rho|<1$）一阶自相关模型如下：

$$e_t = \rho e_{t-1} + v_t, \ v_t \sim \text{i.i.d.}(0, \sigma_v^2) \tag{4.13}$$

干扰项的性质：

$$\text{E}(e_t)=0, \ \text{Var}(e_t)=\frac{\sigma_v^2}{1-\rho^2}, \ \text{Cov}(e_t, e_{t-k})=\rho^k \frac{\sigma_v^2}{1-\rho^2}$$

转换模型：

$$Y_t - \rho Y_{t-1} = (\alpha - p\alpha) + (X_t - \rho X_{t-1})'\beta + (e_t - \rho e_{t-1}), \quad t=2, 3, \cdots, T$$

$$Y_t^* = \alpha^* + X_t^* \beta + v_t, \quad t=2, 3, \cdots, T \tag{4.14}$$

转换后的模型干扰项v_t满足同方差，对其进行回归，我们可以得到GLS估计量$\hat{\beta}_{auto}^{GLS}$，它是最有效的线性估计值[$\text{Var}(\hat{\beta}_{auto}^{OLS}) > \text{Var}(\hat{\beta}_{auto}^{GLS})$]。然而，通常情况下自相关的情况是未知的，所以这个方法并不常用。

四、自相关Stata实例

在这部分，我们会使用具体的例子来比较在自相关情况下，三种系数方差估计的结果。第一，$\text{Var}(\hat{\beta}_{homo}^{OLS})$：使用OLS，但忽略自相关。第二，$\text{Var}(\hat{\beta}_{auto}^{OLS})$：使用OLS并考虑异方差和自相关。第三，$\text{Var}(\hat{\beta}_{auto}^{GLS})$：使用GLS。

首先根据公式（4.12）和公式（4.13）设定具体模型：

---

① 尽管计量软件根据样本规模会自动选择H值，但H值也可以由研究者自行决定。

$$y_t = 5 + 3x_t + e_t$$

$$x_t = 0.4x_{t-1} + \varepsilon_t, \ \varepsilon_t \sim N(0, 5)$$

$$e_t = 0.8e_{t-1} + v_t, \ v_t \sim N(0, 5)$$

根据模型产生模拟数据，Stata 命令如下：

```
. quiet set obs 200   /*产生 200 个观测点*/
. gen time=_n       /*产生时间序列编号*/
. tsset time              /*设置为时间序列*/
. gen x=0  in 1/1 /*X 的初始值为 0*/
. replace x=0.4*l.x+rnormal(0,5) in 2/200
. gen v=rnormal(0,5)    /*产生正态分布 N(0,5)的 v*/
. gen err=0 in 1/1    /*干扰项初值 e(0)=0*/
. scalar pho=0.8        /*干扰项自相关系数=0.8*/
. replace e=pho*l.e+v  in 2/200/*e=pho*l.e+v*/
. gen y=5+3*x+e          /*y=5+3x+e*/
```

(一) $\mathrm{Var}(\hat{\beta}^{OLS}_{homo})$：使用 OLS，但忽略自相关

```
. reg y x

      Source |       SS           df       MS      Number of obs   =       200
-------------+----------------------------------   F(1, 198)       =    705.65
       Model |  58690.1448         1  58690.1448   Prob > F        =    0.0000
    Residual |   16467.954       198  83.1714849   R-squared       =    0.7809
-------------+----------------------------------   Adj R-squared   =    0.7798
       Total |  75158.0988       199  377.678888   Root MSE        =    9.1198

------------------------------------------------------------------------------
           y |      Coef.   Std. Err.      t    P>|t|     [95% Conf. Interval]
-------------+----------------------------------------------------------------
           x |   3.066299   .1154301    26.56   0.000     2.838668    3.293929
       _cons |   5.855495   .6449169     9.08   0.000     4.583708    7.127282
------------------------------------------------------------------------------
```

我们看到，$\hat{\beta}^{OLS} = 3.066$。由于未考虑自相关，Stata 自动当作同方差处理，得到系数标准误差估计值为 Std. Err.$(\hat{\beta}^{OLS}_{homo}) = 0.1154$。

(二) $\mathrm{Var}(\hat{\beta}^{OLS}_{auto})$：使用 OLS 并考虑异方差和自相关

使用newey 命令计算HAC标准误差

```
. newey y x, lag(1)

Regression with Newey-West standard errors      Number of obs     =        200
maximum lag: 1                                  F(  1,        198) =     437.26
                                                Prob > F          =     0.0000

------------------------------------------------------------------------------
             |             Newey-West
           y |      Coef.   Std. Err.      t    P>|t|     [95% Conf. Interval]
-------------+----------------------------------------------------------------
           x |   3.066299   .1466377    20.91   0.000     2.777126    3.355471
       _cons |   5.855495    .875013     6.69   0.000     4.129954    7.581036
------------------------------------------------------------------------------
```

我们看到，系数估计值仍然是 $\hat{\beta}^{OLS}=3.066$。newey 命令得到的系数标准误差估计值为 Std. Err.$(\hat{\beta}_{auto}^{OLS})=0.147$。newey 命令同时考虑了异方差和自相关，但在本例的模型数据里，干扰项只存在自相关。因为干扰项存在正的自相关（$\rho=0.8$），所以相对于同方差情况，方差变大了，而 t 值变小了。

（三）$\mathrm{Var}(\hat{\beta}_{auto}^{GLS})$：使用 GLS

因为我们知道了干扰项自相关系数 $\rho=0.8$，我们可以用公式(4.14)的方法转换模型：$\alpha^{*}=\alpha-\rho\alpha$；$X_t^{*}=X_t-\rho X_{t-1}$，$Y_t^{*}=Y_t-\rho Y_{t-1}$。

```
. gen one=1
. gen one_star=one-pho*1.one
. gen y_star=y-pho*l.y
. gen x_star=x-pho*l.x
. reg y_star x_star one_star, noconstant
```

接着对转换模型 $Y_t^{*}=\alpha^{*}+\beta X_t^{*}+v_t$ 进行估计，得到 GLS 估计值和方差。

```
. reg y_star x_star one_star , noconstant

      Source |       SS           df       MS      Number of obs   =       199
-------------+----------------------------------   F(2, 197)       =    953.74
       Model |  47972.4629         2  23986.2314   Prob > F        =    0.0000
    Residual |  4954.45865       197  25.1495363   R-squared       =    0.9064
-------------+----------------------------------   Adj R-squared   =    0.9054
       Total |  52926.9215       199   265.96443   Root MSE        =    5.0149

------------------------------------------------------------------------------
      y_star |      Coef.   Std. Err.      t    P>|t|     [95% Conf. Interval]
-------------+----------------------------------------------------------------
      x_star |   2.937662   .0674376    43.56   0.000      2.80467    3.070654
    one_star |   5.882989   1.777507     3.31   0.001     2.377604    9.388374
------------------------------------------------------------------------------
```

我们可以看到，在自相关情况下，GLS 方法的系数估计值为 $\hat{\beta}_{auto}^{GLS}=2.938$，系数标准误差为 Std. Err.$(\hat{\beta}_{auto}^{GLS})=0.067$，与 OLS 系数标准误差 Std. Err.$(\hat{\beta}_{auto}^{OLS})$ 相比较小。这和前面讨论的 GLS 估计量比 OLS 估计量有效 $[\mathrm{Var}(\hat{\beta}_{auto}^{OLS})>\mathrm{Var}(\hat{\beta}_{auto}^{GLS})]$ 的理论是一致的。

第四节　理解集群相关

一、定义

集群相关标准误差(clustering standard error)指的是在同一个集群内的干扰项是相关的，但不同集群间的干扰项是不相关的。一个简单的例子是，同一个企业不同年份的观测点是一个集群：同一个企业不同年份观测点的干扰项很可能是相关的，因为影响同一家企业经营的干扰因素有连续性，但不同企业观测点的干扰项可能是不相关的。另一个例子是，同一个班级的学生是一个集群：每个班级不同学生的干扰项可能是相关的，因为同一个班级的学生容易受到同样的干扰因素影响（如老师生病），但不同班级学生的干扰项可能是不相关的。

对于某个集群 g 中的 T 个观测点，其变量线性关系可以表示成：

$$Y_{gt}=\boldsymbol{X}'_{gt}\boldsymbol{\beta}+e_{gt},\quad t=1,\ 2,\ \cdots,\ T$$

其中，$\boldsymbol{X}'_{gt}=(X_{1gt}\quad X_{2gt}\quad \cdots\quad X_{kgt})$ 为 k 个解释变量。可以将集群 g 的 T 个观测点用向量表示为：

$$\boldsymbol{Y}_g=\boldsymbol{X}_g\boldsymbol{\beta}+\boldsymbol{e}_g$$

其中，$\boldsymbol{Y}_g=(Y_{g1}\quad Y_{g2}\quad \cdots\quad Y_{gT})'$，$\boldsymbol{X}_g=(\boldsymbol{X}_{g1}\quad \boldsymbol{X}_{g2}\quad \cdots\quad \boldsymbol{X}_{gT})'$，$\boldsymbol{e}=(e_{g1}\quad e_{g2}\quad \cdots\quad e_{gT})'$。

集群 g 内的干扰项结构为：

$$\mathrm{E}(\boldsymbol{e}_g\boldsymbol{e}'_g)=\boldsymbol{\Omega}_g=\begin{bmatrix}\sigma_{g1}^2 & \sigma_{g21} & \sigma_{g31} & \cdots & \sigma_{gT1}\\ \sigma_{g12} & \sigma_{g2}^2 & \sigma_{g32} & \cdots & \sigma_{gT2}\\ \sigma_{g13} & \sigma_{g23} & \sigma_{g3}^2 & \cdots & \sigma_{gT3}\\ \cdots & \cdots & \cdots & \cdots & \cdots\\ \sigma_{g1T} & \sigma_{g2T} & \sigma_{g3T} & \cdots & \sigma_{gN}^2\end{bmatrix}\tag{4.15}$$

我们可以看到，对于一个集群 g，其干扰项结构（4.15）和自相关干扰项结构（4.11）是一样的。

如果有 G 个集群，我们将 G 个集群线性关系矩阵 $\boldsymbol{Y}_g=\boldsymbol{X}_g\boldsymbol{\beta}+\boldsymbol{e}_g$，$g=1,\ 2,\ \cdots,\ G$ 进一步叠加，表示为：

$$\boldsymbol{Y}=\boldsymbol{X\beta}+\boldsymbol{e}$$

其中，$\boldsymbol{Y}=(\boldsymbol{Y}'_1\quad \boldsymbol{Y}'_2\quad \cdots\quad \boldsymbol{Y}'_G)'$，$\boldsymbol{X}=(\boldsymbol{X}'_1\quad \boldsymbol{X}'_2\quad \cdots\quad \boldsymbol{X}'_G)'$，$\boldsymbol{e}=(\boldsymbol{e}'_1\quad \boldsymbol{e}'_2\quad \cdots\quad \boldsymbol{e}'_G)'$。

其干扰项方差矩阵结构为：

$$\mathrm{E}(\boldsymbol{ee}')=\boldsymbol{\Omega}_{cluster}=\begin{bmatrix}\boldsymbol{\Omega}_1 & 0 & 0 & \cdots & 0\\ 0 & \boldsymbol{\Omega}_2 & \cdots & \cdots & 0\\ 0 & \cdots & \boldsymbol{\Omega}_3 & \cdots & 0\\ \cdots & \cdots & \cdots & \cdots & \cdots\\ 0 & 0 & 0 & \cdots & \boldsymbol{\Omega}_G\end{bmatrix}\tag{4.16}$$

上式矩阵中，对角线外项为 0 反映了集群间干扰项不相关。对角线是集群 g 的方差矩阵 $\boldsymbol{\Omega}_g$。例如，如果每个集群有 3 个观测点，干扰项方差矩阵的具体形式为：

$$\mathrm{E}(\boldsymbol{ee}') = \boldsymbol{\Omega}_{cluster}$$

$$= \begin{bmatrix}
\sigma_{11}^2 & \sigma_{112} & \sigma_{113} & & & & & & & & & & \\
\sigma_{121} & \sigma_{12}^2 & \sigma_{123} & & \cdots & & & \cdots & & \cdots & & \cdots & \\
\sigma_{131} & \sigma_{132} & \sigma_{13}^2 & & & & & & & & & & \\
 & & & \sigma_{21}^2 & \sigma_{212} & \sigma_{213} & & & & & & & \\
 & \cdots & & \sigma_{221} & \sigma_{22}^2 & \sigma_{223} & & \cdots & & \cdots & & \cdots & \\
 & & & \sigma_{231} & \sigma_{232} & \sigma_{23}^2 & & & & & & & \\
 & & & & & & \sigma_{31}^2 & \sigma_{312} & \sigma_{313} & & & & \\
 & \cdots & & & \cdots & & \sigma_{321} & \sigma_{32}^2 & \sigma_{323} & \cdots & & \cdots & \\
 & & & & & & \sigma_{331} & \sigma_{332} & \sigma_{33}^2 & & & & \\
 & \cdots & & & \cdots & & & \cdots & & \cdots & & \cdots & \\
 & & & & & & & & & & \sigma_{g1}^2 & \sigma_{g12} & \sigma_{g13} \\
 & \cdots & & & \cdots & & & \cdots & & \cdots & \sigma_{g21} & \sigma_{g2}^2 & \sigma_{g23} \\
 & & & & & & & & & & \sigma_{g31} & \sigma_{g32} & \sigma_{g3}^2
\end{bmatrix}$$

二、理解集群方差

让我们考虑一个简单的例子：假设我们想估计全市中学生期末考试的平均成绩，通过在不同学校进行抽样，我们抽取了 100 名学生的成绩，得到 100 个观测点 (Y_1，Y_2，…，Y_{100})。对他们的成绩求平均值，得到样本均值 $\overline{Y} = \frac{1}{100}\sum_{i=1}^{100} Y_i = 75$。样本均值是总体均值的无偏估计，是因为：

$$\mathrm{E}(\overline{Y}) = \mathrm{E}\left(\frac{1}{N}\sum_{i=1}^{N} Y_i\right) = \frac{1}{N}\sum_{i=1}^{N} \mathrm{E}(Y_i) = \frac{1}{N} N\mathrm{E}(Y_i) = \mathrm{E}(Y_i)$$

无偏估计是通过重复抽样得到的。如果只是一次抽样得到的样本均值和总体均值是有差异的，我们需要通过样本均值方差来知道样本均值的可能误差范围。样本平均值的方差为：

$$\mathrm{Var}(\overline{Y}) = \mathrm{Var}\left(\frac{1}{N}\sum_{i=1}^{N} Y_i\right)$$

如果这 100 个学生是独立抽样，它们的成绩并不相关，可得：

$$\mathrm{Var}(\bar{Y})=\mathrm{Var}\left(\frac{1}{N}\sum_{i=1}^{N}Y_i\right)=\frac{1}{N^2}\sum_{i=1}^{N}\mathrm{Var}(Y_i)$$

如果学生的成绩方差同为 $\mathrm{Var}(Y_i)=\sigma^2=5^2$，可进一步得到：

$$\mathrm{Var}(\bar{Y})=\frac{\sigma^2}{N}=\frac{5^2}{100}$$

因此，样本均值的标准误差为：

$$\mathrm{Std.\ Err.}(\bar{Y})=\sqrt{\mathrm{Var}(\bar{Y})}=\sqrt{\frac{\sigma^2}{N}}=\frac{5}{10}=0.5$$

样本均值的标准误差告诉我们，当多次重复抽取 100 人调查，得到的样本平均值的标准差是 0.5。看起来这是一个很简单的统计问题，但上述计算标准误差的公式有一个重要的假设，即我们抽样的 100 人提供的信息是独立的。

但如果学生的成绩分布不是独立的，会造成什么后果呢？假设抽样的时候并没有注意是否有重复抽取学生的情况。例如，A 学生碰巧被抽取了两次，此时尽管重复抽取 A 学生使样本数量增加了 1 单位，但我们却没有获得额外独立的信息。极端的情况是，如果被抽查的 100 人都是同一个学生，他们的成绩只反映了一个学生的成绩，对于估计所有学生平均成绩的信息含量等同于一个学生提供的信息。因为这 100 人的信息不是独立的而是完全正相关的，如果我们把它们当成独立的，并使用上面的公式计算所得的样本平均值的标准误差显然是不对的，其结果是造成我们对估计值的准确性过度自信，即估计值的标准误差估计过小。

如果这 100 个成绩事实上是同一个人的，它们的成绩完全相关，这个样本均值的方差为：

$$\mathrm{Var}(\bar{Y})=\mathrm{Var}\left(\frac{1}{N}\sum\nolimits_{i=1}^{N}Y_i\right)=\frac{1}{N^2}N^2\sigma^2=\sigma^2$$

对比 100 个成绩是独立抽样的方差 $\frac{\sigma^2}{N}$，上述方差是其 N 倍。如果我们把 100 个同一个人的成绩当作 100 个不同人的成绩，那么我们会认为估计的平均成绩方差是真实方差的 1％。

另一个不那么极端但更可能出现的情况是，同一所学校所有学生的成绩可能相关，但不同学校间的学生成绩不相关。假设抽取的 A 学生和 B 学生来自同一所学校，他们的成绩并不完全相同，却是正相关的。如果我们知道 A 的成绩，就可以在一定程度上推断 B 的成绩。因此 B 的成绩并不完全是新信息，有效信息量较少。如何直观地理解信息的"多少"呢？简单而言，一个事件提供的"意外"越多，我们认为它的信息含量越大。如果两个观测点是同一个人，知道了一个观测点的成绩，另一个观测点结果的"意外"程度应为 0，因此信息含量为 0。如果两个观测点是独立的，另一个观测的结果就完全无法由上一个结果推测，因此可以完全是"意外"，信息含量大。如果把存在正相关性信息当作不存在相关的信息处理，就如同把"不完全意外"的信息当作"完全意外"的信息处理，从而过高估计信息含量，造成对估计结果精确度的过度自信。

那么在 A 学生和 B 学生的成绩相关的情况下，B 学生的成绩提供了多少新信息？这取决于学校共同干扰因素对 A 和 B 的影响。如果他们的成绩都受到学校因素的很大影响，那么他们的学习成绩会非常类似，即正相关性较大，新信息含量较小。如果他们的学习成绩受学校因素的影响不大，主要取决个人情况，那么他们的正相关性较少，新信息含量较大。

上述问题也可以表述为估计只有常数项的回归方程：

$$Y_i = \alpha + e_i, \quad i = 1, 2, \cdots, N \tag{4.17}$$

其中，干扰项均值为 0，$E(e_i)=0$。对上式两边取期望值，得到 $E(Y_i)=\alpha+E(e_i)=\alpha$。可见常数项是被解释变量的均值。回归方程(4.17)可以理解为学生 i 的成绩 Y_i 和全市平均值 α 差别为 e_i，或者说 e_i 代表了个体学习成绩的差异，$e_i>0$ ($e_i<0$) 说明学生 i 成绩高于(低于)全市平均值。

我们也可以通过回归方法估计总体平均值 α。OLS 求解系数 $\hat{\alpha}$，使得残差平方和均值最小，即 $\hat{\alpha}=\underset{a}{\operatorname{argmin}}\frac{1}{N}\sum_{i=1}^{100}(Y_i-a)^2$。一阶求导得到解为 $\hat{\alpha}=\frac{1}{N}\sum_{i=1}^{100}Y_i$。可见只有常数项的回归方程也是使用样本均值 $\hat{\alpha}$ 去估计总体均值 α 的。

如果样本是独立抽样，干扰项满足同方差 $E(e_i^2)=\sigma^2$，$E(e_ie_j)=0$。我们知道估计系数的方差为 $\sigma^2(\boldsymbol{X}'\boldsymbol{X})^{-1}$，因为 $\boldsymbol{X}$ 只有一个变量 ($\boldsymbol{X}=[1 \quad 1 \quad \cdots \quad 1]' \equiv \mathbf{1}$)，因此 $\sigma^2(\boldsymbol{X}'\boldsymbol{X})^{-1}=\sigma^2(\mathbf{1}'\mathbf{1})^{-1}=\frac{\sigma^2}{N}$，其中 N 是观测点数量。在这个例子里，$N=100$，因此 $\hat{\alpha}$ 的方差为 $\operatorname{Var}(\hat{\alpha})=\frac{\sigma^2}{N}=\frac{5^2}{100}$。可见只有常数项的回归方程，在同方差(不同观测点的干扰项方差相同并且不相关)的情况下，得到的结果和通常使用的(假设样本独立)样本均值估计方法所得的结果是一致的。

如果同一个学校的学生成绩是相关的，我们可以把同一个学校的学生当成一个集群，公式(4.17)可写成：

$$Y_{gt} = \alpha + e_{gt}, \quad g = 1, 2, \cdots, G, \quad t = 1, 2, \cdots, T \tag{4.18}$$

其中，g 代表学校，G 是集群(学校)数量，t 代表学生，T 是每个学校的学生人数。学生成绩和全市平均成绩的差异是受到集群(学校)因素和个人因素影响的。一个简单描述上述关系的方式是，把公式(4.18)中的干扰项分解为两部分，即 $e_{gt}=c_g+v_{gt}$；其中 c_g 是由集群因素造成的学习成绩差异，v_{gt} 是由学生 t 个人因素造成的学习成绩差异。(4.18)式可以写为：

$$Y_{gt}=\alpha+\underbrace{c_g+v_{gt}}_{e_{gt}},\quad g=1,\ 2,\ \cdots,\ G,\quad t=1,\ 2,\ \cdots,\ T \tag{4.19}$$

在这种情况下，对于同一个学校的学生，他们有共同的干扰因素 c_g，因此同一学校的学生的成绩会通过 c_g 而产生相关关系。

我们下面具体看集群内干扰项的相关性会如何影响回归系数估计的准确度。

三、忽略集群相关造成参数估计准确度被高估的程度

Moulton(1986)比较了在集群方差和同方差情况下回归系数估计值方差的差异，Moulton 考虑了一个单变量的回归方程：

$$Y_{gt}=\beta_0+\beta_1X_{gt}+e_{gt},\quad g=1,\ 2,\ \cdots,\ G,\quad t=1,\ 2,\ \cdots,\ T \tag{4.20}$$

干扰项包含集群干扰项和个体干扰项，表示为：

$$e_{gt}=c_g+v_{gt}$$

集群干扰项均值为 0，同方差并且与个体干扰项不相关：$\mathrm{E}(c_g)=0$，$\mathrm{Var}(c_g)=\sigma_c^2$，$\mathrm{E}(c_gv_{gj})=0$。个体干扰项均值为 0 并且同方差：$\mathrm{E}(v_{gt})=0$，$\mathrm{Var}(v_{gt})=\sigma_v^2$，$\mathrm{E}(v_{gi}v_{gj})=0$。在这些假设下，集群内两个观测点 $t=i$ 和 $t=j$ 的干扰项由于共同的干扰因素 c_g 造成的相关系数为：

$$\rho_e=\frac{\mathrm{Cov}(e_{gi},\ e_{gj})}{\sigma_{e_{gi}}\sigma_{e_{gj}}}=\frac{\mathrm{Var}(c_g)}{\mathrm{Var}(c_g)+\mathrm{Var}(v_{gt})}=\frac{\sigma_c^2}{\sigma_c^2+\sigma_v^2}$$

集群 g 干扰项的方差结构为：

$$\mathrm{Var}(\boldsymbol{e}_g)=\mathrm{E}(\boldsymbol{e}_g\boldsymbol{e}'_g)=\boldsymbol{\Omega}_g=(\sigma_c^2+\sigma_v^2)\begin{bmatrix}1 & \rho_e & \rho_e & \cdots & \rho_e\\ \rho_e & 1 & \rho_e & \cdots & \rho_e\\ \rho_e & \rho_e & 1 & \cdots & \rho_e\\ \cdots & \cdots & \cdots & \cdots & \cdots\\ \rho_e & \rho_e & \rho_e & \cdots & 1\end{bmatrix} \tag{4.21}$$

Moulton 考虑的是一个比较简单的集群干扰项自相关的情况，但其得到的以下结

果为我们理解集群干扰项相关性对估计系数方差的影响有很大帮助。

（一）简单 Moulton 因子

简单 Moulton 因子（simple Moulton factor）考虑了比较简单的情况：每个集群的解释变量都是一样的，即 $X_{gt}=X_g$（意味着集群内解释变量相关系数 $\rho_x=1$），并且每个集群规模（即每个集群观测点数量）相同。组内解释变量完全相同的一个例子是研究班级人数对学生学习成绩的影响，模型如下：

$$Score_{gi}=\alpha+\beta Size_g+e_{gi},\quad i=1,2,\cdots,N$$

对于一个班级（集群）的所有学生，解释变量 $Size_g$（班级人数）都是一样的。这种情况下，集群内解释变量相关系数为 $\rho_x=1$。

简单 Moulton 因子给出了如果真实情况是集群方差，但错误地使用同方差假设去估计模型(4.20)系数的方差会导致的后果。具体而言，用 $\mathrm{Var}(\hat{\beta}^{OLS}_{homo})$ 代表在使用同方差假设下 OLS 估计系数的方差值，$\mathrm{Var}(\hat{\beta}^{OLS}_{cluster})$ 代表在假设集群方差下 OLS 估计系数的方差值。简单 Moulton 因子衡量了由于忽略干扰项集群方差，使用同方差对回归参数方差的低估程度。

$$\text{简单 Moulton 因子}=\frac{\mathrm{Var}(\hat{\beta}^{OLS}_{cluster})}{\mathrm{Var}(\hat{\beta}^{OLS}_{homo})}=1+(T-1)\rho_e$$

其中，T 是集群规模（即集群内的观测数），ρ_e 是集群内干扰项相关系数。

简单 Moulton 因子具有如下性质：

1. 假设 $\rho_e=1$，即组内的所有干扰项是完全相关的，此时 Moulton 因子 $=T$。这意味着错误地按同方差计算的方差是正确值的 $1/T$，即估计值精度被高估 T 倍。这个结果意味着，如果将数据复制 T 次，却当作 T 个独立数据，会造成估计方差变为真实方差的 $1/T$。

2. 当集群内观测数 T 增加时，Moulton 因子增加（即低估程度变大）。这是因为给定样本规模为 $N=G\times T$，更大的群组规模 T 意味着更少的群组数量 G，由于各组之间的数据是相互独立的，但组内数据并不独立，所以群组数量减少的结果是独立的信息更少。

3. 很小的集群内相关系数也能导致一个很大的 Moulton 因子。例如，如果 1000 个观测点分属于 10 个集群，组内相关系数为 0.1，此时简单 Moulton 因子 $=1+(100-1)\times 0.1=10.9$，意味着忽略集群相关性会造成方差低估，为真实方差的 1/10.9。

（二）广义 Moulton 因子

广义 Moulton 因子（general Moulton factor）允许集群内解释变量不完全相同，但彼此相关（例如同一学校每年录取的学生人数是不完全相同的，但是相关的），并且允许不同集群的规模不同(例如不同学校的人数不同)。在这种情况下,广义 Moulton 因子给出了忽略集群相关性造成的系数方差被低估程度:

$$\text{广义 Moulton 因子} = \frac{\mathrm{Var}(\hat{\beta}^{OLS}_{cluster})}{\mathrm{Var}(\hat{\beta}^{OLS}_{homo})} = 1 + \left[\frac{V(T_g)}{\overline{T}} + \overline{T} - 1\right]\rho_x \rho_e$$

其中,$\rho_x = \dfrac{\sum_g \sum_j \sum_{i \neq j}(X_{ig} - \overline{X})(X_{jg} - \overline{X})}{V(X_{gj})\sum_g T_g(T_g - 1)}$ 是组内各个解释变量 X_{gt} 之间的相关系数,T_g 代表群组 g 的规模,$V(T_g)$ 是组群规模的方差,$\overline{T}$ 代表各个群组的平均规模。

相比简单 Moulton 因子,广义 Moulton 因子新添了如下性质:

1. 当各个集群规模方差 $V(T_g)$ 较大或者解释变量 X_{gt} 集群内的相关系数 ρ_x 很大时,干扰项的集群相关方差会对标准误差造成更大的影响。

2. 解释变量的集群内相关性 ρ_x 与干扰项的集群内相关性 ρ_e 一样,都会影响估计系数方差,当解释变量集群内相关系数 $\rho_x = 0$ 时,结果和同方差情况估计值一样,即 $\mathrm{Var}(\hat{\beta}^{OLS}_{cluster}) = \mathrm{Var}(\hat{\beta}^{OLS}_{homo})$。此时,干扰项的集群方差不影响标准误差。

四、处理方法

同异方差和自相关问题的解决方法一样,解决干扰项集群方差问题同样有两个思路。其一,采用 GLS 的方法,即根据干扰项的集群方差结构,对模型进行调整后再进行转换。由于很难预先知道干扰项的集群方差结构,在实际工作中通常很少使用这种方法。其二,使用 OLS 进行估计,并估计出集群方差下 OLS 估计值的标准误差,这是实际工作中较常使用的方法。下面我们来具体讲解第二种方法。

我们知道 OLS 的估计系数方差为:

$$\mathrm{Var}(\hat{\boldsymbol{\beta}}^{OLS}) = (\boldsymbol{X}'\boldsymbol{X})^{-1}\boldsymbol{X}'\mathrm{E}[\boldsymbol{ee}']\boldsymbol{X}(\boldsymbol{X}'\boldsymbol{X})^{-1}$$

将集群方差矩阵(4.16)代入上式,得到:

$$\mathrm{Var}(\hat{\boldsymbol{\beta}}^{OLS}_{cluster}) = (\boldsymbol{X}'\boldsymbol{X})^{-1}\boldsymbol{X}'\begin{bmatrix} \boldsymbol{\Omega}_1 & 0 & 0 & \cdots & 0 \\ 0 & \boldsymbol{\Omega}_2 & \cdots & \cdots & 0 \\ 0 & \cdots & \boldsymbol{\Omega}_3 & \cdots & 0 \\ \cdots & \cdots & \cdots & \cdots & \cdots \\ 0 & 0 & 0 & \cdots & \boldsymbol{\Omega}_G \end{bmatrix}\boldsymbol{X}(\boldsymbol{X}'\boldsymbol{X})^{-1} \tag{4.22}$$

要得到 $\mathrm{Var}(\hat{\boldsymbol{\beta}}^{OLS}_{cluster})$ 的一致估计量,类似自相关方差的估计,我们用估计值 $\hat{\boldsymbol{\Omega}}_g = \hat{\boldsymbol{e}}_g\hat{\boldsymbol{e}}'_g$ 替代 $\boldsymbol{\Omega}_g$,即残差值 $\hat{e}^2_{gi}$ 替代 σ^2_{gi},$\hat{e}_{gi}\hat{e}_{gj}$ 替代 σ_{gigj}。$\hat{\boldsymbol{\Omega}}_g$ 为:

$$\hat{\boldsymbol{\Omega}}_g = \hat{\boldsymbol{e}}_g \hat{\boldsymbol{e}}_g = \begin{bmatrix} \hat{e}_{g1}^2 & \hat{e}_{g1}\hat{e}_{g2} & \hat{e}_{g1}\hat{e}_{g3} & \cdots & \hat{e}_{g1}\hat{e}_{gT} \\ \hat{e}_{g2}\hat{e}_{g1} & \hat{e}_{g2}^2 & \hat{e}_{g2}\hat{e}_{g3} & \cdots & \hat{e}_{g2}\hat{e}_{gT} \\ \hat{e}_{g3}\hat{e}_{g1} & \hat{e}_{g3}\hat{e}_{g2} & \hat{e}_{g3}^2 & \cdots & \hat{e}_{g3}\hat{e}_{gT} \\ \cdots & \cdots & \cdots & \cdots & \cdots \\ \hat{e}_{gT}\hat{e}_{g1} & \hat{e}_{gT}\hat{e}_{g2} & \hat{e}_{gT}\hat{e}_{g3} & \cdots & \hat{e}_{gT}^2 \end{bmatrix}$$

其中，$\hat{\boldsymbol{e}}_g = \boldsymbol{Y}_g - \boldsymbol{X}_g \hat{\boldsymbol{\beta}}$ 是样本残差值。将对应 $\hat{\boldsymbol{\Omega}}_g$ 代入公式(4.22)，所得系数方差在干扰项集群方差情况下的一致估计量为：

$$\begin{aligned} \text{Var}(\hat{\boldsymbol{\beta}}_{cluster}^{OLS}) &= (\boldsymbol{X}'\boldsymbol{X})^{-1}\boldsymbol{X}' \begin{bmatrix} \hat{\boldsymbol{\Omega}}_1 & 0 & 0 & \cdots & 0 \\ 0 & \hat{\boldsymbol{\Omega}}_2 & \cdots & \cdots & 0 \\ 0 & \cdots & \hat{\boldsymbol{\Omega}}_3 & \cdots & 0 \\ \cdots & \cdots & \cdots & \cdots & \cdots \\ 0 & 0 & 0 & \cdots & \hat{\boldsymbol{\Omega}}_G \end{bmatrix} \boldsymbol{X}(\boldsymbol{X}'\boldsymbol{X})^{-1} \\ &= (\boldsymbol{X}'\boldsymbol{X})^{-1}[\boldsymbol{X}_1' \quad \boldsymbol{X}_2' \quad \cdots \quad \boldsymbol{X}_G'] \begin{bmatrix} \hat{\boldsymbol{\Omega}}_1 & 0 & 0 & \cdots & 0 \\ 0 & \hat{\boldsymbol{\Omega}}_2 & \cdots & \cdots & 0 \\ 0 & \cdots & \hat{\boldsymbol{\Omega}}_3 & \cdots & 0 \\ \cdots & \cdots & \cdots & \cdots & \cdots \\ 0 & 0 & 0 & \cdots & \hat{\boldsymbol{\Omega}}_G \end{bmatrix} \begin{bmatrix} \boldsymbol{X}_1 \\ \boldsymbol{X}_2 \\ \cdots \\ \boldsymbol{X}_G \end{bmatrix} (\boldsymbol{X}'\boldsymbol{X})^{-1} \\ &= (\boldsymbol{X}'\boldsymbol{X})^{-1} \sum_{g=1}^{G} \boldsymbol{X}_g' \hat{\boldsymbol{\Omega}}_g \boldsymbol{X}_g (\boldsymbol{X}'\boldsymbol{X})^{-1} \\ &= (\boldsymbol{X}'\boldsymbol{X})^{-1} \sum_{g=1}^{G} \boldsymbol{X}_g' \hat{\boldsymbol{e}}_g \hat{\boldsymbol{e}}_g' \boldsymbol{X}_g (\boldsymbol{X}'\boldsymbol{X})^{-1} \end{aligned}$$

$\widehat{\text{Var}}(\hat{\boldsymbol{\beta}}_{cluster}^{OLS})$ 称为集群稳健协方差矩阵估计值(cluster-robust covariance matrix estimator)。它不要求对异方差和组内相关的形式有任何了解。①

第五节 集群相关方差 Stata 实例

本节通过一个实例，来进一步理解干扰项集群相关对估计系数方差的影响和具

① Stata 计算 $\widehat{\text{Var}}(\hat{\beta}_{cluster}^{OLS}) = (X'X)^{-1}\left[\frac{G}{G-1}\frac{N-1}{N-K}\sum_{g=1}^{G} x'_g e_g e'_g x_g\right](X'X)^{-1}$；其中，$\frac{G}{G-1}\frac{N-1}{N-K}$ 用来修正小样本下的自由度，$N = TG$ 表示总的样本数量。

体处理方法。在第四节，我们基于用样本均值估计总体均值的例子，讲解了集群相关对样本均值方差的影响。下面我们通过一个具体数值例子来进一步理解这种影响。假设我们从 10 所学校抽取 30 名学生的成绩。所收集到的数据如表 4.1 所示。

表 4.1　学生成绩样本

student	*school*	*score*	*student*	*school*	*score*
1	M	71	16	W	86
2	M	72	17	W	87
3	M	73	18	W	88
4	T	74	19	R	89
5	T	75	20	R	90
6	T	76	21	R	91
7	Q	77	22	U	92
8	Q	78	23	U	93
9	Q	79	24	U	94
10	L	80	25	S	95
11	L	81	26	S	96
12	L	82	27	S	97
13	G	83	28	A	98
14	G	84	29	A	99
15	G	85	30	A	100

其中，变量“student”是学生编号，“school”是学校编号，“score”是考试成绩。每个学校抽取 3 名学生。可以看出，来自同一所学校学生的考试成绩相关度很大。

我们在前面介绍了，样本均值估计等同于估计以下回归方程(参见第四节)：

$$Y_{gt}=\alpha+\underbrace{c_g+v_{gt}}_{e_{gt}},\quad g=1,\ 2,\ \cdots,\ G,\quad t=1,\ 2,\ \cdots,\ T \tag{4.23}$$

其中，α 是总体均值，c_g 是学校干扰项，v_{gt} 是个体干扰项。在本例中，集群数 $G=10$，集群内观测点数 $T=3$。一共有 $N=T\times G=10\times 3=30$ 个观测点。我们可以通过 Stata 的 loneway 命令计算集群(学校)内成绩相关系数 $\rho_e=\dfrac{\sigma_c^2}{\sigma_c^2+\sigma_v^2}$；其中，$\sigma_c^2$ 是集群干扰项 c_g 的方差，σ_v^2 是个体干扰项 v_{gt} 的方差。

执行 loneway 命令，我们得到以下结果：

被解释变量　　集群

```
. loneway score school

                 One-way Analysis of Variance for score: 成绩

                                        Number of obs =          30
                                            R-squared =      0.9911

    Source                SS         df      MS            F     Prob > F
-------------------------------------------------------------------------
Between school          2227.5        9       247.5     247.50     0.0000
Within school               20       20           1
-------------------------------------------------------------------------
Total                   2247.5       29        77.5

         Intraclass       Asy.
         correlation      S.E.       [95% Conf. Interval]
         ------------------------------------------------
            0.98798     0.00677       0.97471     1.00125

         Estimated SD of school effect          9.064583
         Estimated SD within school                    1
         Est. reliability of a school mean       0.99596
              (evaluated at n=3.00)
```

组内相关系数 ρ_e

集群干扰项标准差 σ_c

个体干扰项标准差 σ_v

结果显示，组内相关系数为 $\rho_e=0.98798$。那么，如此大的组内相关性会对我们的数据产生什么影响呢？公式(4.23)是只有常数项的回归方程，因为只有常数项，所以解释变量 $X=1$ 的相关性 $\rho_x=1$，并且每组内个数 $T=3$。因此可以使用简单 Moulton 因子：

$$\text{Moulton 因子}=1+(3-1)\times 0.98798=2.97596 \tag{4.24}$$

这一结果显示，如果忽略集群相关而假设同方差，估计系数方差（标准误差）会被低估，为原值的 $1/2.97596(\sqrt{2.97596}=1.7251)$。

假设我们并没有意识到集群(clustering)的存在，只是简单地用通常的方法计算样本均值的标准误差。通过 Stata，我们可以用 sum 命令计算出 Y_i 的均值和标准差：

```
. sum score

    Variable |       Obs        Mean    Std. Dev.       Min        Max
-------------+--------------------------------------------------------
       score |        30        85.5    8.803408         71        100. sum score
```

由此得到 Y_i 的样本均值为 $\bar{Y}=\frac{1}{30}\sum_{i=1}^{30}Y_i=85.5$，标准差(Std. Dev.)为 $\hat{\sigma}=8.803408$。因此，样本均值 $\hat{\alpha}$ 的标准误差为：

$$\text{Std. Err.}(\bar{Y})=\sqrt{\text{Var}(\hat{\alpha})}=\frac{\hat{\sigma}}{\sqrt{N}}=\frac{8.803408}{\sqrt{30}}=1.607275$$

也可通过样本均值命令 mean，直接计算 $\bar{Y}$ 和它的标准误差：

```
. mean score

Mean estimation                   Number of obs   =        30

--------------------------------------------------------------
             |       Mean   Std. Err.     [95% Conf. Interval]
-------------+------------------------------------------------
       score |       85.5   1.607275      82.21275    88.78725
--------------------------------------------------------------
```

通过这种方法也得到了 Std. Err.$(\overline{Y})=1.607275$。

我们也可以通过只有常数项的回归来计算样本均值和方差：

```
. reg score

      Source |       SS           df       MS      Number of obs   =        30
-------------+----------------------------------   F(0, 29)        =      0.00
       Model |          0         0           .    Prob > F        =         .
    Residual |     2247.5        29        77.5    R-squared       =    0.0000
-------------+----------------------------------   Adj R-squared   =    0.0000
       Total |     2247.5        29        77.5    Root MSE        =    8.8034

------------------------------------------------------------------------------
       score |      Coef.   Std. Err.      t    P>|t|     [95% Conf. Interval]
-------------+----------------------------------------------------------------
       _cons |       85.5   1.607275    53.20   0.000     82.21275    88.78725
------------------------------------------------------------------------------.
```

前面讨论过，通过只包含常数项的回归得到的常数项估计值等于被解释变量的样本均值，即 $\hat{\alpha}=\overline{Y}=85.5$。上述回归假设干扰项是同方差，也得到了常数项（样本均值）的标准误差为 Std. Err.$(\hat{\alpha})=$ Std. Err.$(\overline{Y})=1.607275$。我们看到 95%的置信区间（95 *Conf. Interval*）为(82.21, 88.78)。置信区间反映了我们认为真实平均值有 95%概率落在此区间。置信区间的计算为：

$$Conf.\ Interval=(\hat{\alpha}-1.96\times \text{Std. Err.}(\hat{\alpha}),\ \hat{\alpha}+1.96\times \text{Std. Err.}(\hat{\alpha}))$$

当估计值的标准误差越大，置信区间越大，意味真实值的可能范围越大，即我们对真实值更不确定。

我们看到，sum、mean 和 reg 得到相同的样本均值和标准误差都为 85.5 和 1.607275。虽然这三个命令默认每个观测点的干扰项互不相关，但具有相同方差。然而，前面我们看到数据存在较大的组内相关（$\rho_e=0.98798$），说明同个学校学生的学习成绩干扰项是相关的。使用公式(4.24)计算的 Moulton 因子，正确的标准误差应该为：

$$\begin{aligned}\text{Std. Err.}(\hat{\beta}^{OLS}_{cluster})&=\text{Std. Err.}(\hat{\beta}^{OLS}_{homo})\times\sqrt{Moulton\ Factor}\\&=1.607275\times\sqrt{2.97596}\\&=2.7727\end{aligned}$$

在 Stata 的 reg 命令里，我们可以通过加入 cluster 的选项来计算估计系数在集群相关方差下的标准误差：

```
. reg score, cluster(school)

Linear regression                               Number of obs     =         30
                                                F(0, 9)           =       0.00
                                                Prob > F          =          .
                                                R-squared         =     0.0000
                                                Root MSE          =     8.8034

                                (Std. Err. adjusted for 10 clusters in school)
------------------------------------------------------------------------------
             |               Robust
       score |      Coef.   Std. Err.      t    P>|t|     [95% Conf. Interval]
-------------+----------------------------------------------------------------
       _cons |       85.5    2.872281    29.77   0.000     79.00245    91.99755
------------------------------------------------------------------------------
```

我们看到，通过 Stata 中 reg、cluster 命令算出来的标准误差(2.872281)非常接近 Moulton 因子调整后的标准误差(2.7727)。二者之间的细小差别缘于 Stata 在计算集群相关方差时，是用 $\frac{G}{G-1}\frac{N-1}{N-K}$ 修正小样本下的自由度。

从这个例子可以看出，如果干扰项存在集群正相关方差，但我们没有考虑到这一相关性，那么我们会严重地低估标准误差，进而得出过度自信的错误统计推断。

对于任何集群相关方差，Stata 处理集群内方差的命令很简单，在 reg 命令后加 cluster 或 vce 的选项即可。具体如下：

Stata 集群相关方差命令

OLS（使用 clustering - robust 标准误差）

```
regress depvar indepvars, cluster(cluster identifier)
```

或

```
regress depvar indepvars, vce(cluster cluster identifier)
```

第六节　集群方差运用常见问题

1. 实际运用中，在个人、企业、时间、产业等层面都有可能导致数据集群(cluster)。那么我们如何决定在哪一个层面集群呢？Cameron and Miller(2015)给出了两个决定选择哪个层面集群的指导性原则：其一，当解释变量和干扰项同时存在群内相关时，我们应该考虑尽可能广义地定义集群。其二，$\widehat{\mathrm{Var}}(\hat{\boldsymbol{\beta}}^{OLS}_{cluster})$ 是一致估计量的要求是集群数量趋向无穷，因此只有当集群组数比较大时，$\widehat{\mathrm{Var}}(\hat{\boldsymbol{\beta}}^{OLS}_{cluster})$ 才接近真实的标准误差。如果我们把群组规模(cluster size)设定得很大以至于群组数量过少时，$\widehat{\mathrm{Var}}(\hat{\boldsymbol{\beta}}_{cluster}^{OLS})$ 的估计精确度将降低(方差变大)。

这两个原则本质上类似于许多估计问题中常见的偏差—方差的权衡选择(bias-variance trade-off)：当样本数量一定时，规模更大的集群考虑到了更广泛的相关项，偏差(bias)较小，但同时造成更少的集群，因此集群方差的估计较不精确，即方差(variance)更大。事实上，由于集群方差的复杂性，到目前为止并没有选择集群的统一标准。一般的共识是在没有由于集群数量过少引发问题的情况下，尽量使用更大的集群，从而提高集群方差的估计准确性。

2. 由于集群内的相关性通常为正，这就导致集群方差比同方差要大，因此使用集群方差后，回归系数的方差通常会变大，t 值降低。但这并不是一定的，如果集群内相关性是负的(通常较少见)，集群方差会比同方差要小。如果还同时存在异方差，由于集群方差同时考虑了异方差，在这种情况下集群方差相比同方差的差异，不仅取决于集群内相关性的正负，还取决于异方差的情况。

3. 有些论文中认为模型里加入了集群固定效应(比如企业固定效应)，就控制了集群相关项，无须再使用集群方差，这是错误的。例如在模型 $Y_{it}=\alpha+\beta X_{it}+f_i+e_{it}$ 中，i 代表企业，t 代表时间，f_i 是企业的固定效应。在加入固定效应 f_i 后，e_{it} 仍然可以存在自相关。例如在样本期间，同一家企业先后上任了 3 名总经理，每个总经理都有自己的经营方式，造成每个总经理任职期间的干扰项 e_{it} 存在相关性；又或者企业在样本期间经历了一些意外事件(比如气候变化造成需求下降)，这些事件具有一定的持续性，会造成干扰项在企业内自相关，但它们并不属于企业固定效应。

第五章　处置效应

在前面的章节里，我们定义因果关系为，当其他控制变量不变，因某个特定解释变量的变化而引起被解释变量变化的关系。这个定义简单、直观。本章引入新的概念"潜在结果"和"处置效应"来定义因果关系，不仅适用于线性回归，还有助于我们理解其他的因果关系研究方法。第一节介绍潜在结果的定义和相关概念，并通过潜在结果定义处置效应；第二节引入观测结果的概念，并讨论观测结果和潜在结果的联系与区别，由此引入因果推断的根本难点(fundamental problem of causal inference)；第三节讨论通过观测结果来估计处置效应可能造成偏差的根源；第四节用一个数据例子，进一步解释前三节的概念，并加深理解；第五节介绍估计处置效应的两种基本方法(随机分配和控制变量的方法)以及它们的假设条件和局限；第六节讨论如何在潜在结果框架下理解回归方法，以及回归方法能够达到识别处置效应的条件，在前面章节我们通俗地提到有关"控制"变量的概念，在本节我们会正式引入控制变量的定义，这有助于我们理解添加控制变量的目的以及控制变量和处置变量的区别；第七节用著名的美国田纳西州关于班级人数对学生表现影响的社会实验项目来具体讲解如何通过回归识别处置效应。通过本章的学习，我们能够更清晰地了解估计因果关系的本质和难点在哪里，不仅为因果推断提供另一个理论框架，而且有助于我们在研究中准确地定义研究问题和设计研究方法。

第一节　潜在结果、处置效应与因果关系

一、潜在结果

如果个体 i 接受了某种处置行为(treatment) D_i (例如服药)，它的后果 Y_i (例如健康)为 $Y_i(1)$；如果没有接受这种处置，它的后果为 $Y_i(0)$。我们称这两种结果为潜在结果(potential outcome)，具体表示如下：

$$\text{潜在结果}=\begin{cases}Y_i(0), & \text{如果 } D_i=0\\ Y_i(1), & \text{如果 } D_i=1\end{cases}$$

$D_i=0$ 表示个体 i 没有接受处置，$D_i=1$ 表示个体 i 接受了处置。之所以称为潜在结果，是因为这两个结果是个体 i 本身一直具备的，只不过未必显现出来，如果没有显现出来，我们就没法观测到。就如每个人无论是否真的服了药，都有服药和未服药两种情况下的潜在身体健康结果。对于未服药的人，存在他如果服药的一个潜在结果，只不过由于未服药而没有显示出来；同理，对于已服药的人，也存在他如果未服药的一个潜在结果。①

二、个体处置效应

处置行为 D_i 对个体 i 的处置效应(treatment effect)是个体 i 接受处置 ($D_i=1$) 的潜在结果和没有接受处置 ($D_i=0$) 的潜在结果的差异。即：

$$D_i \text{ 对个体 } i \text{ 的处置效应} = \gamma_i = Y_i(1) - Y_i(0) \tag{5.1}$$

由此可知，处置效应 γ_i 即处置行为 D_i (因)对 Y_i (果)的因果效用(causal effect)。

表 5.1 给出了一个包含了 N 个个体的信息。对于每个个体 i (这个个体既可以是个人，也可以是企业)，X_i 和 e_i 是在未接受处置时可观测和不可观测的特征，每个个体都对应各自的潜在结果和处置效应。

表 5.1　个体处置效应

个体 i	个体未处置时特征		潜在结果		处置效果
	可观测的	不可观测的	如果处置	如果未处置	
1	X_1	e_1	$Y_1(1)$	$Y_1(0)$	$\gamma_1=Y_1(1)-Y_1(0)$
…	…	…	…	…	…
K	X_K	e_K	$Y_K(1)$	$Y_K(0)$	$\gamma_K=Y_K(1)-Y_K(0)$
$K+1$	X_{K+1}	e_{K+1}	$Y_{K+1}(1)$	$Y_{K+1}(0)$	$\gamma_{K+1}=Y_{K+1}(1)-Y_{K+1}(0)$
…	…	…	…	…	…
N	X_N	e_N	$Y_N(1)$	$Y_N(0)$	$\gamma_N=Y_N(1)-Y_N(0)$

三、平均处置效应

一个处置行为(例如服药、项目或政策)对不同个体的处置效应很可能是不同的，即个体处置效应存在异质性。因此我们在衡量处置效应时，通常用一个简单的统计量去描述处置效应的平均效果，即平均处置效应。

① 本章我们主要考虑处置变量值为二元 ($D_i=0$ 或 1)的情况。对于 D_i 有多个值，其原理是一样的。第七节我们介绍一个处置变量有 3 个值的例子。

对于不同的群体，我们可以定义不同的平均处置效应。例如，国家通过了一项国有企业必须执行的公司治理法案。国有企业都执行了这个法案，但私营企业没有执行。国有企业是接受处置个体，私营企业是未接受处置个体。国家法案的制定者首先应该希望知道这项法案对国有企业的平均处置效应。因为国有企业是接受处置的个体，因此这个平均处置效应称为接受处置个体的平均处置效应（Average Treatment Effect on the Treated, ATT）。ATT 的正式定义为所有接受处置个体处置效应的期望值：

$$ATT = \mathrm{E}[Y_i(1) - Y_i(0) \mid D_i = 1] = \mathrm{E}[Y_i(1) \mid D_i = 1] - \mathrm{E}[Y_i(0) \mid D_i = 1]$$

ATT 用于衡量一项处置行为对接受处置个体的平均处置效应。在通常情况下，ATT 是我们最关注的结果，因为这是处置行为的直接后果。

与此同时，政策制定者可能也希望评估，如果对私营企业也实施这项法案，会有什么后果。私营企业是未接受处置的个体，因此这个平均处置效应称为未接受处置个体的平均处置效应（Average Treatment Effect on the Untreated, ATU）。ATU 的正式定义为所有未接受处置个体处置效应的期望值：

$$ATU = \mathrm{E}[Y_i(1) - Y_i(0) \mid D_i = 0] = \mathrm{E}[Y_i(1) \mid D_i = 0] - \mathrm{E}[Y_i(0) \mid D_i = 0]$$

ATU 用于衡量一项处置行为对未接受处置个体（如果他们接受了处置）的平均处置效应。

当然，政策制定者也可能希望知道法案对所有企业（包含国企和私企）实施的后果，称为总体平均处置效应（Average Treatment Effect, ATE）。ATE 的正式定义为所有个体处置效应的期望值：

$$ATE = \mathrm{E}[Y_i(1) - Y_i(0)] = \mathrm{E}[Y_i(1)] - \mathrm{E}[Y_i(0)]$$

ATE 衡量一项处置行为对所有（包含已接受处置和未接受处置）个体的平均处置效应。

ATE 是 ATT 和 ATU 的加权平均。权重是接受处置个体数和未接受处置个体数分别占总体数的比例。[①] 用 w 代表接受处置的个体数（$D_i = 1$）的比例，$1 - w$ 为未接受处置的个体数（$D_i = 0$）的比例，则：

$$ATE = w \times ATT + (1 - w) \times ATU$$

通过潜在结果框架来分析因果关系最早是由 Fisher(1935) 和 Roy(1951) 提出的。在了解了处置效应的定义后，我们接下来看如何通过观测到的数据去估计处置效应。

---

① 证明：$ATE = \mathrm{E}[Y_i(1)] - \mathrm{E}[Y_i(0)] = \{w\mathrm{E}[Y_i(1) \mid D_i = 1] + (1-w)\mathrm{E}[Y_i(1) \mid D_i = 0]\} + \{w\mathrm{E}[Y_i(0) \mid D_i = 1] + (1-w)\mathrm{E}[Y_i(0) \mid D_i = 0]\} = w\{\mathrm{E}[Y_i(1) \mid D_i = 1] - \mathrm{E}[Y_i(0) \mid D_i = 1]\} + (1-w)\{\mathrm{E}[Y_i(1) \mid D_i = 0] - \mathrm{E}[Y_i(0) \mid D_i = 0]\} = wATT + (1+w)ATU$

第二节　观测结果

一、观测结果

在实证工作中要估计处置效应并不容易，其根本原因是，对个体 i，我们不可能同时观测得到两种潜在结果，因此无法直接计算处置效用 $Y_i(1)-Y_i(0)$，这是 Holland (1986)提出的因果推断的根本难点(fundamental problem of causal inference)。例如，对于已服药的人，我们没法在同一时点观测到他未服药时的健康情况；对于同一个公司，没法观测到它同时选择分散式所有权和集中式所有权情况下的业绩表现。

我们观测到的结果只是个体根据它的接受处置状态而显现出来的对应的潜在结果，称为观测结果(observed outcome)。观测结果 Y_i 可以表示为潜在结果和处置状态的函数：

$$Y_i = Y_i(0) + [Y_i(1) - Y_i(0)] \times D_i \tag{5.2}$$

这个公式描述了：如果个体 i 接受了处置，即 $D_i=1$，观测结果为接受处置的潜在结果 $Y_i(1)$，即 $Y_i=Y_i(1)$；如果个体 i 没有接受处置，即 $D_i=0$，观测结果为未接受处置的潜在结果 $Y_i(0)$，即 $Y_i=Y_i(0)$。

表 5.2 中的个体 1 到 K 接受了处置，个体 $K+1$ 到 N 未接受处置。我们可以根据处置情况把个体分成两组。$D_i=1$ 的一组称为处置组 (treatment group)，这包括 1 到 K 的个体。$D_i=0$ 的一组称为控制组 (control group)，这包括 $K+1$ 到 N 的个体。根据这些新的定义，表 5.2 在表 5.1 的基础上添加了三列："处置状态""观测结果"和"组别"。

表 5.2　处置组和控制组

个体 i	个体未处置时特征		潜在结果		处置效果	处置状态 D_i	观测结果 Y_i	组别
	可观测的	不可观测的	如果处置	如果未处置				
1	X_1	e_1	$Y_1(1)$	$Y_1(0)$	$Y_1(1)-Y_1(0)$	1	$Y_1=Y_1(1)$	处置组
…	…	…	…	…	…	…	…	
K	X_K	e_K	$Y_K(1)$	$Y_K(0)$	$Y_K(1)-Y_K(0)$	1	$Y_K=Y_K(1)$	
$K+1$	X_{K+1}	e_{K+1}	$Y_{K+1}(1)$	$Y_{K+1}(0)$	$Y_{K+1}(1)-Y_{K+1}(0)$	0	$Y_{K+1}=Y_{K+1}(0)$	控制组
…	…	…	…	…	…	…	…	
N	X_N	e_N	$Y_N(1)$	$Y_N(0)$	$Y_N(1)-Y_N(0)$	0	$Y_N=Y_N(0)$	

二、反事实结果

从表5.2我们看到，对于处置组的个体，我们观测到了潜在结果 $Y_1(1)$，$Y_2(1)$，…，$Y_K(1)$，但我们没观测到潜在结果 $Y_1(0)$，$Y_2(0)$，…，$Y_K(0)$。我们把观测结果所对应的未观测到的潜在结果称为反事实结果(counterfactual outcome)。

对于处置组的个体 i，观测结果 $Y_i=Y_i(1)$，对应的反事实结果是 $Y_i(0)$。对于控制组的个体 j，观测结果 $Y_j=Y_j(0)$，对应的反事实结果是 $Y_j(1)$。

如何估计反事实结果，是估计处置效应的关键。例如，我们要研究税务改革对企业的影响，如果我们观测到了接受改革企业的业绩，我们还需要估计反事实结果：如果没有税改，企业的经营业绩会是如何？又例如，我们要研究奖学金对学生成绩的影响，我们观测到了没有奖学金学生的成绩，但我们还需要估计反事实结果：如果这些学生有奖学金，他们的学习成绩会是如何？由于反事实结果是观测不到的，我们只能依靠观测数据去估计，因此我们需要数据满足某种假设条件，不需要假设条件的因果推断是不存在的。

下面我们具体讨论通过观测结果估计处置效应可能存在的偏差；接着讨论通过观测数据识别处置效应时，数据需要满足的假设条件。

第三节　使用观测结果估计处置效应的可能偏差

一、使用观测结果估计个体处置效应的可能偏差

假设我们有2个个体 i 和 j。如果我们可以同时观测到同一个人接受处置和未接受处置的潜在结果，通过二者相减，我们可以分别得到个体 i 和 j 的处置效应：

$$\gamma_i=Y_i(1)-Y_i(0)$$

$$\gamma_j=Y_j(1)-Y_j(0)$$

现在问题在于，我们不可能同时观测到同一个人在同一时间点接受处置以及不接受处置的两种潜在结果。假设 i 接受了处置，其观测结果=接受处置的潜在结果，$Y_i=Y_i(1)$；假如 j 未接受处置，其观测结果=未接受处置的潜在结果，$Y_j=Y_j(0)$。

我们想要知道接受处置的个体 i 的处置效应。如果用个体 i 的观测结果 Y_i 减去个体 j 的观测结果，可得：

$$Y_i-Y_j=Y_i(1)-Y_j(0)=\underbrace{Y_i(1)-Y_i(0)}_{\gamma_i}+\underbrace{Y_i(0)-Y_j(0)}_{\text{偏差}}$$

我们看到，二者观测结果的差异包含了 i 的处置效应（γ_i）和二者在未处置情况下的潜在结果差异$[Y_i(0)-Y_j(0)]$。以药物治疗为例，如果想要知道服药个体 i 的治疗效果，将其健康状况减去未服药个体 j 的健康状况，就能得出他们的健康状况差异不仅包含 i 的药物治疗效果 γ_i，还包含 i 和 j 在未服药时就存在的健康状况差异 $Y_i(0)-Y_j(0)$。如果在未服药时，个体 i 的身体健康状况就比个体 j 差，$Y_i(0)-Y_j(0)<0$，那么直接计算二者观测到的二者健康状况差异就低估了药物治疗对个体 i 的效果。

如果我们想要知道未接受处置的个体 j（如果接受处置）的处置效应 γ_j，用个体 i 的观测结果 Y_i 减去个体 j 的观测结果 Y_j，可得：

$$Y_i-Y_j=Y_i(1)-Y_j(0)=\underbrace{Y_j(1)-Y_j(0)}_{\gamma_j}+\underbrace{Y_i(1)-Y_j(1)}_{\text{偏差}}$$

我们可以看到，二者观测结果的差异包含了个体 j 的处置效应（γ_j）和二者接受处置潜在结果的差异$[Y_i(1)-Y_j(1)]$。以药物治疗为例，如果想要知道未服药个体 j（如果服药）的治疗效果，把服药个体 i 的健康状况减去未服药个体 j 的健康状况，他们的健康状况差异不仅包含 j（如果服药）的治疗效果 γ_j，还包含 i 和 j 在服药后的潜在健康状况差异。通常服药效果较好的个体比较容易选择服药，因此 i 服药后的潜在健康状况比 j 好，$Y_i(1)-Y_j(1)>0$，直接计算二者观测到的健康状况差异就高估了未服药个体 j（如果服药）的服药效果。

由于个体都是不同的，他们的潜在结果差异是没法消除的，因此要通过不同个体的观测结果来估计个体的处置效应是不可能的。一个解决方法是关注平均处置效应，我们希望把个体间的潜在结果差异通过平均的方式“消去”。关注平均处置效应的另一个好处是，由于每个个体有不同的处置效应，平均处置效应可以让我们用一个简单的统计量去描述处置效应的平均效果。下面我们将讨论如何估计平均处置效应。

二、使用观测结果估计平均处置效应的可能偏差

为了更方便、直观地理解如何通过观测结果估计平均处置效用，表 5.3 将表 5.2 中的个体潜在结果总结为平均潜在结果。表 5.3 中的 $T1$ 和 $T0$ 分别代表处置组的平均潜在处置结果和平均潜在未处置结果。$C1$ 和 $C0$ 分别代表控制组的平均潜在处置结果和平均潜在未处置结果。观测结果是 $T1$ 和 $C0$。$T0$ 是 $T1$ 的反事实结果。$C1$ 是 $C0$ 的反事实结果。

为方便接下来的讲解，利用表 5.3 中 $T1$、$T0$、$C1$、$C0$ 所指代的均值，我们把 ATE、ATT、ATU 重新表示一下。

表 5.3　平均潜在结果、平均观测结果和反事实结果

平均潜在结果		处置情况	平均观测结果
如果处置	如果未处置		
$T1$ $=\mathrm{E}[Y_i(1)\mid D_i=1]$	$T0$ $=\mathrm{E}[Y_i(0)\mid D_i=1]$ （反事实结果）	$D_i=1$ （处置组）	$T1$ $=\mathrm{E}(Y_i\mid D_i=1)$ $=\mathrm{E}[Y_i(1)\mid D_i=1]$
$C1$ $=\mathrm{E}[Y_i(1)\mid D_i=0]$ （反事实结果）	$C0$ $=\mathrm{E}[Y_i(0)\mid D_i=0]$	$D_i=0$ （控制组）	$C0$ $=\mathrm{E}(Y_i\mid D_i=0)$ $=\mathrm{E}[Y_i(0)\mid D_i=0]$

$$ATT(\text{接受处置个体的平均处置效应})=T1-T0$$

$$ATU(\text{未接受处置个体的平均处置效应})=C1-C0$$

ATE（总体平均处置效应）是 ATT 和 ATU 的加权平均，表示为：

$$ATE=w\times ATT+(1-w)\times ATU=w(T1-T0)+(1-w)(C1-C0)$$

对于处置组，平均观测结果为 $T1$，反事实结果是 $T0$；对于控制组，平均观测结果为 $C0$，反事实结果是 $C1$。

一个简单估计平均处置效应的方法[称为"朴素"估计量（"naive" estimator）]，是直接使用处置组平均观测结果 $T1$ 减去控制组平均观测结果 $C0$：

$$T1-C0$$

从以下简单的公式分解中，我们看到"朴素"估计量 $(T1-C0)$ 对 ATT、ATU、ATE 的估计都可能存在偏差：

$$T1-C0=\underbrace{T1-T0}_{ATT}+\underbrace{T0-C0}_{ATT\text{估计偏差}}$$

$$T1-C0=\underbrace{C1-C0}_{ATU}+\underbrace{T1-C1}_{ATU\text{估计偏差}}$$

$$T1-C0=\underbrace{w(T1-T0)+(1-w)(C1-C0)}_{ATE}+\underbrace{w(T0-C0)+(1-w)(T1-C1)}_{ATE\text{估计偏差}=w\times ATT\text{估计偏差}+(1-w)\times ATU\text{估计偏差}}$$

造成 ATT 估计偏差的原因是 $T0-C0\neq 0$，即处置组与控制组的平均未处置潜在结果存在差异。如果还是以药物治疗与健康为例。$T0-C0\neq 0$ 是服药组与未服药组在未服药时平均健康状况的差异。因为服药的人在未服药时的评价健康状况通常比未服药的人在未服药时的平均健康状况差，因此偏差为 $T0-C0<0$。如果我们用

服药的人的平均健康状况减去未服药的人的平均健康状况去估算服药的平均效果，这个偏差会让我们低估服药对服药人的平均健康影响。

造成 ATU 估计偏差的原因是 $T1-C1\neq 0$，即处置组与控制组的平均接受处置潜在结果存在差异。如果还是以服药和健康为例。$T1-C1\neq 0$ 是服药组服药后平均健康状况与未服药组如果服药后的平均健康状况的差异。如果选择服药的个体通常是服药后潜在健康较好的人，就会造成偏差 $T1-C1>0$。如果我们用服药个体的平均健康状况减去未服药个体的平均健康状况来估算服药的平均效果，这个偏差会让我们高估服药对未服药个体(如果服药)的平均健康影响。

由于 ATE 是 ATT 和 ATU 的加权平均，因此造成 ATE 估计偏差的原因中包含造成 ATT 估计偏差的原因和造成 ATU 估计偏差的原因($T0-C0\neq 0$ 和 $T1-C1\neq 0$)。

采用“朴素”估计量估计处置效应产生偏差的根本原因，是接受处置与否并非随机，即是否接受处置与潜在结果是相关的。例如，选择服药的人通常是在未服药情况下健康水平较低或者服药效果较好的人。又如，选择进行治理改造的企业通常是在未改造情况下业绩水平较低或者改造效果较好的企业。由于产生偏差的原因是接受处置与否是个体自我选择的后果，因此我们通常称这种偏差为选择偏差(selection bias)。

第四节 计算平均处置效应实例

本节用一个简单的例子来总结我们在前面讲过的概念。表 5.4 给出了 5 个个体的具体信息。阴影部分为观测结果，有下划线的部分为我们无法观测到的反事实结果。

表 5.4 计算 *ATE*、*ATT*、*ATU* 的数据例子

个 体	潜在结果		处置效应	处置状态	观测结果
	如果处置	如果未处置			
i	$Y_i(1)$	$Y_i(0)$	$Y_i(1)-Y_i(0)$	D_i	Y_i
1	5	<u>2</u>	3	1	5
2	7	<u>3</u>	4	1	7
3	4	<u>1</u>	3	1	4
4	<u>3</u>	2	1	0	2
5	<u>8</u>	3	5	0	3

根据表 5.4 的信息，表 5.5 总结了平均潜在结果和平均观测结果。

表 5.5　表 5.4 的数据总结

平均潜在结果		处置情况	平均观测结果
如果处置	如果未处置		
$T1 = E[Y_i(1) \mid D_i = 1] = \frac{5+7+4}{3} = 5.3$	$T0 = E[Y_i(0) \mid D_i = 1] = \frac{2+3+1}{3} = 2$（反事实结果）	$D_i = 1$（处置组）	$T1 = E(Y_i \mid D_i = 1) = E[Y_i(1) \mid D_i = 1] = 5.3$
$C1 = E[Y_i(1) \mid D_i = 0] = \frac{3+8}{2} = 5.5$（反事实结果）	$C0 = E[Y_i(0) \mid D_i = 0] = \frac{2+3}{2} = 2.5$	$D_i = 0$（控制组）	$C0 = E(Y_i \mid D_i = 0) = E[Y_i(0) \mid D_i = 0] = 2.5$

如果能够知道所有个体的潜在结果，我们就可以得到准确的平均处置效应。

$$ATT\text{（接受处置个体的平均处置效应）} = T1 - T0 = \frac{5+7+4}{3} - \frac{2+3+1}{3} = 3.3$$

$$ATU\text{（未接受处置个体的平均处置效应）} = C1 - C0 = \frac{3+8}{2} - \frac{2+3}{2} = 3$$

由于处置组有 3 人，控制组有 2 人，分别占总体人数的 3/5 和 2/5，因此：

$$\begin{aligned} ATE\text{（总体平均处置效应）} &= w \times ATT + (1-w) \times ATU \\ &= \frac{3}{5} \times 3.3 + \frac{2}{5} \times 3 = 3.18 \end{aligned}$$

也可以根据定义直接计算 ATE：

$$ATE = E[Y_i(1)] - E[Y_i(0)] = \frac{5+7+4+3+8}{5} - \frac{2+3+1+2+3}{5} = 3.18$$

然而实际情况是，我们没有同时观测到同一个体接受处置和未接受处置的潜在结果。在这个例子中，个体 1、2、3 为处置组（观测到了接受处置的潜在结果）；个体 4、5 为控制组（观测到了未接受处置的潜在结果）。如果使用“朴素”估计量，将处置组的平均观测结果减去控制组的平均观测结果，可以得到：

$$T1 - C0 = E(Y_i \mid D_i = 1) - E(Y_i \mid D_i = 0) = \frac{5+7+4}{3} - \frac{2+3}{2} = 2.8$$

它比真实的 ATT(3.3) 小了 0.5；比真实的 ATU(3) 小了 0.2；比真实的 ATE (3.18) 小了 0.38。

显然在这个例子中，$T0 \neq C0$，$T1 \neq C1$，因此“朴素”估计量在计算 ATT、ATU 和 ATE 时都存在选择偏差。通过上一节的讨论，我们知道：

$$ATT\text{ 估计偏差} = T0 - C0 = 2 - 2.5 = -0.5$$

$$ATU\text{ 估计偏差} = T1 - C1 = 5.3 - 5.5 = -0.2$$

$$\begin{aligned} ATE\text{ 估计偏差} &= w(T0 - C0) + (1 - w)(T1 - C1) \\ &= \frac{3}{5} \times (-0.5) + \frac{2}{5} \times (-0.2) = -0.38 \end{aligned}$$

这与前面的结果是一致的。造成选择偏差的原因是，控制组和处置组里个体的潜在结果不同。直觉告诉我们，如果要去除选择偏差，我们必须保证处置组和控制组里的个体是“相同”的，他们的差异仅仅是处置组“碰巧”（而非“自我选择”）接受了处置。下面我们来讨论两种基本去除选择偏差的方法及其要求的条件。

第五节 随机分配

随机分配可以简单理解为通过掷硬币的方法来决定是否接受处置，因此在随机分配中，潜在结果的好坏不会影响处置的分配。换言之，个体的潜在结果和处置状态是独立的，用公式表示为：

$$\{Y_i(1),\ Y_i(0)\} \perp D_i \tag{5.3}$$

其中，“$\perp$”代表二者之间相互“独立”。上式称为潜在结果独立于处置变量［简称潜在结果独立假设（independence assumption）］。

随机分配也可以理解为一种确保处置组与控制组的可观测特征、不可观测特征和处置效应分布完全相同的方法，即可观测特征、不可观测特征和处置效应完全独立于是否接受处置：

$$(X_i,\ e_i,\ \gamma_i) \perp D_i \tag{5.4}$$

假如个体的潜在健康结果可以表示为可观测特征 X_i、不可观测特征 e_i 以及处置效应 γ_i 的线性函数：

$$Y_i(0) = a + bX_i + e_i\text{，当 } D_i = 0 \tag{5.5}$$

$$Y_i(1) = a + \gamma_i + bX_i + e_i\text{，当 } D_i = 1 \tag{5.6}$$

这种情况下，由于个体潜在结果 $(Y_i(1),\ Y_i(0))$ 是个体特征和处置效用 $(X_i,\ e_i, \gamma_i)$ 的函数，因此公式(5.3)和公式(5.4)是等价的。

例如，我们想要知道班级人数对学生成绩的影响，随机抽取1万个学生上小班（人数少的班）作为处置组，并且随机抽取1万个学生上大班（人数多的班）作为控制组。由于这两组人是随机挑选的，他们的可观测特征（比如性别、年龄和教育）、不可观测特征（比如个性、学习动力），以及处置效应分布应当没有差异。换言之，通过随机分配，处置组与控制组包含了“相同”的个体。图5.1显示了随机分配达到的效果。

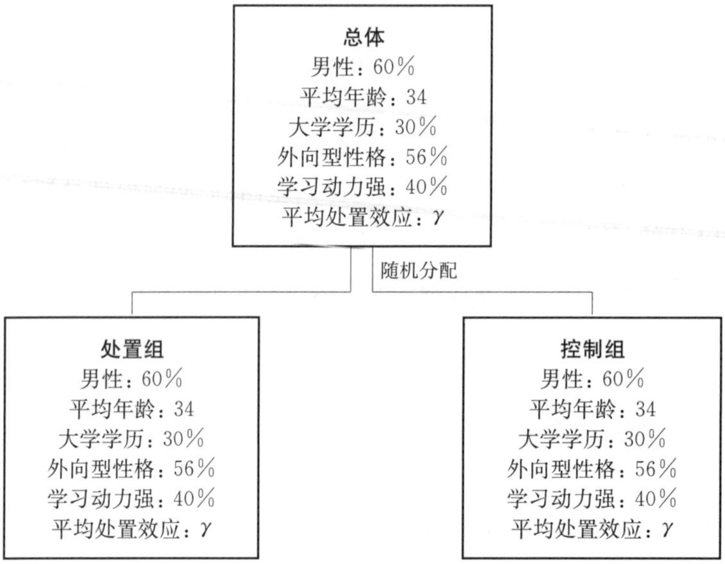

图5.1 随机分配的处置组和控制组的可观测特征与不可观测特征的分布

潜在结果独立假设[公式(5.3)]包含了两个独立性。第一个独立性是未接受处置潜在结果独立于处置变量，即：

$$\{Y_i(0)\} \perp D_i$$

由于 $Y_i(0)$ 独立于 D_i，这也意味着它的平均值与 D_i 不相关，即：

$$E[Y_i(0) \mid D_i=0]=E[Y_i(0) \mid D_i=1]=E[Y_i(0)] \tag{5.7}$$

以上公式可简写为：

$$E[Y_i(0) \mid D_i]=E[Y_i(0)]$$

这个条件称为平均未处置潜在结果独立于处置变量，它意味着控制组和处置组的平均未处置潜在结果是相等的。

如果用表5.3中对应的符号表示公式(5.7)，即：

$$T0=C0$$

这个条件允许我们用观测结果 $C0$ 来衡量不可观测的反事实结果 $T0$。在这种情况下，我们通过“朴素”估计量($T1-C0$)去估计接受处置的处置效应 ATT 就没有偏差。这是因为：

$$T1-C0=\underbrace{T1-T0}_{ATT}+\underbrace{T0-C0}_{ATT\text{偏差}=0}=ATT$$

因此，当平均未处置潜在结果独立于处置变量 $\mathrm{E}[Y_i(0)\mid D_i]=\mathrm{E}[Y_i(0)]$ 时，我们可以通过控制组和观测组的平均观测值差异得到 ATT。

在研究班级人数多少对学习成绩影响的例子中，$D_i=1$ 表示上小班，$D_i=0$ 表示上大班。$[Y_i(0)\mid D_i=0]=\mathrm{E}[Y_i(0)\mid D_i=1]$ 意味着，上大班同学的平均学习成绩 $\mathrm{E}[Y_i(0)\mid D_i=0]$（观测结果 $C0$）是上小班同学如果上大班的平均学习成绩 $\mathrm{E}[Y_i(0)\mid D_i=1]$（反事实结果 $T0$）的正确估计。因此，用上小班同学的平均成绩（观测结果 $T1$）减去上大班同学的平均成绩（观测结果 $C0$），就得到上小班对已上小班同学学习成绩的处置效应（$T1-C0=T1-T0=ATT$）。

独立假设[公式(5.3)]包含的第二个独立性为，接受处置潜在结果和处置状态是独立的，即：

$$\{Y_i(1)\}\perp D_i$$

这个独立性也意味着处置组和控制组在接受处置情况下的平均潜在结果没有差异，即：

$$\mathrm{E}[Y_i(1)\mid D_i=1]=\mathrm{E}[Y_i(1)\mid D_i=0]=\mathrm{E}[Y_i(1)]$$

可简写为：

$$\mathrm{E}[Y_i(1)\mid D_i]=\mathrm{E}[Y_i(1)] \tag{5.8}$$

这个条件称为平均接受处置潜在结果独立于处置变量，它意味着控制组和处置组的平均接受处置的潜在结果是一样的。

如果用图 5.3 中的对应符号表示公式(5.8)，即：

$$T1=C1$$

这个条件让我们可以用观测结果 $T1$ 来衡量不可观测的反事实结果 $C1$（因为 $T1=C1$）。在这种情况下，我们通过"朴素"估计量（$T1-C0$）去估计未接受处置的处置效应 ATU 就没有偏差，这是因为：

$$T1-C0=\underbrace{C1-C0}_{ATU}+\underbrace{T1-C1}_{ATU\text{偏差}=0}=ATU$$

因此，当平均处置潜在结果独立于处置变量 $\mathrm{E}[Y_i(1)\mid D_i]=\mathrm{E}[Y_i(1)]$ 成立时，我们可以直接将控制组和观测组的平均观测值差相减得到 ATU。

在研究班级人数多少对学习成绩影响的例子中，$\mathrm{E}[Y_i(1)\mid D_i=1]=\mathrm{E}[Y_i(1)\mid$

$D_i=0]$ 意味着上小班同学的平均学习成绩 $E[Y_i(1) \mid D_i=1]$（观测结果 $T1$）是上大班同学如果上小班的平均学习成绩 $E[Y_i(1) \mid D_i=0]$（反事实结果 $C1$）的正确估计。这个假设意味着，用上小班同学的平均成绩（观测结果 $T1$）减去上大班同学的平均成绩（观测结果 $C0$），就得到了上大班同学如果上小班的处置效应（$T1-C0=C1-C0=ATU$）。

当个体接受处置和未接受处置的潜在结果都独立于处置状态 $\{Y_i(1), Y_i(0)\} \perp D_i$ 时，这就同时保证了平均未处置潜在结果和平均处置潜在结果独立于处置变量：

$$E[Y_i(0) \mid D_i]=E[Y_i(0)],\ T0=C0$$

$$E[Y_i(1) \mid D_i]=E[Y_i(1)],\ T1=C1$$

这个条件称为潜在结果均值独立于处置变量[简称均值独立假设（mean independent assumption）]。这种情况下用观测结果去估计平均处置效应 ATE 就不存在偏差，这是因为：

$$\begin{aligned} T1-C0 &= \underbrace{w(T1-T0)+(1-w)(C1-C0)}_{ATE} \\ &\quad + \underbrace{w(T0-C0)+(1-w)(T1-C1)}_{ATE\text{偏差}=0}=ATE \end{aligned}$$

小结

随机分配的结果使得潜在结果独立假设 $\{Y_i(1), Y_i(0)\} \perp D_i$ 成立，这意味着均值独立假设成立，即 $E[Y_i(0) \mid D_i]=E[Y_i(0)]$，$E[Y_i(1) \mid D_i]=E[Y_i(1)]$。如果我们关心的是平均处置效应，我们只需要均值独立假设成立，这是比潜在结果独立假设更弱的一个条件。如果要识别 ATT，只需要满足 $E(Y_i(0) \mid D_i)=E(Y_i(0))$，如果要识别 ATU，只需要满足 $E(Y_i(1) \mid D_i)=E(Y_i(1))$。如果要识别 ATE，则需要满足 $E(Y_i(1) \mid D_i)=E(Y_i(1))$ 和 $E(Y_i(0) \mid D_i)=E(Y_i(0))$。

随机分配是一种理想的研究方法。然而在社会科学实践中，这种方法实际上很少被使用。首先，这种方法容易花费巨大。由上述例子可知，为保证两组的特征均值相同，我们通常需要极大的样本量，这些操作往往会伴随巨大的成本。其次，这种方法受到研究伦理的限制。例如在研究信念对人生发展影响的实验中，实验者可以将儿童分为两组，向其中一组每天灌输他们天资聪颖的信念，而对另一组则每天灌输他们天资愚钝的信念。在接下来的几十年时间里，追踪这两组儿童的人生发展。显然，这种为了科学研究目的人为地改变他人人生轨迹的做法是不道德的。此外，随机分配还面临着其他问题，如参与者中途退出实验、参与者自己从控制组转到处置组等具体操作问题。

这里需要注意的一点是，潜在结果独立假设是指潜在结果与处置状态无关，但观测结果与处置状态相关。例如在随机分配中，处置组和控制组的平均潜在结果是一样的，$E(Y_i(1) \mid D_i = 1) = E(Y_i(1) \mid D_i = 0)$；$E(Y_i(0) \mid D_i = 1) = E(Y_i(0) \mid D_i = 0)$。但是，当处置事件发生后，观测结果根据方程 $Y_i = Y_i(0) + [Y_i(1) - Y_i(0)] \times D_i$ 显现出来，处置组的观测结果平均值 $E(Y_i \mid D_i = 1) = E(Y_i(1) \mid D_i = 1)$ 与控制组的观测结果平均值 $E(Y_i \mid D_i = 0) = E(Y_i(0) \mid D_i = 0)$ 二者不相等，即 $E(Y_i \mid D_i = 1) \neq E(Y_i \mid D_i = 0)$，因此观测结果和处置状态是相关的。

第六节　控制可观测特征

如果并非随机分配，那么处置组和控制组的平均潜在结果就可能存在差异。如果潜在结果的差异是由于个体的可观测特征造成的，我们可以通过消除可观测个体特征差异，即控制可观测特征去消除选择偏差。例如服药个体普遍年龄较大，这些年龄较大的个体潜在的健康状况也较差。我们可以通过“控制”处置组和控制组的年龄差异来消除他们潜在的健康状况差异。

我们用一个简单的例子来说明控制可观测特征是如何实现识别处置效应的。假设服药的个体有两个年龄组：30 岁和 40 岁。我们把个体按年龄分类，把表 5.3 拆成如表 5.6 所示的两个部分。

表 5.6　控制可观测变量消除选择偏差的例子

A. 年龄为 30 岁的个体

潜在结果		处置情况	观测结果
如果处置	如果未处置		
$T1(30) = E[Y_i(1) \mid D_i = 1, X_i = 30]$	$T0(30) = E[Y_i(0) \mid D_i = 1, X_i = 30]$（反事实结果）	$D = 1$（处置组）	$T1(30) = E(Y_i \mid D_i = 1, X_i = 30) = E[Y_i(1) \mid D_i = 1, X_i = 30]$
$C1(30) = E[Y_i(1) \mid D_i = 0, X_i = 30]$（反事实结果）	$C0(30) = E[Y_i(0) \mid D_i = 0, X_i = 30]$	$D = 0$（控制组）	$C0(30) = E(Y_i \mid D_i = 0, X_i = 30) = E[Y_i(0) \mid D_i = 0, X_i = 30]$

B. 年龄为 40 岁的个体

潜在结果		处置情况	观测结果
如果处置	如果未处置		
$T1(40)$ $=E[Y_i(1)\mid D_i=1, X_i=40]$	$T0(40)$ $=E[Y_i(0)\mid D_i=1, X_i=40]$ (反事实结果)	$D=1$ (处置组)	$T1(40)$ $=E(Y_i \mid D_i=1, X_i=40)$ $=E[Y_i(1)\mid D_i=1, X_i=40]$
$C1(40)$ $=E[Y_i(1)\mid D_i=0, X_i=40]$ (反事实结果)	$C0(40)$ $=E[Y_i(0)\mid D_i=0, X_i=40]$	$D=0$ (控制组)	$C0(40)$ $=E(Y_i \mid D_i=0, X_i=30)$ $=E[Y_i(0)\mid D_i=0, X_i=40]$

通过分组，表 5.6A 中的个体年龄都是 30 岁，因此条件期望值都是给定的，$X_i=30$。$T1(30)$ 和 $T0(30)$ 分别代表 30 岁处置组的平均接受处置以及平均未接受处置的潜在结果，$C1(30)$ 和 $C0(30)$ 分别代表 30 岁控制组的平均接受处置以及平均未接受处置的潜在结果。类似地，表 5.6B 中的个体年龄都是 40 岁，因此条件期望值都是给定的，$X_i=40$。

如果处置组和控制组的平均潜在结果差异仅是由于年龄差异造成的，在按年龄分组后，相同年龄组中的处置组和控制组除了处置状态，平均潜在结果就不再存有差异了。也就是说，对于给定每一个年龄组，处置与否达到了随机分配的效果。根据前一节对随机分配的讨论，这意味着：

对于 30 岁组：$T1(30)=C1(30)$，$T0(30)=C0(30)$。

对于 40 岁组：$T1(40)=C1(40)$，$T0(40)=C0(40)$。

这种情况下，我们可以用观测结果去估计每个年龄组的处置效应。例如，要得到 30 岁组接受处置的平均处置效应 $ATT(30)$，我们可以用 30 岁处置组的平均观测结果 $T1(30)$ 减去 30 岁控制组的平均观测结果 $C0(30)$：

$$T1(30)-C0(30)=T1(30)-T0(30)=ATT(30)$$

要得到 40 岁组接受处置的平均处置效应 $ATT(40)$，我们可以用 40 岁处置组的平均观测结果 $T1(40)$ 减去 40 岁控制组的平均观测结果 $C0(40)$：

$$T1(40)-C0(40)=T1(40)-T0(40)=ATT(40)$$

要得到所有接受处置个体的平均处置效应 ATT，我们可以把 $ATT(30)$ 和 $ATT(40)$ 用他们各自的接受处置人数占总接受处置人数的比率进行加权平均，即：

$$ATT=P(30\mid D=1)\times ATT(30)+P(40\mid D=1)\times ATT(40)$$

其中，$P(30\mid D=1)$ 是 30 岁接受处置人数占总接受处置人数的比例；$P(40\mid D=1)$

是 40 岁接受处置人数占总接受处置人数的比例。

我们可以把这个例子的“直觉”正式化，表 5.7 给出了对于给定可观测特征 $X_i=x$ 的处置组和观测组的平均潜在结果和平均观测结果。

表 5.7　给定可观测特征 $X_i=x$ 的平均处置效应

潜在结果		处置情况	观测结果
如果处置	如果未处置		
$T1(x)$ $=\mathrm{E}[Y_i(1)\mid D_i=1, X_i=x]$	$T0(x)$ $=\mathrm{E}[Y_i(0)\mid D_i=1, X_i=x]$ （反事实结果）	$D=1$ （处置组）	$T1(x)$ $=\mathrm{E}(Y_i\mid D_i=1, X_i=x)$ $=\mathrm{E}[Y_i(1)\mid D_i=1, X_i=x]$
$C1(x)$ $=\mathrm{E}[Y_i(1)\mid D_i=0, X_i=x]$ （反事实结果）	$C0(x)$ $=\mathrm{E}[Y_i(0)\mid D_i=0, X_i=x]$	$D=0$ （控制组）	$C0(x)$ $=\mathrm{E}(Y_i\mid D_i=0, X_i=x)$ $=\mathrm{E}[Y_i(0)\mid D_i=0, X_i=x]$

对于有相同的 $X_i=x$ 的处置组和平均组，如果我们要估计 $ATT(x)$，用处置组平均观测结果减去控制组平均观测结果得到：

$$T1(x)-C0(x)=\underbrace{T1(x)-T0(x)}_{ATT(x)}+\underbrace{T0(x)-C0(x)}_{ATT(x)\text{偏差}}$$

我们看到，如果 $ATT(x)$ 没有偏差，需要 $T0(x)-C0(x)=0$，即：

$$\mathrm{E}[Y_i(0)\mid D_i=1, X_i=x]=\mathrm{E}[Y_i(0)\mid D_i=0, X_i=x]=\mathrm{E}[Y_i(0)\mid X_i=x]$$

这个条件称为，平均未接受处置潜在结果条件均值独立于处置变量。它意味着，对于有相同可观测特征的处置组和观测组，它们的平均未接受处置的潜在结果是一样的。可以简写为：

$$\mathrm{E}[Y_i(0)\mid D_i, X_i]=\mathrm{E}[Y_i(0)\mid X_i]$$

当这个条件成立时，我们可以用观测结果得到 $ATT(x)=T1(x)-C0(x)$。$ATT(x)$ 告诉我们对于特征值 $X_i=x$ 并且接受处置个体的平均处置效应。如果想要得到所有接受处置个体的平均处置效应 ATT，可以根据处置个体里不同 x 值个体的比例对 $ATT(x)$ 求平均值，即：

$$ATT=\mathrm{E}_{X\mid D=1}[ATT(X)]=\sum_x P(x\mid D=1)\times ATT(x)$$

其中，$P(x\mid D=1)$ 是接受处置个体里具备特征 $X_i=x$ 的个体所占比例。

如果我们要估计 $ATU(x)$，用具有相同特征 $X_i=x$ 的处置组平均观测结果减去控制组平均观测结果可得：

$$T1(x)-C0(x)=\underbrace{C1(x)-C0(x)}_{ATU(x)}+\underbrace{T1(x)-C1(x)}_{ATU(x)\text{偏差}}$$

我们看到，如果要达到 $ATU(x)$ 没有偏差，需要 $T1(x)-C1(x)=0$，即：

$$\mathrm{E}[Y_i(1)\mid D_i=1,\ X_i=x]=\mathrm{E}[Y_i(1)\mid D_i=0,\ X_i=x]=\mathrm{E}[Y_i(1)\mid X_i=x]$$

这个条件称为，平均接受处置潜在结果条件均值独立于处置变量。它意味着对于有相同可观测值的处置组和观测组，它们的平均接受处置潜在结果是一样的。以上条件可简写为：

$$\mathrm{E}[Y_i(1)\mid D_i,\ X_i]=\mathrm{E}[Y_i(1)\mid X_i]$$

当这个条件成立时，我们可以用观测结果得到 $ATU(x)=T1(x)-C0(x)$。$ATU(x)$ 告诉我们对于具备特征 $X_i=x$ 但未接受处置个体的平均处置效应。如果想要得到所有未接受处置个体的平均处置效应 ATU，可以根据未处置个体里不同 x 值个体的比例对 $ATU(x)$ 求平均值，即：

$$ATU=\mathrm{E}_{X\mid D=0}[ATU(X)]=\sum_x P(x\mid D=0)\times ATU(x)$$

其中，$P(x\mid D=0)$ 是未接受处置个体里具备特征 $X_i=x$ 的个体所占比例。

如果我们能够通过观测结果正确地估计 $ATT(x)$ 和 $ATU(x)$，也就能正确地估计 $ATE(x)$：

$$ATE(x)=w(x)ATT(x)+((1-w(x))ATU(x)$$

其中，$w(x)$ 是特征 $X_i=x$ 个体中接受处置个体的比例，$1-w(x)$ 是特征 $X_i=x$ 个体中未接受处置个体的比例。$ATE(x)$ 告诉我们对于特征为 $X_i=x$ 的个体的平均处置效应。如果想要得到所有个体的平均处置效应 ATE，我们可以根据不同特征 x 值个体的比例对 $ATE(x)$ 求平均值，即：

$$ATE=\mathrm{E}_X[ATE(X)]=\sum_x P(x)\times ATE(x)$$

其中，$P(x)$ 是所有个体里具备特征 $X_i=x$ 的个体所占比例。

上述讨论说明，通过控制可观测特征估计处置效用依赖的假设是，对于相同给定特征的处置组和观测组，它们的平均潜在结果是相同的，即：

$$\mathrm{E}[Y_i(0)\mid D_i=1,\ X]=\mathrm{E}[Y_i(0)\mid D_i=0,\ X]=\mathrm{E}[Y_i(0)\mid X] \tag{5.9}$$

$$\mathrm{E}[Y_i(1)\mid D_i=1,\ X]=\mathrm{E}[Y_i(1)\mid D_i=0,\ X]=\mathrm{E}[Y_i(1)\mid X] \tag{5.10}$$

这个假设称为平均潜在结果条件独立于处置变量［简称条件均值独立假设(Conditional Mean Independent Assumption，CMI)］。

要满足条件均值独立假设(CMI),最直接的方法是使用条件随机分配(conditional random assignment)。例如对于给定30岁组的个体,我们随机抽取一些人服药、一些人不服药。这样就保证了在30岁年龄组里,服药个体和不服药个体的平均潜在结果也是一样的。条件随机分配达到了,在给定可观测特征的情况下,潜在结果和处置状态是独立的,即:

$$\{Y_i(1), Y_i(0)\} \perp D_i \mid X_i$$

这个条件称为潜在结果条件独立假设[简称条件独立假设(Conditional Independent Assumption, CIA)]。它的意思是:对于任意给定的 $X_i = x$,潜在结果和处置状态无关。即对应给定的 X_i,我们可以得到随机分配的效果 $\{Y_i(1), Y_i(0)\} \perp D_i$。CIA是比CMI更强的一个条件,如果我们只是关心平均处置效应,只需CMI成立就可以了。

由于控制变量 X 只能是可观测的变量,个体除了具有可观测到的特征,还具有很多不可观测的特征。不可观测的特征不同,也会造成个体的潜在结果不同。条件随机分配保证了给定可观测变量相同的处置组和控制组的不可观测特征分布也是相同的。但如果数据不是通过条件随机分配实验产生的,即使处置组和观测组有相同的可观测特征,它们的不可观测特征也可能存在差别,从而造成它们的潜在结果也不相同。线性回归方法和以后我们要讨论的匹配方法都是控制可观测特征的方法。控制可观测特征方法虽然处理起来明确、简单,但缺点是,它需要的条件独立或均值条件独立假设太强。这也是我们在后面章节要介绍各种处理不可观测特征造成的选择偏差实证方法的原因。

第七节 回归方法和处置效应

在第二章,我们说明了线性回归方法是一种寻找变量 $\boldsymbol{Y}$ 和 $\boldsymbol{X}=(X_1 \quad \cdots \quad X_k)$ 最佳线性拟合的数学方法,它得到的系数是线性条件期望函数 $\mathrm{E}(\boldsymbol{Y} \mid \boldsymbol{X}) = \alpha + \beta_1 X_1 + \cdots + \beta_k X_k$ 的系数,这个条件期望函数也称为回归函数。本节从潜在结果和处置效用的角度进一步理解运用回归方法得到的回归函数要反映因果关系的条件。

一、处置效用和回归函数系数的关系

从本章第二节,我们知道观测结果 Y_i 可以表述为:

$$Y_i = Y_i(0) + [Y_i(1) - Y_i(0)] \times D_i$$

进一步可改写为：

$$Y_i = \underbrace{E[Y_i(0)]}_{a} + \underbrace{[Y_i(1) - Y_i(0)]}_{\gamma} \times D_i + \underbrace{Y_i(0) - E[Y_i(0)]}_{u_i} \tag{5.11}$$

$$= a + \gamma \times D_i + u_i \tag{5.12}$$

上式中的截距项 $a = E[Y_i(0)]$ 是所有个体未处置潜在结果的平均值。为方便理解，这里假设所有个体的处置效应相同，$\gamma = Y_i(1) - Y_i(0)$（本章附录里讨论了在个体效应不相同的情况下，回归系数与处置效应的关系）。当个体处置效应相同时，个体处置效应也等于平均处置效应，并且不同的平均处置效应也是一样的，即 $\gamma = ATE = ATT = ATU$。因此我们不加区别地称 γ 为处置效应。$u_i = Y_i(0) - E[Y_i(0)]$ 是个体 i 的 $Y_i(0)$ 与平均 $E[Y_i(0)]$ 的差异，u_i 的均值等于 0，因为 $E[u_i] = E[Y_i(0) - E[Y_i(0)]] = E[Y_i(0)] - E[Y_i(0)] = 0$。

仍以药物治疗为例，$D_i = 1$ 表示服药，$D_i = 0$ 表示未服药；a 是所有个体未服药时的平均健康情况；u_i 是个体 i 未服药时与所有个体未服药时平均健康状况的差异，$u_i > 0$（< 0）表示个体 i 在未服药时的健康状况比所有人未服药时的平均健康状况好(坏)；γ 是服药的处置效应。

公式(5.12)只是对观测结果 Y_i 和处置状态 D_i 关系的描述。我们关心的问题是，如果使用回归方法将观测结果 Y_i 对 D_i 进行回归，能否得到公式(5.12)中的处置效应系数 γ?

我们知道，将 Y_i 对 D_i 进行回归，得到的是线性条件期望函数 $E(Y_i \mid D_i)$。要知道其系数是否等于处置效用系数 γ，将公式(5.12)代入 $E(Y_i \mid D_i)$ 可得：

$$E(Y_i \mid D_i) = a + \gamma \times D_i + E(u_i \mid D_i) \tag{5.13}$$

由此可见，回归得到的条件期望函数 D_i 的系数是否等于处置 γ，取决于 $E(u_i \mid D_i)$。如果 u_i 和 D_i 存在线性关系：

$$E(u_i \mid D_i) = \phi_0 + \phi_1 D_i \tag{5.14}$$

将上式代入公式(5.13)，可得：

$$E(Y_i \mid D_i) = a + \phi_0 + (\gamma + \phi_1) D_i$$

在这种情况下，回归得到的条件期望函数 D_i 的系数是 $\gamma + \phi_1$，并不等于 γ。以药物治疗为例，u_i 是个体 i 未服药时与所有个体未服药时平均健康状况的差异，如果服药个体的平均健康水平较差，意味着 $\phi_1 < 0$，通过回归得到的服药 D_i 对平均健康水平影响的系数 $\gamma + \phi_1$ 会低于真实的服药处置效用 γ。

由此可见，如果回归得到的 D_i 系数要等于处置效应系数 γ，需要的条件是 $\phi_1 = 0$，即干扰项必须满足均值独立于处置变量：

$$E(u_i \mid D_i) = \phi_0 \tag{5.15}$$

换言之，u_i 的均值不随 D_i 而改变，即有：

$$E(u_i \mid D_i = 1) = E(u_i \mid D_i = 0) = \phi_0 \tag{5.16}$$

将 $u_i = Y_i(0) - E[Y_i(0)]$ 代入公式(5.16)，可得：

$$E(Y_i(0) - E[Y_i(0)] \mid D_i = 1) = E(Y_i(0) - E[Y_i(0)] \mid D_i = 0)$$

因为 $E[Y_i(0)]$ 是一个固定值，与 D_i 无关，因此上式等价于：

$$E[Y_i(0) \mid D_i = 1] = E[Y_i(0) \mid D_i = 0]$$

由此可见，通过回归得到的回归函数 $E(Y_i \mid D_i)$ 的处置变量 D_i 的系数如果要反映处置效应，需要满足干扰项均值独立，即 $E[u_i \mid D_i = 1] = E[u_i \mid D_i = 0]$ 的条件，其本质上等同于未处置潜在结果均值独立，即 $E[Y_i(0) \mid D_i = 1] = E[Y_i(0) \mid D_i = 0]$。

我们通过一个具体的数值例子来理解上述条件。

表 5.8　满足未处置潜在结果均值独立 ($E[Y_i(0) \mid D_i = 1] = E[Y_i(0) \mid D_i = 0]$) 的数据

(1)	(2)	(3)	(4)	(5)	(6)
个体	$Y_i(1)$	$Y_i(0)$	$u_i = Y_i(0) - E(Y_i(0))$	D_i	Y_i
1	30	20	5	1	30
2	20	10	−5	1	20
3	35	25	10	0	25
4	15	5	−10	0	5
	$E(Y_i(1)) = 25$	$E(Y_i(0)) = 15$			

表 5.8 给出了满足未处置潜在结果均值独立的数据。数据中有 4 个个体，个体处置效应(假如观测得到)都等于 $10[Y_i(1) - Y_i(0) = 10]$。我们看到，处置组和控制组的平均未处置潜在结果分别为 $E[Y_i(0) \mid D_i = 1] = \frac{20 + 10}{2} = 15$ 和 $E[Y_i(0) \mid D_i = 0] = \frac{25 + 5}{2} = 15$，因此 $E[Y_i(0) \mid D_i = 1] = E[Y_i(0) \mid D_i = 0] = 15$，满足潜在未处置结果均值独立于处置变量。

表 5.8 中第四列给出了干扰项值 $u_i = Y_i(0) - E(Y_i(0))$ 的值。干扰项在处

置组和控制组的均值为 $E[u_i \mid D_i=1]=\frac{5-5}{2}=0$，$E[u_i \mid D_i=0]=\frac{10-10}{2}=0$，可见 $E[u_i \mid D_i=1]=E[u_i \mid D_i=0]=0$，满足干扰项均值独立于处置变量的条件。如前所述，这两个均值独立条件的本质是相同的。

在表 5.8 的数据里，事实上我们只观测到后两列数据。如果我们使用后两列观测数据进行回归，可得：

```
. reg Y D

      Source |       SS           df       MS      Number of obs   =         4
-------------+----------------------------------   F(1, 2)         =      0.80
       Model |        100          1         100   Prob > F        =    0.4655
    Residual |        250          2         125   R-squared       =    0.2857
-------------+----------------------------------   Adj R-squared   =   -0.0714
       Total |        350          3  116.666667   Root MSE        =     11.18

------------------------------------------------------------------------------
           Y |      Coef.   Std. Err.      t    P>|t|     [95% Conf. Interval]
-------------+----------------------------------------------------------------
           D |         10   11.18034     0.89   0.465    -38.10512    58.10512
       _cons |         15   7.905694     1.90   0.198    -19.01546    49.01546
------------------------------------------------------------------------------
```

结果显示，常数项 $a=15$，D_i 的系数为 10，意味着回归得到的条件期望函数为 $E[Y_i \mid D_i]=15+10D_i$。可见在干扰项均值独立（即潜在处置效应均值独立）条件下，回归得到的 D_i 系数是正确的处置效应。

表 5.9 给出不满足未处置潜在结果均值独立假设的数据。在这个数据里，个体处置效应都等于 10。但与表 5.8 的不同之处在于，表 5.9 中处置组的平均未处置潜在结果比较高：$E[Y_i(0) \mid D_i=1]=\frac{20+10}{2}=15>E[Y_i(0) \mid D_i=0]=\frac{6+4}{2}=10$。这造成了干扰项平均值在处置组也较高。

表 5.9 中第四列给出了干扰项值 $u_i=Y_i(0)-E(Y_i(0))$ 的均值：$E[u_i \mid D_i=1]=\frac{10+0}{2}=5>E[u_i \mid D_i=0]=\frac{-4+(-6)}{2}=-5$，由于干扰项的均值在处置组较高，意味着干扰项与处置变量相关。

表 5.9　不满足未处置潜在结果均值独立 ($E[Y_i(0) \mid D_i=1] \neq E[Y_i(0) \mid D_i=0]$) 数据

(1)	(2)	(3)	(4)	(5)	(6)
个体	$Y_i(1)$	$Y_i(0)$	$u_i=Y_i(0)-E(Y_i(0))$	D_i	Y_i
1	30	20	10	1	30
2	20	10	0	1	20

（续表）

(1)	(2)	(3)	(4)	(5)	(6)
个体	$Y_i(1)$	$Y_i(0)$	$u_i = Y_i(0) - E(Y_i(0))$	D_i	Y_i
3	16	6	−4	0	6
4	14	4	−6	0	4
	$E(Y_i(1)) = 20$	$E(Y_i(0)) = 10$			

如果我们使用后两列观测数据进行回归，可得：

```
. reg Y D

      Source |       SS           df       MS      Number of obs   =         4
-------------+----------------------------------   F(1, 2)         =     15.38
       Model |        400         1         400   Prob > F        =    0.0593
    Residual |         52         2          26   R-squared       =    0.8850
-------------+----------------------------------   Adj R-squared   =    0.8274
       Total |        452         3  150.666667   Root MSE        =     5.099

------------------------------------------------------------------------------
           Y |      Coef.   Std. Err.      t    P>|t|     [95% Conf. Interval]
-------------+----------------------------------------------------------------
           D |         20    5.09902     3.92   0.059     -1.93931    41.93931
       _cons |          5   3.605551     1.39   0.300    -10.51344    20.51344
------------------------------------------------------------------------------
```

结果显示，常数项 $a=5$，D_i 的系数为 20，这意味着回归得到的条件期望函数为 $E[Y_i \mid D_i]=5+20D_i$。可见，在不满足干扰项均值独立条件的情况下，回归得到了错误的平均处置效应。事实上，由回归系数得到的是处置组和观测组的平均观测结果差：

$$\begin{aligned}\text{由 OLS 得到的 } D_i \text{ 系数} &= E[Y_i \mid D_i=1]-E[Y_i \mid D_i=0] \\ &= [\alpha+\gamma\times D_i+E(u_i \mid D_i=1)]-[\alpha+E(u_i \mid D_i=0)] \\ &= \gamma+E[u_i \mid D_i=1]-E[u_i \mid D_i=0] \\ &= 10+\frac{10+0}{2}-\frac{-4-6}{2}=20\end{aligned}$$

它包含了处置效应 $\gamma=10$，以及处置组和控制组干扰项的差异 $E[u_i \mid D_i=1]-E[u_i \mid D_i=0]=5-(-5)=10$，即处置和控制组在未处置前的差异 $E[Y_i(0) \mid D_i=1]-E[Y_i(0) \mid D_i=0]=15-5=10$。

因此，当处置组和控制组的平均未处置潜在结果有差异时，就意味着干扰项和处置变量是相关的，回归得到的处置变量系数不是处置效应的正确估计。下面我们讨论回归方法该如何处理这种情况，以达到估计处置效应的目的。

二、回归方法和控制变量

如果处置组和控制组的平均未处置潜在结果有差异，即 $E[Y_i(0) \mid D_i=1] \neq$

$E[Y_i(0) \mid D_i=0]$，我们首先要了解造成差异的原因。假设个体的潜在未处置结果是个体未处置时可观测特征和不可观测特征的线性函数，即：

$$Y_i(0)=\alpha+\beta X_i+e_i \tag{5.17}$$

将公式(5.17)代入公式(5.11)，可得：

$$Y_i=E[Y_i(0)]+[Y_i(1)-Y_i(0)]\times D_i+\alpha+\beta X_i+e_i-E[Y_i(0)]$$
$$Y_i=\alpha+\underbrace{[Y_i(1)-Y_i(0)]}_{\gamma}\times D_i+\beta X_i+e_i$$
$$Y_i=\alpha+\gamma\times D_i+\beta X_i+e_i \tag{5.18}$$

上式描述了观测结果、处置状态、观测特征和不可观测特征的关系。如果将 Y_i 对 D_i 和 X_i 进行回归，得到的条件期望函数 $E(Y_i \mid D_i, X_i)$ 等于：

$$\begin{aligned}E(Y_i \mid D_i, X_i)&=E(\alpha+\gamma D_i+\beta X_i+e_i \mid D_i, X_i)\\&=\alpha+\gamma D_i+\beta X_i+E[e_i \mid D_i, X_i]\end{aligned} \tag{5.19}$$

回归得到的条件期望 $E(Y_i \mid D_i, X_i)$ 中 D_i 的系数是否等于 γ，取决于 $E[e_i \mid D_i, X_i]$。如果干扰项 e_i 与 D_i 和 X_i 存在线性关系：

$$E[e_i \mid D_i, X_i]=\phi_0+\phi_1 D_i+\phi_2 X_i \tag{5.20}$$

代入公式(5.19)得到：

$$\begin{aligned}E(Y_i \mid D_i, X_i)&=\alpha+\gamma D_i+\beta X_i+\phi_0+\phi_1 D_i+\phi_2 X_i\\&=(\alpha+\phi_0)+(\gamma+\phi_1)D_i+(\beta+\phi_2)X_i\end{aligned} \tag{5.21}$$

在这种情况下，条件期望函数 D_i 的系数是 $\gamma+\phi_1$。由此可见，要使得回归得到的 D_i 系数等于处置效应 γ，需要的条件是 $\phi_1=0$，即：

$$E[e_i \mid D_i, X_i]=E[e_i \mid X_i]=\phi_0+\phi_2 X_i$$

这意味着干扰项 e_i 的条件均值与处置变量无关。换言之，对于给定 X_i 的处置组和控制组，它们的干扰项平均值相同，即：

$$E[e_i \mid D_i=1, X_i]=E[e_i \mid D_i=0, X_i]=\phi_0+\phi_2 X_i \tag{5.22}$$

这个条件称为干扰项条件均值独立于处置变量。

根据公式(5.17)，$e_i=Y_i(0)-\alpha-\beta X_i$，将其代入公式(5.22)，得到：

$$E[Y_i(0)-\alpha-\beta X_i \mid D_i=1, X_i]=E[Y_i(0)-\alpha-\beta X_i \mid D_i=0, X_i]$$
$$E[Y_i(0) \mid D_i=1, X_i]=E[Y_i(0) \mid D_i=0, X_i] \tag{5.23}$$

我们看到，干扰项均值条件独立[公式(5.22)]和平均未处置潜在结果条件独立[公式(5.23)]是等同的。这个条件使得回归方法能够通过使用控制变量 X_i 来达到估计处置变量 D_i 的因果效应系数 γ 的目的。

三、控制变量

在前面的讨论中，我们区别了处置变量 D_i 和控制变量 X_i。我们经常使用控制变量这个名词，现在可以正式将控制变量 X_i 定义为能够让干扰项 e_i 条件均值独立于处置变量 D_i 的变量，即 $\mathrm{E}[e_i \mid D_i, X_i]=\mathrm{E}[e_i \mid X_i]$。可以简单地理解为：给定了控制变量后，干扰项和处置变量无关，如图 5.2 所示。

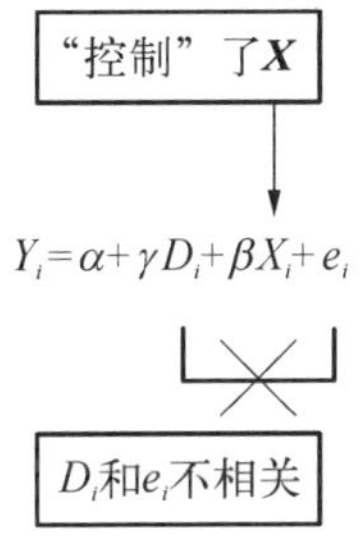

$$Y_i=\alpha+\gamma D_i+\beta X_i+e_i \tag{5.24}$$

图 5.2　控制变量作用的直观图解

对图 5.2 的直观理解是：给定控制变量 X_i 值，当 D_i 发生变化，e_i 均值不变，因此被解释变量 Y_i 的均值变化就完全可以归因于 D_i 的变化，从而能够识别出处置效应。

细心的读者可能注意到了干扰项均值独立，即 $\mathrm{E}[e_i \mid D_i, X_i]=\mathrm{E}[e_i \mid X_i]=\phi_0+\phi_2 X_i$，只是保证了回归得到的条件期望函数(5.21)中处置变量 D_i 的系数等于 γ，但控制变量 X_i 的系数为 $\beta+\phi_2$，是真实系数 β 的有偏估计。如果我们只关心回归得到的处置变量 D_i 的系数是否反映了处置效应，而不在乎控制变量是否有因果关系的解释，那么只需要满足条件 $\mathrm{E}[e_i \mid D_i, X_i]=\mathrm{E}[e_i \mid X_i]=\phi_0+\phi_2 X_i$ 就足够了。但是，如果我们希望回归得到的控制变量 X_i 的系数也等于反映因果关系的系数 β，则需要 $\phi_2=0$。因此，同时满足处置变量和控制变量的系数都有因果关系解释的条件是：

$$\mathrm{E}[e_i \mid D_i, X_i]=\mathrm{E}[e_i \mid X_i]=\phi_0$$

由于模型里有常数项，我们可以把 ϕ_0 加入常数项，因此这个条件表示为：

$$\mathrm{E}[e_i \mid D_i, X_i]=0$$

这与第二章中干扰项条件均值为 0 使回归方程里所有解释变量系数都反映因果关系条件的结论是一致的，但这里我们进一步把解释变量区别为处置变量和控制变量。

图 5.3 总结了本节的讨论。$[e_i \mid D_i, X_i]=0$ 保证了每个解释变量都有因果关系

的解释。如果只要求我们关心的处置变量系数有因果关系解释，则只需要 $[e_i \mid D_i, X_i]=[e_i \mid X_i]$ 的假设。下一节我们将介绍一个使用 $[e_i \mid D_i, X_i]=[e_i \mid X_i]$ 条件估计处置效应的实例。

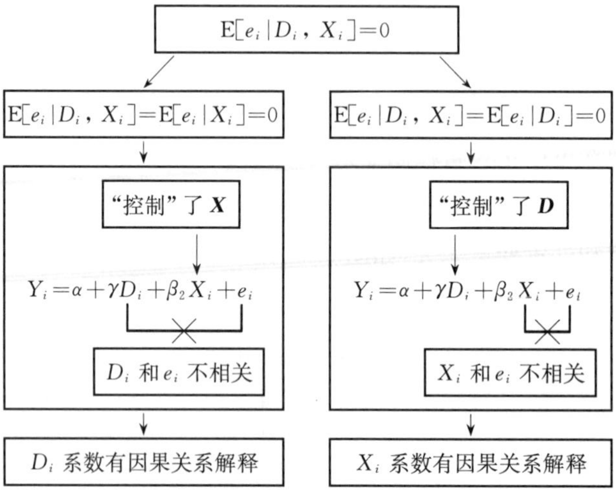

图 5.3　干扰项均值条件独立假设和回归系数因果关系解释

第八节　随机分配实例："田纳西州学生/教师比例对学生学业成就影响"实验

估计处置效应最直接的方法是通过随机分配。大规模的随机分配通常只发生在自然科学的实验室。美国田纳西州在 1985 年进行的"田纳西州学生/教师比例对学生学业成就影响"(Tennessee Student/Teacher Achievement Ratio，STAR)研究项目是一个罕见的大规模的社会实验，它的目的是通过条件随机分配方法研究班级人数对学生成绩的因果影响。

一、实验的理论基础

这个实验一共有田纳西州 79 个不同地区的学校参与。对于每个学校的学生，STAR 实验将学生随机分配到 3 组班级：普通班(regular class，22～25 名学生)；有辅导老师的加强普通班(regularaid class，22～25 名学生)；小班(small class，13～17 名学生)。利用本章学到的知识可知，处置变量是班级类型 $D_i = regular$，$regularaid$，$small$，每个学生 i 在不同班级的潜在学习成绩分别为 $Y_i(regular)$、$Y_i(regularaid)$ 以及 $Y_i(small)$：

$$\begin{cases} Y_i(regular), & \text{如果 } D_i = regular \\ Y_i(regularaid), & \text{如果 } D_i = regularaid \\ Y_i(small), & \text{如果 } D_i = small \end{cases}$$

该实验的目的是研究上小班和加强普通班相对于上普通班对学习成绩的影响。上小班的平均处置效应为：

$$ATE(small) = \mathrm{E}[Y_i(small)] - \mathrm{E}[Y_i(regular)]$$

上加强普通班的平均处置效应为：

$$ATE(regularaid) = \mathrm{E}[Y_i(regularaid)] - \mathrm{E}[Y_i(regular)]$$

对于同一学校的学生，班级分配是随机的。这意味着，给定学校 g，学生潜在学习成绩和班级类型是独立的，即：

$$\{Y_i(small), Y_i(regularaid), Y_i(regular)\} \perp D_i \mid school_i \tag{5.25}$$

这与前面讲的 CIA 条件独立，即 $\{Y_i(1), Y_i(0)\} \perp D_i \mid X_i$ 是一样的，只是现在 D_i 是一个三元变量。这也意味着，对于同一学校不同班级的学生，它们的平均潜在结果是相同的，即在同一学校 $school_i$ 里：

不同班的同学如果都上小班，他们的平均成绩是相同的：

$$\begin{aligned} & \mathrm{E}[Y_i(small) \mid D_i = small, school_i] \\ = & \mathrm{E}[Y_i(small) \mid D_i = regularaid, school_i] \\ = & \mathrm{E}[Y_i(small) \mid D_i = regular, school_i] \\ = & \mathrm{E}[Y_i(small) \mid school_i] \end{aligned}$$

不同班的同学如果都上加强普通班，他们的平均成绩是相同的：

$$\begin{aligned} & \mathrm{E}[Y_i(regularaid) \mid D_i = small, school_i] \\ = & \mathrm{E}[Y_i(regularaid) \mid D_i = regularaid, school_i] \\ = & \mathrm{E}[Y_i(regularaid) \mid D_i = regular, school_i] \\ = & \mathrm{E}[Y_i(regularaid) \mid school_i] \end{aligned}$$

不同班的同学如果都上普通班，他们的平均成绩是相同的：

$$\begin{aligned} & \mathrm{E}[Y_i(regular) \mid D_i = small, school_i] \\ = & \mathrm{E}[Y_i(regular) \mid D_i = regularaid, school_i] \\ = & \mathrm{E}[Y_i(regular) \mid D_i = regular, school_i] \\ = & \mathrm{E}[Y_i(regular) \mid school_i] \end{aligned}$$

对于分配到不同班级的学生，他们的观测结果为：

$$\begin{cases} Y_i = Y_i(small), & \text{如果 } D_i = small \\ Y_i = Y_i(regularaid), & \text{如果 } D_i = regularaid \\ Y_i = Y_i(regular), & \text{如果 } D_i = regular \end{cases}$$

给定学校，用分配到小班同学的平均观测成绩减去分配到普通班同学的平均观测成绩，可得：

$$\begin{aligned} & \mathrm{E}(Y_i \mid D_i = small,\ school_i) - \mathrm{E}(Y_i \mid D_i = regular,\ school_i) \\ & = \mathrm{E}[Y_i(small) \mid D_i = small,\ school_i] - \mathrm{E}[Y_i(regular) \mid D_i = regular,\ school_i] \\ & = \mathrm{E}[Y_i(small) \mid school_i] - \mathrm{E}[Y_i(regular) \mid school_i] \\ & = ATE(small \mid school_i) \end{aligned}$$

从第二个等式到第三个等式的推导中，使用了潜在结果均值独立的条件。可见，同一学校 $school_i$ 的小班和普通班学生平均成绩的差异，反映了对于学校 i 的学生，小班影响学习成绩的处置效应 $ATE(small \mid school_i)$。

如果把所有学校的 $ATE(small \mid school_i)$ 按每个学校的学生人数加权平均，我们就得到了小班的平均处置效应 $ATE(small)$。

类似地，我们可以通过分配到有加强普通班和普通班的学生平均观测成绩的差异，得到加强普通班的平均处置效应 $ATE(regularaid)$。

如果使用回归方法，假设观测结果，处置变量和控制变量的线性关系如下：

$$Y_{gi} = \alpha + \gamma_1 small_{gi} + \gamma_2 regularaid_{gi} + \beta\, school_g + e_{gi} \tag{5.26}$$

其中，Y_{gi} 是学校 g 学生 i 的数学考试成绩。处置变量 $small_{gi}=1$ 表示学生 i 上的是小班；否则，$small_{gi}=0$。$regularaid_{gi}=1$ 表示学生 i 上的是有辅导老师的普通班；否则，$regularaid_{gi}=0$。缺失的 regular class 作为基准组，系数 γ_1 和 γ_2 是小班和加强普通班学生的平均成绩相对于普通班学生平均成绩的差异，即二者对学习成绩影响的平均处置效应。$school_g=1$ 表示学校 g；否则，$school_g=0$。β 反映的是不同学校的平均成绩差异（学校固定效应）。

如果将观测结果 Y_{gi} 对处置变量 $small_{gt}$、$regularaid_{gt}$ 和控制变量 $school_g$ 进行回归，得到的是条件期望函数 $\mathrm{E}(Y_{gi} \mid small_{gi},\ regularaid_{gi},\ school_g)$。将公式(5.26)代入 $\mathrm{E}(Y_{gi} \mid small_{gi},\ regularaid_{gi},\ school_g)$，得到：

$$\begin{aligned} & \mathrm{E}(Y_{gi} \mid small_{gi},\ regularaid_{gi},\ school_g) \\ & = \alpha + \gamma_1 small_{gi} + \gamma_2 regularaid_{gi} + \beta\, school_g + \\ & \quad \mathrm{E}(e_{gi} \mid small_{gi},\ regularaid_{gi},\ school_g) \end{aligned}$$

由于是在同一所学校，所以学生被随机分配到3个不同班级，意味着给定学校，干扰项在不同班级的平均值没有差异的，因此：

$$E(e_{gi} \mid small_{gi}, regularaid_{gi}, school_g) = E(e_{gi} \mid school_g)$$

条件期望函数成为：

$$E(Y_{gi} \mid small_{gi}, regularaid_{gi}, school_g)$$
$$= \alpha + \gamma_1 small_{gi} + \gamma_2 regularaid_{gi} + \beta\, school_g + E(e_{gi} \mid school_g)$$

因为 $E(e_{gi} \mid school_g)$ 不是 $small_{gi}$ 和 $regularaid_{gi}$ 的函数，所以回归得到的条件期望函数里处置变量 $small_{gi}$ 和 $regularaid_{gi}$ 的系数分别等于 γ_1 和 γ_2。可见这个社会实验通过条件随机分配保证了干扰项条件均值独立，即 $E(e_{gi} \mid small_{gi}, regularaid_{gi}, school_g) = E(e_{gi} \mid school_g)$。因此，将观测结果 Y_{gi} 对处置变量 $small_{gt}$、$regularaid_{gt}$ 和控制变量 $school_g$ 回归得到的回归方程系数反映了因果关系。

二、回归分析

为方便讲解，我们截取了STAR实验中一年级学生的数据。下面描述了数据的主要变量。（本案例中，原始数据（PROJECT STAR.zip）可从 https://dataverse.harvard.edu/dataset.xhtml? persistentId=doi:10.7910/DVN/SIWH9F 下载。）

```
. des stdntid g1schid whiteasian age1985 female g1classtype g1classsize score

              storage   display    value
variable name   type    format     label      variable label
-------------------------------------------------------------------------------------
stdntid         int     %8.0g                 学生编号
g1schid         long    %12.0g                学校编号
whiteasian      float   %9.0g                 =1, 白人和亚裔； =0，其他人种
age1985         float   %9.0g                 在1985年时的年龄
female          float   %9.0g                 性别： =1，女；=0，男
g1classtype     float   %9.0g                 班级类型： =1，小班； =2，普通班； =3，有辅导老师的加强普通班
g1classsize     byte    %8.0g                 班级人数
score           float   %9.0g                 阅读和数学总成绩
```

在对实验结果进行回归分析前，我们先看一下实验是否达到了随机分配的效果。我们分别看学生的性别、年龄、人种在不同班级类型是否有区别。如果对于每个学校，学生是随机分配到不同类型班级，他们的特征在同一个学校的不同类型班级的分布应该是一样的，那么在所有学校的不同类型班级的分布也应该是一样的。下表显示了不同类型班级的女性比例、白人/亚裔比例、年龄均值和班级人数均值。

```
. table g1classtype, c(mean female mean whiteasian mean age1985 mean g1classsize) cell(18)

-------------------------------------------------------------------------------------
班级类型|    mean(female)   mean(whiteasian)      mean(age1985)   mean(g1classsize)
----------+--------------------------------------------------------------------------
        1 |       .4851948          .6820779           5.332465             15.6971
        2 |       .4852941           .621904           5.419844             22.6966
        3 |       .4685345          .7025862           5.422493             23.4362
-------------------------------------------------------------------------------------
```

我们看到，小班的平均人数约为 15.7 人，普通班和加强普通班的平均人数分别为 22.7 人和 23.4 人。但是，性别、人种、年龄在不同类型班级没有明显差异。

我们先估计一个没有控制学校固定效应的简单的回归方程：

$$Y_{gi}=\alpha+\gamma_1 small_{gi}+\gamma_2 regularaid_{gi}+e_{gi} \tag{5.27}$$

Stata 的回归结果如下：

```
. gen small=(g1classtype==1)
. gen regular=(g1classtype==2)
. gen regularaid=(g1classtype==3)
. reg score small regularaid

      Source |       SS           df       MS      Number of obs   =     6,377
-------------+----------------------------------   F(2, 6374)      =     56.34
       Model |  923125.278         2  461562.639   Prob > F        =    0.0000
    Residual |  52218852.2     6,374  8192.4776    R-squared       =    0.0174
-------------+----------------------------------   Adj R-squared   =    0.0171
       Total |  53141977.5     6,376  8334.68907   Root MSE        =    90.512

------------------------------------------------------------------------------
       score |      Coef.   Std. Err.      t    P>|t|     [95% Conf. Interval]
-------------+----------------------------------------------------------------
       small |   29.78802   2.807609    10.61   0.000     24.28417    35.29188
  regularaid |   11.93308   2.686228     4.44   0.000     6.667167    17.19899
       _cons |   1039.393   1.836135   566.08   0.000     1035.793    1042.992
------------------------------------------------------------------------------.
```

对于模型(5.27)，回归系数事实上反映了 3 种类型班级的平均观测成绩的差异。它们的平均成绩如下：

```
. table g1classtype, c(mean score)

-----------------------
g1classty |
pe        | mean(score)
----------+------------
        1 |    1069.181
        2 |    1039.393
        3 |    1051.326
-----------------------
```

我们看到，常数项 *_cons* 的系数等于普通班（g1classtype＝2）的平均成绩（1039.393），*small* 的系数反映了小班和普通班平均成绩的差异（29.788＝1069.181－1039.393），*regularaid* 的系数反映了有辅导老师的加强普通班和无辅导老师的普通班平均成绩的差异（11.933＝1051.326－1039.393）。

前面我们提到，STAR 实验是对学校内的学生进行随机分配，即给定条件的随机分配（conditional random assignment）。因此只有“给定”学校，回归系数才能得到处置效应。我们在回归中加入学校固定效应，估计方程（5.26），得到：

```
. xi: reg score small regularaid i.g1schid

      Source |       SS           df       MS      Number of obs   =     6,377
-------------+----------------------------------   F(76, 6300)     =     28.66
       Model |  13654482.5        76  179664.244   Prob > F        =    0.0000
    Residual |  39487494.9     6,300  6267.85634   R-squared       =    0.2569
-------------+----------------------------------   Adj R-squared   =    0.2480
       Total |  53141977.5     6,376  8334.68907   Root MSE        =     79.17

------------------------------------------------------------------------------
       score |      Coef.   Std. Err.      t    P>|t|     [95% Conf. Interval]
-------------+----------------------------------------------------------------
       small |   29.00491   2.491781    11.64   0.000     24.12017    33.88965
  regularaid |   7.217828   2.417745     2.99   0.003     2.478225    11.95743
_Ig1schid_123056 |   55.60968   13.96181     3.98   0.000     28.23979    82.97958
_Ig1schid_128076 |    43.5415   13.58147     3.21   0.001      16.9172    70.16581
_Ig1schid_128079 |    47.2385   13.39316     3.53   0.000     20.98335    73.49365
_Ig1schid_130085 |   124.3471   12.88656     9.65   0.000     99.08504    149.6092
_Ig1schid_159171 |   86.05613    11.9469     7.20   0.000     62.63614    109.4761
```

为节约篇幅，我们只显示了 5 个学校固定效应的值。我们看到加入固定效应，系数稍微变小，但影响并不太大。事实上在这个实验里，城市里的学校会有较多的非普通班，即 *small* 和 *regularaid* 与学校特征是相关的。因为学校特征也会影响学习成绩（城市里的学校通常成绩较高），如果不控制学校特征，就会造成估计偏差。但由于它们的相关性比较小，因此加入学校固定效应对结果影响不大。但在理论上，加入学校固定效应作为控制变量，保证了回归系数反映处置效应。

由于是给定学校的随机分配，当加入学校固定效应后，回归方程已经满足了干扰项条件均值独立的假设，我们也就没有必要再加入其他控制变量了。但如果有些控制变量对学习成绩也有解释力度，加入这些解释变量就有助于降低干扰项的方差，提高估计精度。我们可以把性别、年龄和人种加入回归方程，结果如下：

```
. xi: reg score small regularaid female  whiteasian age1985 i.g1schid

      Source |       SS           df       MS      Number of obs   =     6,374
-------------+----------------------------------   F(79, 6294)     =     30.61
       Model |  14745613.8        79  186653.339   Prob > F        =    0.0000
    Residual |  38374967.5     6,294  6097.07141   R-squared       =    0.2776
-------------+----------------------------------   Adj R-squared   =    0.2685
       Total |  53120581.2     6,373  8335.25517   Root MSE        =    78.084

------------------------------------------------------------------------------
       score |      Coef.   Std. Err.      t    P>|t|     [95% Conf. Interval]
-------------+----------------------------------------------------------------
       small |   28.05316   2.462531    11.39   0.000     23.22576    32.88056
  regularaid |   6.793532    2.38569     2.85   0.004     2.116767     11.4703
      female |   10.24609   1.974884     5.19   0.000     6.374647    14.11754
  whiteasian |   41.97367   3.689172    11.38   0.000     34.74164    49.20571
     age1985 |  -7.774337   1.791043    -4.34   0.000    -11.28539   -4.263281
_Ig1schid_123056 |   34.29612   13.87144     2.47   0.013     7.103371    61.48886
_Ig1schid_128076 |   23.74368   13.49292     1.76   0.079    -2.707052     50.1944
_Ig1schid_128079 |    32.6425   13.26537     2.46   0.014     6.637859    58.64714
_Ig1schid_130085 |   105.8997    12.7944     8.28   0.000     80.81834    130.9811
_Ig1schid_159171 |   76.57722   11.81077     6.48   0.000     53.42409    99.73035
```

我们看到，加入新的控制变量 *female*、*whiteasian*、*age1985* 都对成绩有显著影响。例如，*female* 的系数显著为正，这说明，给定学校，女生的平均成绩较男生高。但加入这些解释变量，*small* 和 *regularaid* 的系数值变化不大(方差稍微变小)，这说明，这些新加的变量和班级类型是不相关的。这和我们前面看到的对于不同班级类型，这些变量没有显著差异是一致的，这也是随机分配的后果。例如，虽然女生的平均成绩较男生高，但随机分配的结果使得同一学校内，小班、加强普通班、普通班的女生比例是一样的，因此性别对于三个类型班级的平均学习成绩的影响都是一样的。因为处置效应是不同类型班级平均成绩的差异，因此性别对不同类型班级学习成绩的影响在相减中抵消了，不影响对不同班级类型对学习成绩处置效应的估计。

最后，由于同一学校的学生的干扰项可能存在相关性，因此我们需要考虑集群方差，得到的结果如下：

```
. xi: reg score small regularaid female whiteasian age1985 i.g1schid, cluster(g1schid)
Linear regression                                  Number of obs     =      6,374
                                                   F(4, 74)          =          .
                                                   Prob > F          =          .
                                                   R-squared         =     0.2776
                                                   Root MSE          =     78.084

                                   (Std. Err. adjusted for 75 clusters in g1schid)
----------------------------------------------------------------------------------
                 |               Robust
           score |      Coef.   Std. Err.      t    P>|t|     [95% Conf. Interval]
-----------------+----------------------------------------------------------------
           small |   28.05316   4.533032     6.19   0.000      19.0209    37.08543
      regularaid |   6.793532   3.831919     1.77   0.080    -.8417325     14.4288
          female |   10.24609   2.373779     4.32   0.000     5.516236    14.97595
      whiteasian |   41.97367   6.140725     6.84   0.000     29.73801    54.20933
         age1985 |  -7.774337   1.707086    -4.55   0.000    -11.17578   -4.372894
_Ig1schid_123056 |   34.29612   2.621732    13.08   0.000      29.0722    39.52003
_Ig1schid_128076 |   23.74368   2.643646     8.98   0.000      18.4761    29.01126
_Ig1schid_128079 |    32.6425   2.216782    14.73   0.000     28.22547    37.05954
_Ig1schid_130085 |   105.8997   2.561151    41.35   0.000     100.7965    111.0029
_Ig1schid_159171 |   76.57722   1.025837    74.65   0.000      74.5332    78.62125
```

我们看到，考虑了集群方差后，标准误差变大，t 值下降，说明存在显著的集群方差。这个例子也说明了集群方差的重要性。

本章引入了潜在结果、观测结果、反事实结果、处置效应、条件独立、控制变量的新概念，并讨论了回归方法和它们的关系。了解这些概念对我们明确实证研究的问题和设计研究方法有很好的指导作用。在接下来的章节里，会结合这些概念来讲解各种估计因果关系的方法。

附录　个体处置效应不相同情况下回归方程系数和平均处置效应的关系

在第六节，我们假设个体处置效应相同，即 $\gamma_i = Y_i(1) - Y_i(0) = \gamma$。这里我们放松这个假设,讨论个体处置效应不相同情况下回归方程系数和平均处置效应的关系。

首先,将观测结果 Y_i 表述为:

$$Y_i = Y_i(0) + [Y_i(1) - Y_i(0)] \times D_i$$

将其改写为:

$$\begin{aligned}
Y_i &= \mathrm{E}[Y_i(0)] + [Y_i(1) - Y_i(0)] \times D_i + Y_i(0) - \mathrm{E}[Y_i(0)] \\
&= \mathrm{E}[Y_i(0)] + [\mathrm{E}(Y_i(1)) - \mathrm{E}(Y_i(0))] \times D_i - [\mathrm{E}(Y_i(1)) - \mathrm{E}(Y_i(0))] \times D_i \\
&\quad + [Y_i(1) - Y_i(0)] \times D_i + Y_i(0) - \mathrm{E}[Y_i(0)] \\
&= \underbrace{\mathrm{E}[Y_i(0)]}_{a} + \underbrace{[\mathrm{E}(Y_i(1)) - \mathrm{E}(Y_i(0))]}_{ATE=\gamma} \times D_i + \underbrace{[Y_i(1) - \mathrm{E}(Y_i(1))]}_{v_i(1)} \times D_i \\
&\quad - \underbrace{[(Y_i(0) - \mathrm{E}(Y_i(0)))]}_{v_i(0)} \times D_i + \underbrace{Y_i(0) - \mathrm{E}[Y_i(0)]}_{v_i(0)} \\
&= a + \gamma D_i + \underbrace{\{v_i(0) + [v_i(1) - v_i(0)]D_i\}}_{e_i}
\end{aligned}$$

我们看到,D_i 的系数 $\gamma = \mathrm{E}(Y_i(1)) - \mathrm{E}(Y_i(0)$ 是平均处置效应。干扰项 $e_i = v(0) + [v(1) - v(0)]D_i$,其中 $v_i(0) = Y_i(0) - \mathrm{E}(Y_i(0))$,$v_i(1) = Y_i(1) - \mathrm{E}(Y_i(1))$。

如果回归系数要得到 γ,D_i 必须与 e_i 不相关。由于 e_i 包含了 $v_i(0)$ 以及 $[v_i(1) - v_i(0)]$,如果 D_i 与 e_i 不相关,意味着 D_i 和 $v_i(0)$ 以及 $[v_i(1) - v_i(0)]D_i$ 不相关。

D_i 和 $v_i(0)$ 不相关意味着:

$$\begin{aligned}
&\mathrm{E}(v_i(0) \mid D_i = 1) = \mathrm{E}(v_i(0) \mid D_i = 0) \\
\Rightarrow &\mathrm{E}(Y_i(0) - \mathrm{E}(Y_i(0)) \mid D_i = 1) = \mathrm{E}(Y_i(0) - \mathrm{E}(Y_i(0)) \mid D_i = 0) \\
\Rightarrow &\mathrm{E}(Y_i(0) \mid D_i = 1) = \mathrm{E}(Y_i(0) \mid D_i = 0)
\end{aligned}$$

因此,当 $\mathrm{E}(Y_i(0) \mid D_i = 1) = \mathrm{E}(Y_i(0) \mid D_i = 0) = \mathrm{E}(Y_i(0))$,$D_i$ 和 $v_i(0)$ 不相关。

D_i 与 $[v_i(1) - v_i(0)]D_i$ 不相关意味着:

$$\begin{aligned}
&\mathrm{E}([v_i(1) - v_i(0)]D_i \mid D_i = 1) = \mathrm{E}([v_i(1) - v_i(0)]D_i \mid D_i = 0) \\
\Rightarrow &\mathrm{E}([v_i(1) - v_i(0)] \mid D_i = 1) = 0 \\
\Rightarrow &\mathrm{E}(v_i(1) \mid D_i = 1) = \mathrm{E}(v_i(0) \mid D_i = 1) \\
\Rightarrow &\mathrm{E}(Y_i(1) - \mathrm{E}(Y_i(1)) \mid D_i = 1) = \mathrm{E}(Y_i(0) - \mathrm{E}(Y_i(0)) \mid D_i = 1) \\
\Rightarrow &\mathrm{E}(Y_i(1) \mid D_i = 1) - \mathrm{E}(Y_i(1)) = \mathrm{E}(Y_i(0) \mid D_i = 1) - \mathrm{E}(Y_i(0))
\end{aligned}$$

由 D_i 与 $v_i(0)$ 不相关,我们得到 $\mathrm{E}(Y_i(0) \mid D_i = 1) = \mathrm{E}(Y_i(0) \mid D_i = 0) =$

$E(Y_i(0))$，代入上式等号右边项，得到：

$$\Rightarrow E(Y_i(1) \mid D_i=1)-E(Y_i(1))=0$$

$$\Rightarrow E(Y_i(1) \mid D_i=1)=E(Y_i(1))$$

因此，当 $E(Y_i(1) \mid D_i=1)=E(Y_i(1) \mid D_i=0)=E(Y_i(1))$ 时，D_i 与 $[v_i(1)-v_i(0)]D_i$ 不相关。

总结前面的讨论，当潜在结果均值独立假设成立时，即：

$$E(Y_i(0) \mid D_i=1)=E(Y_i(0) \mid D_i=0)=E(Y_i(0))$$

$$E(Y_i(1) \mid D_i=1)=E(Y_i(1) \mid D_i=0)=E(Y_i(1))$$

在此情况下，回归方程 D_i 的系数等于平均处置效应，即 $\gamma=E(Y_i(1))-E(Y_i(0))$。

第六章　匹配方法

匹配方法是一种非常直观的估计处置效应的方法。它的基本原理是，对于接受处置的个体，找到可观测特征相同的未被处置的个体，通过比较它们的观测结果差异，达到估计处置效应的目的。原理虽然简单，但在实际运用中会遇到很多细节上的问题，正确使用匹配方法，需要研究者对匹配方法的实质有深入的理解。本章第一节通过一个具体例子直观地介绍匹配方法，重点在于理解它处理“基于可观测特征的自选择”造成的偏差以达到估计处置效用目的的基本原理。第二节具体讨论匹配方法的假设和条件，这是使用匹配方法的基础。第三节介绍直接匹配方法。直接匹配方法是将处置组和控制组按可观测特征直接进行匹配。由于要在多个特征上直接进行匹配是很困难的，甚至是不可能的，直接匹配在实际研究中并不常使用，但通过介绍这种方法有助于我们进一步理解匹配方法。第四节介绍倾向得分匹配法的原理，即将多维的特征匹配转换为一维。第五节详细介绍倾向得分匹配法的操作步骤。在运用倾向得分匹配法时会遇到一些需要研究者做出主观选择的情况，本节也会详细讨论不同选择的优缺点。第六节用一个例子介绍如何使用 Stata 相关命令，实现倾向得分匹配估计。第七节讨论运用匹配方法时的常见问题。

第一节　匹配方法的直观理解

前一章我们介绍了随机分配是估计处置效应的理想方法。如果处置组和控制组中的个体是随机分配的，便可保证两组的可观测特征、不可观测特征以及处置效应的分布并不存在差异。处置组和控制组的差异仅仅是由于外在的随机原因导致前者接受了处置，而后者未接受处置。在这种情况下，处置组个体和观测组个体平均观测结果的差异反映了平均处置效应。换言之，处置状态并不受到可观测特征与不可观测特征混淆的影响。

举一个简单的例子，假如个体的潜在健康结果可以表示为（可观测特征）年龄 Age_i、（不可观测特征）情绪 e_i 和（处置效应）服药效果 γ_i 的线性函数：

$$Y_i(0)=a-bAge_i+e_i\text{，当 } D_i=0 \tag{6.1}$$

$$Y_i(1)=a+\gamma_i-bAge_i+e_i\text{，当 } D_i=1 \tag{6.2}$$

观测结果为：

$$Y_i=D_i\times Y_i(1)+(1-D_i)\times Y_i(0)=a+\gamma_iD_i-bAge_i+e_i \tag{6.3}$$

为便于讨论，假设总体按年龄划分有 30 岁和 50 岁两种人，分别占总人数的一半。那么总体平均年龄为 $E(Age_i)=50\%\times 30+50\%\times 50=40$。按照情绪区分，可分为有正面情绪 ($e_i=1$) 和有负面情绪 ($e_i=-1$) 的两种人，分别占一半，那么总体情绪均值为 $E(e_i)=50\%\times 1+50\%\times(-1)=0$。

表 6.1 总结了总体人数的分布情况。第(2)列和第(3)列中的四个格子里的概率是不同年龄和情绪组合人数的联合概率。年龄为 30 并且情绪为 1 和 −1 的人分别占总人数的 30%和 20%。这意味着对于给定年龄为 30 岁的人，情绪为 1 和 −1 的人数分别占 60%[=30%/(30%+20%)]和 40%[=20%/(30%+20%)]，比率为 3∶2。因此，年龄为 30 岁的情绪均值为：

$$E(e_i\mid Age_i=30)=60\%\times 1+40\%\times(-1)=0.2$$

表 6.1 总体人数按年龄和情绪分布情况

	(1)	(2)	(3)	(4)	(5)
		情绪			
		1	−1		
年龄	30 50	30% 20%	20% 30%	50% 50%	$\gamma(30)=10$ $\gamma(50)=20$
		50%	50%		

年龄为 50 并且情绪为 1 和 −1 的人分别占总人数的 20%和 30%。这意味着对于给定年龄为 50 岁的个体，情绪为 1 和 −1 的人数分别占 40%[=20%/(20%+30%)]和 60%[=30%/(20%+30%)]，比率为 2∶3。因此，年龄为 50 岁的情绪均值为：

$$E(e_i\mid Age_i=50)=40\%\times 1+60\%\times(-1)=-0.2$$

可见 50 岁个体中情绪低的人数所占比率较高，情绪均值较低。这也意味着年龄和情绪是负相关的。

表中第(4)列是年龄为 30 岁和 50 岁人数的边际概率，分别为 50%和 50%。第

(5)列是 30 岁和 50 岁的个体平均处置效应 $\gamma(30)$ 和 $\gamma(50)$。总体的平均处置效应是这两个年龄组的处置效应以年龄人数比率为权重的平均值，即：

$$\begin{aligned} ATE &= P(Age_i = 30) \times \gamma(30) + P(Age_i = 50) \times \gamma(50) \\ &= 50\% \times 10 + 50\% \times 20 = 15 \end{aligned}$$

表中最后一行是情绪为 1 和 −1 人数的边际概率，分别为 50%和 50%。

如果要通过随机分配研究服药的平均处置效应，我们随机抽取 2 万人，因为是随机抽样，这 2 万人的特征和总体特征分布是一样的(见表 6.1)。对于这 2 万人，我们随机分配药物(例如通过掷硬币，掷到正面的分配服药，掷到反面的不服药)，由此产生 1 万人服药(处置组)，另外 1 万人不服药(控制组)。因为处置是随机分配，所以处置组里的个体和控制组里的个体的特征分布与总体都是相同的。表 6.2 总结了随机分配的处置组和控制组个体的特征分布情况。

表 6.2 随机分配情况下处置组和控制组人数按年龄和情绪分布情况

	处置组 (D=1)					控制组(D=0)			
	(1)	(2)	(3)	(4)		(5)	(6)	(7)	(8)
		情　绪					情　绪		
		1	−1				1	−1	
年龄	30	30%	20%	50%	年龄	30	30%	20%	50%
	50	20%	30%	50%		50	20%	30%	50%
		50%	50%				50%	50%	

随机分配使得处置组和控制组个体的年龄分布与总体分布是一样的，即：

$$P(Age_i = 30 \mid D_i = 1) = P(Age_i = 30 \mid D_i = 0) = 50\%$$

$$P(Age_i = 50 \mid D_i = 1) = P(Age_i = 50 \mid D_i = 0) = 50\%$$

因此，两组个体的平均年龄是一样的：

$$\begin{aligned} E(Age_i \mid D_i = 1) &= P(Age_i = 30 \mid D_i = 1) \times 30 + P(Age_i = 50 \mid D_i = 1) \times 50 \\ &= 50\% \times 30 + 50\% \times 50 = 40 \end{aligned}$$

$$\begin{aligned} E(Age_i \mid D_i = 0) &= P(Age_i = 30 \mid D_i = 0) \times 30 + P(Age_i = 50 \mid D_i = 0) \times 50 \\ &= 50\% \times 30 + 50\% \times 50 = 40 \end{aligned}$$

同理，随机分配使得处置组和控制组个体的情绪分布与总体分布是一样的：

$$P(e_i=1 \mid D_i=1)=P(e_i=1 \mid D_i=0)=50\%$$
$$P(e_i=-1 \mid D_i=1)=P(e_i=-1 \mid D_i=0)=50\%$$

因此两组的情绪均值也是一样的：

$$\begin{aligned}\mathrm{E}(e_i \mid D_i=1)&=P(e_i=1 \mid D_i=1)\times 1+P(e_i=-1 \mid D_i=1)\\&=50\%\times 1+50\%\times(-1)=0\end{aligned}$$

$$\begin{aligned}\mathrm{E}(e_i \mid D_i=0)&=P(e_i=1 \mid D_i=0)\times 1+P(e_i=-1 \mid D_i=0)\\&=50\%\times 1+50\%\times(-1)=0\end{aligned}$$

将处置组和控制组的平均观测健康结果相减得到：

$$\begin{aligned}&\mathrm{E}(Y_i \mid D_i=1)-\mathrm{E}(Y_i \mid D_i=0)\\=&\mathrm{E}(Y_i(1) \mid D_i=1)-\mathrm{E}(Y_i(0) \mid D_i=0)\\=&[a+\mathrm{E}(\gamma_i \mid D_i=1)-b\mathrm{E}(Age_i \mid D_i=1)+\mathrm{E}(e_i \mid D_i=1)]\\&-[a-b\mathrm{E}(Age_i \mid D_i=0)+\mathrm{E}(e_i \mid D_i=0)]\\=&[a+\mathrm{E}(\gamma_i \mid D_i=1)-b\times 40+0]-[a-b\times 40+0]\\=&\mathrm{E}(\gamma_i \mid D_i=1)\end{aligned}$$

我们看到，由于处置组与控制组的平均年龄和平均情绪没有差异，将二者观测结果平均值相减，得到处置组的平均处置效应 $ATT=\mathrm{E}(\gamma_i \mid D_i=1)$。

由于随机分配保证了处置组、控制组以及总体的 30 岁和 50 岁的人数是一样的，即 $P(Age_i=30 \mid D=1)=P(Age_i=30 \mid D=0)=P(Age_i=30)$；$P(Age_i=50 \mid D=1)=P(Age_i=50 \mid D=0)=P(Age_i=50)$，因此：

$$\begin{aligned}ATT&=\mathrm{E}(\gamma_i \mid D_i=1)\\&=P(Age_i=30 \mid D=1)\times\gamma(30)+P(Age_i=50 \mid D=1)\times\gamma(50)\\&=50\%\times 10+50\%\times 20=15\end{aligned}$$

$$\begin{aligned}ATU&=\mathrm{E}(\gamma_i \mid D_i=0)\\&=P(Age_i=30 \mid D=0)\times\gamma(30)+P(Age_i=50 \mid D=0)\times\gamma(50)\\&=50\%\times 10+50\%\times 20=15\end{aligned}$$

$$\begin{aligned}ATE&=\mathrm{E}(\gamma_i)\\&=P(Age_i=30)\times\gamma(30)+P(Age_i=50)\times\gamma(50)\\&=50\%\times 10+50\%\times 20=15\end{aligned}$$

由此可见，在随机分配的情况下，三个平均处置效用是相同的，因此将处置组和控制组的平均观测结果相减，就同时得到了三个等值的处置效应。

在实际研究中，我们面对的大多数情况并非随机分配产生的实验数据，而是观测数据。观测数据是在个体自选择是否接受处置后观测到的数据。由于接受处置与否受到个体特征的影响，因此处置组和控制组个体在特征上的分布是不同的。

在上述例子中，如果服药与否并非随机分配，而是由个体自选择，假设服药的选择只受到可观测变量年龄的影响，但并不受到不可观测变量情绪的影响，表 6.3 给出了年龄影响服药选择情况下的处置组和控制组的特征分布情况。

表 6.3　根据年龄自选择情况下处置组和控制组人数按年龄和情绪分布情况

	处置组（$D=1$）					控制组（$D=0$）			
	(1)	(2)	(3)	(4)		(5)	(6)	(7)	(8)
		情　绪					情　绪		
		1	−1				1	−1	
年龄	30 50	12% 32%	8% 48%	20% 80%	年龄	30 50	48% 8%	32% 12%	80% 20%
		44%	56%				56%	44%	

从表 6.3 我们观察到以下 3 个要点：

1. 处置组里年龄为 30 岁和 50 岁的个体分别占 20%和 80%，说明 50 岁的个体较可能选择服药。处置组平均年龄为 $E(Age_i \mid D_i=1)=20\%\times30+80\%\times50=46$。控制组里 30 岁和 50 岁的个体分别占 80%和 20%，平均年龄为 $E(Age_i \mid D_i=0)=80\%\times30+20\%\times50=34$。因此，由于年龄造成的自选择会导致处置组的平均年龄比控制组的平均年龄大 12 岁，即 $E(Age_i \mid D_i=1)-E(Age_i \mid D_i=0)=12$。

2. 由于情绪并不影响服药选择，对于选择服药的 30 岁个体（30 岁的处置组），情绪为 1 和−1 的个体比率和总体是一样的，为 3∶2（12%∶8%）。对于选择不服药的 30 岁个体（30 岁的控制组），情绪为 1 和−1 的个体比率也与总体是一样的，为 3∶2（48%∶32%）。因此，对于 30 岁个体，处置组和控制组里情绪为 1 和−1 的人比率是一样的，两组的情绪均值并没有差异：

$$E(e_i \mid D_i=1,\ Age_i=30)=\frac{3}{5}\times1+\frac{2}{5}\times(-1)=0.2 \tag{6.4}$$

$$E(e_i \mid D_i=0,\ Age_i=30)=\frac{3}{5}\times1+\frac{2}{5}\times(-1)=0.2 \tag{6.5}$$

同理，对于 50 岁的处置组和控制组，其中情绪为 1 和 −1 的个体比率与总体是一样的，为 2∶3（处置组为 32%∶48%；控制组为 8%∶12%），因此两组的情绪均值也是相同的：

$$E(e_i \mid D_i = 1, Age_i = 50) = \frac{2}{5} \times 1 + \frac{3}{5} \times (-1) = -0.2$$

$$E(e_i \mid D_i = 0, Age_i = 50) = \frac{2}{5} \times 1 + \frac{3}{5} \times (-1) = -0.2$$

可见由于情绪并不影响选择，对于 30 岁和 50 岁的处置组和控制组，它们的情绪均值是一样的。

3. 虽然对于 30 岁和 50 岁的处置组和控制组，它们各自的情绪均值是一样的，但处置组总体的情绪均值比控制组总体的情绪均值低。这是由于，处置组中 50 岁个体占比较高，并且 50 岁个体的情绪均值较低。相反，由于控制组里的 30 岁个体占比较高，并且 30 岁个体的情绪均值较高，这就造成了处置组和控制组的情绪均值并不一样，而是分别为：

$$E(e_i \mid D_i = 1) = 44\% \times 1 + 56\% \times (-1) = -0.12$$

$$E(e_i \mid D_i = 0) = 56\% \times 1 + 44\% \times (-1) = 0.12$$

处置组的情绪均值为 −0.12，控制组的情绪均值为 0.12，二者差异为 −0.24。造成处置组情绪均值比控制组情绪均值高的原因并不是情绪均值低的人比较容易选择处置，而是年纪较大的个体比较容易选择处置，并且年纪较大的个体情绪均值较低。

这种情况下，如果用处置组的平均观测结果减去控制组的平均观测结果，我们得到：

$$\begin{aligned}
& E(Y_i \mid D_i = 1) - E(Y_i \mid D_i = 0) \\
&= [a + E(\gamma_i \mid D_i = 1) - bE(Age_i \mid D_i = 1) + E(e_i \mid D_i = 1)] \\
&\quad - [a - bE(Age_i \mid D_i = 0) + E(e_i \mid D_i = 0)] \\
&= E(\gamma_i \mid D_i = 1) - b[E(Age_i \mid D_i = 1) - E(Age_i \mid D_i = 0)] + E(e_i \mid D_i = 1) \\
&\quad - E(e_i \mid D_i = 0) \\
&= E(\gamma_i \mid D_i = 1) - b \times 12 - 0.24
\end{aligned}$$

可见二者的差异并不完全反映药物治疗效果，还包括两组平均年龄造成的差异 $E(Age_i \mid D_i = 1) - E(Age_i \mid D_i = 0) = 12$，以及由于年龄差异造成的情绪均值差异 $E(e_i \mid D_i = 1) - E(e_i \mid D_i = 0) = -0.24$。

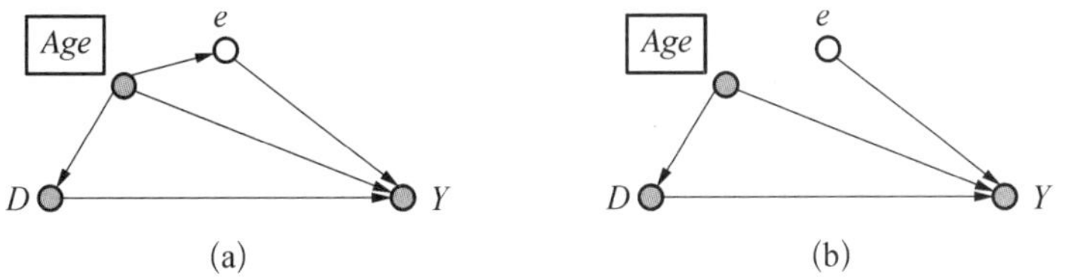

图 6.1 “基于可观测特征的选择”情况下的因果路径图

图 6.1(a)显示了在这种情况下的路径。由于可观测特征 Age 会影响选择，因此它和选择变量 D 是相关的。同时由于可观测特征也会影响结果，因此可观测特征 Age 是混淆变量。不可观测变量 e 虽然和可观测变量 Age 相关并且会影响结果，但并不影响选择，因此它和选择变量 D 并不直接相关。

处理基于可观测变量造成的混淆误差，最直接的方法是“控制”可观测变量。通过控制可观测变量 Age，就截断了混淆路径 $D \leftarrow \boxed{Age} \rightarrow Y$ 和 $D \leftarrow \boxed{Age} \rightarrow e \rightarrow Y$。处置变量（$D$）和观测结果变量（$Y$）之间只剩一条因果路径 $D \rightarrow Y$。在本例中，我们考虑一个比较复杂的情况：可观测特征年龄和不可观测特征情绪之间存在相关性（年龄高的人情绪均值较低）。另一个比较简单的情况是，可观测特征与不可观测特征之间不存在相关性，如图 6.1(b)所示。这种情况下，通过控制可观测特征 Age，同样就截断了唯一的混淆路径 $D \leftarrow \boxed{Age} \rightarrow Y$。

这类只根据可观测特征而选择是否接受处置的情况，我们称为“基于可观测特征的选择”(selection on observables)。匹配方法就是通过“控制”可观测变量，解决基于可观测变量自选择造成偏差的一种方法。在匹配方法里，所谓“控制”可观测变量，就是将控制组和观测组的个体按可观测特征进行匹配。

在这个例子里，我们将控制组和观测组个体根据年龄进行匹配，可以得到 30 岁和 50 岁两个匹配块。由于年龄是唯一影响选择的因素，因此当处置组和控制组的年龄都一样时，这两组的其他特征和处置效应均值就没有差异了。换言之，对于给定年龄相同的个体，被分配到处置组或控制组等同于随机分配。

对于 30 岁的匹配块，用处置组的平均观测结果减去控制组的平均观测结果，得到：

$$
\begin{aligned}
& \mathrm{E}(Y_i \mid D_i=1,\ Age_i=30)-\mathrm{E}(Y_i \mid D_i=0,\ Age_i=30) \\
=& \mathrm{E}(Y_i(1) \mid D_i=1,\ Age_i=30)-\mathrm{E}(Y_i(0) \mid D_i=0,\ Age_i=30) \\
=& [a+\mathrm{E}(\gamma_i \mid D_i=1,\ Age_i=30)-b\times 30+\mathrm{E}(e_i \mid D_i=1,\ Age_i=30)] \\
& -[a+\mathrm{E}(\gamma_i \mid D_i=0,\ Age_i=30)-b\times 30+\mathrm{E}(e_i \mid D_i=0,\ Age_i=30)] \\
=& [a+\mathrm{E}(\gamma_i \mid D_i=1,\ Age_i=30)-b\times 30+0.2] \\
& -[a+\mathrm{E}(\gamma_i \mid D_i=0,\ Age_i=30)-b\times 30+0.2] \\
=& \mathrm{E}(\gamma_i \mid D_i=1,\ Age_i=30) \\
=& ATT(Age_i=30)
\end{aligned}
\tag{6.6}
$$

我们看到，由于控制组和处置组都是 30 岁的个体，年龄差异造成的影响被消除了（$b\times 30-b\times 30=0$）。由于情绪并不影响选择，意味着 30 岁处置组和控制组的个体情绪分布是相同的，他们的情绪均值都为 0.2[参见公式(6.4)和公式(6.5)]，因此情绪的差异也被消除了，使得 30 岁匹配块的处置组和控制组的平均观测结果差异反映了 30 岁接受处置被试的平均处置效应，即 $ATT(Age_i=30)=\mathrm{E}(\gamma_i\mid D_i=1, Age_i=30)$。

由于对于 30 岁的处置组和控制组，除处置状态外没有其他差异，他们的处置效应也是相同的，因此：

$$\begin{aligned}&\mathrm{E}(\gamma_i\mid D_i=1, Age_i=30)=\mathrm{E}(\gamma_i\mid D_i=0, Age_i=30)=\mathrm{E}(\gamma_i\mid Age_i=30)\\&\Rightarrow ATT(Age_i=30)=ATU(Age_i=30)=ATE(Age_i=30)=\gamma(30)=10\end{aligned}\tag{6.7}$$

因此，通过这个结果，也同时得到了 30 岁控制组的处置效应 $ATU(Age_i=30)$ 和 30 岁所有人的平均处置效应 $ATE(30)$。

同理，对于 50 岁的匹配块，将处置组的平均观测结果减去控制组的平均观测结果，可以得到 50 岁个体的三个平均处置效应：

$$ATT(Age_i=50)=ATU(Age_i=50)=ATE(Age_i=50)=\gamma(50)=20$$

通过匹配方法分别得到了 30 岁和 50 岁个体的平均处置效应后，我们可以进一步计算两组人的平均处置效应。

要计算 ATT，我们用处置组里 30 岁和 50 岁人数的比率 $P(30\mid D=1)$ 和 $P(50\mid D=1)$ 作为权重求均值，得到：

$$\begin{aligned}ATT&=P(Age_i=30\mid D=1)\times\gamma(30)+P(Age_i=50\mid D=1)\times\gamma(50)\\&=20\%\times 10+80\%\times 20=18\end{aligned}$$

要计算所有未接受处置个体的平均处置效应 ATU，我们用控制组里 30 岁和 50 岁人数的比率 $P(Age_i=30\mid D=0)$ 和 $P(Age_i=50\mid D=0)$ 作为权重求均值，得到：

$$\begin{aligned}ATU&=P(Age_i=30\mid D=0)\times\gamma(30)+P(Age_i=50\mid D=0)\times\gamma(50)\\&=80\%\times 10+20\%\times 20=12\end{aligned}$$

要计算所有人的平均处置效应 ATE，我们用控制组和处置制组里 30 岁和 50 岁人数的比率 $P(Age_i=30)$ 和 $P(Age_i=50)$ 作为权重求均值，得到：

$$ATE=P(30)\times\gamma(30)+P(50)\times\gamma(50)=50\%\times 10+50\%\times 20=15$$

上述结果显示了自选择情况下和随机分配情况下平均处置效应计算的异同处。随机分配使得处置组、控制组和总体的个体特征（年龄）分布相同，因此 $ATE=ATT=$

ATU。在自选择情况下，由于处置组和控制组的个体特征（年龄）分布不同，因此 $ATE \neq ATT \neq ATU$。但是，自选择情况下的 ATE 等于随机分配情况下的 ATE，因为二者都反映了同一个总体（30 岁和 50 岁）的平均处置效应。

匹配方法和回归方法都是通过控制可观测特征来估计处置效应的。匹配方法是将控制组和处置组在可观测特征上进行匹配。回归方法是在观测结果方程里加入可观测变量作为控制变量。随机分配方法和匹配方法有一个关键的不同之处，随机分配方法保证了处置组与控制组的可观测特征和不可观测特征的分布都是一样的，而匹配方法只是保证了可观测特征是一样的。使用匹配方法，我们希望不可观测特征并不影响是否接受处置。这也是匹配方法估计处置效应需要的假设条件。如果这个假设不成立，那么匹配方法就失效了。在这个例子里，我们假设了不可观测特征情绪并不会影响服药的选择。因此，匹配方法和回归方法都依赖一个很强的假设，即“控制”了可观测特征后，处置组和控制组的不可观测特征也就不存在差异了。当这个假设成立时，对于给定相同可观测特征的个体，是否接受处置等同于随机分配。

第二节　匹配方法的假设条件

在上一节，我们用具体数值直观地了解了使用匹配方法所需要的前提条件；本节，我们来正式地讨论这一前提条件。具体而言，使用匹配方法来估计处置效应需依赖一个假设和一个条件。

一、条件独立假设

条件独立假设（conditional independence assumption）是指，给定可观测特征后，潜在结果独立于处置状态。其数学表达式为：

$$\{Y_i(1),\ Y_i(0)\} \perp D_i \mid X_i$$

条件独立假设也意味着潜在结果以及潜在结果的函数，包括处置效应 $\gamma_i = Y_i(1) - Y_i(0)$ 独立于处置状态。所谓条件独立假设，可以简单地理解为：在可观测变量 X 给定的情况下（“$\mid X_i$”代表给定 $X_i = x$），接受处置与否是随机分配的，即不会因为潜在结果的好坏而决定是否接受处置（“$\{Y_i(1),\ Y_i(0)\} \perp D_i$”代表潜在结果独立于处置变量）。例如，对于同样是 30 岁的个体，服药与否同他们的潜在健康没有关系。

这个假设也称为非混淆假设（unconfoundedness assumption）或可忽略假设

(ignorability assumption)，因为这个假设意味着，除了可观测变量 $\boldsymbol{X}$ 外，不存在其他变量会混淆选择变量和观测结果的因果关系。

在第五章，我们讨论了条件独立假设成立，这也意味着潜在结果均值条件独立假设成立，即给定观测特征后，平均潜在结果和处置状态无关：

$$\mathrm{E}[Y_i(0) \mid D_i=1, \boldsymbol{X}] = \mathrm{E}[Y_i(0) \mid D_i=0, \boldsymbol{X}] = \mathrm{E}[Y_i(0) \mid \boldsymbol{X}] \tag{6.8}$$

$$\mathrm{E}[Y_i(1) \mid D_i=1, \boldsymbol{X}] = \mathrm{E}[Y_i(1) \mid D_i=0, \boldsymbol{X}] = \mathrm{E}[Y_i(1) \mid \boldsymbol{X}] \tag{6.9}$$

如果我们关心的是平均处置效应，则只需要较弱的潜在结果均值条件独立假设。如果我们要估计 ATT，只需要条件(6.8)成立；如果要估计 ATU，只需要条件(6.9)成立；如果要估计 ATE，则需要这两个条件同时成立(详见第五章)。这两个条件同时成立也意味着，给定观测特征后，平均处置效应大小与处置状态无关，具体表示如下：

$$\begin{aligned}\mathrm{E}[Y_i(1)-Y_i(0) \mid D_i=1, \boldsymbol{X}] &= \mathrm{E}[Y_i(1)-Y_i(0) \mid D_i=0, \boldsymbol{X}] \\ &= \mathrm{E}[Y_i(1)-Y_i(0) \mid \boldsymbol{X}] \\ &\Rightarrow \mathrm{E}[\gamma_i \mid D_i=1, \boldsymbol{X}] \\ &= \mathrm{E}[\gamma_i \mid D_i=0, \boldsymbol{X}] = \mathrm{E}[\gamma_i \mid \boldsymbol{X}]\end{aligned}$$

我们用上节例子来从另一个角度理解潜在结果均值独立假设(6.8)和假设(6.9)。未处置潜在结果可表示为可观测变量 Age_i 和不可观测变量 e_i 的函数 $Y_i(0)=a-bAge_i+e_i$。代入公式(6.8)，我们得到未处置潜在结果均值条件独立假设等同于：

$$\mathrm{E}[e_i \mid D_i=1, Age_i] = \mathrm{E}[e_i \mid D_i=0, Age_i] = \mathrm{E}[e_i \mid Age_i] \tag{6.10}$$

公式(6.10)的意思是，对于给定相同可观测特征的处置组和控制组，它们的不可观测特征均值相同。

接受处置潜在结果可以表示为可观测变量 Age_i 和不可观测变量 e_i 的函数 $Y_i(1)=a+\gamma_i-bAge_i+e_i$。代入公式(6.9)，我们得到接受处置潜在结果均值条件独立假设等同于：

$$\mathrm{E}[\gamma_i+e_i \mid D_i=1, Age_i] = \mathrm{E}[\gamma_i+e_i \mid D_i=0, Age_i] = \mathrm{E}[\gamma_i+e_i \mid Age_i] \tag{6.11}$$

公式(6.11)的意思是，对于给定相同可观测特征的处置组和控制组，它们的不可观测特征和处置效用之和的均值相同。

在公式(6.10)成立的情况下，公式(6.11)可以简化为：

$$\mathrm{E}[\gamma_i \mid D_i=1, Age_i] = \mathrm{E}[\gamma_i \mid D_i=0, Age_i] = \mathrm{E}[\gamma_i \mid Age_i] \tag{6.12}$$

即对于给定相同可观测特征的处置组和控制组，它们的平均处置效应是相同的。

二、共同支撑域条件

共同支撑域条件(common support condition)是指，给定可观测特征 $X_i = x$，个体接受处置的概率大于 0 并小于 1。其数学表达式为：

$$0 < P(D_i \mid X_i = x) < 1$$

共同支撑域条件也称为重叠条件，原因是其确保，对于给定的观测特征 $X_i = x$，有一些个体接受了处置，有一些个体没有接受处置；即同时存在处置组和控制组，这样才可能估计处置效应。例如对于 30 岁的人，我们必须同时观测到有些人服药、有些人没服药，这样才能估计服药的效应。如果概率等于 0，则只存在控制组；反之，如果概率等于 1，则只存在处置组。这两种情况下，我们都无法通过匹配来估计处置效应。对于这两种情况，我们称之为，对于给定观测变量值 $X_i = x$，没有共同支撑域。

当条件独立假设和共同支撑域条件满足时，我们就可以用给定可观测特征 $X_i = x$ 的处置组和控制组的观测结果差异去计算观测特征为 x 的平均处置效应。因为：

$$\begin{aligned}
&\mathrm{E}[Y_i \mid D_i = 1,\ X_i = x] - \mathrm{E}[Y_i \mid D_i = 0,\ X_i = x] \\
&\quad = \mathrm{E}[Y_i(1) \mid D_i = 1,\ X_i = x] - \mathrm{E}[Y_i(0) \mid D_i = 0,\ X_i = x] \\
&\quad = \mathrm{E}[Y_i(1) \mid D_i = 1,\ X_i = x] - \mathrm{E}[Y_i(0) \mid D = 1,\ X_i = x] \\
&\quad = ATT(x)
\end{aligned}$$

其中，第二个等式是根据潜在结果均值独立假设(6.8)得到的。由此可见，如果我们只想得到 $ATT(x)$，只需要满足假设(6.8)。

如果假设(6.9)成立，那么上式也得到了 $ATU(x)$，因为：

$$\begin{aligned}
&\mathrm{E}[Y_i \mid D_i = 1,\ X_i = x] - \mathrm{E}[Y_i \mid D_i = 0,\ X_i = x] \\
&= \mathrm{E}[Y_i(1) \mid D_i = 1,\ X_i = x] - \mathrm{E}[Y_i(0) \mid D_i = 0,\ X_i = x] \\
&= \mathrm{E}[Y_i(1) \mid D_i = 0,\ X_i = x] - \mathrm{E}[Y_i(0) \mid D = 0,\ X_i = x] \\
&= ATU(x)
\end{aligned}$$

其中，第二个等式是根据潜在结果均值独立假设(6.9)得到的。

如果假设(6.8)和(6.9)都成立，则由上式同时得到 $ATT(x) = ATU(x) = ATE(x)$。

得到特征为 x 个体的 $ATT(x)$ 后，我们可以进一步通过加权平均计算 ATT：

$$ATT = \mathrm{E}_{X \mid D=1}[ATT(X)] = \sum_x ATT(x) P(x \mid D = 1)$$

其中，$ATT(x)$ 对应权重为特征为 x 的接受处置个体的比率 $P(x \mid D=1)$。

同理，得到特征为 x 个体的 $ATU(x)$ 后，我们可以进一步计算 ATU：

$$ATU = \mathrm{E}_{X \mid D=0}[ATU(X)] = \sum_{x} ATU(x) P(x \mid D=0)$$

其中，$ATU(x)$ 对应权重为特征为 x 的未接受处置个体的比率 $P(x \mid D=0)$。

求解 ATE，则是对特征为 x 个体的 $ATE(x)$ 用特征为 x 个体的比率 $P(x)$ 为权重计算：

$$ATE = \mathrm{E}_X[ATE(X)] = \sum_{x} ATE(x) P(x)$$

在了解了匹配方法的原理和假设条件后，我们接下来讲解匹配方法的具体运用。

第三节　直接匹配法

直接匹配法是指根据可观测的特征值直接进行匹配，下面我们通过一个具体的例子来对如何使用直接匹配法估计处置效应进行直观的讲解。

表 6.4 中有 4 列数据：i 是企业编号；D 代表企业是否得到研发支出税收优惠（$D=1$，得到优惠；$D=0$，未得到优惠），前 6 家企业是控制组，后 4 家企业是处置组；*Assets* 代表企业资产规模，*R&D* 代表观测到的研发投入。我们想要估计税收优惠政策是否会影响公司研发投入，假设数据满足潜在结果均值条件独立假设。

表 6.4　直接匹配例子数据

i	D	*Assets*	*R&D*
1	0	25	6
2	0	35	8
3	0	35	8
4	0	45	9
5	0	45	9
6	0	120	20
7	1	45	10
8	1	35	8
9	1	40	9
10	1	25	7

这个例子中只有资产规模（*Assets*）一个可观测特征。通常资产规模会同时影响企业能否获得税收优惠和研发投入，例如，通常大企业较难取得税收优惠，但其研发投入较大。我们希望通过匹配方法消除在估计税收优惠对研发投入的因果关系中企业规模的混淆因素。

首先，我们按企业资产规模为处置组的企业找到匹配的控制组企业，结果如表 6.5 所示。

表 6.5　按资产值进行直接匹配

(1)	(2)	(3)	(4)	(5)	(6)	(7)	(8)	(9)
i	D	*Assets*	*R&D*	*Match*	E[*R&D*(1)]	E[*R&D*(0)]	*ATT*(*Assets*)	$P(Assets \mid D=1)$
1	0	25	6					
2	0	35	8					
3	0	35	8					
4	0	45	9					
5	0	45	9					
6	0	120	20					
7	1	45	10	[4][5]	10	9	1	1/3
8	1	35	8	[2][3]	8	8	0	1/3
9	1	40	9					
10	1	25	7	[1]	7	6	1	1/3

第(5)栏 *Match* 显示了处置组匹配的控制组企业的编号，即企业 7 和企业 4、5 匹配，企业 8 和企业 2、3 匹配，企业 9 没有匹配对象，企业 10 和企业 1 匹配。

对于给定资产值 $Asset_i=45$ 的企业：

$$
\begin{aligned}
&\text{税收优惠对研发投入的 } ATT(45)\\
&=\mathrm{E}(R\&D_i(1)\mid D_i=1,\ Asset_i=45)-\mathrm{E}(R\&D_i(0)\mid D_i=1,\ Asset_i=45)\\
&=\mathrm{E}(R\&D_i(1)\mid D_i=1,\ Asset_i=45)-\mathrm{E}(R\&D_i(0)\mid D_i=0,\ Asset_i=45)\\
&=\mathrm{E}(R\&D_i\mid D_i=1,\ Asset_i=45)-\mathrm{E}(R\&D_i\mid D_i=0,\ Asset_i=45)\\
&=10-9\\
&=1
\end{aligned}
$$

其中，第一个等式是根据 $ATT(x)$ 的定义得到的。

第二个等式是根据均值独立假设(6.8)得到的。对于给定企业资产 $Asset_i=45$，处置组的企业平均未获得税收优惠的潜在研发投入等于控制组的企业平均未获得税收优惠的潜在研发投入，即：

$$\mathrm{E}(R\&D_i(0)\mid D_i=1,\ Asset_i=45)=\mathrm{E}(R\&D_i(0)\mid D_i=0,\ Asset_i=45)$$

第三个等式是根据观测结果和潜在结果关系得到的。对于处置组内 $Asset_i=45$ 的企业，观测到的研发投入为其获得税收优惠的潜在研发投入，即：

$$E(R\&D_i \mid D_i=1, Asset_i=45)=E(R\&D_i(1) \mid D_i=1, Asset_i=45)$$

对于控制组内 $Asset_i=45$ 的企业，观测到的研发投入为其未获得税收优惠的潜在研发投入，即：

$$E(R\&D_i \mid D_i=0, Asset_i=45)=E(R\&D_i(0) \mid D_i=0, Asset_i=45)$$

第四个等式是根据这个例子中，$Asset_i=45$ 的处置组企业只有一家（$i=7$），并且观测到研发投入为10，因此 $E(R\&D_i \mid D_i=1, Asset_i=45)=10$。控制组企业有两家（$i=4, 5$），平均观测投入为9，因此 $E(R\&D_i \mid D_i=0, Asset_i=45)=9$。二者相减得到最后结果为：

$$ATT(Asset_i=45)=1$$

同理，我们可以求得：

$$\begin{aligned}ATT(35)&=E(R\&D_i \mid D_i=1, Asset_i=35)-E(R\&D_i \mid D_i=0, Asset_i=35)\\&=8-8=0\end{aligned}$$

$$\begin{aligned}ATT(25)&=E(R\&D_i \mid D_i=1, Asset_i=25)-E(R\&D_i \mid D_i=0, Asset_i=25)\\&=7-6=1\end{aligned}$$

要得到不同规模企业的 $ATT(Asset_i)$，我们可以用样本处置组中不同规模企业的比率计算 ATT。表6.5中第(9)栏 $P(Asset_i \mid D_i)$ 是获得税收优惠(处置)样本中不同资产规模企业的比率。企业9没有对应的精确匹配对象，因此不在最后估计处置效应的样本里。剩下的接受处置企业在样本中的比率各为1/3，即 $P(Asset_i=45 \mid D_i)=P(Asset_i=35 \mid D_i)=P(Asset_i=25 \mid D_i)=1/3$。因此：

$$\begin{aligned}ATT&=\sum_x ATT(x)P(x \mid D_i=1)\\&=ATT(45)P(45 \mid D_i=1)+ATT(35)P(35 \mid D_i=1)+ATT(25)P(25 \mid D_i=1)\\&=1\times\frac{1}{3}+0\times\frac{1}{3}+1\times\frac{1}{3}\\&=0.667\end{aligned}$$

在计算不同企业规模的 $ATT(x)$ 中，我们只使用了均值独立假设(6.8)。如果均值独立假设(6.9)也成立，这意味着 $ATT(x)=ATU(x)=ATE(x)$，可以进一步计算 ATU 和 ATE。

我们可以用样本控制组里不同资产规模企业的比率 $P(Assets \mid D=0)$ 求 ATU：

$$
\begin{aligned}
ATU &= \sum_x ATU(x)P(x \mid D_i = 0) \\
&= ATU(45)P(45 \mid D_i = 0) + ATU(35)P(35 \mid D_i = 0) + ATU(25)P(25 \mid D_i = 0) \\
&= 1 \times \frac{2}{5} + 0 \times \frac{2}{5} + 1 \times \frac{1}{5} \\
&= 0.6
\end{aligned}
$$

用样本里不同资产规模企业的比率 $P(x)$ 求 ATE：

$$
\begin{aligned}
ATE &= \sum_x ATE(x)P(x) \\
&= ATE(45)P(45) + ATE(35)P(35) + ATE(25)P(25) \\
&= 1 \times \frac{3}{8} + 0 \times \frac{3}{8} + 1 \times \frac{2}{8} \\
&= 0.625
\end{aligned}
$$

第四节　倾向得分匹配法原理

对所有可观测特征进行直接精确匹配是理想的匹配方法，因为它保证了处置组和观测组的可观测特征是一样的。如果可观测特征只包含少数几个非连续变量，我们就可以进行直接匹配。但是，当可观测特征维数增加时，要在多维上进行直接匹配变得更加困难。即使 $\boldsymbol{X}$ 只包含了 2 个变量，如果每个变量有 10 个值，需要匹配的特征组合就变成 100 个。当特征组合众多时，对于有些特征组合，我们可能无法同时找到对应的处置组和控制组样本。如果可观测特征还包含连续变量，直接匹配就变得不可能了。

为了解决这个被称为"维数的诅咒"的问题，Rosenbaum and Rubin(1983)提出了倾向得分法(Propensity Score Methods，PSM)。倾向得分法的原理是，通过函数关系将多维变量 $\boldsymbol{X}$ 变换为一维的倾向得分(propensity score) $ps(X_i)$ 之后，再根据倾向得分进行匹配。倾向得分是可观测特征为 $X_i = x$ 的个体接受处置的概率：

$$
ps(X_i = x) = P(D_i = 1 \mid X_i = x)
$$

倾向得分 $ps(X_i = x)$ 之所以能够起到降维匹配的效果，是因为 Rosenbaum and Rubin(1983)证明了一条重要结论：

$$
\begin{gathered}
\text{条件独立假设 } [Y_i(1),\ Y_i(0)] \perp D_i \mid X_i \\
\text{与} [Y_i(1),\ Y_i(0)] \perp D_i \mid ps(X_i) \text{ 是等价的。}
\end{gathered} \tag{6.13}
$$

结论(6.13)的意思是：给定 $X_i = x$，潜在结果独立于处置状态，等同于给定

$ps(X_i=x)$，潜在结果独立于处置状态。换句话说，倾向得分 $ps(X_i)$ 总结了变量 X_i 中包含的所有相关信息。因此，当在 X_i 上的匹配有效时，在 $ps(X_i)$ 上的匹配也是有效的。这意味着要达到处置组和控制组"一样"的目的，我们不需要对多维的 X_i 进行匹配，而只需要对一维的 $ps(X_i)$ 进行匹配。

一维的倾向得分之所以能够代替多维的特征，是因为倾向得分是均衡得分：如果处置组和控制组的个体有相同的倾向得分，这两组的可观测特征分布就是均衡的，具体表示为：

$$X_i \perp D_i \mid ps(X_i) \tag{6.14}$$

上式的意思是，给定相同的倾向得分，可观测特征独立于处置变量。这就意味着处置组和控制组如果倾向得分相同，它们的可观测特征分布没有差异。

如果我们只关心均值，那么可以将上式简化为：

$$\mathrm{E}(X_i \mid D_i=1,\ ps(X_i))=\mathrm{E}(X_i \mid D_i=0,\ ps(X_i))$$

这个公式的意思是，如果控制组和处置组里的个体倾向得分相同，这两组个体的可观测特征均值相等。

在随机实验分配里，倾向得分是已知的。如第一节随机分配的例子，在 2 万人的样本里，每个人被分配到处置组的概率是 50%，倾向得分 $P(D_i=1)=50\%$。但在观测数据中，倾向得分是未知的。我们必须对其进行估计。在第一节的自选择例子中，我们知道每个人选择到处置组的概率是和年龄相关的：$P(D_i=1 \mid Age_i)=\theta_0+\theta_1 Age_i$，但我们不知道这个选择概率，就只能根据观测数据去估计选择概率（即估计系数 θ_0 和 θ_1）。

使用倾向得分匹配，计算给定多维可观测特征 x 的处置效应 $ATT(x)$，就可以简化为计算给定一维倾向得分 $ps(x)$ 的处置效应，即：

$$\begin{aligned}ATT(x)&=\mathrm{E}(Y_i(1) \mid D_i=1,\ X_i=x)-\mathrm{E}(Y_i(0) \mid D_i=1,\ X_i=x)\\&=\mathrm{E}(Y_i(1) \mid D_i=1,\ X_i=x)-\mathrm{E}(Y_i(0) \mid D_i=0,\ X_i=x)\\&=\mathrm{E}(Y_i(1) \mid D_i=1,\ ps(X_i=x))-\mathrm{E}(Y_i(0) \mid D_i=0,\ ps(X_i=x))\\&=\mathrm{E}(Y_i \mid D_i=1,\ ps(X_i=x))-\mathrm{E}(Y_i \mid D_i=0,\ ps(X_i=x))\end{aligned}$$

其中，第二个等式是通过条件独立假设得到的，第三个等式是通过 Rosenbaum and Rubin(1983)的结论(6.13)所表述的等价结果得到的。

最后，对所有的 $ATT(x)$ 加权平均得到 ATT：

$$ATT=E_{ps(x)\mid D_i=1}(ATT(x))=\sum_x ATT(x)P(ps(X_i=x) \mid D_i=1)$$

其中，$P(ps(X_i=x) \mid D_i=1)$ 是在接受处置样本中，倾向得分为 $ps(X_i=x)$ 的个体

的比率，ATT 是 $ATT(x)$ 以 $P(ps(X_i=x) \mid D_i=1)$ 为权重的加权平均值。

本节介绍了倾向得分匹配法原理，下一节我们将具体讲解如何使用倾向得分匹配法。

第五节 倾向得分匹配法操作步骤

在实际运用中，倾向得分匹配法是最普遍使用的匹配方法。图 6.2 总结了此方法的具体步骤。我们在这一节详细解释各个步骤和应注意的问题。我们重点解释 ATT 的计算。ATU 和 ATE 的计算原理是相同的，只是所需的条件独立假设不同，以及使用的权重不同而已。

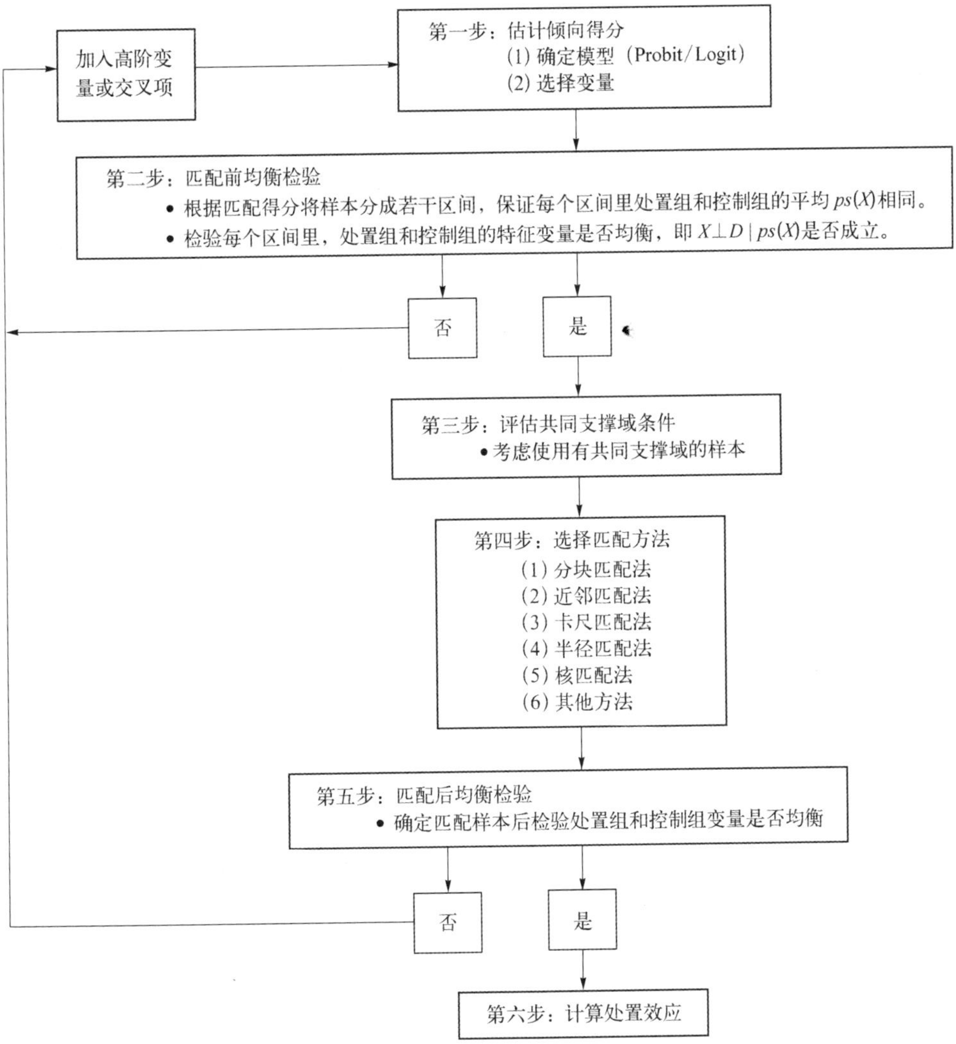

图 6.2 倾向得分匹配法的步骤

一、估计倾向得分

使用倾向得分匹配法的第一个关键步骤是估计个体接受处置的概率。由于倾向得分是均衡得分，必须满足均衡条件(6.14)，因此倾向得分估计和均衡检验步骤是不可分割的。

(一) 模型的选择

由于处置选择(是否接受处置)通常是一个二分变量(接受处置，$D_i=1$；未接受处置，$D_i=0$)，因此我们在估计样本的倾向得分时，通常使用 Probit 模型或者 Logit 模型来估计每个样本接受处置的概率，得到的概率即为匹配得分。

Probit 模型估计方程：

$$\Pr(D_i=1 \mid \boldsymbol{X})=\Phi(\boldsymbol{\beta X})$$

其中，$\Phi(\cdot)$ 是正态分布的累积概率函数。

Logit 模型估计方程：

$$\Pr(D_i=1 \mid \boldsymbol{X})=F(\boldsymbol{\beta X})$$

其中，$F(\boldsymbol{\beta X})=e^{\boldsymbol{\beta X}}/(1+e^{\boldsymbol{\beta X}})$ 是 logistic 分布的累积概率函数。

```
Stata 估计 Probit 和 Logit 命令如下：
命令   被解释变量 解释变量，方差选择(可以是 robust、cluster 或 bootstrap)
Probit   depvar indepvars, vce(vcetype)
Logit   depvar indepvars, vce(vcetype)
```

(二) 变量的选择

变量的选择是一个比较困难的问题。Heckman, Ichimura and Todd(1998)指出，缺失重要变量会导致严重误差。Bryson, Dorsett and Purdon(2002)指出，变量不是越多越好，加入统计不显著的变量虽然不会造成估计误差，但会增加估计方差(参见第二章中对无关变量的讨论)。但 Rubin and Thomas(1996)建议不要随便删除变量，只有当确定某变量与结果无关或者确定其为一个不合适的变量，再删除；如果不太确定，变量都应该包括在倾向得分的估计中。由此可见，并没有一个标准答案告诉我们如何选择变量。我们必须依靠经济理论和以往的实证研究来选择哪些变量应该包括在倾向得分计算里。① 在实践中，我们可以遵循以下几个原则：(1) 倾向得分中应包

① 有一些正式的统计检验可以用来选择变量，比如 Heckman, Ichimura and Todd(1998)的"Hit or Miss"方法，以及 Heckman, Ichimura, Smith and Todd(1998)的"Statistical Significance"方法等。但在实际应用中，这些方法并不常使用。有兴趣的读者可以参考相关文献。

括能够同时影响处置选择和处置结果的变量。(2) 倾向得分不应包括受处置选择影响的变量,因此特征变量应使用参与处置前的值,因为处置后的值可能受到了处置选择的影响。(3) 倾向得分的估计虽然通常使用 Probit 或 Logit 模型,但它的根本目的并不是要准确地估计参与处置的概率。倾向得分匹配法的原理是通过匹配倾向得分以达到令处置组和控制组的可观测特征均衡的目的,因此倾向得分也称为均衡得分。如果没有很明确的理论或实证结果指导我们,我们在 Probit 或 Logit 模型估计里可以加入一些变量(比如高阶变量和交叉项等),以达到通过匹配倾向得分令处置组和控制组的可观测特征均衡的目的。

二、匹配前均衡检验

倾向得分匹配的目的是让处置组和控制组的可观测特征没有差异。Rosenbaum and Rubin(1983)把 $ps(X)$ 称为均衡得分,即当两组个体的 $ps(X)$ 相同时,它们的可观测特征 X 分布没有差异。这也是一维的倾向得分 $ps(X)$ 能够替代多维的 $\boldsymbol{X}$ 进行匹配的关键。因此在计算倾向得分后,我们要评估匹配的质量如何,即检验可观测特征 $\boldsymbol{X}$ 是否均衡。通常我们检验对于相同倾向得分的处置组和控制组,它们的可观测特征均值是否相同,即:

$$\mathrm{E}(X_i \mid D_i=1,\ ps(X_i))=\mathrm{E}(X_i \mid D_i=0,\ ps(X_i))$$

匹配前的均衡检验通常是使用 Dehejia and Wahba(1999,2002)提出的分块均衡检验法。分块均衡检验法根据匹配得分高低将样本分成若干个区间(块),通常以 5 个等分区间开始。利用 t 统计值来检验每个区间内处置组和控制组的平均匹配得分是否有差异;如果有差异,把区间进一步细分,直到在每个区间内两组的平均得分没有差异。

当每个细分区间内的倾向得分不存在显著差异后,我们再检验每个区间内控制组和处置组的可观测特征均值是否相同。如果有显著差异,就需要重新调整倾向得分的估计方程,比如加入高阶变量和交叉项,然后再重新分块。循环这个步骤,直到每个细分区间内可观测特征均值没有显著差异。这个步骤比较烦琐,建议读者使用现成的统计软件进行分块和检验均衡。一个常用的程序是 Stata 的 pscore 命令。在第六节,我们将介绍 pscore 的使用。

匹配前的分块平衡检验通常是和分块匹配法一起使用的。如果使用其他匹配法,因为最终得到的匹配样本是不同于分块匹配法得到的样本,我们需要在匹配后,根据最后匹配样本再进行均衡检验,这一点将在第五步具体介绍。

三、评估共同支撑域条件

在计算倾向得分后,我们需要先评估控制组与处置组倾向得分的分布。如果两组样本没有重合的倾向得分，或者重合的样本量太小，就会导致无法匹配或匹配偏差较大。我们可以通过考察处置组和控制组倾向得分的分布，了解共同支撑域条件满足的情况。在图 6.3 的例子中，横轴上划分了倾向得分的区间，纵轴上每个柱形的高度表示相应区间中处置组（深色）和控制组（浅色）倾向得分的概率。

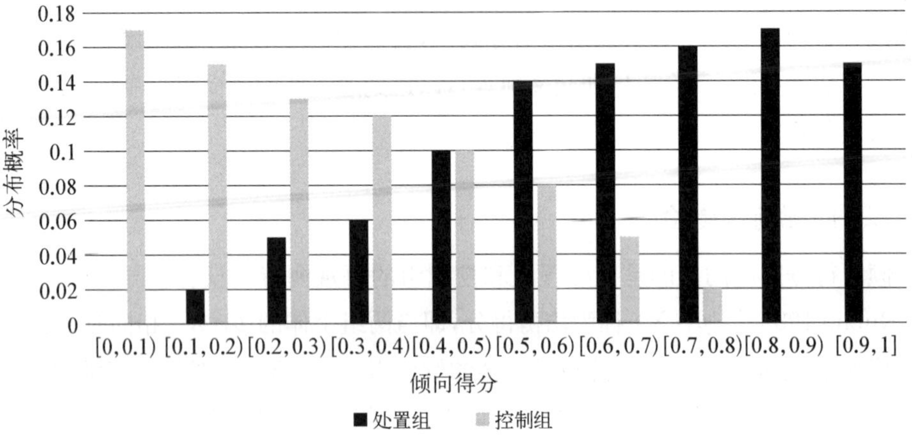

图 6.3　倾向得分分布图

从图 6.3 的例子我们看到，处置组在倾向得分[0, 0.1)区间内的分布为 0，而控制组在倾向得分[0.8, 1]区间内的分布为 0。这两个区间内没有“共同支撑域”。从图中也可以看到，在倾向得分低的样本中，控制组的样本数量比处置组的多；在倾向得分高的样本中，处置组的样本数量比控制组的多。对于这种情况，我们称之为“薄的共同支撑域”。在倾向得分中间部分，控制组样本的样本数量和处置组的样本数量接近，我们称之为 “厚的共同支撑域”。

第二节提到共同支撑域是使用匹配方法的前提条件。在实际运用中，我们应该考虑只使用有共同支撑域的数据，并检验如果只使用“厚的共同支撑域”样本数据，结果是否稳健。

四、选择匹配方法

（一）分块匹配法（stratification and interval matching）

分块匹配法先把样本按倾向得分划分为 Q 个区间，使得每个区间内处置组和控制组的平均倾向得分和可观测特征都达到均衡（见第二步匹配前分块均衡检验法），然后通过每个区间内处置组与控制组观测结果的差异得到每个区间的处置效应，即：

$$ATT(q) = \overline{Y}_q^{Treatment} - \overline{Y}_q^{Control}$$

其中，$ATT(q)$ 为区间 q 的处置效应。$\overline{Y}_q^{Treatment}$ 和 $\overline{Y}_q^{Control}$ 分别为处置组和控制组在区间 q 的平均观测结果值。

如果一共有 Q 个区间，最后对 $ATT(q)$ 取加权平均，得到平均处置效应：

$$ATT=\sum_{q=1}^{Q}ATT(q)\frac{N_q^{Treatment}}{N^{Treatment}}$$

其中，权重为每个区间内的处置组人数 $N_q^{Treatment}$ 占样本中总处置组人数 $N^{Treatment}$ 的比率。

分块匹配法的缺陷是需要确定区间（块）的数量。对于单变量，Cochrane and Chambers（1965）认为，用 5 个块就可以去掉 95%的误差。对于多变量，块数就不好确定了。虽然我们可以通过上面介绍的分块均衡法去确定应该如何分块，但实际操作中，很难保证每个变量在每块中都均衡，有时候需要接受个别不重要变量的不均衡，因此需要研究者做出一些主观的判断。

（二）近邻匹配法（nearest neighbor matching）

近邻匹配法是对处置组中的样本，选择控制组中倾向得分最接近的 n 个样本作为其匹配样本：如果只取最近的 1 个，$n=1$；如果取最近的 5 个，$n=5$。

使用这个方法要决定控制组样本是否可以重复使用。可重复使用是指控制组里的样本可以多次使用作为匹配。如果不允许重复使用，控制组里的样本只能被用于匹配一次。如果允许重复使用，匹配的平均质量将增加，偏差（bias）会减少，代价是估计的方差（variance）会变大。这是我们通常遇到的在选择估计变量时必须在偏差与方差之间权衡（trade-off between bias and variance）的问题。在实际运用中，可重复使用是比较常用的方法。

例如，假设我们有两个处置个体，它们的倾向得分分别为（0.6，0.7）。最近的 3 个控制组样本得分分别为（0.62，0.56，0.3）。如果 $n=1$，并且可以重复使用，那么处置组的两个样本都用控制组最接近的得分为 0.62 的样本进行匹配。即 0.6 → 0.62，0.7 → 0.62。如果样本不能重复使用，并让得分为 0.6 的处置个体先匹配，那么匹配结果为 0.6 → 0.62，0.7 → 0.56。可以看到，第二个样本的匹配误差较大。不可重复使用的匹配结果还取决于匹配的顺序。如果把匹配顺序倒过来（让得分为 0.7 的处置个体先匹配），结果变为 0.7 → 0.62，0.6 → 0.56。

近邻匹配法的缺点是，即使可以重复使用，也存在着处置组样本的倾向得分和最近控制组样本的倾向得分相差较大的可能。

（三）卡尺匹配法（caliper matching）

为了解决近邻匹配法可能匹配到倾向得分差异较大的近邻，卡尺匹配法要求近邻匹配得分差异在一定的容忍程度（“卡尺”）内。在前面的例子中，如果 $n=1$，并允许重复匹配，卡尺为 0.05，那么卡尺匹配的结果为 0.6 → 0.62。得分为 0.7 的处置样本则没有匹配，因为它与控制组里的样本倾向得分差都大于 0.05。卡尺匹配法的缺陷是，对于如何界定容忍度没有标准的方法。如果容忍度太小，可能匹配的数量就较少或没有，方差就较大；如果容忍度较大，可能包括差异大的匹配样本，偏差就较大。

（四）半径匹配法(radius matching)

此方法允许容忍程度（“半径”）内的所有样本作为匹配样本。它不像卡尺匹配法只用最接近的 n 个样本作为匹配样本。这种方法的好处是，如果半径内的样本（匹配较好的样本）多，就都可以用作匹配。还是用前面的例子，如果允许重复匹配，容忍程度为 0.05，则半径匹配的结果为 0.6→(0.62，0.56)。

半径匹配法的缺点是，它也必须确定最大容忍度。容忍度越大，匹配样本越多，但也越容易把匹配差异大的样本包括进来。

（五）核匹配法(kernel matching)

核匹配法对更接近处置组样本倾向得分的控制组样本赋予更大的权重。如果处置样本 i 的匹配控制组样本有 $N_i^{Control}$ 个，对其中控制样本 j 赋予的权重为：

$$w_{i,j}=\frac{K\left(\dfrac{ps(x)_j-ps(x)_i}{h}\right)}{\sum_{j=1}^{N_i^{Control}}K\left(\dfrac{ps(x)_j-ps(x)_i}{h}\right)}$$

其中，$ps(x)_j-ps(x)_i$ 是控制组样本 j 和处置组样本 i 的倾向得分差异；$K(\cdot)$ 是一个核函数，h 是核函数中需要的平滑参数，也称为带宽(bandwidth)。

核函数 $K(\cdot)$ 通常是一个非负、对称并只有单一最大值的密度函数，比如图 6.4 中显示的常用的 Epanechnikov 密度函数和 Triangle 密度函数。

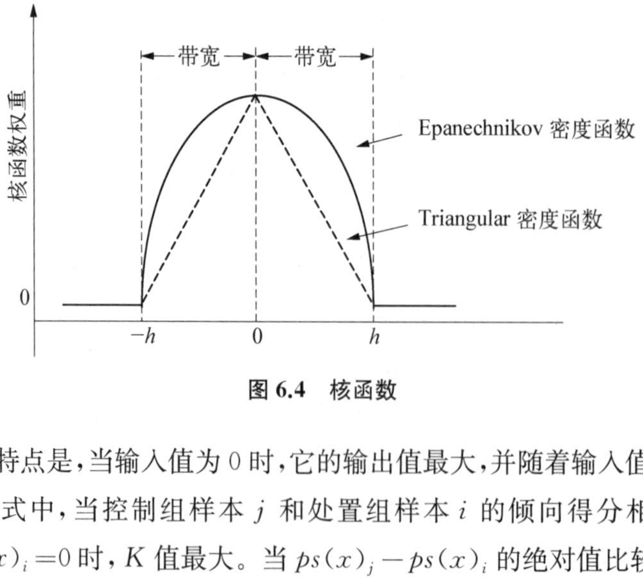

图 6.4 核函数

核函数的特点是，当输入值为 0 时，它的输出值最大，并随着输入值的绝对值增加而下降。在上式中，当控制组样本 j 和处置组样本 i 的倾向得分相同，即输入值 $ps(x)_j-ps(x)_i=0$ 时，K 值最大。当 $ps(x)_j-ps(x)_i$ 的绝对值比较大时，K 值就较小。因此,通过核函数 $K(\cdot)$ 可以达到对倾向得分距离较远的样本赋予较小权重的目的。同时,因为分母把所有的 K 值加总,权重和为 1。

核函数通常可以选择 Epanechnikov 密度函数或 Triangle 密度函数。其缺点是,带宽 h 的选择比较困难。加大带宽可以让密度函数更平滑,这可以降低估计密度函数的方差,但过度平滑可能把密度函数的不平滑特点消除,造成密度函数的估计偏差。在实际工作中,检验核匹配结果需要检验结果对带宽选择的敏感度。

(六) 几种匹配方法小结

几种匹配方法各有优缺点。在实际运用中,几种常见方法通常都可以使用,以检验结果的稳健性。如果结果类似,那么说明匹配方法选择不影响结果。如果结果差异较大,则要进一步检查造成差异的原因。除了分块匹配法,各种匹配方法的运用也要面对不同参数的选择。这些选择取决于偏差(bias)与方差(variance)之间的取舍。表 6.6 总结了各种方法的取舍。

表 6.6　常见匹配方法对偏差和方差的取舍

匹配方法	特　　点	偏差(bias)	方差(variance)
近邻匹配	增加近邻数 可重复使用	+ −	− +
卡尺匹配	容忍度增加	+	−
半径匹配	容忍度增加	+	−
核匹配	带宽增加	+	−

五、匹配后均衡检验

根据倾向得分找到处置个体对应的匹配个体后,我们需要检验匹配后处置组和控制组的特征是否均衡。如果处置组和控制组仍然存在显著差异,就说明倾向得分匹配没有达到均衡观测特征的目的,我们需要重新进行倾向得分匹配。匹配后的平衡性检验通常使用以下 3 种方法:

(一) 标准化偏差(Standardized Bias, SB)

这个方法是通过比较匹配前后处置组和控制组可观测特征标准化偏差的变化来衡量匹配的效果。

匹配之前,处置组和控制组的特征 X_i 的标准化偏差为:

$$SB_i^{before}=100\frac{\overline{X}_{i,\ treatment}^{before}-\overline{X}_{i,\ control}^{before}}{\sqrt{0.5(\mathrm{Var}(X_{i,\ treatment}^{before})+\mathrm{Var}(X_{i,\ treatment}^{before}))}}$$

其中,$\overline{X}_{i,\ treatment}^{before}$ 和 $\overline{X}_{i,\ control}^{before}$ 分别是处置组和控制组的特征 X_i 在匹配前的均值;

$\mathrm{Var}(X_{i,\ treatment}^{before})$ 和 $\mathrm{Var}(X_{i,\ treatment}^{before})$ 分别是处置组和控制组的特征 X_i 在匹配前的方差。匹配之后，特征 X_i 的标准化偏差为：

$$SB_i^{after}=100\frac{\overline{X}_{i,\ treatment}^{after}-\overline{X}_{i,\ control}^{after}}{\sqrt{0.5(\mathrm{Var}(X_{i,\ treatment}^{after})+\mathrm{Var}(X_{i,\ treatment}^{after}))}}$$

其中，$\overline{X}_{i,\ treatment}^{after}$ 和 $\overline{X}_{i,\ control}^{after}$ 分别是处置组和控制组的特征 X_i 在匹配后的均值；$\mathrm{Var}(X_{i,\ treatment}^{after})$ 和 $\mathrm{Var}(X_{i,\ treatment}^{after})$ 分别是处置组和控制组的特征 X_i 在匹配后的方差。

通过比较每个观测特征 SB_i^{before} 到 SB_i^{after} 的变化，可以得到倾向得分匹配的效果。偏差下降度(Bias Reduction，BR)可用下面公式计算：

$$BR_i=1-\frac{SB_i^{after}}{SB_i^{before}}$$

然而，这个方法并没有告诉我们，偏差要降低多少才是效果好的匹配。Rosenbaum and Rubin(1985)认为，当 SB_i^{after} 小于 20 时，可以认为标准化偏差是“小”的，即匹配后的处置组和控制组的特征偏差是可接受的。

（二）t 值检验

另一个比较直接的方法是，用 t 统计值直接检验处置组和控制组的每个特征 X_i 在匹配后的均值是否存在显著偏差。这个方法通常和标准化偏差值一起使用。这样可以看到匹配降低了多少可观测特征偏差，并且可以检验匹配后偏差是否还显著存在。

（三）F 值检验

前面的检验是针对每个观测特征单独进行检验。也可以使用 F 统计值对所有观测特征在匹配后是否还存在偏差进行共同检验。

六、计算处置效应

在匹配以及检验平衡特征后，可以计算平均处置效应。除分块匹配法(前面已单独介绍)外，其他匹配方法最后使用的计算 ATT 表达式原则上都是以下公式：

$$ATT=\frac{1}{N^{treatment}}\sum_{i\in I^{Treatment}\cap S_P}\left\{Y_i-\sum_{j\in I^{Control}\cap S_p}w_{ij}Y_j\right\}$$

其中，$N^{Treatment}$ 为处置组样本个数，$I^{Treatment}$ 是处置组集，S_P 是共同支撑域集；$I^{Treatment}\cap S_P$ 是有共同支撑域的处置组样本；Y_i 是处置组里的样本 i 的观测值；$I^{Control}$ 是控制组集，$I^{Control}\cap S_P$ 是有共同支撑域的控制组样本；Y_j 是控制组里的样本 j 的观测值；w_{ij} 是匹配的权重。不同匹配方法的区别在于赋予的权重不同。例如，对于 $n=1$ 的近邻匹配法，最近的一个权重等于 1，其他权重都为 0。在半径匹配法中，容忍度内包含的 n 个控制组样本，每个权重为 $1/n$；容忍度外的控制组样本，权重为 0。核匹配法则按核函数值赋予权重。

小结

由于倾向得分匹配可采用的匹配方法较多，需要选择的参数也较多，实际应用中通常使用多种匹配方法和不同参数检验其稳健性，并且尝试不同"共同支撑域"的要求。例如，可以去掉没有共同支撑域的样本；也可以去掉"薄的共同支撑域"样本，而只用"厚的共同支撑域"样本。由此也可看到，倾向匹配方法需要研究人员的主观判断较多，这也是使用倾向匹配方法的主要弱点。

第六节　倾向得分匹配法实例

一、Stata 命令总结

目前没有一个统一公认的 Stata 命令估计倾向得分法（PSM），除了 Teffects 是 Stata 的官方命令，其他的命令均为非官方用户编写的命令。各个 PSM 命令各有优缺点。表 6.7 给出了 Stata 常用的 PSM 命令以及它们各自的特点。

表 6.7　Stata 的 PSM 命令

命令组 1：pscore（计算倾向得分），atts（分块匹配），attnd/attnw（近邻匹配），attnr（半径匹配），核匹配（attk）

特点：

- pscore 可以计算倾向得分，并对倾向得分进行分块平衡检验。
- atts 可以进行分块匹配。
- 执行步骤显示详细。
- 处置结果标准差的估计可使用 bootstrap 和 analytical variance 两种方法。其中，bootstrap 考虑到倾向得分也是估计值所造成的误差，因此建议使用 bootstrap 方差。
- 共同支撑域的定义是，样本包括所有处置样本和只在共同倾向得分范围内的控制样本。

命令组 2：psmatch2（计算倾向得分并允许使用各种匹配方法），psgraph（倾向得分分布图），pstest（匹配后的平衡检验）

特点：

- 可使用多种匹配方法，选项多，方便使用。
- 提供了倾向得分分布图（psgraph）和匹配后特征平衡检验（pstest）的功能。
- 处置结果标准差估计使用 analytical variance。如果需要 bootstrap 方差，需另外执行 Stata 的 bootstrap 命令。
- 共同支撑域的定义是，去掉了处置样本中倾向得分低于（高于）控制样本的最小得分（最大得分）的部分。

（续表）

命令组 3：teffects psmatch（计算倾向得分并允许使用一些匹配方法）
特点： ● 与前面两组命令相比，其主要优点是，它使用 analytical variance 进行方差估计，考虑到了倾向得分也是估计值所造成的误差。 ● 作为 Stata 的一个新官方命令，选项少。

表 6.7 总结了各个命令的优缺点。我们可以看到，如果不注意使用细节，不同命令可能会得到不同答案（比如共同支撑域定义的差别）。在实际运用中，我们也可以结合各个命令的优点一起使用。例如，使用 pscore 进行匹配前的分块平衡检验；使用 psmatch2 进行匹配估计和匹配后的平衡检验；如果方差估计需要考虑到倾向得分也是估计值所造成的误差，可以使用 teffects psmatch。

二、实例操作

下面我们用一个例子来具体讲解这些命令的运用。Dehejia and Wahba（2002）研究了参加就业培训对收入的影响，数据中所包含的变量如表 6.8 所示。

表 6.8　实例数据中包含的变量

变量名	变　量　描　述
treat	是否参加培训（是，*treat*＝1；否，*treat*＝0）
re78	1978 年收入
age	年龄
education	受教育年数
black	是否为非洲裔（是，*black*＝1；否，*black*＝0）
hispanic	是否为西班牙裔（是，*hispanic*＝1；否，*hispanic*＝0）
married	结婚否（是，*married*＝1；否，*married*＝0）
nodegree	是否高中没毕业（是，*nodegree*＝1；否，*nodegree*＝0）
un74	1974 年是否失业（是，*un74*＝1；否，*un74*＝0）
un75	1975 年是否失业（是，*un75*＝1；否，*un75*＝0）
re74	1974 年收入
re75	1975 年收入

数据来源：原始数据（cps_controls.dta 和 nswre74_treated.txt）可从 http://users.nber.org/～rdehejia/nswdata2.html 下载。

其中，*treat* 是处置变量，*re78* 是结果变量，其他是控制特征变量。数据中包含了 185 个参加就业培训的人和 15992 个没参加培训的人的情况。我们先看一下参加培训的人和没参加培训的人的特征差别：

```
. tabstat age education black hispanic married nodegree re74 re75, statistics(mean) by(treat)

Summary statistics: mean
  by categories of: treat

    treat |       age  educat~n     black  hispanic   married  nodegree      re74      re75
----------+--------------------------------------------------------------------------------
        0 |  33.22524  12.02751  .0735368   .072036  .7117309  .2958354   14016.8   13650.8
        1 |  25.81622  10.34595  .8432432  .0594595  .1891892  .7081081  2095.574  1532.055
----------+--------------------------------------------------------------------------------
    Total |  33.14051  12.00828  .0823391  .0718922  .7057551  .3005502  13880.47  13512.21
-------------------------------------------------------------------------------------------
```

可以看到,这两组人在各项特征上都有显著差别。例如,*treat*=1 的组平均年龄为 25 岁,*treat*=0 的组平均年龄为 33 岁。通过直接比较这两组的 *re78*(1978 年收入)去估计 *treat* 的影响,显然是不合理的。接下来,我们按图 6.2 所示步骤,用倾向得分匹配法估计参加培训对收入的影响。

(一) 选择倾向得分模型,进行匹配前平衡性检验,考察共同支撑域

这一步可以通过 pscore 命令实现。在 pscore 命令里,我们先用所有控制变量的原值(*age*、*education*、*black*、*hispanic*、*married*、*nodegree*、*re74*、*re75*、*un74*、*un75*)做尝试,如果平衡性检验没通过,再修改模型变量。

命令 → pscore;处置变量 → treat;控制变量 → age education black hispanic married nodegree re74 re75 un74 un75;Logit 模型 → logit;使用有共同支撑域样本 → comsup

```
. pscore treat age education black hispanic married nodegree re74 re75 un74 un75, logit comsup
blockid(block) pscore(myscore)
```

分块变量 → blockid(block);储存倾向得分的变量 → pscore(myscore)

```
****************************************************
Algorithm to estimate the propensity score
****************************************************
The treatment is treat

      treat |      Freq.     Percent        Cum.
------------+-----------------------------------
          0 |     15, 992       98.86       98.86
          1 |        185        1.14      100.00
------------+-----------------------------------
      Total |     16, 177      100.00

Logistic regression                               Number of obs   =      16177
                                                  LR chi2(10)     =    1071.69
                                                  Prob > chi2     =     0.0000
Log likelihood = -475.22629                       Pseudo R2       =     0.5300

------------------------------------------------------------------------------
       treat |      Coef.   Std. Err.      z    P>|z|     [95% Conf. Interval]
-------------+----------------------------------------------------------------
         age |  -.0179034   .0106393    -1.68   0.092    -.0387561    .0029492
   education |   .0194859   .0485868     0.40   0.688    -.0757425    .1147143
       black |   4.285832   .2626203    16.32   0.000     3.771106    4.800559
    hispanic |   1.835555   .3936195     4.66   0.000     1.064074    2.607035
     married |  -.9943236   .2413453    -4.12   0.000    -1.467352   -.5212955
    nodegree |   .9028024   .2750933     3.28   0.001     .3636294    1.441975
        re74 |   .0000625   .0000285     2.20   0.028     6.76e-06    .0001183
        re75 |  -.0001773    .000036    -4.92   0.000    -.0002478   -.0001067
         u74 |   1.571982   .2639112     5.96   0.000     1.054725    2.089238
         u75 |   .2347258   .2385662     0.98   0.325    -.2328554     .702307
       _cons |  -6.340751   .8124957    -7.80   0.000    -7.933213   -4.748289
------------------------------------------------------------------------------
```

Logit 回归结果 → Logistic regression

```
Note: the common support option has been selected
The region of common support is [.00051188, .63336361]
```

命令加了共同支撑域选项comsup，因此：

1. 显示共同支撑域范围（0.00051，063336）；
2. 以下分析只限于共同支撑域区间内的样本

```
Description of the estimated propensity score
in region of common support

                    Estimated propensity score
-------------------------------------------------------------
      Percentiles      Smallest
 1%    .0005265       .0005119
 5%    .0005973        .000512
10%    .0007043       .0005121       Obs               6,282
25%     .001156       .0005121       Sum of Wgt.       6,282

50%    .0027327                      Mean           .0288618
                       Largest       Std. Dev.      .0917123
75%    .0106531       .6333636
90%    .0447617       .6333636       Variance       .0084111
95%    .1554863       .6333636       Skewness       4.836713
99%    .5857859       .6333636       Kurtosis       27.58886
```

倾向得分在共同支撑域区间的分布

```
*******************************************************
Step 1: Identification of the optimal number of blocks
Use option detail if you want more detailed output
*******************************************************
```

寻找最优的分块数量，如果想要看到详细的寻找过程，可加入detail选项

```
The final number of blocks is 11

This number of blocks ensures that the mean propensity score
is not different for treated and controls in each blocks
```

寻找到最优的分块数量为11，这个分块数量保证了处置组和控制组在每块中的倾向得分平均值不存在区别

```
**********************************************************
Step 2: Test of balancing property of the propensity score
Use option detail if you want more detailed output
**********************************************************

Variable education is not balanced in block 6
Variable un75 is not balanced in block 6
Variable re75 is not balanced in block 7
Variable un75 is not balanced in block 9

The balancing property is not satisfied
Try a different specification of the propensity score
```

1. 继续检验每块中的特征均值是否有区别，发现有些变量在有些块里不均衡，说明在$ps(\boldsymbol{X})$均值相同的块里，$\boldsymbol{X}$均值并不相同；
2. 结果显示平衡检验没有通过，建议使用不同模型估计倾向得分

```
  Inferior |
  of block |          treat
 of pscore |         0          1 |     Total
-----------+----------------------+----------
         0 |     4,262         10 |     4,272
    .00625 |       536          7 |       543
     .0125 |       648         12 |       660
      .025 |       200          4 |       204
       .05 |       147          8 |       155
        .1 |       170         30 |       200
        .2 |        49         13 |        62
        .3 |        25         30 |        55
        .4 |        38         39 |        77
        .6 |         8         21 |        29
      .625 |        14         11 |        25
-----------+----------------------+----------
     Total |     6,097        185 |     6,282

Note: the common support option has been selected
```

1. 显示每块中的处置组和控制组的个体数；
2. 由于选择了comsup，在comsup之外的块没有进行分析

由于前一个模型没通过平衡性检验，我们需要改变模型：

```
. gen age2=age^2
. gen age3=age^3
. gen education2=education^2
. gen educationre74=education*re74
. gen re742=re74^2
. gen re752=re75^2
```

新变量加入高阶变量和交叉项

加入新变量，重新运行pscore

```
. pscore treat age age2 age3 education education2 black hispanic married nodegree re74 re742 re75
re752 u74 u75 educationre74 , blockid(block) logit pscore(myscore)

****************************************************
Step 2: Test of balancing property of the propensity score
Use option detail if you want more detailed output
****************************************************

The balancing property is satisfied
```

由于篇幅所限，我们在这里只显示最终的检验结果; 结果显示满足平衡条件

注意，这里只是进行了匹配前的平衡检验，它通常与分块匹配法一起使用。如果使用其他匹配方法，在匹配后还需要进行平衡检验。

（二）选择匹配模型，进行匹配后平衡性检验，计算处置效应

因篇幅所限，我们仅通过近邻匹配法（$n=1$）来介绍如何使用 attnd、psmatch2 和 teffects 这 3 个命令。

1. 使用 attnd 命令

（1）没有使用 bootstrap 和 common support 选项

```
. attnd re78 treat, pscore(myscore)

/*这个命令紧接着 pscore 使用，它调用了 pscore 命令里计算并存储在 myscore 变量中的倾向得分，也可以单独使用以下命令：
attnd re78 treat age age2 age3 education education2 black hispanic married nodegree re74 re742
re75 re752 un74 un75 educationre74, logit */

ATT estimation with Nearest Neighbor Matching method
(random draw version)
Analytical standard errors

---------------------------------------------------------
n. treat.   n. contr.        ATT     Std. Err.          t
---------------------------------------------------------

     185          138   1541.129     1063.977       1.448

---------------------------------------------------------
Note: the numbers of treated and controls refer to actual
nearest neighbour matches
```

1. 使用了analytical方差;
2. analytical 方差没有考虑到倾向得分也是估计值，即第一步计算得到的倾向得分存在方差，后面介绍的teffects命令处理了这个问题

结果: ATT=1541 (t=1.45)

（2）使用 common support 选项

common support选项，处置效应结果仅限于common support中的样本

```
.attnd re78 treat, pscore(myscore) comsup

ATT estimation with Nearest Neighbor Matching method
(random draw version)
Analytical standard errors
```

```
-------------------------------------------------------
n. treat.   n. contr.         ATT    Std. Err.        t
-------------------------------------------------------

      185         138    1600.741     1047.614    1.528

-------------------------------------------------------
Note: the numbers of treated and controls refer to actual
nearest neighbour matches
```

结果: *ATT*=1600 (*t*=1.52)

(3) 使用 boostrap 和 common support 选项

boostrap选项，重复100次

```
attnd re78 treat, pscore(myscore) boot reps(100) comsup

ATT estimation with Nearest Neighbor Matching method
(random draw version)
Analytical standard errors

-------------------------------------------------------
n. treat.   n. contr.         ATT    Std. Err.        t
-------------------------------------------------------

      185         138    1600.741     1047.614    1.528

-------------------------------------------------------
Note: the numbers of treated and controls refer to actual
nearest neighbour matches

ATT estimation with Nearest Neighbor Matching method
(random draw version)
Bootstrapped standard errors

-------------------------------------------------------
n. treat.   n. contr.         ATT    Std. Err.        t
-------------------------------------------------------

      185         138    1600.741      861.590    1.858

-------------------------------------------------------
Note: the numbers of treated and controls refer to actual
nearest neighbour matches
```

先报告analytical方差

报告bootstrap方差

结果: *ATT*=1600 (*t*=1.85)

> **小结**
>
> bootstrap 选项也报告了 analytical 结果，因此建议使用 bootstrap 选项。如果有多个控制个体有相同的倾向得分，attnd 命令对它们取平均值进行匹配。

2. 使用 psmatch2 命令

(1) 没有使用 bootstrap 和 common support 选项

命令 → psmatch2；处置变量 → treat；倾向得分变量 → pscore(myscore)；结果变量 → outcome(re78)；近邻*n*=1 → neighbor(1)

ties选项：如果有多个控制个体有相同的倾向得分，对它们取平均值进行匹配；如无此选项，则会随机选一个

```
psmatch2 treat, pscore(myscore) outcome(re78) neighbor(1) ties
```

```
/*调用了 pscore 命令里计算并存储在 myscore 变量中的倾向得分，也可以直接使用以下命令：
psmatch2 treat age age2 age3 education education2 black hispanic married nodegree re74 re742 re75
re752 un74 un75 educationre74, logit outcome(re78) neighbor(1) ties*/
```

匹配前的结果: ATT=−8497(t=−11.93)
匹配后的结果: ATT=1541 (t=1.45)

```
----------------------------------------------------------------------------------------
        Variable     Sample |    Treated     Controls   Difference         S.E.   T-stat
----------------------------+-----------------------------------------------------------
            re78  Unmatched |  6349.1435   14846.6597  -8497.51615    712.02072   -11.93
                        ATT |  6349.1435   4808.01453   1541.12898   1063.97709     1.45
----------------------------+-----------------------------------------------------------
Note: S.E. does not take into account that the propensity score is estimated.
```

指出标准误差的估计没有考虑到倾向得分作为估计值也存在的方差

可以看到，在没有 bootstrap 和 common support 选项的情况下，使用 psmatch2 和 attnd 命令的结果是一样的。Psmatch2 同时报告了没匹配的结果，可见匹配前和匹配后的结果差别很大。

（2）使用 common support 选项

common support选项

```
. psmatch2 treat, pscore(myscore)outcome(re78) neighbor(1) common ties

----------------------------------------------------------------------------------------
        Variable     Sample |    Treated     Controls   Difference         S.E.   T-stat
----------------------------+-----------------------------------------------------------
            re78  Unmatched |  6349.1435   14846.6597  -8497.51615    712.02072   -11.93
                        ATT | 6491.47106   4716.31242   1775.15864   1059.65795     1.68
----------------------------+-----------------------------------------------------------
Note: S.E. does not take into account that the propensity score is estimated.
```

匹配前的结果: ATT=−8497 (t=−11.93)
匹配后的结果: ATT=1775 (t=1.68)

```
                      psmatch2: |   psmatch2: Common
 Treatment |        support
assignment | Off suppo  On suppor |     Total
-----------+----------------------+----------
 Untreated |         0     15,992 |    15,992
   Treated |         6        179 |       185
-----------+----------------------+----------
     Total |         6     16,171 |    16,177
```

common support的分布

可以看到，上述结果和 attnd 命令中使用 common support 选项的结果是不同的。这是因为，attnd 命令和 psmatch2 命令定义的 common support 是不一样的(见表 6.7)。

如果在 psmatch2 中使用 pscore 计算的 common support，二者结果就会相同，具体如下：

使用pscore计算的common support，comsup是pscore命令产生的变量

```
. psmatch2 treat if comsup==1, pscore(myscore) outcome(re78) neighbor(1) ties

----------------------------------------------------------------------------------------
        Variable     Sample |    Treated     Controls   Difference         S.E.   T-stat
----------------------------+-----------------------------------------------------------
            re78  Unmatched |  6349.1435   8227.91925  -1878.77574   596.759091    -3.15
                        ATT |  6349.1435   4748.40226   1600.74124   1047.61403     1.53
----------------------------+-----------------------------------------------------------
Note: S.E. does not take into account that the propensity score is estimated.
```

结果: ATT=1600 (t=1.53)；与attnd使用common support的结果一致

（3）使用 boostrap 和 common support 选项

bootstrap命令　　boostrap r(att)，psmatch将结果储存在r(att)中　　重复100次　　psmatch2 命令

```
. bootstrap r(att), reps(100): psmatch2 treat age                          age2 age3 education
education2 black hispanic married nodegree re74 re742 re75 re752 un74 un75 educationre74, logit
outcome(re78) neighbor(1) common ties

(running psmatch2 on estimation sample)

Bootstrap replications (100)
----+--- 1 ---+--- 2 ---+--- 3 ---+--- 4 ---+--- 5
..................................................    50
..................................................   100

Bootstrap results                               Number of obs     =     16,177
                                                Replications      =        100

command:  psmatch2 treat age age2 age3 education education2 black hispanic married nodegree re74
re742 re75 re752 un74 un75 educationre74, logit outcome(re78) neighbor(1) common ties
       _bs_1:  r(att)

------------------------------------------------------------------------------
             |   Observed   Bootstrap                         Normal-based
             |      Coef.   Std. Err.      z    P>|z|     [95% Conf. Interval]
-------------+----------------------------------------------------------------
       _bs_1 |   1775.159   1018.402     1.74   0.081    -220.8725     3771.19
------------------------------------------------------------------------------
```

匹配结果: ATT=1775 (t=1.74)

3. 使用 teffects 命令

attnd 命令和 psmatch 命令中的 analytical variance 都没有考虑到倾向得分也是估计值，因此其第一步计算得到的倾向得分存在方差。关于 bootstrap 的方法能否解决这个问题，目前也没有正式的研究结果。Abadie and Imbens(2012)提出了考虑到倾向得分也是估计值的方差，teffects 命令使用的是 Abadie and Imbens (2012)的估计量。

- 没有使用 common support 选项

可以看到，ATT 的系数(1541)和前面两个命令是一致的，但标准误差是不同的。使用 teffects 命令得到了更显著的结果($t=2.07$)。

```
. teffects psmatch (re78) (treat age age2 age3 education education2 black hispanic married
nodegree re74 re742 re75 re752 un74 un75 educationre74, logit), atet nneighbor(1)

Treatment-effects estimation                   Number of obs      =     16,177
Estimator      : propensity-score matching     Matches: requested =          1
Outcome model  : matching                                     min =          1
Treatment model: logit                                        max =          9
------------------------------------------------------------------------------
             |              AI Robust
        re78 |      Coef.   Std. Err.      z    P>|z|     [95% Conf. Interval]
-------------+----------------------------------------------------------------
ATET         |
       treat |
   (1 vs 0)  |   1541.129   746.2599     2.07   0.039     78.48652    3003.771
------------------------------------------------------------------------------
```

匹配结果: ATT=1541 (t=2.07)

teffects 的缺点是，在处理 common support 上不方便，并且选项不如 psmatch2 多，而且没有提供匹配后的平衡检验。因此，在 Stata 进一步完善该命令前，它在使用上具有较大局限性。

（三）匹配后的平衡检验

匹配后的平衡检验通常使用 psmatch2 命令组中的 pstest 命令。在执行完 psmatch2 后，运行 pstest。

比较匹配前后的特征，如果不加，则只比较匹配后的特征

标准化偏差　　偏差下降度　　偏差t值检验

```
. pstest age education black hispanic married nodegree re74 re75, both

----------------------------------------------------------------------------------
                Unmatched |       Mean               %reduct |     t-test    |  V(T)/
Variable          Matched | Treated Control    %bias  |bias| |    t    p>|t| |  V(C)
--------------------------+----------------------------------+---------------+----------
age                     U | 25.816   33.225    -79.6         |  -9.10  0.000 |  0.42*
                        M | 25.765   25.939     -1.9    97.7 |  -0.23  0.815 |  1.16
                          |                                  |               |
education               U | 10.346   12.028    -67.9         |  -7.94  0.000 |  0.49*
                        M | 10.413    10.62     -8.3    87.7 |  -1.00  0.318 |  1.12
                          |                                  |               |
black                   U | .84324   .07354    242.8         |  39.66  0.000 |     .
                        M | .83799   .87709    -12.3    94.9 |  -1.06  0.291 |     .
                          |                                  |               |
hispanic                U | .05946   .07204     -5.1         |  -0.66  0.510 |     .
                        M | .06145   .03911      9.0   -77.7 |   0.97  0.335 |     .
                          |                                  |               |
married                 U | .18919   .71173   -123.3         | -15.62  0.000 |     .
                        M | .19553   .20112     -1.3    98.9 |  -0.13  0.895 |     .
                          |                                  |               |
nodegree                U | .70811   .29584     90.4         |  12.22  0.000 |     .
                        M | .69832   .61453     18.4    79.7 |   1.67  0.096 |     .
                          |                                  |               |
re74                    U | 2095.6    14017   -156.9         | -16.92  0.000 |  0.26*
                        M | 2165.8   2267.5     -1.3    99.1 |  -0.19  0.851 |  0.89
                          |                                  |               |
re75                    U | 1532.1    13651   -174.6         | -17.77  0.000 |  0.12*
                        M | 1583.4   1730.4     -2.1    98.8 |  -0.40  0.689 |  0.79
                          |                                  |               |
----------------------------------------------------------------------------------
```

结果显示,匹配后除变量 hispanic 外,其他变量偏差度下降超过了 90%,并且匹配后的标准化偏差 SB_i^{after} 均小于 20,按 Rosenbaum and Rubin(1985)建议,可以认为匹配标准化偏差足够小。t 值检验显示处置组和控制组的所有变量在匹配后,偏差都不显著。

小结

通过这个例子,我们看到各个命令组各有优缺点。在实际运用中,我们可以考虑使用 pscore 命令组进行匹配前检验和分块匹配,使用 psmatch2 进行其他匹配方法估计,同时注意 common support 的选择。如果要使用 analytical variance 并考虑到倾向得分也是估计值的影响,在选项允许的情况下,使用 teffects 命令。

第七节　匹配方法运用常见问题

1. 匹配方法仅能处理基于可观测特征自选择的偏差,不能解决由不可观测特征自选择造成的偏差。因而在应用匹配方法时,最好明确指出这个方法是用来控制可观测变量造成的偏差。

2. 直接匹配法避免了回归中线性方程设置的假设,但实际工作中通常使用的是倾向匹配的方法。在估计倾向得分时事实上也需要设置 Logit 或 Probit 模型。从这个意义上讲,倾向得分匹配法和回归都需要估计方程的参数,倾向得分匹配法只是将方程估计挪到了第一阶段的 $ps(\boldsymbol{X})$ 估计。

3. 倾向得分估计的变量选择可以依靠理论指导和以前的实证结果,但变量选择的最终目的是为了达到满足可观测变量 $\boldsymbol{X}$ 平衡性的要求,因此可以加入不需要有明确经济意义的高阶变量和交叉项。

4. "条件独立假设"可以检验吗? 答案是:不可以。这是因为,不可观测特征是我们无法观测的,这也意味着我们无法探知潜在结果与接受处置是否相关。这和回归方法一样,由于我们无法观测到干扰项,就无法检验"干扰项条件均值独立"假设。当然,我们可以通过其他渠道去"佐证"这一假设。例如,我们可以观察处置事件是否影响理论上不受影响的后果。如果存在这种影响,就说明我们找到的处置效果可能是由其他不可观测因素造成的。我们也可以将样本分组,分析处置事件是否对那些理论上应该受影响较大的子样本确实产生比较大的影响。

5. 如果在使用匹配方法时把样本局限在共同支撑域范围，匹配方法得到的结论仅适用于共同支撑域范围里的样本，而不适用于所有样本。因为共同支撑域内样本的处置效应和共同支撑域外的样本处置效应可能不同，我们在得出结论的时候必须比较谨慎。如果共同支撑域样本比较小，那么我们得到的结论普遍性就相对较差。

第七章　匹配方法与回归方法比较

在前面的章节里，我们分别介绍了匹配和回归的方法，它们都是通过控制可观测特征达到估计处置效用的方法。在这一章，我们将详细讨论这两种方法的主要异同。第一节介绍匹配方法与回归方法的相同点，即精确匹配与完全饱和回归模型所得的估计结果是一致的；第二节讲解匹配方法和控制变量饱和模型，以及通常使用的非完全饱和回归模型的不同之处；第三节总结匹配方法与回归方法的异同。了解匹配方法与回归方法的异同，可以帮助我们进一步理解这两种方法的特点，加深对处置效应估计方法的理解。

第一节　匹配方法与回归方法的相同点

我们通过一个简单的例子来对匹配方法与回归方法的相同点进行直观的分析。假设我们有下面 10 个观测值。ID 是个体的编号，Y 是观测结果（健康情况），D 是处置与否（服药与否），AGE 是可观测特征（年龄）。

表 7.1　匹配方法与回归方法比较的一个数据例子

ID	Y	D	AGE
1	10	1	30
2	5	1	30
3	12	0	30
4	6	0	30
5	5	1	40
6	12	1	40
7	7	0	40
8	4	0	40
9	6	0	40
10	5	0	40

表 7.2 将表 7.1 中的个体数据按年龄和接受处置与否分成四组，得到每组 Y 的平均值和人数（括号中数值）。

表 7.2　个体数据的分组平均值

	$D=1$	$D=0$
$AGE=30$	7.5 (2)	9 (2)
$AGE=40$	8.5 (2)	5.5 (4)

假设数据满足潜在未处置结果均值条件独立假设：

$$\begin{aligned}\mathrm{E}[Y_i(0)\mid D_i=1,\ AGE_i=age]&=\mathrm{E}[Y_i(0)\mid D_i=0,\ AGE_i=age]\\&=\mathrm{E}[Y_i(0)\mid AGE_i=age]\end{aligned}\tag{7.1}$$

即对于相同年龄的处置组和控制组个体，平均未接受处置潜在结果相同。

假设(7.1)允许我们通过观测结果估计 ATT，因为：

$$\begin{aligned}&ATT(AGE_i=age)\\=&\mathrm{E}[Y_i(1)\mid D_i=1,\ AGE_i=age]-\mathrm{E}[Y_i(0)\mid D_i=1,\ AGE_i=age]\\&(\text{根据 } ATT \text{ 定义})\\=&\mathrm{E}[Y_i(1)\mid D_i=1,\ AGE_i=age]-\mathrm{E}[Y_i(0)\mid D_i=0,\ AGE_i=age]\\&[\text{根据假设(7.1)}]\\=&\underbrace{\mathrm{E}[Y_i\mid D_i=1,\ AGE_i=age]}_{\text{年龄为}age\text{的处置组平均观测结果}}-E\underbrace{[Y_i\mid D_i=0,\ AGE_i=age]}_{\text{年龄为}age\text{的控制组平均观测结果}}\\&(\text{根据观测结果定义})\end{aligned}$$

如果要计算 ATU 和 ATE，还需要数据满足潜在处置结果均值条件独立假设：

$$\begin{aligned}\mathrm{E}[Y_i(1)\mid D_i=1,\ AGE_i=age]&=\mathrm{E}[Y_i(1)\mid D_i=0,\ AGE_i=age]\\&=\mathrm{E}[Y_i(1)\mid AGE_i=age]\end{aligned}\tag{7.2}$$

即对于相同年龄的处置组和控制组的平均接受处置潜在结果相同。

当假设(7.1)和假设(7.2)同时成立时，我们可以同过观测结果估计 ATE，因为：

$$\begin{aligned}&ATE(AGE_i=age)\\=&\mathrm{E}[Y_i(1)\mid AGE_i=age]-\mathrm{E}[Y_i(0)\mid AGE_i=age]\\&(\text{根据 } ATE \text{ 定义})\\=&\mathrm{E}[Y_i(1)\mid D_i=1,\ AGE_i=age]-\mathrm{E}[Y_i(0)\mid D_i=0,\ AGE_i=age]\end{aligned}$$

$$\begin{aligned}&[\text{根据假设(7.1)和(7.2)}]\\&=\underbrace{\mathrm{E}[Y_i \mid D_i=1,\ AGE_i=age]}_{\text{年龄为}age\text{的处置组平均观测结果}}-\underbrace{\mathrm{E}[Y_i \mid D_i=0,\ AGE_i=age]}_{\text{年龄为}age\text{的控制组平均观测结果}}\\&(\text{根据观测结果定义})\end{aligned}$$

同理可以计算 $ATU(AGE_i=age)$，这一部分我们留给读者自己推导。

可见，无论是计算 $ATE(AGE_i=age)$ 还是 $ATT(AGE_i=age)$，都是通过计算：

$$\underbrace{\mathrm{E}[Y_i \mid D_i=1,\ AGE_i=age]}_{\text{年龄为}age\text{的处置组平均观测结果}}-\underbrace{\mathrm{E}[Y_i \mid D_i=0,\ AGE_i=age]}_{\text{年龄为}age\text{的控制组平均观测结果}}$$

我们通过处置组的样本均值 $\overline{Y}_1(AGE_i=age)$ 去估计 $\mathrm{E}[Y_i \mid D_i=1,\ AGE_i=age]$，即：

$$\overline{Y}_1(AGE_i=age)=\frac{1}{N_1^{age}}\sum_{i=1}^{N_1^{age}}Y_{1i}(AGE_i=age)\rightarrow \mathrm{E}[Y_i \mid D_i=1,\ AGE=age] \tag{7.3}$$

其中，N_1^{age} 是处置组中年龄等于 age 的人数，$Y_{1i}(AGE_i=age)$ 是处置组中年龄等于 age 的个体 i 的观测结果。

同理，我们通过控制组的样本均值 $\overline{Y}_0(AGE_i=age)$ 去估计 $\mathrm{E}[Y_i \mid D_i=0,\ AGE_i=age]$，即：

$$\overline{Y}_0(AGE_i=age)=\frac{1}{N_0^{age}}\sum_{i=1}^{N_0^{age}}Y_{0i}(AGE_i=age)\rightarrow \mathrm{E}[Y_i \mid D_i=0,\ AGE=age] \tag{7.4}$$

其中，N_0^{age} 是控制组中年龄等于 age 的人数，$Y_{0i}(AGE_i=age)$ 是控制组中年龄等于 age 的个体 i 的观测结果。

当假设(7.1)成立，我们可以用公式(7.3)和公式(7.4)计算的样本均值估计 $ATT(AGE_i=age)$：

$$\widehat{ATT}(AGE_i=age)=\overline{Y}_1(AGE_i=age)-\overline{Y}_0(AGE_i=age)$$

如果假设(7.1)和假设(7.2)同时成立，我们可以用公式(7.3)和公式(7.4)计算的样本均值估计 $ATE(AGE_i=age)$：

$$\widehat{ATE}(AGE_i=age)=\overline{Y}_1(AGE_i=age)-\overline{Y}_0(AGE_i=age)$$

得到 $\widehat{ATT}(AGE_i=age)$ 和 $\widehat{ATE}(AGE_i=age)$ 后，根据定义，我们可以使用不同的权重估计 ATT 和 ATE：

$$\widehat{ATT}=\sum_{age}P(AGE_i=age \mid D=1)\times\widehat{ATT}(AGE_i=age)$$

其中，$P(AGE_i=age \mid D=1)$ 是处置组中年龄为 age 人数的比率。

$$\widehat{ATE}=\sum_{age}P(AGE_i=age)\times\widehat{ATE}(AGE_i=age)$$

其中，$P(AGE_i=age)$ 是年龄为 age 人数的比率。

可见，估计 ATT 和 ATE 二者的差异在于假设条件的要求和权重的使用。本章着重讲解 ATE 估计的原理，同样的原理也适用于 ATT 的估计。

一、精确匹配法

如果使用精确匹配法来估计处置效应，由于只有 AGE 一个特征变量，就只需要对 $AGE=30$ 和 $AGE=40$ 进行匹配。对于 $AGE=30$ 的处置组（$ID=1, 2$），其匹配的控制组为（$ID=3, 4$）；对于 $AGE=40$ 的处置组（$ID=5, 6$），其匹配的控制组为（$ID=7, 8, 9, 10$）。

（一）对于年龄为 30 岁的个体

处置组平均观测结果为：

$$\bar{Y}_1(AGE_i=30)=\frac{10+5}{2}=7.5$$

控制组平均观测结果为：

$$\bar{Y}_0(AGE_i=30)=\frac{12+6}{2}=9$$

平均处置效应为：

$$\widehat{ATE}(AGE_i=30)=\bar{Y}_1(AGE_i=30)-\bar{Y}_0(AGE_i=30)=7.5-9=-1.5$$

（二）对于年龄为 40 岁的个体

处置组平均观测结果为：

$$\bar{Y}_1(AGE_i=40)=\frac{5+12}{2}=8.5$$

控制组平均观测结果为：

$$\bar{Y}_0(AGE_i=40)=\frac{7+4+6+5}{4}=5.5$$

平均处置效应为：

$$\widehat{ATE}(AGE_i=40)=\overline{Y}_1(AGE_i=40)-\overline{Y}_0(AGE_i=40)=8.5-5.5=3$$

我们看到，在计算 $\widehat{ATT}(AGE_i=30)$ 和 $\widehat{ATT}(AGE_i=40)$ 时，通过相减，年龄对于健康的影响已经去除，我们并不需要假设年龄和健康的函数关系，这是匹配相对回归方法的优点。

要计算 $\widehat{ATE}$，我们用不同年龄人数的比率 $P(AGE_i=30)$ 和 $P(AGE_i=40)$ 作为权重，计算加权平均：

$$\begin{aligned}\widehat{ATE}&=P(AGE_i=30)\times\widehat{ATE}(AGE_i=30)+P(AGE_i=40)\times\widehat{ATE}(AGE_i=40)\\&=\frac{4}{10}(-1.5)+\frac{6}{10}\times 3\\&=1.2\end{aligned}$$

我们看到，精确匹配法允许不同年龄（$AGE_i=30$，$AGE_i=40$）的平均处置效应是不同的，即允许异质处置效应。如果要得到总体的平均处置效应，就应当使用相应的人数比例进行加权平均。

二、回归方法：完全饱和模型

完全饱和回归模型是对解释变量（包括控制变量和处置变量）的所有可能组合值都有一个对应系数的回归模型。我们下面详细讨论有常数项和无常数项的两种饱和模型。虽然它们的系数解释有所不同，但得到的结果是一样的。

（一）完全饱和模型：无常数项

这个例子中解释变量 D 和 AGE 分别有 2 个值，一共有 4 个可能的组合。我们可以用 4 个虚拟变量 $D0AGE30$、$D1AGE30$、$D0AGE40$、$D1AGE40$ 来代表 4 个可能的组合：

当 $D_i=0$，$AGE_i=30$ 时，$D0AGE30_i=1$；否则，$D0AGE30_i=0$；

当 $D_i=1$，$AGE_i=30$ 时，$D1AGE30_i=1$；否则，$D1AGE30_i=0$；

当 $D_i=0$，$AGE_i=40$ 时，$D0AGE40_i=1$；否则，$D0AGE40_i=0$；

当 $D_i=1$，$AGE_i=40$ 时，$D1AGE40_i=1$；否则，$D1AGE40_i=0$。

产生以上变量可以用 Stata 命令：

```
. gen D0AGE30=(D==0 & AGE==30)
. gen D1AGE30=(D==1 & AGE==30)
. gen D0AGE40=(D==0 & AGE==40)
. gen D1AGE40=(D==1 & AGE==40)
```

产生新变量后，数据如下：

```
. list, noobs sepby(AGE)

  +-----------------------------------------------------------+
  | ID    Y   D   AGE   D0AGE30   D1AGE30   D0AGE40   D1AGE40 |
  |-----------------------------------------------------------|
  |  1   10   1    30         0         1         0         0 |
  |  2    5   1    30         0         1         0         0 |
  |  3   12   0    30         1         0         0         0 |
  |  4    6   0    30         1         0         0         0 |
  |-----------------------------------------------------------|
  |  5    5   1    40         0         0         0         1 |
  |  6   12   1    40         0         0         0         1 |
  |  7    7   0    40         0         0         1         0 |
  |  8    4   0    40         0         0         1         0 |
  |  9    6   0    40         0         0         1         0 |
  | 10    5   0    40         0         0         1         0 |
  +-----------------------------------------------------------+
```

完全饱和回归模型设置如下：

$$Y_i = \beta_1 D0AGE30_i + \beta_2 D1AGE30_i + \beta_3 D0AGE40_i + \beta_4 D1AGE40_i + e_i \quad (7.5)$$

这里不包括截距常数项，因为加入截距常数项会造成共线性：

$$1 = D0AGE30_i + D1AGE30_i + D0AGE40_i + D1AGE40_i$$

饱和回归模型(7.5)对应的条件期望函数为：

$$\begin{aligned}&\mathrm{E}(Y_i \mid D0AGE30_i, D1AGE30_i, D0AGE40_i, D1AGE40_i)\\&= \beta_1 D0AGE30_i + \beta_2 D1AGE30_i + \beta_3 D0AGE40_i + \beta_4 D1AGE40_i\end{aligned}$$

其各个系数的含义为：

当 $D_i = 0$，$AGE_i = 30$ 时，Y_i 的均值为：

$$\begin{aligned}&\mathrm{E}(Y_i \mid D_i = 0,\ AGE_i = 30)\\&= \mathrm{E}(Y_i \mid D0AGE30_i = 1, D1AGE30_i = 0, D0AGE40_i = 0, D1AGE40_i = 0)\\&= \beta_1\end{aligned}$$

当 $D_i = 1$，$AGE_i = 30$ 时，Y_i 的均值为：

$$\begin{aligned}&\mathrm{E}(Y_i \mid D_i = 1,\ AGE_i = 30)\\&= \mathrm{E}(Y_i \mid D0AGE30_i = 0, D1AGE30_i = 1, D0AGE40_i = 0, D1AGE40_i = 0)\\&= \beta_2\end{aligned}$$

当 $D_i = 0$，$AGE_i = 40$ 时，Y_i 的均值为：

$$\begin{aligned}&\mathrm{E}(Y_i \mid D_i = 0,\ AGE_i = 40)\\&= \mathrm{E}(Y_i \mid D0AGE30_i = 0, D1AGE30_i = 0, D0AGE40_i = 1, D1AGE40_i = 0)\\&= \beta_3\end{aligned}$$

当 $D_i=1$，$AGE_i=40$ 时，Y_i 的均值为：

$$\begin{aligned}
&E(Y_i \mid D_i=0,\ AGE_i=40)\\
&=E(Y_i \mid D0AGE30_i=0, D1AGE30_i=0, D0AGE40_i=0, D1AGE40_i=1)\\
&=\beta_4
\end{aligned}$$

我们看到，饱和模型的系数对应了不同年龄处置组和控制组观测结果的均值，通过系数值，我们可求得 $ATT(AGE_i=30)$ 和 $ATT(AGE_i=40)$ 如下：

$$\begin{aligned}
&ATE(AGE_i=30)\\
&=E(Y_i \mid D_i=1,\ AGE_i=30)-E(Y_i \mid D_i=0,\ AGE_i=30)\\
&=\beta_2-\beta_1\\
&ATE(AGE_i=40)\\
&=E(Y_i \mid D_i=1,\ AGE_i=40)-E(Y_i \mid D_i=0,\ AGE_i=40)\\
&=\beta_4-\beta_3
\end{aligned}$$

对样本数据进行回归，可得以下系数估计值：

```
. reg Y D0AGE30 D1AGE30 D0AGE40 D1AGE40, noconstant

      Source |       SS           df       MS      Number of obs   =        10
-------------+----------------------------------   F(4, 6)         =     13.50
       Model |        540          4         135   Prob > F        =    0.0037
    Residual |         60          6          10   R-squared       =    0.9000
-------------+----------------------------------   Adj R-squared   =    0.8333
       Total |        600         10          60   Root MSE        =    3.1623

------------------------------------------------------------------------------
           Y |      Coef.   Std. Err.      t    P>|t|     [95% Conf. Interval]
-------------+----------------------------------------------------------------
     D0AGE30 |          9   2.236068     4.02   0.007     3.528539    14.47146
     D1AGE30 |        7.5   2.236068     3.35   0.015     2.028539    12.97146
     D0AGE40 |        5.5   1.581139     3.48   0.013     1.631093    9.368907
     D1AGE40 |        8.5   2.236068     3.80   0.009     3.028539    13.97146
------------------------------------------------------------------------------.
```

根据前面讨论的回归系数含义，$ATE(AGE_i=30)$ 和 $ATE(AGE_i=40)$ 的样本回归估计值为：

$$\widehat{ATE}(AGE_i=30)=\hat{\beta}_2-\hat{\beta}_1=7.5-9=-1.5$$

$$\widehat{ATE}(AGE_i=40)=\hat{\beta}_4-\hat{\beta}_3=8.5-5.5=3$$

ATE 的估计值为：

$$\begin{aligned}
\widehat{ATE}&=P(AGE_i=30)\times\widehat{ATE}(AGE_i=30)+P(AGE_i=40)\times\widehat{ATE}(AGE_i=40)\\
&=\frac{4}{10}(-1.5)+\frac{6}{10}\times 3\\
&=1.2
\end{aligned}$$

由此可见，饱和回归模型得到的结果和精确匹配的结果是一样的。饱和回归模型解释变量的系数事实上是求解样本里不同年龄控制组和处置组的平均观测结果，即 $\hat{\beta}_1=\overline{Y}_0(AGE_i=30)=9$，$\hat{\beta}_2=\overline{Y}_1(AGE_i=30)=7.5$，$\hat{\beta}_3=\overline{Y}_0(AGE_i=40)=5.5$，$\hat{\beta}_4=\overline{Y}_0(AGE_i=40)=8.5$。如果想要求得 $\widehat{ATE}$，也需要和匹配方法一样，先计算不同年龄的 $\widehat{ATT}(AGE_i=age)$，然后以 $P(AGE_i=age)$ 为权重计算加权平均值，得到 $\widehat{ATE}$。

（二）完全饱和模型：含常数项

如果饱和模型里包含截距项，为避免共线性，必须去掉一个虚拟变量。在这个例子中，如果我们去掉 $D0AGE30$，含截距项的饱和模型具体形式为：

$$Y_i=\alpha+\gamma_1 D1AGE30_i+\gamma_2 D0AGE40_i+\gamma_3 D1AGE40_i+e_i \tag{7.6}$$

饱和模型(7.6)对应的条件期望函数为：

$$\begin{aligned}&\mathrm{E}(Y_i \mid D1AGE30_i,\ D0AGE40_i,\ D1AGE40_i)\\&=\alpha+\gamma_1 D1AGE30_i+\gamma_2 D0AGE40_i+\gamma_3 D1AGE40_i\end{aligned}$$

这个模型各个系数的含义为：

当 $D_i=0$，$AGE_i=30$ 时，Y_i 的均值为：

$$\begin{aligned}&\mathrm{E}(Y_i \mid D_i=0,\ AGE_i=30)\\&=\mathrm{E}(Y_i \mid D1AGE30_i=0,\ D0AGE40_i=0,\ D1AGE40_i=0)\\&=\alpha\end{aligned}$$

当 $D_i=1$，$AGE_i=30$ 时，Y_i 的均值为：

$$\begin{aligned}&\mathrm{E}(Y_i \mid D_i=1,\ AGE_i=30)\\&=\mathrm{E}(Y_i \mid D1AGE30_i=1,\ D0AGE40_i=0,\ D1AGE40_i=0)\\&=\alpha+\gamma_1\end{aligned}$$

当 $D_i=0$，$AGE_i=40$ 时，Y_i 的均值为：

$$\begin{aligned}&\mathrm{E}(Y_i \mid D_i=0,\ AGE_i=40)\\&=\mathrm{E}(Y_i \mid D1AGE30_i=0,\ D0AGE40_i=1,\ D1AGE40_i=0)\\&=\alpha+\gamma_2\end{aligned}$$

当 $D_i=1$，$AGE_i=40$ 时，Y_i 的均值为：

$$\begin{aligned}&\mathrm{E}(Y_i \mid D_i=0,\ AGE_i=40)\\&=\mathrm{E}(Y_i \mid D1AGE30_i=0,\ D0AGE40_i=0,\ D1AGE40_i=1)\\&=\alpha+\gamma_3\end{aligned}$$

通过系数值，我们可以得到 $ATT(AGE_i=30)$ 和 $ATT(AGE_i=40)$ 如下：

$$
\begin{aligned}
& ATE(AGE_i=30) \\
&= \mathrm{E}(Y_i \mid D_i=1,\ AGE_i=30)-\mathrm{E}(Y_i \mid D_i=0,\ AGE_i=30) \\
&= (\alpha+\gamma_1)-\alpha \\
&= \gamma_1
\end{aligned}
$$

$$
\begin{aligned}
& ATE(AGE_i=40) \\
&= \mathrm{E}(Y_i \mid D_i=1,\ AGE_i=40)-\mathrm{E}(Y_i \mid D_i=0,\ AGE_i=40) \\
&= (\alpha+\gamma_3)-(\alpha+\gamma_2) \\
&= \gamma_3-\gamma_2
\end{aligned}
$$

回归结果如下：

```
. reg Y D1AGE30 D0AGE40 D1AGE40

      Source |       SS           df       MS      Number of obs   =        10
-------------+----------------------------------   F(3, 6)         =      0.72
       Model |        21.6         3         7.2   Prob > F        =    0.5755
    Residual |          60         6          10   R-squared       =    0.2647
-------------+----------------------------------   Adj R-squared   =   -0.1029
       Total |        81.6         9  9.06666667   Root MSE        =    3.1623

------------------------------------------------------------------------------
           Y |      Coef.   Std. Err.      t    P>|t|     [95% Conf. Interval]
-------------+----------------------------------------------------------------
     D1AGE30 |       -1.5   3.162278    -0.47   0.652    -9.237815    6.237815
     D0AGE40 |       -3.5   2.738613    -1.28   0.248    -10.20114    3.201144
     D1AGE40 |        -.5   3.162278    -0.16   0.880    -8.237815    7.237815
       _cons |          9   2.236068     4.02   0.007     3.528539    14.47146
------------------------------------------------------------------------------
```

根据前面讨论的回归系数含义，我们用回归得到的系数值估计不同年龄组的 $ATT(AGE_i)$：

$$\widehat{ATE}(AGE_i=30)=\hat{\gamma}_1=-1.5$$

$$\widehat{ATE}(AGE_i=40)=\hat{\gamma}_3-\hat{\gamma}_2=-0.5-(-3.5)=3$$

由此可见，含常数项模型得到的结果与不含常数项的模型是相同的，只是我们需要注意不同模型系数的解释。

通过本节的例子我们看到，完全饱和回归模型和精确匹配得到的结果是一致的。它们都是先计算不同年龄处置组和控制组的平均观测结果，然后计算不同年龄组的平均处置效应 $\widehat{ATE}(AGE_i=age)$，最后根据 ATE 的定义以不同年龄组人数比率 $P(AGE_i=age)$ 为权重计算 $\widehat{ATE}$。

第二节　匹配方法与回归方法的差异

一、控制变量饱和模型

与完全饱和模型不同,另一个较为简化的饱和模型为控制变量饱和模型,它只要求对控制变量的所有可能组合值都有一个对应系数。在本例中,控制变量有两个值,我们可以设置两个虚拟变量 $AGE30$ 和 $AGE40$,分别定义为:

当 $AGE_i=30$ 时,$AGE30_i=1$;否则,$AGE30_i=0$;

当 $AGE_i=40$ 时,$AGE40_i=1$;否则,$AGE40_i=0$。

控制变量饱和回归模型为:

$$Y_i=\beta D_i+\phi_1 AGE30_i+\phi_2 AGE40_i+e_i \tag{7.7}$$

由于 $AGE30_i+AGE40_i=1$,为避免共线性,模型里不包含常数项。这个模型里,对于控制变量 AGE 的两个可能值(30 和 40)有不同的系数 ϕ_1 和 ϕ_2,它允许 30 岁和 40 岁这两种年龄对健康的影响是不同的。但与完全饱和模型(7.5)不同,模型(7.7)中处置变量 D 和 $AGE30$ 或 $AGE40$ 并没有交叉项,即 D 的系数不会随着 AGE 的变化而不同,这意味着对于不同年龄,只有一个相同的处置效应估计值 β。

我们还是通过条件期望值来具体研究这个回归模型中各个系数的含义。

当 $D_i=0$, $AGE_i=30$ 时,Y_i 的均值为:

$$\begin{aligned}&\mathrm{E}(Y_i \mid D_i=0,\ AGE_i=30)\\&=\mathrm{E}(Y_i \mid D_i=0,\ AGE30_i=1,\ AGE40_i=0)\\&=\phi_1\end{aligned}$$

当 $D_i=1$, $AGE_i=30$ 时,Y_i 的均值为:

$$\begin{aligned}&\mathrm{E}(Y_i \mid D_i=0,\ AGE_i=30)\\&=\mathrm{E}(Y_i \mid D_i=1,\ AGE30_i=1,\ AGE40_i=0)\\&=\beta+\phi_1\end{aligned}$$

当 $D_i=0$, $AGE_i=40$ 时,Y_i 的均值为:

$$\begin{aligned}&\mathrm{E}(Y_i \mid D_i=0,\ AGE_i=40)\\&=\mathrm{E}(Y_i \mid D_i=0,\ AGE30_i=0,\ AGE40_i=1)\\&=\phi_2\end{aligned}$$

当 $D_i=1$，$AGE_i=40$ 时，Y_i 的均值为：

$$
\begin{aligned}
&\mathrm{E}(Y_i \mid D_i=0,\ AGE_i=40) \\
=&\mathrm{E}(Y_i \mid D_i=1,\ AGE30_i=0,\ AGE40_i=1) \\
=&\beta+\phi_2
\end{aligned}
$$

通过系数值，我们可以得到 $ATE(AGE_i=30)$ 和 $ATE(AGE_i=40)$ 如下：

$$
\begin{aligned}
&ATE(AGE_i=30) \\
=&\mathrm{E}(Y_i \mid D_i=1,\ AGE_i=30)-\mathrm{E}(Y_i \mid D_i=0,\ AGE_i=30) \\
=&\mathrm{E}(Y_i \mid D_i=1,\ AGE30_i=1,\ AGE40=0) \\
&-\mathrm{E}(Y_i \mid D_i=0,\ AGE30_i=1,\ AGE40_i=0) \\
=&(\beta+\phi_1)-\phi_1 \\
=&\beta
\end{aligned}
$$

$$
\begin{aligned}
&ATE(AGE_i=40) \\
=&\mathrm{E}(Y_i \mid D_i=1,\ AGE_i=40)-\mathrm{E}(Y_i \mid D_i=0,\ AGE_i=40) \\
=&\mathrm{E}(Y_i \mid D_i=1,\ AGE30_i=0,\ AGE40_i=1) \\
&-\mathrm{E}(Y_i \mid D_i=0,\ AGE30_i=0,\ AGE40_i=1) \\
=&(\beta+\phi_2)-\phi_2 \\
=&\beta
\end{aligned}
$$

可见在这个模型里，$ATE(AGE_i=30)=ATE(AGE_i=40)=\beta$，即不同年龄的处置效应是相同的。

使用控制变量饱和模型，回归得到的结果如下：

```
. reg Y D AGE30 AGE40, noconstant

      Source |       SS           df       MS      Number of obs   =        10
-------------+----------------------------------   F(3, 7)         =     17.23
       Model |  528.428571         3  176.142857   Prob > F        =    0.0013
    Residual |  71.5714286         7  10.2244898   R-squared       =    0.8807
-------------+----------------------------------   Adj R-squared   =    0.8296
       Total |         600        10          60   Root MSE        =    3.1976

------------------------------------------------------------------------------
           Y |      Coef.   Std. Err.      t    P>|t|     [95% Conf. Interval]
-------------+----------------------------------------------------------------
           D |   1.071429   2.093305     0.51   0.625     -3.87845    6.021307
       AGE30 |   7.714286   1.910917     4.04   0.005     3.195685    12.23289
       AGE40 |   6.142857    1.48019     4.15   0.004     2.642764     9.64295
------------------------------------------------------------------------------
```

根据系数的含义和回归得到的系数值，可以估计不同年龄个体的平均处置效应为：

$$\widehat{ATE}(AGE_i=30)=\widehat{ATE}(AGE_i=40)=\hat{\beta}=1.07$$

在这个模型里，由于对于不同年龄组，处置效应都等于 1.07，因此总体的处置效应 $\widehat{ATE}$ 也是等于 1.07。可见，这个模型的处置变量系数 $\hat{\beta}$ 一次性给出了平均处置效应 $\hat{\beta}=\widehat{ATE}=1.07$。

我们注意到，第一节中利用精确匹配和完全饱和模型得到 $\widehat{ATE}=1.2$，但利用控制变量饱和模型回归得到 $\widehat{ATE}=1.07$。下面我们讨论造成二者计算 $\widehat{ATE}$ 出现差异的原因。

二、二者计算$\widehat{ATE}$出现差异的原因

（一）差异原因 1：ATE 估计权重的差异

在精确匹配模型或完全饱和回归模型中，$\widehat{ATE}$ 是每个 $\widehat{ATE}(AGE_i)$ 的加权平均值，其权重为处置组中不同年龄个体的比率，即：

$$\widehat{ATE}=P(AGE_i=30)\times\widehat{ATE}(AGE_i=30)+P(AGE_i=40)\times\widehat{ATE}(AGE_i=40) \tag{7.8}$$

而在以下控制变量饱和回归模型中：

$$Y_i=\beta D_i+\phi_1 AGE30_i+\phi_2 AGE40_i+e_i$$

通过回归方法计算得到的 $\hat{\beta}$ 也是一个 $\widehat{ATE}(AGE_i)$ 的加权平均值，只是权重有所不同，具体形式如下：

$$\begin{aligned}\hat{\beta}&=w(AGE_i=30)\times\widehat{ATE}(AGE_i=30)+w(AGE_i=40)\times\widehat{ATE}(AGE_i=40)\\&=\frac{\mathrm{Var}(D_i\mid AGE_i=30)P(AGE_i=30)}{\mathrm{Var}(D_i\mid AGE_i=30)P(AGE_i=30)+\mathrm{Var}(D_i\mid AGE_i=40)P(AGE_i=40)}\\&\quad\times\widehat{ATE}(AGE_i=30)\\&\quad+\frac{\mathrm{Var}(D_i\mid AGE_i=40)P(AGE_i=40)}{\mathrm{Var}(D_i\mid AGE_i=30)P(AGE_i=30)+\mathrm{Var}(D_i\mid AGE_i=40)P(AGE_i=40)}\\&\quad\times\widehat{ATT}(AGE_i=40)\end{aligned} \tag{7.9}$$

这个公式看起来有些烦琐，但其实并不难理解，我们来仔细分析它的内容。

$\widehat{ATE}(AGE_i=30)$ 的权重为：

$$\begin{aligned}&w(AGE_i=30)\\&=\frac{\mathrm{Var}(D_i\mid AGE_i=30)P(AGE_i=30)}{\mathrm{Var}(D_i\mid AGE_i=30)P(AGE_i=30)+\mathrm{Var}(D_i\mid AGE_i=40)P(AGE_i=40)}\end{aligned} \tag{7.10}$$

$\widehat{ATE}(AGE_i=40)$ 的权重为：

$$w(AGE_i=40)$$

$$=\frac{\text{Var}(D \mid AGE_i=40)P(AGE_i=40)}{\text{Var}(D_i \mid AGE_i=30)P(AGE_i=30)+\text{Var}(D_i \mid AGE_i=40)P(AGE_i=40)} \tag{7.11}$$

相比公式(7.8)中的权重，$\hat{\beta}$ 的权重多出了 $\text{Var}(D_i \mid AGE_i=30)$ 和 $\text{Var}(D_i \mid AGE_i=40)$，它们分别是年龄为 30 岁和 40 岁的个体里，处置变量 D_i 的样本方差。在这个例子里，由于 D_i 是一个二元变量，根据伯努利(Bernoulli)分布的性质，D_i 的条件样本方差为：

$$\text{Var}(D_i \mid AGE_i=30)=P(D_i=1 \mid AGE_i=30)(1-P(D_i=1 \mid AGE_i=30))$$

$$=\frac{2}{4}\times\frac{2}{4}=\frac{1}{4}$$

$$\text{Var}(D_i \mid AGE_i=40)=P(D_i=1 \mid AGE_i=40)(1-P(D_i=1 \mid AGE_i=40))$$

$$=\frac{2}{6}\times\frac{4}{6}=\frac{2}{9}$$

将以上数值代入权重公式(7.10)和公式(7.11)，得到：

$$w(AGE_i=30)$$

$$=\frac{\text{Var}(D_i \mid AGE_i=30)P(AGE_i=30)}{\text{Var}(D_i \mid AGE_i=30)P(AGE_i=30)+\text{Var}(D_i \mid AGE_i=40)P(AGE_i=40)}$$

$$=\frac{\frac{1}{4}\times\frac{4}{10}}{\frac{2}{9}\times\frac{6}{10}+\frac{1}{4}\times\frac{4}{10}}$$

$$=0.43$$

$$w(AGE_i=40)$$

$$=\frac{\text{Var}(D \mid AGE_i=40)P(AGE_i=40)}{\text{Var}(D_i \mid AGE_i=30)P(AGE_i=30)+\text{Var}(D_i \mid AGE_i=40)P(AGE_i=40)}$$

$$=\frac{\frac{2}{9}\times\frac{6}{10}}{\frac{2}{9}\times\frac{6}{10}+\frac{1}{4}\times\frac{4}{10}}$$

$$=0.57$$

再将权重代入公式(7.9),得到 $\widehat{ATE}$:

$$\begin{aligned}\widehat{ATE} &= w(AGE_i=30)\times\widehat{ATE}(AGE_i=30)+w(AGE_i=40)\times\widehat{ATE}(AGE_i=40)\\ &=0.43\times(-1.5)+0.57\times 3\\ &=1.07\end{aligned}$$

我们可以看到,这个结果与非饱和模型回归得到的系数 $\hat{\beta}$ 值是一致的,这验证了非饱和回归模型的系数 $\hat{\beta}$ 事实上是按公式(7.9)计算的 $\widehat{ATE}(AGE_i=age)$ 加权平均。因此,精确匹配法和完全饱和模型得到的 $\widehat{ATE}$ 与控制变量饱和回归模型得到的 $\widehat{ATE}$ 不同的根本原因,是在计算 $\widehat{ATE}$ 时,对 $\widehat{ATE}(AGE_i=age)$ 赋予的权重有所不同:前者的权重取决于 $P(AGE_i=age)$,后者的权重取决于 $P(AGE_i=age)\times \mathrm{Var}(D_i \mid AGE_i=age)$。

之所以在控制变量饱和回归模型里,通过回归系数 $\hat{\beta}$ 计算 $\widehat{ATE}$ 的权重不仅取决于不同年龄的人数比率 $P(AGE_i=age)$,还取决于不同年龄组的处置变量方差 $\mathrm{Var}(D_i \mid AGE_i=age)$,是由于回归方法估计系数是最小化估计方差,它对于方差越小的 $\widehat{ATE}(AGE_i=age)$ 赋予的权重越大。当处置变量方差 $\mathrm{Var}(D_i \mid AGE_i=age)$ 越大时,$\widehat{ATE}(AGE_i=age)$ 的方差越小,因此被赋予较大的权重。事实上,对于给定的 $X_i=x$,当处置组和控制组的人数相同时,$\mathrm{Var}(D_i \mid X_i=x)$ 的值最大化,最大值为 $\mathrm{Var}(D_i \mid X_i=x)=P(D_i \mid X_i=x)(1-P(D_i \mid X_i=x))=0.5\times 0.5=0.25$。如果对于给定的 $X_i=x$,只有处置组或控制组,$\mathrm{Var}(D_i \mid X_i=x)=0$,则意味着 $\widehat{ATE}(X_i=x)$ 的权重为 0。

如果精确匹配/完全饱和模型与控制变量饱和模型得到的结果需要完全一致,处置效应必须不存在差异化[即 $\widehat{ATE}(X_i=x)$ 是一个常数,不随着 x 变化]。在这种情况下,权重在计算 $\widehat{ATE}$ 时就不起作用。在通常情况下,$\widehat{ATE}(X_i=x)$ 并不是一个常数,由于控制变量饱和模型的处置变量系数 $\hat{\beta}$ 使用的权重并不符合 ATE 对权重的定义,因此并非 ATE 的一致或无偏的估计量。但在实际运用中,我们通常忽略这个区别。

在实际运用中,如果控制变量很多,并且有很多不同数值,要对所有控制变量的可能值估计对应系数就变得很困难甚至不可能。因此在实际运用中,我们甚至不经常使用控制变量饱和模型。我们更常使用的模型是假设控制变量和被解释变量满足简单的线性关系:$Y_i=\beta D_i+\phi AGE_i+e_i$,这个模型称为非饱和模型。在这个模型里,不同年龄变化对于收入的影响是一样,都等于 ϕ。事实上,通过非饱和模型 $\hat{\beta}$ 估计的 $\widehat{ATE}$ 也是 $\widehat{ATE}(X_i=x)$ 的加权平均,只是权重更加复杂。有兴趣的读者可以参考相关文献[参见 Angrist and Kruger(1999),Section 2.3.1]。

（二）差异原因2：缺乏共同支撑域和控制变量不均衡的影响

在实际研究中，如果解释变量的值较多或者是连续变量，我们无法使用完全饱和模型或者控制变量饱和模型，就只能使用非饱和回归模型。非饱和回归模型和匹配方法在估计平均处置效应上存在差异，除了前文讨论的权重外，另一个区别是对共同支撑域条件和均衡性的要求。

共同支撑域是指处置组和控制组控制变量的分布范围是否重叠。均衡性是指处置组和控制组控制变量的均值是否接近。共同支撑域与均衡性相关，但不相同。图7.1给出了几种常见的情况。图中实线是变量 X 在处置组的分布，虚线是变量 X 在控制组的分布。图7.1(a)显示了两组控制变量 X 的分布完全重叠，即对于每个 X 值，既对应了控制组个体，也对应了处置组个体，因此满足共同支撑域条件。图7.1(a)中的 X 均值也相等，因此满足均衡条件。图7.1(b)显示了两组 X 的分布完全重叠，但均值不等，即满足共同支撑域条件，但不均衡。图7.1(c)显示了两组 X 的分布不完全重叠，并且均值也不相等，即既不满足共同支撑域条件，也不均衡。

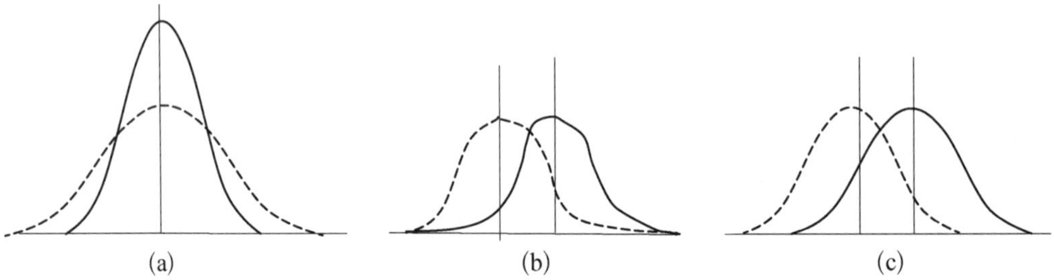

图7.1　处置组和控制组控制变量分布的重叠及均衡

在上一章，我们解释了使用匹配方法首先需要对数据进行控制变量均衡检验。通常我们把不满足重叠(共同支撑域)条件的数据去掉，并通过匹配达到控制变量均衡，最后才计算处置效应。但在回归方法里，我们并没有进行共同支撑域和均衡检验，而是直接对数据进行回归。在不重叠和不均衡的情况下，回归估计的处置效应结果会非常依赖于回归模型的函数设定是否正确，并且即使函数设定是正确的，处置效应估计的稳健性也较低。

我们还是用一个具体实例来说明不重叠和不均衡对使用回归方法估计处置效应的影响。假如我们要研究接受大学教育对收入的影响，假设收入只受受教育程度和智商的影响，数据结构如表7.3所示。其中，*ID* 是个体编号；*INC1* 是收入；*College* 是一个虚拟变量，*College*＝1表示“具备大学以上学历”，*College*＝0表示“不具备大学以上学历”；*IQ* 是智商值。

表 7.3 收入、教育和智商数据一

ID	*INC1*	*College*	*IQ*	*ID*	*INC1*	*College*	*IQ*
1	15283	0	58	11	25821	1	101
2	15539	0	61	12	25467	1	102
3	15986	0	64	13	26622	1	116
4	16687	0	66	14	27781	1	120
5	16841	0	68	15	27675	1	127
6	17087	0	76	16	27347	1	129
7	18117	0	82	17	28334	1	133
8	20260	0	90	18	28671	1	135
9	19472	0	90	19	29705	1	146
10	18811	0	93	20	29809	1	147

从表 7.3 我们看到，这组数据是一个比较极端的例子，数据完全不满足共同支撑条件，即智商低于 100 的人都没有上过大学，而智商高于 100 的人都具有大学以上学历。图 7.2 直观显示了所有的观测值，其中实心圆点和空心圆点分别代表具备大学以上学历的观测值和不具备大学以上学历的观测值。

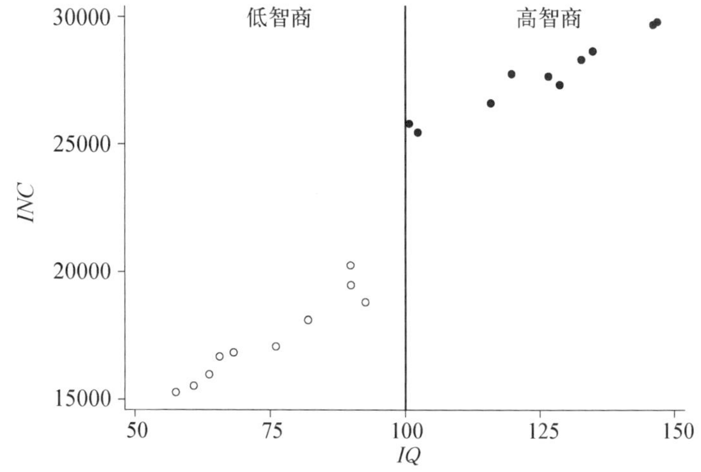

图 7.2 收入、教育和智商数据一图

1. 匹配方法：完全饱和模型和控制变量饱和模型

如果使用精确匹配法，对于智商高于 100 的个体，因为所有人都具有大学以上学历，我们没法找到相同智商但没上过大学的控制个体。因此使用匹配方法，我们会发现这个数据不满足共同支撑域的要求，这样既无法计算不同智商个体上大学的

$\widehat{ATE}(IQ_i = iq)$，也无法计算 $\widehat{ATE}$。

如果使用完全饱和模型，我们也会发现无法估计 ATE，因为完全饱和模型也需要先通过回归系数估计得到不同智商处置组（上大学个体）和控制组（没上大学个体）的平均收入，二者相减才能计算 $\widehat{ATE}(IQ_i = iq)$，进而计算 $\widehat{ATE}(IQ_i = iq)$。然而对于给定智商水平，数据中并没有处置组和控制组都存在的观测结果，因此也无法通过回归系数计算 $ATE(IQ_i = iq)$。

如果使用控制变量饱和模型，我们也会发现无法估计处置效应，因为控制变量饱和模型使用的权重里包含 $\text{Var}(D_i \mid X_i = x)$。如果对于给定观测特征 $X = x$，只有处置组或控制组，$\text{Var}(D_i \mid X_i = x) = 0$，则意味着 $\widehat{ATE}(X_i = x)$ 的权重为 0。在本例中，对于任何给定智商 $IQ_i = iq$，对应的只有处置个体或控制个体，因此 $\widehat{ATE}(IQ_i = iq)$ 的权重都为 0，无法估计处置效应 $\widehat{ATE}$。实际上在这个极端的例子里，如果我们试图使用完全饱和模型或者控制变量饱和模型进行回归，根据 IQ 值生成的虚拟变量将会与 *College* 这个虚拟变量线性相关，进而无法使用 OLS 回归。

2. 回归方法：非饱和回归模型

在实际运用中，我们通常并不使用完全饱和或控制变量饱和模型，而是使用非饱和回归模型如下：

$$INC_i = \alpha + \beta_1 College_i + \beta_2 IQ_i + e_i \tag{7.12}$$

在这个模型里，控制变量 IQ 只有一个系数 β，而不是每个 IQ 值都有一个对应的系数，因此它是一个不饱和模型。它假设 IQ 和 INC 的关系是线性的：IQ 值每增加 1，收入均值增加 β_2。

使用模型(7.12)进行回归，得到的结果为：

```
. reg inc1 college iq

      Source |       SS           df       MS      Number of obs   =        20
-------------+----------------------------------   F(2, 17)        =   1150.39
       Model |   573203749         2   286601874   Prob > F        =    0.0000
    Residual |  4235303.91        17  249135.524   R-squared       =    0.9927
-------------+----------------------------------   Adj R-squared   =    0.9918
       Total |   577439052        19  30391529.1   Root MSE        =    499.13

------------------------------------------------------------------------------
         inc |      Coef.   Std. Err.      t    P>|t|     [95% Conf. Interval]
-------------+----------------------------------------------------------------
     college |   5077.987   464.3257    10.94   0.000     4098.345    6057.628
          iq |   103.0874    8.01464    12.86   0.000     86.17794    119.9968
       _cons |   9712.219   618.8173    15.69   0.000     8406.629    11017.81
------------------------------------------------------------------------------
```

回归结果显示，*College* 系数 $\hat{\beta}_1 = 5077.98$，解释为：对于给定 IQ 的个体，具备大学以上学历（相对于不具备大学以上学历）的人平均收入增加 5077.98 元。IQ 的系数 $\hat{\beta}_2 = 103.08$，解释为：对于给定受教育程度的个体，IQ 每增加 1，平均收入增加 103.08

元。我们看到，使用回归方法估计处置效应，并不需要数据满足共同支撑域的条件。对于缺乏共同支撑域的数据，回归模型又是如何估计出 *College* 的系数的？这样估计出来的系数有意义吗？

我们通过图形来理解非饱和模型估计系数的意义。图 7.3 显示了用模型(7.12)对表 7.3 的数据进行线性回归的结果。图中两条直线的斜率为 *IQ* 的系数 $\hat{\beta}_2=103.08$，两条线的距离是 *College* 的系数 ($\hat{\beta}_1=5077.98$)。回归方程通过假设 *IQ* 对 *INC* 的影响满足线性关系来获得估计 *College* 的系数。例如，图 7.3 中的 *A* 点是较高智商 (*IQ*=127) 且具备大学以上学历个人的收入，*D* 点是较低智商 (*IQ*=82) 且不具备大学以上学历个人的收入，这两点都可以通过观测数据计算得到。但它们的反事实结果为：高智商 (*IQ*=127) 个体如果不上大学的收入(*B* 点)、低智商 (*IQ*=82) 个体如果上大学的收入(*C* 点)并非通过观测结果估计的，而是通过智商 *IQ* 和收入 *INC* 是线性关系“外推”(extrapolate)估计得到的。

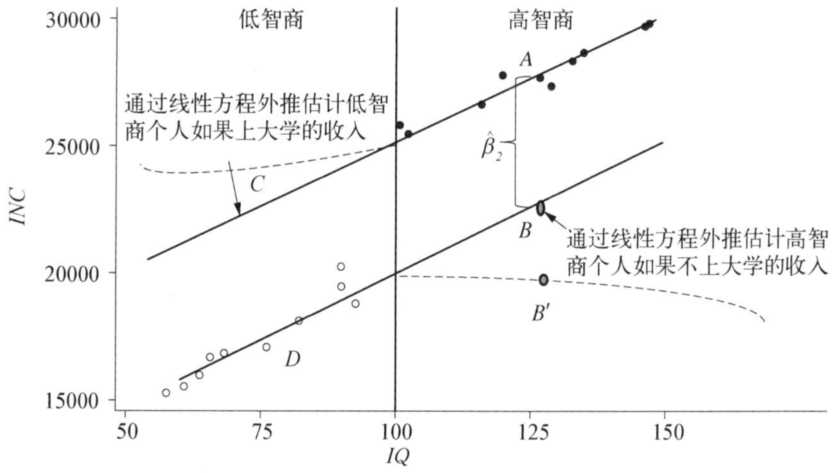

图 7.3　线性回归外推结果

由此可见，通过 *INC* 和 *IQ* 的线性函数关系假设，回归允许我们在不存在对应数据的情况下，外推估计“反事实结果”。然而由于缺乏对应的数据，外推的结果是否正确，我们不得而知。在图 7.3 中，如果真实的反事实结果如虚线所示，而并非简单的线性关系，这种情况下，通过假设的线性函数外推得到的反事实结果就与真实情况相去甚远。例如，*A* 点的真实的反事实结果是 *B′* 点，而非线性方程外推得到的 *B* 点。可见在缺乏共同支撑域情况下，回归得到的处置效应取决于函数关系设置正确与否。

即使线性函数关系(7.12)的假设是正确的，在缺乏重叠并且不均衡的情况下，处置变量系数 β_1 的估计值也容易受到控制变量系数 β_2 估计值的影响，结果较不稳健。

为说明这个问题，我们稍微修改了表 7.3 中的 *INC* 数据，表 7.4 中的数据与表 7.3 中的数据相比，只是 *INC* 的值有所不同。

表 7.4　收入、教育和智商数据二

ID	*INC2*	*College*	*IQ*	*ID*	*INC2*	*College*	*IQ*
1	16158	0	58	11	27035	1	101
2	16246	0	61	12	26600	1	102
3	16550	0	64	13	27078	1	116
4	17155	0	66	14	28044	1	120
5	17179	0	68	15	27593	1	127
6	17032	0	76	16	27160	1	129
7	17766	0	82	17	27949	1	133
8	19516	0	90	18	28182	1	135
9	18725	0	90	19	28650	1	146
10	17929	0	93	20	28714	1	147

对表 7.4 的数据进行回归，结果如下：

```
. reg inc2 college iq

      Source |       SS           df       MS      Number of obs   =        20
-------------+----------------------------------   F(2, 17)        =   1081.33
       Model |   538795132         2   269397566   Prob > F        =    0.0000
    Residual |  4235306.65        17  249135.685   R-squared       =    0.9922
-------------+----------------------------------   Adj R-squared   =    0.9913
       Total |   543030439        19  28580549.4   Root MSE        =    499.13

------------------------------------------------------------------------------
        inc2 |      Coef.   Std. Err.      t    P>|t|     [95% Conf. Interval]
-------------+----------------------------------------------------------------
     college |   7577.986   464.3258    16.32   0.000     6598.344    8557.628
          iq |   53.08735   8.014642     6.62   0.000     36.17793    69.99677
       _cons |   13462.22   618.8175    21.75   0.000     12156.63    14767.81
------------------------------------------------------------------------------
```

我们看到，稍微改变 *INC* 的值，*College* 的系数发生了较大的变化，从原来的 5077变到 7577。图 7.4 比较了两个数据回归的结果。图 7.4(a)是表 7.3 数据回归的结果(即图 7.3)，图 7.4(b)是表 7.4 数据回归的结果。图 7.4(b)中的直线较为平坦，即 *IQ* 的系数 $\hat{\beta}_2' < \hat{\beta}_2$。图 7.4(b)中两条直线的距离较大，即 *College* 的系数 $\hat{\beta}_1' > \hat{\beta}_1$。可见，在没有共同支撑域情况下得到的 *College* 对 *INC* 的处置结果受 *IQ* 和 *INC* 线性关系的影响很大。

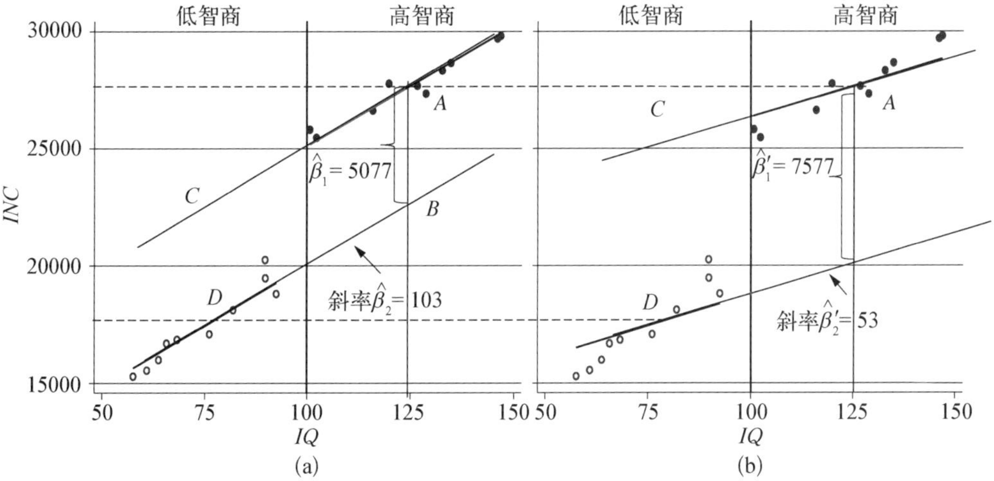

图 7.4　无共同支撑域情况下外推结果对处置效应的影响

我们再来看在具备共同支撑域并且均衡情况下的回归结果。在表 7.5 的数据中，只有中等智商的人，他们中有些具备大学以上学历，有些没有，因此是有共同支撑域的数据，具备大学以上学历和不具备大学以上学历的个体智商是均衡的，平均值都是 100。同上例一样，为比较结果，我们给了两组不同的收入数据 *INC1* 和 *INC2*。

表 7.5　收入、教育和智商数据三：有共同支撑域的数据

ID	*INC1*	*INC2*	*College*	*IQ*
1	18754	18815	0	109
2	18386	18562	0	95
3	18091	18450	0	111
4	18222	18732	0	96
5	21059	20392	0	88
6	18705	18764	0	114
7	18164	18615	0	94
8	20403	20500	0	86
9	20421	20194	0	84
10	20613	19937	0	95
11	24464	24728	1	99
12	26358	25658	1	84
13	25080	24812	1	98

（续表）

ID	*INC1*	*INC2*	*College*	*IQ*
14	25100	25132	1	109
15	25988	25347	1	106
16	23843	23845	1	92
17	23483	23866	1	108
18	25832	25326	1	82
19	25527	25104	1	95
20	25522	25111	1	104

用 *INC1* 作为被解释变量得到的回归结果如下：

```
. reg inc1 college iq

      Source |       SS           df       MS      Number of obs   =        20
-------------+----------------------------------   F(2, 17)        =    374.85
       Model |   186716529         2  93358264.4   Prob > F        =    0.0000
    Residual |  4233973.46        17  249057.263   R-squared       =    0.9778
-------------+----------------------------------   Adj R-squared   =    0.9752
       Total |   190950502        19  10050026.4   Root MSE        =    499.06

------------------------------------------------------------------------------
       incc1 |      Coef.   Std. Err.      t    P>|t|     [95% Conf. Interval]
-------------+----------------------------------------------------------------
     College  |   5262.696   234.2263    22.47   0.000     4768.521     5756.87
          Iq  |   95.37841    11.7849     8.09   0.000     70.51443    120.2424
       _cons  |   10374.33   1111.874     9.33   0.000     8028.484    12720.18
------------------------------------------------------------------------------
```

用 *INC2* 作为被解释变量得到的回归结果如下：

```
. reg inc2 college iq

      Source |       SS           df       MS      Number of obs   =        20
-------------+----------------------------------   F(2, 17)        =    325.45
       Model |   162111833         2  81055916.5   Prob > F        =    0.0000
    Residual |  4233975.84        17  249057.402   R-squared       =    0.9745
-------------+----------------------------------   Adj R-squared   =    0.9716
       Total |   166345809        19  8755042.58   Root MSE        =    499.06

------------------------------------------------------------------------------
       incc2 |      Coef.   Std. Err.      t    P>|t|     [95% Conf. Interval]
-------------+----------------------------------------------------------------
     College  |   5262.696   234.2264    22.47   0.000     4768.522    5756.871
          Iq  |   55.37841   11.78491     4.70   0.000     30.51443    80.24239
       _cons  |   14124.33   1111.874    12.70   0.000     11778.48    16470.18
------------------------------------------------------------------------------
```

我们看到，尽管 *IQ* 的系数差别较大，但对 *College* 的系数并没有影响。图 7.5(a)和(b)显示了这两个回归结果。

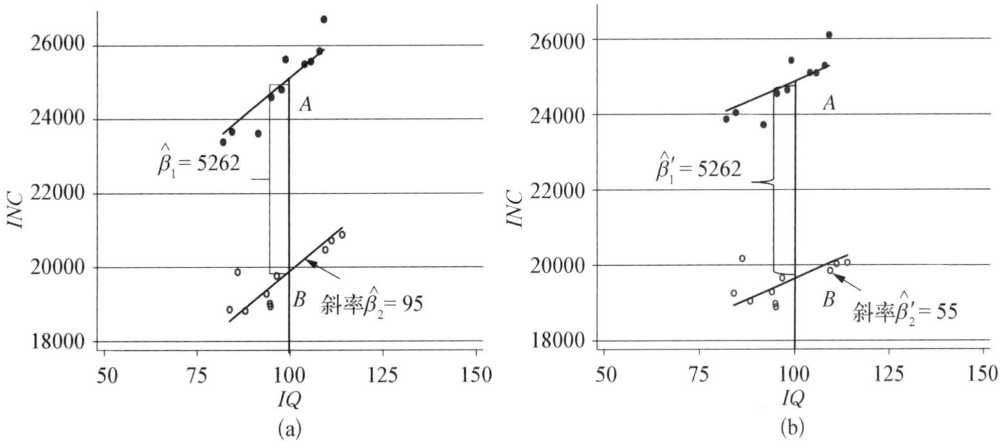

图 7.5　有共同支撑域情况下外推结果对处置效应的影响

可以看到，直线斜率（IQ 的系数）从图 7.5(a)中的 95 减小到图 7.5(b)中的 55，但两幅图中的处置效应 $\hat{\beta}_1 = 5262$（A 点到 B 点距离）并没有变化。可见，处置效应对有共同支撑域数据的估计结果是比较稳健的，即对其他控制变量参数的变化不敏感。不敏感的原因是：对有共同支撑域并且均衡的数据，处置组（具备大学以上学历的人）与控制组（不具备大学以上学历的人）的 IQ 分布是相似的，即图中实心圆点（上大学的人）与空心圆点（没上大学的人）对应的 IQ 值类似。因此，无论 IQ 和 INC 的关系如何，在计算处置效应时通过差值去除了 IQ 对 INC 的影响，即 A 点到 B 点的距离不受 IQ 和 INC 关系的影响。

小结

通过本节的例子可以看到，在缺乏共同支撑域和均衡的样本里，回归得到的处置效应是否正确，取决于方程函数形式设置是否正确。即使函数形式是正确的，处置效应的估计结果仍然较易受到控制变量系数估计值的影响。使用匹配方法的优点是，能够令我们注意到共同支撑域的问题；其缺点是，并不能解决数据本身缺乏共同支撑域的问题。

第三节　总结

通过前面具体地比较匹配方法和各种回归方法，可以把它们在实际运用中的主要异同点总结如下：

一、相同点

1. 回归方法和匹配方法都是用于处理在估计处置效应中由于可观测变量自选择造成的偏差，它们都不能处理在估计处置效应中由于不可观测变量自选择造成的偏差。

2. 精确匹配与完全饱和回归模型估计的处置效应是相同的。

二、不同点

1. 匹配法和控制变量饱和回归模型在计算平均处置效应 $\widehat{ATE}$ 上采用不同的比重，对 $\widehat{ATE}(X_i=x)$ 进行加权平均。

2. 匹配方法是先将样本根据可观测特征（控制变量）进行匹配，在观测特征达到均衡的基础上求解处置效应。匹配方法是两步估计，它允许我们先对可观测特征进行均衡性检验。因此，使用匹配方法时应对数据是否满足共同支撑域条件和是否均衡有明确的认识。

3. 在实际工作中，我们通常使用参数较少的非饱和回归模型。非饱和回归模型是将控制变量和处置变量一起纳入模型，一步估计出处置效应，因此回归方法是一步估计。非饱和回归模型对共同支撑域条件没有要求。非饱和回归模型可以通过假设控制变量和观测结果的线性关系去外推共同支撑域外的“反事实结果”以达到估计处置效应的目的，其结果的合理性取决于方程函数形式是否正确。

4. 匹配方法在可观测特征 X 上直接或通过倾向得分 $ps(X)$ 进行匹配，然后通过同样特征的处置组和控制组的观测结果均值相减得到处置效应。因为可观测特征 X 对结果 Y 的影响通过均值相减消除了，匹配方法不需要假设特征 X 是如何影响结果 Y 的，因此匹配方法也被认为是非参数方法。回归方程则通过线性函数假设特征变量 X 是如何影响结果 Y 的，因此回归方法是参数的估计方法。当然，如果在使用倾向得分匹配法时，第一步的倾向得分估计也是使用有参数的方程，那么在这个意义上，倾向得分法也是参数估计。

第八章　面板数据分析方法

前面章节介绍的回归方法和匹配方法都是通过控制可观测变量来估计因果关系。但是，很多同时影响处置选择和观测结果的混淆变量是我们观测不到的。面板数据由于其独特的数据结构特点，允许我们进一步控制个体观测不到，但不随时间变化的变量。本章第一节介绍什么是面板数据；第二节解释面板数据的信息来源，这是理解面板数据估计方法的基础；第三节介绍如何使用面板数据控制个体观测不到，但不随时间变化的变量；第四节具体介绍面板数据分析的三种主要模型——合并横截面模型、随机效应模型和固定效应模型；第五节集中讲解最常用的固定效应模型的三种估计方法——个体内差分估计法、最小二乘虚拟变量估计法和一阶差分估计法，并了解它们的异同点；第六节用面板数据实例对前面的知识点进行具体的讲解并学习相关的Stata 命令；第七节回答面板数据分析在现实操作中常见的一些问题。

第一节　什么是面板数据

一、面板数据的结构

面板数据(panel data)是包含多个个体，并且同一个体有一系列不同时间观测点的数据。相比于纯粹的横截面数据(只包含不同个体在一个时间点上的观测点)或时间序列数据(只包含一个个体在不同时间点上的观测点)，面板数据同时包含了横截面和时间序列两个维度的数据：个体维度($i=1, 2, \cdots, N$)和时间维度($t=1, 2, \cdots, T$)。个体(也称为组)可以是个人、企业、行业或国家；时间维度可以是秒、分、日、月、季和年。

一个典型的面板数据结构如表 8.1 所示。

表 8.1　面板数据例子

ID	*YEAR*	*INC*	*EDU*	*AGE*	*GENDER*
1	2017	800	3	23	1
1	2018	1000	4	24	1

（续表）

ID	*YEAR*	*INC*	*EDU*	*AGE*	*GENDER*
1	2019	1200	5	25	1
2	2017	1200	5	30	0
2	2018	1250	6	31	0
2	2019	1300	7	32	0

其中，*ID* 代表个体（人）的识别号，*YEAR* 代表时间（年份），*INC* 代表个人收入，*EDU* 代表受教育程度，*AGE* 代表年龄，*GENDER* 代表性别。表中有 2 个个体，每个个体有 3 年的观测点。

然而，并不是所有同时包含个体和时间两个维度的数据都是面板数据。表 8.2 是一个合并横截面数据（pooled cross-sectional dataset）。表中记录了 3 年的数据，每年有 2 个个体。该数据和表 8.1 的面板数据的差异在于，它并没有跟踪记录同一个个体。这些观测点可以属于不同的个体。这个数据结构可以理解为 2017 年、2018 年和 2019 年 3 个年份横截面数据的简单合并，因此我们也称之为合并横截面数据。

表 8.2　合并横截面数据例子

YEAR	*INC*	*EDU*	*AGE*	*GENDER*
2017	800	3	23	1
2018	1000	4	24	1
2019	1200	5	25	1
2017	1200	5	30	0
2018	1250	6	31	0
2019	1300	7	32	0

合并横截面数据由于没有跟踪同一个个体，它只是多年横截面数据的简单叠加，因此相比面板数据，它的信息价值较低。

二、面板数据分类

（一）短面板与长面板

通常在微观层面的研究中，面板数据的个体维度 N 比较大，时间维度 T 比较小，这样的面板数据称为“短面板”。例如，有些大型调查数据可能跟踪几百万人，但每 5 年调查一次，20 年数据的 T 也只有 4。反之，如果数据的 N 很小，T 很大，则称为“长面板”。例如，G7 国家经济数据只包含 7 个国家，但有上百年的数据。当然，有些数据

的 N 比较大，T 也较大，则称之为“大面板”。以上市企业的财务数据为例，其中包含几千家上市企业，平均每家企业有几十个季度的财务数据。

（二）平衡面板与非平衡面板

在面板数据中，如果对于每个个体，它们都有相同时间 T 的观测点，我们称之为“平衡面板”；反之，则称为“非平衡面板”。表 8.1 中的每个个体都有 3 年的数据，是平衡面板。表 8.3 是非平衡面板，因为个体 1 缺少了 2019 年的数据。

表 8.3　非平衡面板数据

ID	*YEAR*	*INC*	*EDU*	*AGE*	*GENDER*
1	2017	800	3	23	1
1	2018	1000	4	24	1
2	2017	1200	5	30	0
2	2018	1250	6	31	0
2	2019	1300	7	32	0

如果非平衡面板数据缺失是由于随机原因造成的，那么处理方法和平衡面板并没有区别；如果数据缺失是由于非随机原因造成的，我们必须考虑缺失的原因。例如，通过跟踪多人多年的受教育程度和收入水平来研究受教育程度对收入的影响。如果懒惰的人比较容易选择退出数据调查，会造成面板数据不平衡，因为懒惰会同时影响收入和受教育程度，因此在使用这个非平衡面板数据时，我们必须考虑到这类非随机因素造成的样本选择偏差。本章我们不考虑面板数据缺失是由于非随机原因造成的，因此，所讲的方法都适用于平衡面板数据和非平衡面板数据。

第二节　面板数据的信息来源

面板数据包含了两个维度的信息，其变量值的变化来源包含了不同个体间的差异和同一个体在不同时间上的差异。例如，表 8.1 中 *INC* 变量值的变化来源包含了不同个体间收入的差异和同一个体在不同年份收入的差异。事实上，面板数据里变量的总方差可以分解为个体间方差（也称为组间方差）和个体内方差（也称为组内方差）：

总方差（total variation）

＝个体间方差（between variation）＋个体内方差（within variation）

其中，个体间方差是个体平均值的方差，个体内方差是相同个体在不同时间上值的方差。具体而言，面板数据里变量 X 方差分解的计算如下：

$$\text{样本总方差 } s_o^2 = \frac{1}{NT-1}\sum_{i=1}^{N}\sum_{t=1}^{T}(X_{it}-\bar{\bar{X}})^2$$

$$\text{样本个体间方差 } s_B^2 = \frac{1}{N-1}\sum_{i=1}^{N}(\bar{X}_i-\bar{\bar{X}})^2$$

$$\text{样本个体内方差 } s_w^2 = \frac{1}{NT-1}\sum_{i=1}^{N}\sum_{t=1}^{T}(X_{it}-\bar{X}_i)^2$$

其中，X_{it} 是变量 X 在个体 i 和时间 t 的值，$\bar{\bar{X}}$ 是 X 在数据里总的平均值，$\bar{X}_i$ 是 X 在个体 i 中的平均值。由于是计算样本的方差，做了 $NT-1$ 和 $N-1$ 的调整(而非 NT 和 N)，因此，样本总方差只是近似等于样本个体间方差和样本个体内方差之和，即：

$$s_o^2 \approx s_B^2 + s_W^2 \tag{8.1}$$

当拿到一个面板数据，我们首先要通过分解变量的方差来对其信息变化来源主要是个体间还是个体内进行分析，这对于我们分析和理解面板数据的估计结果很重要。面板数据变量 X 的方差分解可以通过 Stata 的命令 xtsum 来实现。我们还是以表8.1的数据为例，使用 Stata 的 xtset 和 xtsum 命令后显示结果如下：

设置为面板数据

```
. tsset ID YEAR
       panel variable:  ID (strongly balanced)
        time variable:  YEAR, 2017 to 2019
                delta:  1 unit

. xtsum
```

面板数据的统计值

N: 样本数
n: 个体数
T: 个体内观测数

```
Variable         |      Mean   Std. Dev.       Min        Max |    Observations
-----------------+--------------------------------------------+----------------
ID       overall |       1.5    .5477226         1          2 |     N =       6
         between |              .7071068         1          2 |     n =       2
         within  |                     0       1.5        1.5 |     T =       3
                 |                                            |
YEAR     overall |      2018    .8944272      2017       2019 |     N =       6
         between |                     0      2018       2018 |     n =       2
         within  |              .8944272      2017       2019 |     T =       3
                 |                                            |
INC      overall |      1125    189.0767       800       1300 |     N =       6
         between |              176.7767      1000       1250 |     n =       2
         within  |               130.384       925       1325 |     T =       3
                 |                                            |
EDU      overall |         5    1.414214         3          7 |     N =       6
         between |              1.414214         4          6 |     n =       2
         within  |              .8944272         4          6 |     T =       3
                 |                                            |
AGE      overall |      27.5    3.937004        23         32 |     N =       6
         between |              4.949747        24         31 |     n =       2
         within  |              .8944272      26.5       28.5 |     T =       3
                 |                                            |
GENDER   overall |        .5    .5477226         0          1 |     N =       6
         between |              .7071068         0          1 |     n =       2
         within  |                     0        .5         .5 |     T =       3
```

ID: 变化全部是个体间的

YEAR: 变化全部是个体内的

INC: 变化大部分是个体间的

EDU: 变化大部分是个体间的

AGE: 变化大部分是个体间的

GENDER: 变化全部是个体间的

xtsum 命令计算了每个变量的样本总标准差(overall Std. Dev.$=s_o$)、个体间标准差(between Std. Dev.$=s_B$)和个体内标准差(within Std. Dev $=s_w$)(注意，是标准差

而不是方差)。从表中的结果,我们很容易看到每个变量的变化主要源自哪里。*INC* 和 *EDU* 的变化主要源自个体间的差异,这是由于收入和受教育程度的平均值在不同人之间存在较大差异。但对于同一个人,其收入和受教育程度随时间改变比较缓慢,因此个体内变化不大。*GENDER* 的变化完全源自个体间差异,个体内没有差异是因为个人的性别不随时间变化。*YEAR* 的变动完全来自个体内差异,个体间没有差异是因为不同个体的 *YEAR* 平均值是一样的,不存在方差。

第三节　面板数据因果关系分析的直观理解

为方便直观理解,假设我们要估计教育对收入的因果影响,但影响收入 *INC* 的因素除了教育 *EDU*,还有性别 *GENDER*、个人的天赋 *TALENT* 和运气 *LUCK*。这些变量之间的关系可以表示为如下方程:

$$INC_{it}=\alpha+\underbrace{\beta EDU_{it}}_{\substack{\text{可观测}\\\text{随时间变化}\\\text{的变量}}}+\underbrace{\gamma GENDER_{i}}_{\substack{\text{可观测}\\\text{不随时间变化}\\\text{的变量}}}+\underbrace{\theta TALENT_{i}}_{\substack{\text{不可观测}\\\text{不随时间变化}\\\text{的变量}}}+\underbrace{\varphi LUCK_{it}}_{\substack{\text{不可观测}\\\text{随时间变化}\\\text{的变量}}} \tag{8.2}$$

其中,下标 i 代表个体,t 代表时间。收入 INC_{it}、受教育程度 EDU_{it} 的值可观测到并会随时间变化,我们称这类变量为可观测的随时间变化的变量(observable time-variant variable)。性别 $GENDER_i$ 可观测到,但它的值不随时间发生变化,这类变量称为可观测的不随时间变化的变量(observable time-invariant variable)。个人的天赋 $TALENT_i$ 观测不到,但它的值不随时间变化,这类变量称为不可观测且不随时间变化的变量(unobservable time-invariant variable)。个人运气 $LUCK_{it}$ 不可观测,但会随着时间变化,这类变量称为不可观测且随时间变化的变量(unobservable time-variant variable)。

在简单的回归中,我们把所有不可观测(不随时间变化和随时间变化)的因素都归于干扰项,因此公式(8.2)对应的简单回归方程为:

$$INC_{it}=\alpha+\underbrace{\beta EDU_{it}}_{\substack{\text{可观测}\\\text{随时间变化}\\\text{的变量}}}+\underbrace{\gamma GENDER_{i}}_{\substack{\text{可观测}\\\text{不随时间变化}\\\text{的变量}}}+\underbrace{e_{it}}_{\substack{\text{不可观测}\\\text{不随时间变化和随时间变化}\\\text{的变量}}} \tag{8.3}$$

其中,干扰项 $e_{it}=\theta TALENT_i+\varphi LUCK_{it}$ 包含了不可观测且不随时间变化的因素 $\theta TALENT_i$ 和不可观测且随时间变化的因素 $\varphi LUCK_{it}$。

如果要通过上述简单回归模型(8.3)得到 EDU_{it} 系数 β 的正确估计,需要 EDU_{it}

和干扰项 e_{it} 不相关，即个人受教育程度 EDU_{it} 与个人能力 $TALENT_i$ 以及运气 $LUCK_{it}$ 都不相关。这显然是一个很强的假设条件，因为个人受教育程度通常与个人天赋相关。

由于面板数据提供了同一个体在不同时间的观测信息，因此它允许我们将干扰项中不可观测且不随时间变化的因素从干扰项中分离出来。具体而言，面板数据模型将干扰项分解为 $e_{it}=\alpha_i+u_{it}$。其中，α_i 是个体不可观测且不随时间变化的因素 $\theta TALENT_i$，u_{it} 是个体不可观测且随时间变化的因素 $\varphi LUCK_{it}$。通过面板数据，我们可以将模型(8.3)改进为：

$$INC_{it}=\alpha+\underbrace{\beta EDU_{it}}_{\substack{\text{可观测}\\\text{随时间变化}\\\text{的变量}}}+\underbrace{\gamma GENDER_i}_{\substack{\text{可观测}\\\text{不随时间变化}\\\text{的变量}}}+\underbrace{\alpha_i}_{\substack{\text{不可观测}\\\text{不随时间变化}\\\text{的变量}}}+\underbrace{u_{it}}_{\substack{\text{不可观测}\\\text{随时间变化}\\\text{的变量}}} \tag{8.4}$$

其中，α_i 通常称为个体效应。虽然我们观测不到个体的天赋 $TALENT_i$，无法估计它影响的系数 θ，但通过 α_i，模型(8.4)把不可观测且不随时间变化的天赋因素 $\theta TALENT_i$ 给“控制”掉了。这时，干扰项 u_{it} 只剩下了不可观测且随时间变化的运气因素 $\varphi LUCK_{it}$。要通过模型(8.4)正确地估计出 EDU_{it} 的系数 β，只需要满足受教育程度 EDU_{it} 和运气 $LUCK_{it}$ 不相关，这个条件显然比公式(8.3)要求的 EDU_{it} 与能力 $TALENT_i$ 以及运气 $LUCK_{it}$ 都不相关更合理。

我们可以通过变量因果路径图进一步直观地理解面板模型如何解决由于缺失不可观测且不随时间变化的变量而造成的内生性问题。

图 8.1(a)反映了简单回归模型(8.3)的变量因果路径。如果模型(8.3)要得到 EDU_{it} 对 INC_{it} 的因果关系，我们需要 EDU_{it} 到 INC_{it} 之间只存在一条开放因果路径。因为性别 $GENDER_i$ 是可以观测到的，我们可以通过给定(conditional on)性别 $GENDER_i$，阻断通过 $GENDER_i$ 的混淆路径。但由于 e_{it} 观测不到，我们只能希望 e_{it} 与 EDU_{it} 之间不存在混淆路径。

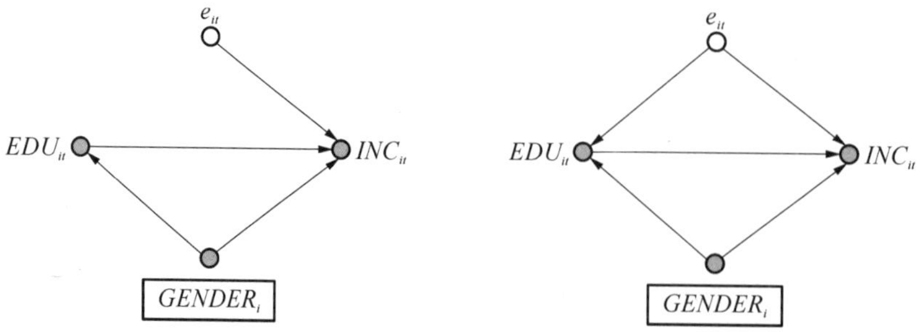

(a) 不存在混淆路径　　(b) 存在混淆路径

图 8.1　简单回归的变量路径图

图 8.1(a)是我们希望的理想情况。但干扰项 e_{it} 里包含了个人能力 $TALENT_i$ 和运气 $LUCK_{it}$ 的因素，并且个人能力 $TALENT_i$ 又与 EDU_{it} 相关，这就造成了 e_{it} 与 EDU_{it} 是相关的。如图 8.1(b)所示，由于存在 $e_{it} \rightarrow EDU_{it}$ 的混淆路径，使得由回归模型(8.3)估计得到的 EDU_{it} 系数不反映因果关系。

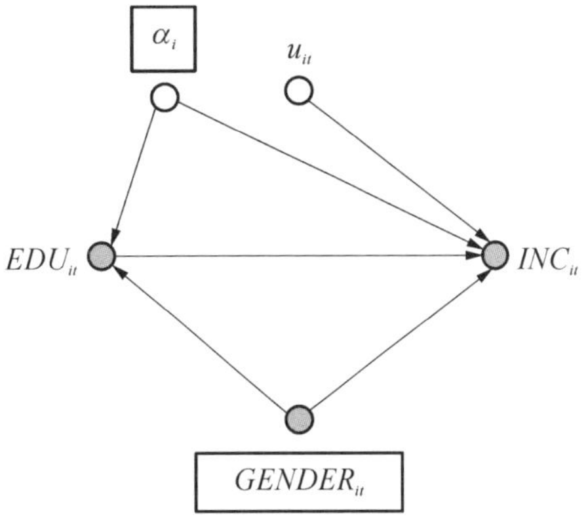

图 8.2 面板数据的变量路径图：通过控制不可观测且不随时间变化的变量截断混淆路径

在使用包含个体效应的模型(8.4)的情况下，图 8.2 显示了其变量的路径。

我们看到，面板数据的独特信息来源使得我们可以利用个体效应模型，将不可观测且不随时间变化的变量通过 α_i“控制”住。这种情况下，只需 u_{it} 与 EDU_{it} 之间不存在路径，就不会有混淆路径干扰 EDU_{it} 对 INC_{it} 的因果关系估计。相比简单的回归模型要求 e_{it} 与 EDU_{it} 之间不存在混淆路径，固定效应模型只要求 u_{it} 与 EDU_{it} 之间不存在混淆路径的条件较弱，因此在估计因果关系的有效性上前进了一步。

第四节 面板数据分析的 3 种常见模型

假设我们要用面板数据估计以下模型：

$$INC_{it} = \alpha + \underbrace{\beta EDU_{it}}_{\substack{\text{可观测}\\ \text{随时间变化}\\ \text{的变量}}} + \underbrace{\gamma GENDER_i}_{\substack{\text{可观测}\\ \text{不随时间变化}\\ \text{的变量}}} + \underbrace{\alpha_i}_{\substack{\text{不可观测}\\ \text{不随时间变化}\\ \text{的变量}}} + \underbrace{u_{it}}_{\substack{\text{不可观测}\\ \text{随时间变化}\\ \text{的变量}}} \tag{8.5}$$

面板数据的几种模型都需要假设不可观测且随时间变化的变量 u_{it} 与可观测变量不相关，即 $E(u_{it} \mid EDU_{it}, GENDER_i) = 0$。在本例中，$u_{it} = \varphi LUCK_{it}$，因此这个假设等同于 $E(LUCK_{it} \mid EDU_{it}, GENDER_i) = 0$，即运气 $LUCK_{it}$ 与受教育程度 EDU_{it} 以及性别 $GENDER_i$ 无关。

这 3 个模型的关键差别在于对个体不可观测且不随时间变化的变量 α_i 的假设。根据对 α_i 的不同假设，面板数据分析模型可分为 3 种：

第一，合并横截面模型(pooled cross sectional model)。假设 α_i 不存在，即不存在会影响收入的不可观测且不随时间变化的因素。在本例中，$\alpha_i = \theta TALENT_i$，这个假

设意味着 $\theta=0$，即天赋不会影响收入。

第二，随机效应模型(random effects model)。假设 α_i 存在，但与可观测变量不相关，即 $E(\alpha_i \mid EDU_{it}, GENDER_i)=0$。在本例中，$\alpha_i=\theta TALENT_i$，这个假设意味着 $\theta \neq 0$ 但 $E(TALENT_i \mid EDU_{it}, GENDER_i)=0$，即天赋会影响收入，但与受教育程度和性别不相关。

第三，固定效应模型(fixed effects model)。假设 α_i 存在，并与可观测变量相关，即 $E(\alpha_i \mid EDU_{it}, GENDER_i) \neq 0$。在本例中，$\alpha_i=\theta TALENT_i$，这个假设意味着 $\theta \neq 0$ 并且 $E(TALENT_i \mid EDU_{it}, GENDER_i) \neq 0$，即天赋会影响收入，并且与受教育程度和性别相关。

下面我们分别解释这 3 种模型。

一、合并横截面模型

该模型认为 α_i 不存在，模型(8.5)可以简化为：

$$INC_{it}=\alpha+\beta EDU_{it}+\gamma GENDER_i+u_{it} \tag{8.6}$$

如果 α_i 不存在，并且 $E(u_{it} \mid EDU_{it}, GENDER_i)=0$，该模型的处理就与一般横截面模型一样，使用简单 OLS 就能得到 β 的无偏和一致估计值。由于该模型没有利用面板数据的二维特征，而只是把它作为简单的横截面数据在时间上的叠加，因此也称为合并横截面模型。如果 α_i 存在并且与可观测变量相关，使用这个模型就会造成缺失变量问题。

二、随机效应模型

随机效应模型较合并横截面模型前进了一步，它假设 α_i 存在，但由于 α_i 与可观测变量不相关，即 $E(\alpha_i \mid EDU_{it}, GENDER_i)=0$，将 α_i 放进干扰项不会造成估计误差，因此随机效应模型把 α_i 和 u_{it} 一起放进干扰项，模型(8.5)可以写为：

$$INC_{it}=\alpha+\beta EDU_{it}+\gamma GENDER_i+\underbrace{e_{it}}_{\alpha_i+u_{it}} \tag{8.7}$$

与合并横截面模型不同，随机效应模型明确了干扰项包含两部分 $e_{it}=\alpha_i+u_{it}$，因此随机效应模型也称为干扰项分解模型。在随机效应模型里，由于同一个体的干扰项 e_{it} 在不同时间包含了相同的 α_i，因此干扰项在同一个体内是相关的，其相关系数为：

$$\mathrm{Corr}(e_{it}, e_{it-s})=\mathrm{Corr}(\alpha_i+u_{it}, \alpha_i+u_{it-s})=\frac{\sigma_\alpha^2}{\sigma_\alpha^2+\sigma_u^2}$$

其中，σ_α^2 是 α_i 的方差，σ_u^2 是 u_{it} 的方差。根据第四章，我们知道当干扰项不是同方差

时，如果干扰项的结构是已知的，为了得到有效的估计量，应该采用 GLS 估计。随机效应模型的估计就是采用 GLS 方法，它先将模型转换为：

$$INC_{it}^{*}=\alpha^{*}+\beta EDU_{it}^{*}+\gamma GENDER_{it}^{*}+e_{it}^{*}$$

其中，$INC_{it}^{*}=INC_{it}-\theta\overline{INC_{i}}$，并且 $\theta=1-\dfrac{\sigma_{\alpha}}{\sqrt{\sigma_{\alpha}^{2}+T\sigma_{u}^{2}}}$，转换后的干扰项 $e_{it}^{*}=e_{it}-\theta\bar{e}_{i}$ 就是同方差。接着对转换后的模型使用 OLS，得到的系数估计量称为随机效应模型估计系数 $\hat{\beta}^{RE}$。在 $E(\alpha_i\mid EDU_{it},GENDER_i)=0$ 假设成立的情况下，$\hat{\beta}^{RE}$ 是 β 的无偏、一致并且有效的估计量。

因为不可观测且不随时间变化的变量 α_i 与其他可观测的解释变量（EDU_{it}，$GENDER_i$）通常是相关的（比如天赋与教育水平通常正相关），随机效应模型的假设在实际运用中通常不成立，因此我们就不过多地介绍随机效用模型的细节。

三、固定效应模型

固定效应模型认为 α_i 存在，并与可观测变量相关，$E(\alpha_i\mid EDU_{it},GENDER_i)\neq 0$，因此我们不能把 α_i 当作干扰项的一部分，而必须将其等同于其他解释变量进行处理。如果我们没有把 α_i 当作解释变量，而是作为干扰项的一部分处理，并估计下面的回归模型：

$$INC_{it}=\alpha+\beta EDU_{it}+\gamma GENDER_{i}+e_{it} \tag{8.8}$$

对上述模型求条件期望值，可得：

$$\begin{aligned}&E(INC_{it}\mid EDU_{it},GENDER_i)\\&=\alpha+\beta EDU_{it}+\gamma GENDER_i+E(e_i\mid EDU_{it},GENDER_i)\\&=\alpha+\beta EDU_{it}+\gamma GENDER_i+E(\alpha_i+u_{it}\mid EDU_{it},GENDER_i)\\&=\alpha+\beta EDU_{it}+\gamma GENDER_i+E(\theta TALENT_i+\varphi LUCK_{it}\mid EDU_{it},GENDER_i)\\&=\alpha+\beta EDU_{it}+\gamma GENDER_i+\theta E(TALENT_i\mid EDU_{it},GENDER_i)\end{aligned} \tag{8.9}$$

假设 $TALENT_i$ 与可观测变量 EDU_{it}、$GENDER_i$ 的相关关系可以表示如下：

$$E(TALENT_i\mid EDU_{it},GENDER_i)=\phi_0+\phi_1 EDU_{it}+\phi_2 GENDER_i$$

将上式代入公式(8.9)得到：

$$\begin{aligned}&E(INC_{it}\mid EDU_{it},GENDER_i)\\&=(\alpha+\theta\phi_0)+(\beta+\theta\phi_1)EDU_{it}+(\gamma+\theta\phi_2)GENDER_i\end{aligned} \tag{8.10}$$

由此可见，模型(8.8)回归估计的 EDU_{it} 系数不是β，而是$\beta+\theta\phi_1$。其中，偏差项 $\theta\phi_1$ 是 $TALENT_i$ 影响收入 INC_{it} 并与 EDU_{it} 相关的部分（参见第二章中关于缺失变量偏差内容的讲解）。这说明，如果将个体固定效应作为干扰项，会存在缺失变量偏差。因此，我们必须把 α_i 作为解释变量来使用模型：

$$INC_{it}=\alpha+\underbrace{\beta EDU_{it}+\gamma GENDER_i+\alpha_i}_{\text{解释变量}}+\underbrace{u_{it}}_{\text{干扰项}} \tag{8.11}$$

固定效应模型和随机效应模型的本质区别在于，对于个体不可观测且不随时间变化的变量 α_i 与可观测变量（EDU_{it}，$GENDER_i$）相关性的假设不同，造成了对个体效应 α_i 的处理也不同。固定效应模型认为，每个个体对应一个与其他解释变量相关的固定个体效应 α_i；随机效应模型认为，个体效应是从某个分布中随机抽取，与其他解释变量无关。虽然“固定效应”和“随机效应”这些称谓其实并不是很准确，但可以方便我们区别这两种不同假设的模型。

在实际运用中，由于个体不可观测且不随时间变化的部分 α_i 通常是存在的，并且与可观测解释变量相关，因此固定效应模型的假设较为合理，也是最常见的面板数据模型。我们接下来详细介绍固定效应模型的估计方法。

第五节　固定效应模型估计方法

固定效应模型一般形式可以写成：

$$Y_{it}=\underbrace{\boldsymbol{X}'_{it}\boldsymbol{\beta}}_{\substack{\text{可观测}\\\text{随时间变化}\\\text{的变量}}}+\underbrace{\boldsymbol{Z}'_i\boldsymbol{\gamma}}_{\substack{\text{可观测}\\\text{不随时间变化}\\\text{的变量}}}+\underbrace{\alpha_i}_{\substack{\text{不可观测}\\\text{不随时间变化}\\\text{的变量}}}+\underbrace{u_{it}}_{\substack{\text{不可观测}\\\text{随时间变化}\\\text{的变量}}} \tag{8.12}$$

在上式中，Y_{it} 是被解释变量；$\boldsymbol{X}_{it}$ 是包含可观测的随时间变化变量的向量；$\boldsymbol{Z}_i$ 是包含可观测且不随时间变化变量的向量；α_i 是个体固定效应，包含不可观测且不随时间变化的变量；u_{it} 是回归方程的干扰项，包含不可观测且随时间变化的变量。模型的假设条件是 $\mathrm{E}(\alpha_i \mid \boldsymbol{X}_{it}, \boldsymbol{Z}_i)\neq 0$，$\mathrm{E}(u_{it} \mid \boldsymbol{X}_{it}, \boldsymbol{Z}_i, \alpha_i)=0$。这个模型里，我们不需要加入共同截距项 α，因为个体固定效应 α_i 意味着每个个体都有一个单独的截距项。

固定效应模型有几种估计方法，其本质相差不大，但各有优缺点。下面我们对这些方法分别展开讨论。

一、个体内差分估计法

一个估计固定效应模型(8.12)的便捷方法是个体内差分估计法。具体步骤如下：

1. 对每个个体的变量 (Y_{it}, $\boldsymbol{X}_{it}$, $\boldsymbol{Z}_i$, α_i, u_{it}) 取个体平均值,可得:

$$\overline{Y}_i = \overline{\boldsymbol{X}}'_i\boldsymbol{\beta} + \boldsymbol{Z}'_i\boldsymbol{\gamma} + \alpha_i + \overline{u}_i \tag{8.13}$$

其中, $\overline{Y}_i = \frac{1}{T}\sum_{t=1}^{T} Y_{it}$, $\overline{\boldsymbol{X}}_i = \frac{1}{T}\sum_{t=1}^{T}\boldsymbol{X}_{it}$, $\boldsymbol{Z}_i = \frac{1}{T}\sum_{t=1}^{T}\boldsymbol{Z}_i$, $\alpha_i = \frac{1}{T}\sum_{t=1}^{T}\alpha_i$, $\overline{u}_i = \frac{1}{T}\sum_{t=1}^{T}u_{it}$。注意, Z_i 和 α_i 的个体平均值就是它本身。

2. 用式(8.12)减去式(8.13),得到:

$$Y_{it} - \overline{Y}_i = (\boldsymbol{X}_{it} - \overline{\boldsymbol{X}}_i)'\boldsymbol{\beta} + (\boldsymbol{Z}_i - \boldsymbol{Z}_i)'\boldsymbol{\gamma} - (\alpha_i - \alpha_i) + (u_{it} - \overline{u}_i)$$

$$Y_{it} - \overline{Y}_i = (\boldsymbol{X}_{it} - \overline{\boldsymbol{X}}_i)'\boldsymbol{\beta} + (u_{it} - \overline{u}_i)$$

$$\widetilde{Y}_{it} = \widetilde{\boldsymbol{X}}'_{it}\boldsymbol{\beta} + \widetilde{u}_{it} \tag{8.14}$$

其中, $\widetilde{Y}_{it} = Y_{it} - \overline{Y}_i$, $\widetilde{\boldsymbol{X}}_{it} = \boldsymbol{X}_{it} - \overline{\boldsymbol{X}}_i$, $\widetilde{u}_{it} = u_{it} - \overline{u}_i$ 为个体内差值,即去除个体均值后的值(demeaned data)。

3. 因为公式(8.14)中不存在造成与解释变量相关的固定效应, $\mathrm{Cov}(\widetilde{X}'_{it}, \widetilde{u}_{it}) = 0$, 因此可以直接用 OLS 法通过公式(8.14)估计 β:

$$\begin{aligned}\hat{\boldsymbol{\beta}}^{within} &= (\widetilde{\boldsymbol{X}}'\widetilde{\boldsymbol{X}})^{-1}(\widetilde{\boldsymbol{X}}'\widetilde{\boldsymbol{Y}}) = \left(\sum_{i=1}^{N}\sum_{t=1}^{T}\widetilde{\boldsymbol{X}}_{it}\widetilde{\boldsymbol{X}}_{it}'\right)^{-1}\left(\sum_{i=1}^{N}\sum_{t=1}^{T}\widetilde{\boldsymbol{X}}_{it}\widetilde{Y}_{it}\right)\\ &= \left(\sum_{i=1}^{N}\sum_{t=1}^{T}(\boldsymbol{X}_{it} - \overline{\boldsymbol{X}}_i)(\boldsymbol{X}_{it} - \overline{\boldsymbol{X}}_i)'\right)^{-1}\left(\sum_{i=1}^{N}\sum_{t=1}^{T}(\boldsymbol{X}_{it} - \overline{\boldsymbol{X}}_i)(Y_{it} - \overline{Y}_i)\right)\end{aligned} \tag{8.15}$$

其中, $\hat{\boldsymbol{\beta}}^{within}$ 也称为个体内差分估计量(within difference estimator)、个体内估计量(within estimator)或固定效应估计量(fixed effect estimator)。

个体内差分估计法依赖 $\boldsymbol{X}_{it}$ 和 Y_{it} 在个体内变化的信息来估计它们的因果关系。对面板数据去除个体内均值的方法称为“个体内转换”(within transformation)。经过个体内转换的数据不包含个体固定效应。

这个方法的代价是,通过个体内转换,不仅去除了不可观测的固定效应 α_i,同时去除了可观测的不随时间变化的变量 $\boldsymbol{Z}_i$。这也意味着,在估计固定效应模型中,可观测且不随时间变化的变量 $\boldsymbol{Z}_i$ 因为不存在个体内变化,其系数没法被估计。

回到上节的例子。表 8.4 给出了 INC_{it}、EDU_{it}、$GENDER_i$ 以及去除个体均值后的 $\widetilde{INC}_{it}$、$\widetilde{EDU}_{it}$、$\widetilde{GENDER}_i$ 数据。我们看到,经过转换后, $\widetilde{GENDER}_i=0$,不存在个体内变化信息,因此无法估计其影响系数。经过个体内转换后, $\widetilde{EDU}_{it}$ 与干扰项不再相关,因此使用 OLS 估计方程 $\widetilde{INC}_{it} = \beta_1\widetilde{EDU}_{it} + \widetilde{u}_{it}$,即可得到系数 β_1 的无偏和一致的估计量。

表 8.4　去除个体均值后的面板数据

ID	$Year$	INC	EDU	$GENDER$	$\widetilde{INC}$	$\widetilde{EDU}$	$\widetilde{GENDER}$
1	2017	800	3	1	−200	−1	0
1	2018	1000	4	1	0	0	0
1	2019	1200	5	1	200	1	0
个体 1 的个体均值		1000	4	1			
2	2017	1200	5	0	−50	−1	0
2	2018	1250	6	0	0	0	0
2	2019	1300	7	0	50	1	0
个体 2 的个体均值		1250	6	0			

二、最小二乘虚拟变量估计法

个体内差分估计法是一种便捷的估计方法。另一种更直接但较烦琐的方法是用 N 个个体 i（$i=1$，…，N）的虚拟变量来估计固定效应模型。其中，对于个体 i，虚拟变量定义为：$D_i=1$，如果是个体 i；$D_i=0$，如果是其他个体。包含虚拟变量的固定效应模型如下：

$$Y_{it}=\boldsymbol{X}'_{it}\boldsymbol{\beta}+\boldsymbol{Z}'_i\boldsymbol{\gamma}+\alpha_1 D_1+\cdots+\alpha_i D_i+\cdots+\alpha_N D_N+u_{it} \tag{8.16}$$

可简写为：

$$Y_{it}=\boldsymbol{X}'_{it}\boldsymbol{\beta}+\boldsymbol{Z}'_i\boldsymbol{\gamma}+\sum_{i=1}^{N}\alpha_i D_i+u_{it} \tag{8.17}$$

上述方程与 $Y_{it}=\boldsymbol{X}'_{it}\boldsymbol{\beta}+\boldsymbol{Z}'_i\boldsymbol{\gamma}+\alpha_i+u_{it}$ 写法不一样，但本质是一样的。个体固定效应 α_i 就是虚拟变量 D_i 的系数。直接用 OLS 估计虚拟变量模型(8.16)的方法称为最小二乘虚拟变量估计法(Least Square Dummy Variable Estimator，LSDV)。

以表 8.1 的数据为例，因为数据中只有两个个体，如果使用 LSDV 方法，需要两个个体虚拟变量 D_1 和 D_2，模型为：

$$INC_{it}=\beta_1 EDU_{it}+\beta_2 GENDER_i+\alpha_1 D_1+\alpha_2 D_2+u_{it} \tag{8.18}$$

其中，$D_1=1$，如果是个体 1；$D_1=0$，如果是其他个体。$D_2=1$，如果是个体 2；$D_2=0$，如果是其他个体。

根据表 8.1 的数据生成虚拟变量，可得到表 8.5。

表 8.5　包含个体虚拟变量的面板数据

ID	*Year*	*INC*	*EDU*	*GENDER*	D_1	D_2
1	2017	800	3	1	1	0
1	2018	1000	4	1	1	0
1	2019	1200	5	1	1	0
2	2017	1200	5	0	0	1
2	2018	1250	6	0	0	1
2	2019	1300	7	0	0	1

从表中我们可以清楚地看到，$GENDER = D_1 + 0 \times D_2$，它与个体的虚拟变量存在完全共线性。因此模型(8.18)里，无法估计出 $GENDER_i$ 的系数。一般而言，由于在固定效应模型(8.16)里，可观测且不随时间变化的变量 $\boldsymbol{Z}_i$ 与个体虚拟变量 $(D_1, \cdots, D_i, \cdots, D_N)$ 存在共线性，因此无法估计变量 $\boldsymbol{Z}_i$ 的系数。由于共线性的存在，所以固定效应模型里通常不包含可观测且不随时间变化的变量 $\boldsymbol{Z}_i$，而写为：

$$Y_{it} = \boldsymbol{X}'_{it}\boldsymbol{\beta} + \sum_{i=1}^{N} d_i D_i + u_{it} \tag{8.19}$$

或者：

$$Y_{it} = \underbrace{\boldsymbol{X}'_{it}\boldsymbol{\beta}}_{\substack{\text{可观测}\\ \text{随时间变化}\\ \text{的变量}}} + \underbrace{d_i}_{\substack{\text{可观测+不可观测}\\ \text{不随时间变化}\\ \text{的变量}}} + \underbrace{u_{it}}_{\substack{\text{不可观测}\\ \text{随时间变化}\\ \text{的变量}}} \tag{8.20}$$

注意，这个模型里个体效用不再是 α_i，而是 $d_i = \boldsymbol{Z}'_i\boldsymbol{\gamma} + \alpha_i$，即个体效用包含了可观测和不可观测且不随时间变化的因素。这是由于变量 $\boldsymbol{Z}_i$ 与 $(D_1, \cdots, D_i, \cdots, D_N)$ 完全共线性造成的，通过 $(D_1, \cdots, D_i, \cdots, D_N)$ 估计出来的个体效用系数 d_i 包含了 $\boldsymbol{Z}_i$ 的作用。因此，通常的说法是，变量 $\boldsymbol{Z}_i$ 的作用被个体固定效应“吸收”(absorbed by fixed effects)。这与“无法估计个体内差分法中 $\boldsymbol{Z}_i$ 的系数”的结论一致。在个体内差分法中，通常的说法是，变量 $\boldsymbol{Z}_i$ 在个体内差分转换过程中被“清除”(sweep out)。这两种说法从不同角度表达了同样的结论。

事实上，使用 LSDV 法和个体内差分估计法得到的结果是完全一样的。我们在这里提供一个直观的证明。这个证明使用了第二章讲的回归分解法。回归分解法告诉我们，要估计方程 $Y = \beta_1 X + \beta_2 Z + \varepsilon$ 中 X 的系数，有两种等价的方法。一种方法是将 Y 对 X 和 Z 一起回归，直接得到 $\hat{\beta}_1$。另一种方法是使用两步法：第一步先将 Y 和 X 分别对 Z 回归，得到残差值 $\widetilde{Y}$ 和 $\widetilde{X}$；第二步将 $\widetilde{Y}$ 对 $\widetilde{X}$ 回归，得到 $\widetilde{X}$ 的系数，即 $\hat{\beta}_1$。

LSDV 方法估计模型 $Y_{it} = \beta X_{it} + \sum_{i=1}^{N} d_i D_i + u_{it}$，将 Y_{it} 对 X_{it} 和 $(D_1, \cdots,$

D_i，…，D_N）回归。它等同于如下两步法：

第一步：Y_{it} 对个体虚拟变量（D_1，…，D_i，…，D_N）回归得到残差值 $\hat{\varepsilon}_{it}$，X_{it} 对个体虚拟变量（D_1，…，D_i，…，D_N）回归得到残差值 $\hat{\xi}_{it}$，即对以下模型回归求残差值：

$$Y_{it}=\hat{\pi}_1 D_1+\cdots+\hat{\pi}_i D_i+\cdots+\hat{\pi}_N D_N+\hat{\varepsilon}_{it}=\hat{\pi}_i D_i+\hat{\varepsilon}_{it}$$

$$X_{it}=\hat{\eta}_1 D_1+\cdots+\hat{\eta}_i D_i+\cdots+\hat{\eta}_N D_N+\hat{\xi}_{it}=\hat{\eta}_i D_i+\hat{\xi}_{it}$$

事实上，任何一个变量对个体虚拟变量做回归得到的残差值就是去除个体均值的变量。因此得到的残差值为：

$$\hat{\varepsilon}_{it}=Y_{it}-\overline{Y}_i=\widetilde{Y}_{it}$$

$$\hat{\xi}_{it}=X_{it}-\overline{X}_i=\widetilde{X}_{it}$$

第二步：使用残差值 $\hat{\varepsilon}_{it}$ 对 $\hat{\xi}_{it}$ 进行回归。因为使用的残差值就是去除个体均值的变量 $\hat{\varepsilon}_{it}=\widetilde{Y}_{it}$，$\hat{\xi}_{it}=\widetilde{X}_{it}$，因此等同于将去除个体均值的变量 $\widetilde{Y}_{it}$ 对 $\widetilde{X}_{it}$ 进行回归。

可见 LSDV 方法估计模型(8.16)与个体内差分估计法本质上完全一样，都是将去除个体均值被解释变量（$Y_{it}-\overline{Y}_i$）对去除个体均值可观测解释变量（$X_{it}-\overline{X}_i$）进行回归。二者得到的系数估计值都等于 $\hat{\beta}^{within}$。LSDV 方法的缺点是，如果 N 很大，则必须在回归方程中引入很多虚拟变量，这会使估计的计算量变得很大。因此在实际运用中，通常使用个体内差分法。

三、一阶差分估计法

估计固定效应模型的另一个方法是一阶差分(first difference estimator)估计法。一阶差分法和个体内差分估计法的原理类似。一阶差分估计法通过对每个个体前后两期做差分，达到去掉个体固定效应目的。具体步骤如下：

$$Y_{it}=\boldsymbol{X}'_{it}\boldsymbol{\beta}+d_i+u_{it} \tag{8.21}$$

$$Y_{it-1}=\boldsymbol{X}'_{it-1}\boldsymbol{\beta}+d_i+u_{it-1} \tag{8.22}$$

将公式(8.21)减去公式(8.22)，得到：

$$Y_{it}-Y_{it-1}=(\boldsymbol{X}'_{it}-\boldsymbol{X}'_{it-1})\boldsymbol{\beta}+(d_i-d_i)+(u_{it}-u_{it-1})$$

$$\Delta Y_{it}=\Delta\boldsymbol{X}'_{it}\boldsymbol{\beta}+\Delta u_{it} \tag{8.23}$$

通过一阶差分，个体固定效应被去除掉了。由于 $\Delta\boldsymbol{X}'_{it}$ 和 Δu_{it} 不相关，使用 OLS 方法，ΔY_{it} 对 $\Delta\boldsymbol{X}_{it}$ 进行回归得到的 $\hat{\boldsymbol{\beta}}^{FD}$ 是 $\boldsymbol{\beta}$ 的一致估计量。当 $T=2$，也就是只有两期时，一阶差分估计法与个体内差分估计法的结果是一样的；当 $T>2$ 时，一阶差分估计法

与个体内差分估计法的结果是不一样的，二者会因为采样误差而有所差异(参考本章第六节中的例子)。与个体内差分估计法类似，一阶差分也依赖个体内变化估计 β。这也是为什么前面我们强调要先对变量的信息来源进行分析的原因。

四、时间固定效应的引入

上述固定效应的估计控制了个体不随时间变化的变量。类似地，通过引入时间固定效应，可以控制在同一时间不随个体变化的变量(比如每年的宏观经济因素)。具体模型如下：

$$Y_{it} = \boldsymbol{X}'_{it}\boldsymbol{\beta} + d_i + T_t + u_{it}$$

其中，T_t 是时间固定效应。由于上述方程既考虑了时间固定效应，又考虑了个体固定效应，故称为双向固定效应。

由于时间点通常不多，可以引入 $T-1$ 个时间虚拟变量在回归方程中控制年固定效应(用 $T-1$ 个而非 T 个是为了避免共线性)，模型为：

$$Y_{it} = \boldsymbol{X}'_{it}\boldsymbol{\beta} + d_i + \sum_{t=2}^{T}\gamma_t T_t + u_{it}$$

其中，$T_t = 1$，如果观测点是在时间 t；否则，$T_t = 0$。

五、个体效应估计残差

通过固定效应模型得到 $\boldsymbol{X}'_{it}$ 系数 $\boldsymbol{\beta}$ 的一致估计值 $\hat{\boldsymbol{\beta}}$ 后，我们可以估计个体效应 d_i。它的估计量为：

$$\hat{d}_i = \overline{Y}_i - \overline{\boldsymbol{X}}'_i\hat{\boldsymbol{\beta}} \tag{8.24}$$

$\hat{d}_i$ 是模型(8.20)中个体效应 $d_i = \boldsymbol{Z}'_i\boldsymbol{\gamma} + \alpha_i$ 的一致估计量。只有当不存在变量 $\boldsymbol{Z}_i$ 时，$\hat{d}_i$ 才是 α_i 的一致估计量。如果存在 $\boldsymbol{Z}_i$，有时候我们可能想知道 $\boldsymbol{Z}_i$ 的系数。当 $\boldsymbol{Z}_i$ 和 α_i 不相关，将 $\hat{d}_i$ 对 $\boldsymbol{Z}_i$ 回归，可以得到 $\boldsymbol{\gamma}$ 的一致估计量 $\hat{\boldsymbol{\gamma}}$。例如，在估计模型 $INC_{it} = \beta EDU_{it} + \gamma GENDER_i + d_i + u_{it}$ 的例子中，通过固定效应模型得到的干扰项：

$$\hat{d}_i = \overline{INC}_{it} - \hat{\beta}\,\overline{EDU}_{it}$$

是 $d_i = \gamma GENDER_i + \alpha_i$ 的估计量。我们可以将 $\hat{d}_i$ 对 $GENDER_i$ 进行回归得到 $\hat{\gamma}$。但 $\hat{\gamma}$ 是 γ 的一致估计量的前提条件是，$GENDER_i$ 和 α_i 不相关。如果 α_i 包含个人的天赋 $TALENT_i$，并且天赋和性别是相关的，我们就无法正确估计出 γ。因为在通常情况下，Z_i 和 α_i 是相关的，因此无法通过这个方法估计出 γ。

估计的固定效应 $\hat{d}_i$ 只有在时间维度 T 趋向无穷时，才是一致的估计量。这是因为,当个体维度 N 增加时,我们有更多的 d_i 要估计。只有当 T 增加时,我们才有更多的信息去估计每个固定效应 d_i。但是,通常面板数据的 T 都不可能足够大,因此通常 $\hat{d}_i$ 是不一致的。这就是所谓的“偶发参数问题”(Incidental Parameters Problem)。由于这个原因,我们通常只要达到控制个体效应的目的,并不计算和使用个体效应估计量 $\hat{d}_i$。

第六节　面板数据分析实例

本节我们以一个面板数据分析实例来具体理解面板数据模型分析方法。

在这个例子里,A 省在 2014 年进行了税法改革,B 省没有进行税法改革。我们要研究税法改革对企业经营业绩的影响。A 省和 B 省各有两个企业样本,我们先看表 8.6 中的具体数据。

数据包含 4 个变量: *id*(企业代码)、*year*(年份)、*q*(企业业绩指标托宾 *Q* 值,越大越好)、*tax*(虚拟变量: 为 1,如果企业受到新税法影响;为 0,表示企业没受到影响)。

表 8.6　税法改革和企业业绩例子数据

id	*year*	*q*	*tax*	*id*	*year*	*q*	*tax*
1	2010	7.00	0	3	2010	6.00	0
1	2011	7.02	0	3	2011	6.02	0
1	2012	7.04	0	3	2012	6.04	0
1	2013	7.06	0	3	2013	6.06	0
1	2014	7.60	1	3	2014	6.20	0
1	2015	7.50	1	3	2015	6.20	0
1	2016	7.60	1	3	2016	6.20	0
1	2017	7.70	1	3	2017	6.20	0
2	2010	6.50	0	4	2010	5.50	0
2	2011	6.52	0	4	2011	5.52	0
2	2012	6.54	0	4	2012	5.54	0
2	2013	6.56	0	4	2013	5.56	0
2	2014	7.20	1	4	2014	5.70	0
2	2015	7.10	1	4	2015	5.70	0
2	2016	7.10	1	4	2016	5.70	0
2	2017	7.00	1	4	2017	5.70	0

这个面板数据包括 4 家企业（*id* 从 1 到 4）在 8 个年度（*year* 从 2010 到 2017）受新税法影响情况（*tax*）和业绩值（*q*）的变化。表 8.6 中的数据显示，企业 1 和 2 所在的 A 省在 2014 年进行了税法改革，企业 3 和 4 所在的 B 省尚未进行税法改革。

为了对税改和企业业绩的关系进行直观的展示，图 8.3 显示了各个企业的业绩 *q* 和时间的关系。

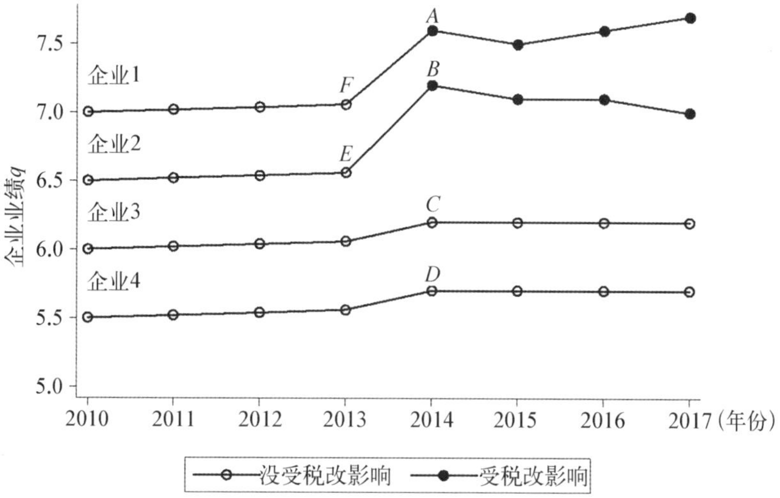

图 8.3　企业业绩变化图

图 8.3 直观显示了企业间的平均业绩差异较大，但同一家企业不同年份的业绩也有所变化。我们也可以结合 xtsum 命令来具体分析企业业绩的变化来源。

```
xtsum q

Variable         |      Mean   Std. Dev.       Min        Max |    Observations
-----------------+--------------------------------------------+----------------
q        overall |     6.465    .6952187       5.5        7.7 |     N =      32
         between |              .7505553     5.615      7.315 |     n =       4
         within  |              .2172556      6.15       6.85 |     T =       8
```

从 *q* 的方差分解中可见，*q* 的变化来源大部分是企业间差异，但也有一定的企业内变化，与图中显示的情况一致。

图 8.3 中，实心圆点表示税改后的业绩，空心圆点表示未进行税改时的业绩。很明显，企业 1 和企业 2 在 2014 年税改后业绩较高，但这些高业绩点并不完全是由税改引起，因为：

1. 受税改影响企业（1 和 2）的平均业绩 *q* 比没受税改影响企业（3 和 4）的平均业绩 *q* 在 2014 年税改前就高很多；

2. 未受税改影响的企业（3 和 4）的平均业绩在 2014 年后也有所提高，说明 2014 年后有些与税改无关但对企业业绩提高有帮助的宏观因素发生。

上述观察和分析说明，受税改影响的企业（1 和 2）在 2014 年后业绩较高的原因有三点：第一，受税改影响企业的业绩在2014年前就较高；第二，2014年后出现了提高业绩的其他宏观因素；第三，税改的效果。因此，要正确估计税改的效果，我们必须去除前两个混淆因素。

表8.7总结了受税改影响企业（处置组）和未受影响企业（控制组）在2014年前后平均业绩的变化。

表8.7 受税改影响企业和未受影响企业在税改前后平均业绩变化

		平均业绩	
		2010～2013年	2014～2017年
处置组	受税改影响企业（1和2）	$T_{before}=6.78$	$T_{after}=7.35$
控制组	未受税改影响企业（3和4）	$C_{before}=5.78$	$C_{after}=5.95$
	处置组和控制组的差异	$T_{before}-C_{before}=1$	$T_{after}-C_{after}=1.4$

从表8.7可以看出，要去除干扰因素来估计税改的效果，可以通过以下步骤实现：

1. 受税改影响企业（1和2）在2014～2017年间平均业绩－未受税改影响企业（3和4）在2014～2017年间平均业绩$=T_{after}-C_{after}=7.35-5.95=1.4$。由于$C$和$T$两个值都包含了2014年后宏观因素的影响，通过相减去除了2014年后宏观因素的作用，但这个差异仍然包含了受税改影响企业与未受税改影响企业在2014年前就存在的差异和税改的效果。

2. 受税改影响企业和未受税改影响企业在2014年前就存在的差异＝受税改影响企业（1和2）在2010～2013年平均业绩－未受税改影响企业（3和4）在2010～2013年平均业绩$=T_{before}-C_{before}=6.78-5.78=1$。

3. 将步骤1的结果减去步骤2的结果$=(T_{after}-C_{after})-(T_{before}-C_{before})=1.4-1=0.4$，这就只剩下了税改的效果。

这个简单的计算方法也叫双重差分法，这里我们只作大致描述，在下一章我们会更为详细地讨论。接下来，我们使用不同模型来估计税改效果，并将其与双重差分法结果进行对比。

一、简单横截面回归

简单横截面回归是指，只用受税改影响企业和未受影响的企业在税改后的某一年的横截面数据去估计税改的效果。如果只对2014年各企业的数据进行简单横截面回归，即对模型：

$$q_{i2014}=\alpha+\beta tax_{i2014}+u_{i2014}$$

进行最小二乘回归(OLS),结果为:

```
. reg q tax if year==2014

      Source |       SS           df       MS      Number of obs   =         4
-------------+----------------------------------   F(1, 2)         =     20.51
       Model |     2.1025         1      2.1025   Prob > F        =    0.0455
    Residual |       .205         2       .1025   R-squared       =    0.9112
-------------+----------------------------------   Adj R-squared   =    0.8667
       Total |     2.3075         3  .769166667   Root MSE        =    .32016

------------------------------------------------------------------------------
           q |      Coef.   Std. Err.      t    P>|t|     [95% Conf. Interval]
-------------+----------------------------------------------------------------
         tax |       1.45   .3201562     4.53   0.045      .072479    2.827521
       _cons |       5.95   .2263846    26.28   0.001     4.975946    6.924054
------------------------------------------------------------------------------
```

变量 tax 的系数 $\beta=1.45$ 反映了 2014 年受税改影响企业业绩 q 的平均值与未受影响企业业绩 q 的平均值之差,即图 8.3 中 $(A+B)/2-(C+D)/2=(7.6+7.2)/2-(6.2+5.7)/2=1.45$。2014 年的截面回归只反映了受影响与未受影响企业在 2014 年业绩的平均差异,但有些差异在 2014 年前就存在了,如果将 2014 年的差异完全归于税改造成的差异,显然是不合理的。

二、合并横截面回归

合并横截面回归把面板数据当作简单的合并横截面数据,并对所有数据进行简单 OLS 回归,即估计以下模型:

$$q_{it}=\alpha+\beta tax_{it}+u_{it},\ i=1,\ \cdots,\ 4;\ t=2010,\ \cdots,\ 2017$$

这个模型中只有一个共同截距项 α,并不像在固定效应模型里,每个个体有单独的截距项 α_i。合并横截面回归结果如下:

```
. reg q tax

      Source |       SS           df       MS      Number of obs   =        32
-------------+----------------------------------   F(1, 30)        =     37.81
       Model |     8.3544         1      8.3544   Prob > F        =    0.0000
    Residual |     6.6288        30      .22096   R-squared       =    0.5576
-------------+----------------------------------   Adj R-squared   =    0.5428
       Total |    14.9832        31  .483329032   Root MSE        =    .47006

------------------------------------------------------------------------------
           q |      Coef.   Std. Err.      t    P>|t|     [95% Conf. Interval]
-------------+----------------------------------------------------------------
         tax |       1.18   .1919028     6.15   0.000     .7880823    1.571918
       _cons |       6.17   .0959514    64.30   0.000     5.974041    6.365959
------------------------------------------------------------------------------.
```

合并横截面回归得到变量 tax 的系数 $\hat{\beta}=1.18$。它实际上等于图 8.3 中实心圆点的平均值减去空心圆点的平均值,即表 8.7 中的 $T_{after}-1/3[T_{before}+C_{after}+C_{before}]=$

7.35－1/3(6.78＋5.95＋5.78)＝1.18。显然，这一估计包含前面讨论的多个因素的影响，并没有单纯地反映税改的效果。

三、固定效应模型 LSDV 估计

合并横截面回归的假设不存在个体效应。从图 8.3 中可以看到，4 个企业之间存在着很明显的个体差异。企业 1 和 2 的 q 值一直比企业 3 和 4 要高，反映有些企业的个体固定特征造成企业 1 和 2 的业绩值一直较高。通过固定效应模型，我们可以控制企业个体固定效应，即去除企业在未进行税改的情况下存在的差异。

由于本例中只有 4 个个体，控制个体固定效应的一个简单方法是使用 LSDV 模型，即引入 4 个虚拟变量 $firm_i$，$i=1, 2, 3, 4$。$firm_i=1$，对于企业 i；否则，$firm_i=0$。该模型方程为：

$$q_{it}=\beta tax_{it}+\alpha_1 firm_1+\alpha_2 firm_2+\alpha_3 firm_3+\alpha_4 firm_4+u_{it}$$

注意，由于每个企业都有自己的截距，原来的共同截距 α 就不包含在上述方程中了，否则会造成共线性问题。具体回归结果如下所示：

```
. tabulate id, gen(firm) /*根据 id 产生虚拟变量*/

企业代 |
码 |        Freq.     Percent        Cum.
------------+-----------------------------------
          1 |          8       25.00       25.00
          2 |          8       25.00       50.00
          3 |          8       25.00       75.00
          4 |          8       25.00      100.00
------------+-----------------------------------
      Total |         32      100.00

. regress q tax firm1-firm4, noconstant /*LSDV 回归, nonconstant 设置没有共同截距*/

      Source |       SS           df       MS      Number of obs   =        32
-------------+----------------------------------   F(5, 27)        =  44635.78
       Model |  1352.2988          5  270.45976   Prob > F        =    0.0000
    Residual |      .1636         27 .006059259   R-squared       =    0.9999
-------------+----------------------------------   Adj R-squared   =    0.9999
       Total |  1352.4624         32   42.26445   Root MSE        =    .07784

------------------------------------------------------------------------------
           q |      Coef.   Std. Err.      t    P>|t|     [95% Conf. Interval]
-------------+----------------------------------------------------------------
         tax |        .57   .0389206    14.65   0.000     .4901415    .6498585
       firm1 |       7.03   .0337062   208.57   0.000      6.96084     7.09916
       firm2 |       6.53   .0337062   193.73   0.000      6.46084     6.59916
       firm3 |      6.115    .027521   222.19   0.000     6.058531    6.171469
       firm4 |      5.615    .027521   204.03   0.000     5.558531    5.671469
------------------------------------------------------------------------------
```

其中，$firm_i$，$i=1, 2, 3, 4$ 这 4 个虚拟变量的系数代表各个企业的个体固定效应。它反映了在没有税改情况下，每个企业业绩的平均差异。

LSDV 模型得到变量 tax 的系数 $\hat{\beta}$ 为 0.57，这比合并横截面回归得到的系数 1.18 小很多。这是因为，LSDV 模型通过企业固定效应控制了受税改影响企业和未受税改影响企业在不受税法影响下存在的差异。但由于这个模型没有控制时间效应，因此 $\hat{\beta}=0.57$ 中不仅包含税法的影响，还包含 2014 年后宏观因素的影响。事实上，$\hat{\beta}$ 等于表 8.7 中的 $T_{after}-T_{before}=7.35-6.78=0.57$。

四、固定效应模型个体内估计

如果不使用虚拟变量，我们可以用个体内差分法来估计固定效应的模型：

$$q_{it}=\beta tax_{it}+\alpha_i+u_{it},\ i=1,\cdots,4;\ t=2010,\cdots,2017$$

下面我们分别执行手动和 Stata 命令，使用个体内差分法估计以上模型。

手动进行固定效应模型个体内差分估计的步骤和结果如下：

```
. egen mq=mean(q), by(id)  /* 按 id, 生成个体 q 均值*/

. egen mtax=mean(tax), by(id) /*按 id, 生成个体 tax 均值*/

. generate within_q = q - mq /*对 q 进行去个体均值转换*/

. generate within_tax = tax - mtax /*对 tax 进行去个体均值转换*/

. reg within_q within_tax,noconstant      /*将转换后的 q 和 tax 做回归,nonconstant 设置没有共同截距*/

      Source |       SS           df       MS      Number of obs   =        32
-------------+----------------------------------   F(1, 31)        =    246.26
       Model |  1.29959997         1  1.29959997   Prob > F        =    0.0000
    Residual |  .163599998        31  .005277419   R-squared       =    0.8882
-------------+----------------------------------   Adj R-squared   =    0.8846
       Total |  1.46319997        32  .045724999   Root MSE        =    .07265

------------------------------------------------------------------------------
    within_q |      Coef.   Std. Err.      t    P>|t|     [95% Conf. Interval]
-------------+----------------------------------------------------------------
  within_tax |        .57   .0363229    15.69   0.000     .4959189    .6440811
------------------------------------------------------------------------------
```

手动个体内回归得到变量 tax 的系数为 0.57，与 LSDV 模型得到的结果一致。

如果直接使用 Stata 的 xtreg 和 fe 命令，结果如下：

```
. tsset id year /*将数据设为面板, id为个体维度, year 为时间维度*/
       panel variable:  id (strongly balanced)
        time variable:  year, 2010 to 2017
                delta:  1 unit

. xtreg q tax, fe /*使用 Stata 的固定效应模型估计命令*/

Fixed-effects (within) regression               Number of obs     =         32
Group variable: id                              Number of groups  =          4

R-sq:                                           Obs per group:
     within  = 0.8882                                         min =          8
     between = 0.8521                                         avg =        8.0
     overall = 0.5576                                         max =          8
```

```
                                                F(1,27)           =     214.48
corr(u_i, Xb)  = 0.5066                         Prob > F          =     0.0000

------------------------------------------------------------------------------
           q |      Coef.   Std. Err.      t    P>|t|     [95% Conf. Interval]
-------------+----------------------------------------------------------------
         tax |        .57   .0389206    14.65   0.000     .4901415    .6498585
       _cons |     6.3225   .0168531   375.15   0.000      6.28792     6.35708
-------------+----------------------------------------------------------------
     sigma_u |   .6020036
     sigma_e |  .07784124
         rho |  .98355552   (fraction of variance due to u_i)
------------------------------------------------------------------------------
F test that all u_i=0: F(3, 27) = 355.67                     Prob > F = 0.0000
```

使用 Stata 的 xtreg 和 fe 命令得到变量 *tax* 的系数为 0.57，与手动结果一致。

下面我们详细分析个体内差分估计法的计算。表 8.8 显示了 *q* 和 *tax* 去个体均值后的值 *within_q* 和 *within_tax*。控制组企业(3 和 4)的 *tax* 变量没有个体内变化，它们的 *tax* 值一直为 0，因此 *within_tax* 的值也一直为 0，没有变动。由于这些企业的 *within_tax* 的值没有变动，因此在这个模型里，它们的信息没有被用来估计 *tax* 对业绩的影响。这个模型之所以没有用到控制组企业的信息，是因为没有考虑时间效

表 8.8　添加去个体均值变量的数据

id	*year*	*q*	*tax*	*within_q*	*within_tax*	*id*	*year*	*q*	*tax*	*within_q*	*within_tax*
1	2010	7.00	0	−0.315	−0.5	3	2010	6.00	0	−0.115	0
1	2011	7.02	0	−0.295	−0.5	3	2011	6.02	0	−0.095	0
1	2012	7.04	0	−0.275	−0.5	3	2012	6.04	0	−0.075	0
1	2013	7.06	0	−0.255	−0.5	3	2013	6.06	0	−0.055	0
1	2014	7.60	1	0.285	0.5	3	2014	6.20	0	0.085	0
1	2015	7.50	1	0.185	0.5	3	2015	6.20	0	0.085	0
1	2016	7.60	1	0.285	0.5	3	2016	6.20	0	0.085	0
1	2017	7.70	1	0.385	0.5	3	2017	6.20	0	0.085	0
2	2010	6.50	0	−0.315	−0.5	4	2010	5.50	0	−0.115	0
2	2011	6.52	0	−0.295	−0.5	4	2011	5.52	0	−0.095	0
2	2012	6.54	0	−0.275	−0.5	4	2012	5.54	0	−0.075	0
2	2013	6.56	0	−0.255	−0.5	4	2013	5.56	0	−0.055	0
2	2014	7.20	1	0.385	0.5	4	2014	5.70	0	0.085	0
2	2015	7.10	1	0.285	0.5	4	2015	5.70	0	0.085	0
2	2016	7.10	1	0.285	0.5	4	2016	5.70	0	0.085	0
2	2017	7.00	1	0.185	0.5	4	2017	5.70	0	0.085	0

应，即 2014 年前后与税法改革无关的宏观因素。而控制组在 2014 年前后的业绩变化($C_{after}-C_{before}$)正是反映了和税法无关的宏观因素。在本节第六部分，我们会加入时间效应，使用控制组的信息。

小结

1. 手动方法和 Stata 的 xtreg 命令得到的系数都等于 0.57，验证了 xtreg 命令是使用个体内差分估计法。但 Stata 命令系数的方差较大，这是由于手动回归使用的自由度为 $df=NT-k$。但由于我们使用了 N 个自由度计算个体均值，正确的自由度为 $df=N(T-1)-k$。xtreg 命令使用了准确的自由度。因此，我们不建议手动使用个体内差分估计法。

2. 个体内差分估计法(xtreg)与 LSDV 方法得到的 tax 系数的大小和方差是完全一致的。可见这两个方法的计算步骤是一样的。

3. 固定效应模型中应该没有共同截距项。因此在手动回归中，我们加入了 *nonconstant* 的选项。但在 xtreg 的结果中，为什么还有截距项_*con* 的值？这实际上是 Stata 自己做的一个处理。它把 4 个个体固定效应估计值的平均值作为_*con* 的系数，从 LSDV 我们知道，这 4 个固定效应分别为 7.03、6.55、6.11 和 5.61，它们的均值为 6.32，正好等于_*con* 的系数，此_*con* 本身并没有什么具体经济含义，它只是固定效应的平均值。对于固定效应，我们关注的是相对值，而不是绝对值，因为使用不同的基准固定效应值，会得到不同的固定效应绝对值，但不影响相对值。例如，A 和 B 的固定效应分别为 1000 和 2000，等价于 A 和 B 的固定效应分别是 1500 和 2500，因为二者都反映了 B 的固定效应比 A 高 1000。

4. xtreg 报告了 3 个 R^2。它们是通过相关系数的平方值计算的，具体如下：

$R^2_{between}=\text{Corr}(\overline{X}_i\hat{\beta},\ \overline{Y}_i)^2$：反映个体间 X 均值对个体间 Y 均值的解释力度。

$R^2_{within}=\text{Corr}((X_{it}-\overline{X}_i)\hat{\beta},\ (Y_{it}-\overline{Y}_i))^2$：反映个体内 X 变化对个体内 Y 变化的解释力度。

$R^2_{overall}=\text{Corr}(X_{it}\hat{\beta},\ Y_{it})^2$：反映 X 变化对 Y 变化的解释力度。

xtreg 是个体内差分估计法，它最大化 R^2_{within}。因此，固定效应模型通常报告 R^2_{within}。这些 R^2 不包含固定效应 α_i 对 Y_{it} 的解释力度。如果想要知道固定效应 α_i 和 X_{it} 对 Y_{it} 的共同解释力度，需要用 LSDV 方法回归报告的 R^2。但这个 R^2 并没有太明确的经济意义，因为固定效应本身是观测不到而是通过 Y_{it} 所定义的，并不像其他的解释变量 X_{it} 是观测到的并有明确经济意义。例如，有人问你："个人 i 的收入为什么高?"你回答:"因为他的个体效应高。"再问你:"你怎么知道个人 i 的个体效应高?"你回答:"因为他的收入高。"显然,这样的循环解释并没有什么意义。

5. 固定效应模型 $q_{it}=\beta tax_{it}+\alpha_i+u_{it}$ 虽然通过固定效应控制了企业在税法改革前就存在的差异,但仍然没有去除 2014 年后的宏观因素。因此其系数 β 仍然不是来自税改的作用。控制组企业的业绩在 2014 年后的变化反映了与税改无关的其他宏观因素的影响,这部分信息有助于我们剔除宏观因素的影响。我们将在本节第六部分"纳入时间固定效应"中讨论如何使用这部分信息。

五、一阶差分模型回归估计

控制个体效应也可以选择一阶差分(FD)法进行估计,我们要估计的模型为:

$$\Delta q_{it}=\beta\Delta tax_{it}+u_{it},\ i=2,\ \cdots,\ 4;\ t=2011,\ \cdots,\ 2017$$

注意,这个方程里也没有常数项,并且第 1 年的数据在计算一阶差分后不存在了。Stata 没有专门执行一阶差分的命令,我们手动进行一阶差分回归估计。

```
. tsset id year //数据设为面板
. generate dq=q-L.q // 产生 q 变量的一阶差
. generate dtax=tax-L.tax // 产生 tax 变量的一阶差
. regress dq dtax, noconstant //用一阶差变量回归，没有截距项

      Source |       SS           df       MS      Number of obs   =        28
-------------+----------------------------------   F(1, 27)        =    189.87
       Model |  .696200008         1  .696200008   Prob > F        =    0.0000
    Residual |  .098999998        27  .003666667   R-squared       =    0.8755
-------------+----------------------------------   Adj R-squared   =    0.8709
       Total |  .795200006        28       .0284   Root MSE        =    .06055

------------------------------------------------------------------------------
          dq |      Coef.   Std. Err.      t    P>|t|     [95% Conf. Interval]
-------------+----------------------------------------------------------------
        dtax |        .59   .0428174    13.78   0.000     .5021459    .6778541
------------------------------------------------------------------------------
```

一阶差分模型的估计系数为 0.59,与组内差分法的回归结果有微小差别。一阶差分的估计系数值实际上只是使用了税法发生变化(即 tax 从 0 变成 1)前后两年的信息,即图 8.3 中的 A、B、E、F 点的信息。一阶差分模型的估计系数值=处置组企业 2014 年业绩 q 的平均值-处置组企业 2013 年业绩 q 的平均值,即图 8.3 中 $(A+B)/2-(E+F)/2=(7.6+7.2)/2-(7.06+6.56)/2=0.59$。

前面讨论过不受税改影响的企业(1 和 2)的业绩在 2014 年后也都有提高,$C_{after}-C_{before}=5.95-5.78=0.17$,说明 2014 年后有些与税改无关的宏观因素导致企业业绩平均提升了 0.17。同样由于目前使用的模型都没有加入时间固定效应,因此没有"控

制”掉这部分因素，造成对税改作用的估计过高。下面我们在模型中加入时间固定效应，使用控制组企业的信息，“控制”掉由于其他宏观因素导致的企业业绩的变化。

六、纳入时间固定效应

控制时间固定效应，可以在固定效应模型里引入$(T-1)$个时间虚拟变量，回归方程为：

$$q_{it}=\beta tax_{it}+\alpha_i+\gamma_{2011}Year_{2011}+\gamma_{2012}Year_{2012}+\cdots+\gamma_{2017}Year_{2017}+u_{it}$$

其中，$Year_t=1$，如果该年等于 t；否则，$Year_t=0$。

回归结果如下：

```
. xi:xtreg q tax i.year, fe

i.year           _Iyear_2010-2017    (naturally coded; _Iyear_2010 omitted)

Fixed-effects (within) regression               Number of obs      =        32
Group variable: id                              Number of groups   =         4

R-sq:                                           Obs per group:
     within  = 0.9761                                          min =         8
     between = 0.8521                                          avg =       8.0
     overall = 0.4280                                          max =         8

                                                F(8,20)            =    102.01
corr(u_i, Xb)  = 0.3827                         Prob > F           =    0.0000

------------------------------------------------------------------------------
           q |      Coef.   Std. Err.      t    P>|t|     [95% Conf. Interval]
-------------+----------------------------------------------------------------
         tax |         .4   .0295804    13.52   0.000     .3382964    .4617036
  _Iyear_2011 |        .02   .0295804     0.68   0.507    -.0417036    .0817036
  _Iyear_2012 |        .04   .0295804     1.35   0.191    -.0217036    .1017036
  _Iyear_2013 |        .06   .0295804     2.03   0.056    -.0017036    .1217036
  _Iyear_2014 |       .225   .0330719     6.80   0.000     .1560132    .2939868
  _Iyear_2015 |       .175   .0330719     5.29   0.000     .1060132    .2439868
  _Iyear_2016 |         .2   .0330719     6.05   0.000     .1310132    .2689868
  _Iyear_2017 |         .2   .0330719     6.05   0.000     .1310132    .2689868
       _cons |       6.25   .0209165   298.81   0.000     6.206369    6.293631
-------------+----------------------------------------------------------------
     sigma_u |  .64549722
     sigma_e |    .041833
         rho |  .99581757   (fraction of variance due to u_i)
------------------------------------------------------------------------------
F test that all u_i=0: F(3, 20) = 1142.86                    Prob > F = 0.0000
```

结果显现，tax 的系数$\hat{\beta}=0.4$，得到了与本节开始使用双重差分计算同样的结果。这是因为，时间虚拟变量控制了与税法改革无关的宏观因素的影响，个体效应控制了企业在税法改革前存在的个体差异。这个模型因为包含了时间固定效应与企业固定效应，因此是一个二元固定效应模型，它同时也是一个双重差分模型。我们在下一章会详细介绍双重差分模型。

第七节 面板数据运用常见问题

一、是选择固定效应(FE)模型还是随机效应(RE)模型?

在处理面板数据时,判断是选择 FE 模型还是 RE 模型,取决于个体效应 α_i 是否与解释变量相关。

当 α_i 与某个 X_{it} 相关时,FE 模型正确地将 α_i 作为控制变量处理,因此 $\hat{\boldsymbol{\beta}}^{FE}$ 是一致估计量;RE 模型错误地认为 α_i 与 X_{it} 不相关,并将 α_i 作为干扰项的一部分处理,其估计量 $\hat{\boldsymbol{\beta}}^{RE}$ 是不一致的。

当 α_i 与 X_{it} 不相关时,FE 模型也将 α_i 作为控制变量处理,$\hat{\boldsymbol{\beta}}^{FE}$ 虽然也是一致的,但是效率比较低(因为只使用了个体内变化信息)。RE 模型中,在 α_i 与 X_{it} 不相关情况下,$\hat{\boldsymbol{\beta}}^{RE}$ 也是一致估计量,并且由于其使用了个体内和个体间变化的信息及 GLS 的方法,因此也是有效的。

表 8.9 总结了在这两种不同情况下 FE 模型和 RE 模型的差异。根据表 8.9 的结果,我们可以使用 Hausman 检验来判断使用 RE 模型或 FE 模型。

表 8.9 随机效应和固定效应模型估计系数量在不同假设下的对比

	$\text{Cov}(X_{it},\alpha_i)=0$	$\text{Cov}(X_{it},\alpha_i)\neq 0$
随机效应(RE)模型	$\hat{\boldsymbol{\beta}}^{RE}$ 一致、有效	$\hat{\boldsymbol{\beta}}^{RE}$ 不一致
固定效应(FE)模型	$\hat{\boldsymbol{\beta}}^{FE}$ 一致、不有效	$\hat{\boldsymbol{\beta}}^{FE}$ 一致、可能有效

Hausman 检验的原假设是:α_i 与 X_{it} 不相关。在这个假设下,FE 模型与 RE 模型的估计结果都是一致的,但随机效应模型更有效,因此两个模型估计系数的差别 $\hat{\boldsymbol{\beta}}^{FE}-\hat{\boldsymbol{\beta}}^{RE}$ 应该不大,只是方差有所差别。但如果该假设不成立,固定效应模型是一致的,随机模型是不一致的,两个模型估计的系数差别 $\hat{\boldsymbol{\beta}}^{FE}-\hat{\boldsymbol{\beta}}^{RE}$ 较大。

Hausman 检验的统计量为:

$$H=(\hat{\boldsymbol{\beta}}^{FE}-\hat{\boldsymbol{\beta}}^{RE})'[\text{Var}(\hat{\boldsymbol{\beta}}^{FE})-\text{Var}(\hat{\boldsymbol{\beta}}^{RE})]^{-1}\times(\hat{\boldsymbol{\beta}}^{FE}-\hat{\boldsymbol{\beta}}^{RE})\xrightarrow{d}\chi^2(K)$$

Hausman 统计量满足自由度为 K 的 χ^2 分布,K 是模型中自变量的取值个数。

如果假设成立,$\hat{\boldsymbol{\beta}}^{FE}$ 和 $\hat{\boldsymbol{\beta}}^{RE}$ 都是一致的,$(\hat{\boldsymbol{\beta}}^{FE}-\hat{\boldsymbol{\beta}}^{RE})$ 应该接近于 0,因此 H 值应该接近于 0。如果 H 值比较大,则说明 $(\hat{\boldsymbol{\beta}}^{FE}-\hat{\boldsymbol{\beta}}^{RE})$ 差异较大。也就是说,RE 模型是不一致的,应该选用 FE 模型。

在实际运用中,RE 模型要求的条件很难满足。因此多数情况下,我们并不需要

Hausman 检验，而常常直接使用 FE 模型。

二、有些变量在使用固定效应模型后系数大小和显著性发生很大变化，应当如何理解这些变化？

要理解为什么有些变量的系数在没有固定效应和有固定效应模型中的差异很大，关键在于理解这些变量的信息来源。

1. 加入固定效应模型后，系数大小和方向都可能会发生变化。我们可以用受教育程度对收入的例子来说明。假设个体固定效应为 $\alpha_i = \theta TALENT_i$，并且 $TALENT_i$ 与 EDU_i 相关，在第三节中，我们说明了如果不控制个体固定效应而使用模型 $INC_{it} = \alpha + \beta EDU_{it} + \gamma GENDER_i + e_{it}$，对应的条件期望函数为：

$$\begin{aligned} &\mathrm{E}(INC_{it} \mid EDU_{it}, GENDER_i) \\ &= (\alpha + \theta\phi_0) + (\beta + \theta\phi_1)EDU_{it} + (\gamma + \theta\phi_2)GENDER_i \end{aligned}$$

回归得到 EDU_{it} 的系数是 $\beta + \theta\phi_1$ 而非 β 的一致估计量，θ 是 $TALENT_i$ 对 INC_{it} 的影响系数，ϕ_1 反映 $TALENT_i$ 与 EDU_i 的相关性。加入固定效应后，使用模型 $INC_{it} = \alpha + \beta EDU_{it} + \gamma GENDER_i + \alpha_i + u_{it}$，对应的条件期望函数为：

$$\mathrm{E}(INC_{it} \mid EDU_{it}, GENDER_i, \alpha_i) = \alpha + \beta EDU_{it} + \gamma GENDER_i + \alpha_i$$

回归得到的 EDU_{it} 的系数是 β 的一致估计量。

可见加入固定效应后，回归系数变化了 $\theta\phi_1$。不仅系数大小会变化，方向也可能发生变化。

2. 使用固定效应模型，通常估计系数的方差会变大。这是因为，为避免不可观测的个体固定效应造成的缺失变量误差，固定效应模型估计依赖于个体内变化信息来估计 β。这造成个体间平均差异的信息没有被用来估计 X 和 Y 的关系，由于使用的信息量变少了，就造成估计系数方差变大。

三、当使用固定效应模型后，有些变量系数变为不显著，是否就意味着该变量和被解释变量没有因果关系？

加入固定效应后，回归系数显著性消失有两个不同解释：

1. 一个原因是，变量 X_{it} 对 Y_{it} 确实没有因果影响(因果关系系数=0)。在没使用固定变量的模型里，由于缺失变量的误差，造成 Y_{it} 对 X_{it} 的回归系数(相关系数)显著不等于0。固定效应模型控制了缺失变量的误差后，X_{it} 对 X_{it} 的回归系数和0不显著差异，反映了正确的因果关系。以受教育程度与收入关系为例，在未加入固定效应的回归里，EDU_{it} 的系数等于 $\beta+\theta\phi_1$（相关关系），加入固定效应控制了缺失的个体固定效应，EDU_{it} 的系数是 β（因果关系）。假设真实情况是，受教育程度对收入没有影响（$\beta=0$），但天赋对收入有影响（$\theta>0$）并且与受教育程度相关（$\phi_1>0$）。在未加入固定效应的回归里，EDU_{it} 的系数 $\beta+\theta\phi_1\neq 0$；加入固定效应后，EDU_{it} 的系数 $\beta=0$。因此，当使用固定效应模型控制了缺失变量误差后，我们得到了受教育程度对收入的正确因果关系：$\beta=0$。这种情况下，我们可以说受教育程度与收入没有因果关系。

2. 另一个原因是，变量 X_{it} 对 Y_{it} 有因果影响（因果关系系数不等于 0）。但变量 X_{it} 的个体内变化太小，控制了固定效应后，由于信息不够，造成估计系数方差太大而导致 X_{it} 系数不显著，但这并不代表变量 X_{it} 对 Y_{it} 没有因果影响。还以受教育程度对收入的影响为例，如果受教育程度对收入有影响，即 $\beta\neq 0$，在固定效应模型里，为了控制个体固定效应，使用个体内差值（$EDU_{it}-\overline{EDU}_i$）和（$Y_{it}-\overline{Y}_i$）的变化信息来估计二者的因果关系。如果 EDU_{it} 个体内差值（$EDU_{it}-\overline{EDU}_i$）的变化很小，我们可能得到 EDU_{it} 的系数 $\hat{\beta}$ 方差很大而不显著，但这并不代表受教育程度对收入就没有影响。可以想象一个 10 年面板数据，数据中大学生与高中生相比，在 10 年中一直保持较高的收入，但每个人的学历在 10 年里很少发生变化。使用固定效应模型，由于很少人的学历有个体内变化，因此用个体内学历变化去估计其对收入的影响很难得到显著的结果。但实际情况可能是，学历和收入是有因果关系的，只是它们的关系并不能由个体内变化反映出来，而是体现在个体间差异上。在极端情况下，如果某个变量没有个体内变化，加入固定效应模型后，这个变量的系数就无法被估计（即方差无限大）。例如，$GENDER_i$ 在横截面模型 $INC_{it}=a+bEDU_{it}+bGENDER_i+u_{it}$ 中，系数可能很显著。但在固定效应模型 $INC_{it}=\alpha+\beta EDU_{it}+\gamma GENDER_i+\alpha_i+u_{it}$ 中，由于 $GENDER_i$ 没有个体内变化信息，其系数 γ 没法估计。也可以理解为，这个变量由于和个体固定效应共线性，而被固定效应吸收了，但这并不代表 $GENDER_i$ 对 INC_i 没有作用，只是在固定效应模型中的作用无法被估计出来。

通过前面的讨论，我们知道使用固定效应模型是有局限性的。为了达到控制个体不可观测且不随时间变化的因素，固定效应模型使用了个体内变化的信息。如果变量有充分的个体内变化信息，固定效应模型能够有效地处理缺失个体固定效应造成的缺失变量误差；但如果变量个体内变化很少，其系数的估计方差就可能很大且不显著。因此在使用面板数据前，对每个变量，尤其是所关注的变量的信息来源要有充分的了解。如果变量的系数在加入固定效应后 X_{it} 变得不显著，不能简单地推断它对 X_{it} 对 Y_{it} 没有因果影响，而是要具体情况具体分析。

第九章　双重差分法

在社会科学研究中，双重差分法是用来估计政策干预和事件处置效应的一个常用方法。这些政策或事件的特点是，它们并不在同一时间影响所有个体，或者对个体的影响并不相同。例如，A 省在 2014 年通过了新税法，B 省没有通过。使用双重差分法估计新税法对企业业绩影响的基本思路很直观：处置组（A 省的企业）在 2014 年前后的平均业绩变化包含了新税法和其他因素的影响；控制组（B 省的企业）在 2014 年前后的平均业绩变化只包含了其他因素的影响。当其他因素对处置组和控制组的影响一样时，我们可以通过二者相减来估计新税法对业绩的处置效应。

虽然双重差分法的原理很简单，但如果要正确地估计政策和事件的处置效应，就需要合理的假设和模型设置。本章我们将循序渐进地通过表格、图形、模型 3 种方式来介绍和理解如何使用双重差分法估计处置效应。第一节引入单重差分法（single difference）并讨论其局限性；第二节讲解双重差分法的原理及其需要的假设条件（difference-in-difference）；第三节用实例介绍如何使用回归方法实现双重差分法；第四节讲解使用双重差分法时需要注意的问题和检验的条件；第五节介绍三重差分法（difference-in-difference-in-difference）。双重差分法通常被称为“准实验”方法，在附录一中，我们介绍了准实验、随机控制实验与非实验观测研究的异同。在正文中，我们从直观和实用的角度介绍双重差分法。在附录二中，我们用潜在结果的理论框架解析双重差分法，有兴趣的读者可以通过附录内容进一步了解双重差分法的理论基础。

第一节　单重差分法

为方便讲解，我们仍然使用前一章税改影响企业业绩的例子。为保持本章的独立性，表 9.1 给出了样本数据。

表 9.1 税法改革和企业业绩例子数据

id	*year*	*q*	*tax*	*id*	*year*	*q*	*tax*
1	2010	7.00	0	3	2010	6.00	0
1	2011	7.02	0	3	2011	6.02	0
1	2012	7.04	0	3	2012	6.04	0
1	2013	7.06	0	3	2013	6.06	0
1	2014	7.60	1	3	2014	6.20	0
1	2015	7.50	1	3	2015	6.20	0
1	2016	7.60	1	3	2016	6.20	0
1	2017	7.70	1	3	2017	6.20	0
2	2010	6.50	0	4	2010	5.50	0
2	2011	6.52	0	4	2011	5.52	0
2	2012	6.54	0	4	2012	5.54	0
2	2013	6.56	0	4	2013	5.56	0
2	2014	7.20	1	4	2014	5.70	0
2	2015	7.10	1	4	2015	5.70	0
2	2016	7.10	1	4	2016	5.70	0
2	2017	7.00	1	4	2017	5.70	0

这个例子中包含 4 个企业的数据，每个企业有 8 年的观测点，一共有 32 个观测点。企业 1 和 2 所在省份 A 受到税法改革的影响，为处置组；企业 3 和 4 所在省份 B 未实施税法改革，为控制组。新税法于 2014 年开始实行。为方便直观理解，图 9.1 显示了处置组和控制组每年的平均业绩。

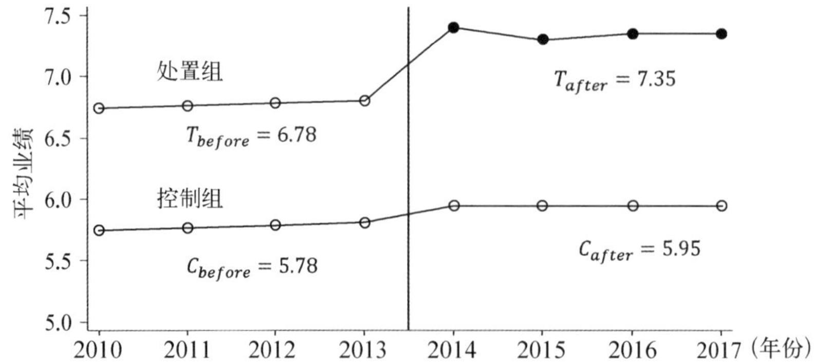

图 9.1 处置组和控制组的年平均业绩

我们用 $Treat_i$ 表示分组虚拟变量：如果企业 i 在通过税法改革的 A 省(处置组)，则 $Treat_i=1$；如果企业 i 在没有通过税法改革的 B 省(控制组)，则 $Treat_i=0$。$After_t$ 是时期虚拟变量：如果时间 t 是在新税法已实施的年份(2014 年、2015 年、2016 年和 2017 年)，则 $After_t=1$；如果时间 t 是在未实施新税法的年份(2010 年、2011 年、2012 年和 2013 年)，则 $After_t=0$。注意，由于 $Treat_i$ 不随时间改变，因此没有下标 t；$After_t$ 不随企业改变，因此没有下标 i。

为简化符号，我们用 T_{after} 代表处置组在 2014 年后的平均观测业绩：

$$T_{after}=\mathrm{E}(Y_{it}\mid Treat_i=1,\ After_t=1)=7.35$$

T_{before} 代表处置组在 2014 年前的平均观测业绩：

$$T_{before}=\mathrm{E}(Y_{it}\mid Treat_i=1,\ After_t=0)=6.78$$

C_{after} 代表控制组在 2014 年后的平均观测业绩：

$$C_{after}=\mathrm{E}(Y_{it}\mid Treat_i=0,\ After_t=1)=5.95$$

C_{before} 代表控制组在 2014 年前的平均观测业绩：

$$C_{before}=\mathrm{E}(Y_{it}\mid Treat_i=0,\ After_t=0)=5.78$$

表 9.2 总结了处置组和控制组在 2014 年前后的平均观测业绩。

表 9.2　处置组和控制组在税改前后的平均业绩

		平均业绩		
		2010～2013 年 (before)	2014～2017 年 (after)	横向差异
处置组 (Treatment)	受税改影响企业 (1 和 2)	$T_{before}=6.78$	$T_{after}=7.35$	$T_{after}-T_{before}=0.57$
控制组 (Control)	未受税改影响企业 (3 和 4)	$C_{before}=5.78$	$C_{after}=5.95$	$C_{after}-C_{before}=0.17$
	纵向差异	$T_{before}-C_{before}=1$	$T_{after}-C_{after}=1.40$	

我们观测到处置组在 2014 年后税改实施情况下的平均观测业绩 T_{after}，但我们无法观测到处置组在 2014 年后税改未实施情况下的平均业绩(用 T'_{after} 表示)，因此无法直接计算税改对处置组的处置效应 $ATT=T_{after}-T'_{after}$。T'_{after} 是我们未观测到而需要估计的反事实结果。

估计反事实结果 T'_{after} 的最直接思路是“单重差分法”。通常有两种方法：

1. 横截面单重差分(cross-sectional difference)。用未受税改影响的控制组 2014

年后的平均业绩 C_{after} 作为反事实结果 T'_{after} 的估计（$T'_{after}=C_{after}$）。因此，横截面单重差分法对处置效用的估计 $\widehat{ATT}$(横截面单重差分)=($T_{after}-C_{after}$)，即处置组在2014年后的平均业绩－控制组在2014年后的平均业绩。

2. 时间序列单重差分（time-series difference）。用处置组在2014年前未受税改影响的平均观测业绩 T_{before} 作为反事实结果 T'_{after} 的估计（$T'_{after}=T_{before}$）。因此，时间序列单重差分对处置效用的估计 $\widehat{ATT}$(时间序列单重差分)$=T_{after}-T_{before}$，即处置组在2014后的平均业绩－处置组在2014前的平均业绩。

下面我们具体来看通过回归如何实现单重差分法，并了解单重差分法的缺陷。

一、横截面单重差分

横截面差分是通过比较处置组和控制组在事件发生后的平均结果差异来估计处置效应。如果使用回归方法，我们用税改发生的2014年后的数据估计下面模型：

$$Y_{it}=\beta_0+\beta_1 Treat_i+e_{ii}\text{，如果 } After_t=1 \tag{9.1}$$

横截面差分回归如下：

```
. gen treat=id<=2 /* 产生组虚拟变量：处置组=1，控制组=0*/

. gen after=year>=2014 /*产生时期虚拟变量： 2014 年和 2014 年后=1，2014 年前=0 */

. reg q treat if after==1

      Source |       SS           df       MS      Number of obs   =        16
-------------+----------------------------------   F(1, 14)        =    105.54
       Model |       7.84         1        7.84    Prob > F        =    0.0000
    Residual |       1.04        14  .074285714    R-squared       =    0.8829
-------------+----------------------------------   Adj R-squared   =    0.8745
       Total |       8.88        15        .592    Root MSE        =    .27255

------------------------------------------------------------------------------
           q |      Coef.   Std. Err.      t    P>|t|     [95% Conf. Interval]
-------------+----------------------------------------------------------------
       treat |      1.40    .136277    10.27   0.000      1.107715    1.692285
       _cons |      5.95   .0963624    61.75   0.000      5.743323    6.156677
------------------------------------------------------------------------------
```

回归得到的结果 $\hat{\beta}_1=1.40$ 和表9.2中通过样本均值计算的 $\widehat{ATT}$(横截面单重差分)$=T_{after}-C_{after}=1.40$ 结果是一致的。

我们通过条件期望值来看横截面差分模型 $Treat_i$ 系数 β_1 是否反映了事件的处置效应。

处置组在2014年后的业绩均值为：

$$E(Y_{it}\mid Treat_i=1)=\beta_0+\beta_1+E(e_{it}\mid Treat_i=1)$$

控制组在2014年后的业绩均值为：

$$E(Y_{it} \mid Treat_i = 0) = \beta_0 + E(e_{it} \mid Treat_i = 0)$$

处置组和控制组在2014年后的业绩均值差异为：

$$E(Y_{it} \mid Treat_i = 1) - E(Y_{it} \mid Treat_i = 0)$$
$$= \beta_1 + \underbrace{E(e_{it} \mid Treat_i = 1) - E(e_{it} \mid Treat_i = 0)}_{\text{横截面单重差分估计偏差}}$$

我们看到，处置组和控制组在2014年后的平均业绩差异包含了两部分：是否实施新税法造成的差异 β_1，以及由其他因素造成的两组之间在2014年后的平均业绩差异 $E(e_{it} \mid Treat_i = 1) - E(e_{it} \mid Treat_i = 0)$。因此，由这个模型回归得到的 $Treat_i$ 的系数 $\hat{\beta}_1$ 是 β_1 的无偏估计量的条件是 $E(e_{it} \mid Treat_i = 1) - E(e_{it} \mid Treat_i = 0) = 0$，即处置组和控制组在事件发生的2014年后，除了受税法实施与否影响的差异外，不存在其他差别。

显然这个条件是很难成立的。在本例中，如果通过税法改革的省都是经济较发达的省，即使没有税法的影响，处置组和控制组的企业在2014年后的平均业绩水平也不相同。从图9.1中我们看到，处置组和控制组在2014年法规通过前就存在差异，这意味着，即使在没有实施新税法的情况下，处置组和控制组在2014年后的业绩也很可能是不同的。这也意味着，控制组在2014年后的平均业绩不是处置组在2014年后如果未实施新税法情况下的平均业绩（反事实结果）的无偏估计量。

本质上，回归模型(9.1)中产生了遗漏变量的问题，模型里应该添加变量 Z_i 来控制处置组和控制组存在的其他差异（例如企业所在省的经济发展水平），具体如下：

$$Y_{it} = \beta_0 + \beta_1 Treat_i + \beta_2 Z_i + e_{it}$$

然而，通过增加控制变量 Z_i 来解决横截面单重差分估计误差是困难的。这是因为，增加的控制变量 Z_i 可能会和分组变量 $Treat_i$ 存在完全共线性的问题。例如，我们想要控制处置组和控制组的经济发展程度差异，如果处置组企业所在的A省是经济发展较好的省，控制组企业所在的B省是经济发展较差的省，那么一个企业所在省的经济发展好坏和有无新税法是完全共线性的。再者，即使不存在共线性，控制组和处置组之间的某些差异也可能是无法观测的，因此无法通过横截面数据被“控制”掉，所以横截面单重差分法的估计通常是存在偏差的。

二、时间序列单重差分

另一种差分法是时间序列差分，即考虑处置组在事件前后的差异，这样可以避免处置组和控制组差异所带来的问题。用回归的方法估计时间序列差分，即用处置组的数据估计下面模型：

$$Y_{it}=\beta_0+\beta_1 After_t+e_{it}，\text{如果 } Treat_i=1$$

时间序列差分回归如下：

```
. gen treat=id<=2 /* 产生组虚拟变量：处置组=1, 控制组=0*/

. gen after=year>=2014 /*产生时期虚拟变量：2014 年和 2014 年后=1, 2014 年前=0 */

. reg q after if treat==1

      Source |       SS           df       MS      Number of obs   =        16
-------------+----------------------------------   F(1, 14)        =     17.43
       Model |      1.2996         1      1.2996   Prob > F        =    0.0009
    Residual |       1.044        14  .074571429   R-squared       =    0.5545
-------------+----------------------------------   Adj R-squared   =    0.5227
       Total |      2.3436        15      .15624   Root MSE        =    .27308

------------------------------------------------------------------------------
           q |      Coef.   Std. Err.      t    P>|t|     [95% Conf. Interval]
-------------+----------------------------------------------------------------
       after |        .57   .1365388     4.17   0.001     .2771533    .8628467
       _cons |       6.78   .0965475    70.22   0.000     6.572926    6.987074
------------------------------------------------------------------------------
```

得到的结果 $\hat{\beta}_1=0.57$ 和表 9.2 中通过样本均值计算的 $\widehat{ATT}$(时间序列单重差分)$=T_{after}-T_{before}=0.57$ 是一致的。

我们还是通过条件期望值来看时间序列单重差分模型系数是否反映了事件的处置效应。

处置组在 2014 年前的业绩均值为：

$$\mathrm{E}(Y_{it}\mid After_t=0)=\beta_0+\mathrm{E}(e_{it}\mid After_t=0)$$

处置组在 2014 年后的业绩均值为：

$$\mathrm{E}(Y_{it}\mid After_t=1)=\beta_0+\beta_1+\mathrm{E}(e_i\mid After_t=1)$$

处置组在 2014 年前后的业绩均值差异为：

$$\begin{aligned}&\mathrm{E}(Y_{it}\mid After_t=1)-\mathrm{E}(Y_{it}\mid After_t=0)\\=&\beta_1+\underbrace{\mathrm{E}(e_{it}\mid After_t=1)-\mathrm{E}(e_{it}\mid After_t=0)}_{\text{时间序列单重差分估计偏差}}\end{aligned}$$

我们看到，处置组在 2014 年前后的平均业绩差异包含了两部分：是否实施新税法造成的差异 β_1，以及由其他因素造成的处置组在 2014 年前后的平均业绩差异 $\mathrm{E}(e_{it}\mid After_t=1)-\mathrm{E}(e_{it}\mid After_t=0)$。因此，由这个模型回归得到的 $Treat_i$ 的系数 $\hat{\beta}_1$ 是 β_1 的无偏估计量的条件是 $\mathrm{E}(e_{it}\mid After_t=1)-\mathrm{E}(e_{it}\mid After=0)=0$，即除了新税法外，没有其他因素造成处置组在 2014 年前后的平均业绩差别。

这个条件也是很难成立的，因为某些宏观因素可能和税改在同一时点发生。这造成在 2014 年前后，即使税改未实施，处置组的平均业绩也会有差异。例如，2014 年后国家放松信贷要求，这种情况下即使没有税法的影响，处置组的平均业绩水平在2014年后也会提升。从图9.1中，我们看到未受新税法影响的控制组在2014年后业绩也有所提高。可见2014年后，存在其他因素导致企业平均业绩提高，这也意味着处置组在2014年前的平均业绩不是处置组在2014年后如果未实施新税法的平均业绩（反事实结果）的无偏估计量。

本质上，上述模型中也产生了遗漏变量的问题，模型里应该添加变量 Z_t 来控制其他导致处置组业绩在2014年前后发生变化的因素，具体如下：

$$Y_{it}=\beta_0+\beta_1 After_t+\beta_2 Z_t+e_{it}$$

然而，通过增加控制变量 Z_t 来解决时间序列单重差分估计误差是困难的，因为增加的控制变量 Z_i 和时期变量 $After_i$ 会存在完全共线性的问题。例如，我们想要控制其他宏观政策对企业业绩的影响，如果这些宏观政策刚好也在2014年实施，控制这些宏观政策影响的变量 Z_t 和反映税法影响的变量 $After_t$ 是完全共线性的。

用横截面和时间序列的单重差分法估计事件的处置效应都会与其他因素混淆。横截面单重差分估计值里混淆了处置组和控制组在事件未发生情况下就存在的差异，时间序列单重差分估计法混淆了和事件同时发生的其他因素造成处置组在事件前后的差异。但是，横截面单重差分估计避免了时间序列单重差分估计的误差来源；反之，时间序列单重差分估计避免了横截面单重差分估计的误差来源。如果我们可以将二者结合起来互相补充，就可以消除误差。接下来我们将介绍依据这一原理的双重差分法。

第二节　双重差分法的直观理解

双重差分方法可以从表9.2中的两个方向来理解。

一、方法1：从横向差异理解

（一）第一重差分

处置组在事件发生的2014年前后的差异

$=T_{after}-T_{before}$

=实施新税法造成的差异（处置效应）+其他因素造成的处置组在2014年前后的差异

控制组在事件发生的2014年前后的差异

$=C_{after}-C_{after}$

=其他因素造成的控制组在2014年前后的差异

（二）第二重差分

$$\begin{aligned}
&\text{处置组在事件发生的 2014 年前后的差异}-\text{控制组在事件发生的 2014 年前后的差异}\\
&=[T_{after}-T_{before}]-[C_{after}-C_{before}]\\
&=\text{实施新税法造成的差异（处置效应）}\\
&\quad+\underbrace{\begin{matrix}\text{（其他因素造成的处置组在 2014 年前后的差异}-\\ \text{其他因素造成的控制组在 2014 年前后的差异）}\end{matrix}}_{=0\text{，当平行趋势假设成立}}\\
&=\text{实施新税法造成的差异（处置效应）}
\end{aligned}$$

（三）平行趋势假设

可见，通过双重差分法能够正确估计实施新税法造成的平均业绩差异。需要的条件是：

$$\begin{matrix}\text{其他因素造成的处置组}\\ \text{在 2014 年前后的差异}\end{matrix}=\begin{matrix}\text{其他因素造成的控制组}\\ \text{在 2014 年前后的差异}\end{matrix}$$

这个条件称为平行趋势假设（parallel trend assumption）。这个假设的含义是，其他因素对处置组和控制组在 2014 年前后平均业绩变化的影响是相同的。这意味着，在不存在税改的情况下，控制组和处置组的平均业绩随时间变化的趋势是平行的。

二、方法 2：从纵向差异理解

（一）第一重差分

$$\begin{aligned}
&\text{处置组和控制组在事件发生的 2014 年后的差异}\\
&=T_{after}-C_{after}\\
&=\text{实施新税法造成的差异（处置效应）}\\
&\quad+\text{其他因素造成的处置组和控制组在 2014 年后的差异}
\end{aligned}$$

$$\begin{aligned}
&\text{处置组和控制组在事件发生的 2014 年前的差异}\\
&=T_{before}-C_{before}\\
&=\text{其他因素造成的处置组和控制组在 2014 年前的差异}
\end{aligned}$$

（二）第二重差分

$$\begin{aligned}
&\text{处置组和控制组在事件发生的 2014 年后的差异}\\
&\quad-\text{处置组和控制组在事件发生的 2014 年前的差异}\\
&=[T_{after}-C_{after}]-[T_{before}-C_{before}]\\
&=\text{实施新税法造成的差异（处置效应）}\\
&\quad+\underbrace{\begin{matrix}\text{（其他因素造成的处置组和控制组在 2014 年后的差异}-\\ \text{其他因素造成的处置组和控制组在 2014 年前的差异）}\end{matrix}}_{=0\text{，当差异不变假设成立}}
\end{aligned}$$

＝实施新税法造成的差异(处置效应)

（三）差异不变假设

可见,如果我们希望能够通过双重差分正确地估计事件造成的差异,即事件的处置效应,所需的条件是:

$$\begin{array}{c}\text{其他因素造成的处置组和}\\ \text{控制组在 2014 年后的差异}\end{array} = \begin{array}{c}\text{其他因素造成的处置组和}\\ \text{控制组在 2014 年前的差异}\end{array}$$

这个条件称为差异不变假设(bias stability assumption)。这个假设的含义是,其他因素造成处置组和控制组的差异在 2014 年前后是相同的。这意味着,在不存在税收法改变的情况下,控制组和处置组在 2014 年前后的差异是相同的。

平行趋势假设和差异不变假设是一致的。平行趋势假设成立意味着,在税法未发生改动的情况下,处置组和控制组的平均业绩的时间趋势是平行的,因此两组的平均业绩差异保持不变。检验平行趋势假设是使用双重差分法的一个重要前提步骤。

我们用图 9.2 直观地总结前面的讨论。图中 A、B、C、D 分别是处置组和控制组在事件前后的平均值 ($A=T_{before}$, $B=T_{after}$, $C=C_{before}$, $D=C_{after}$)。横截面单重差分是 $B-D$,时间序列单重差分是 $B-A$。双重差分法避免了这两种方法的缺点,平行趋势假设(或差异不变假设)成立,意味着我们可以将 DC 线平移到虚线位置。双重差分法的处置效应为 $(B-A)-(D-C)$,即处置组在事件前后的平均业绩差异减去控制组在事件前后的平均业绩差异,也等于 $(B-D)-(A-C)$,即处置组与控制组在事件后的平均业绩差异减去二者在事件前的平均业绩差异。下面我们介绍如何使用回归模型来实现双重差分估计。

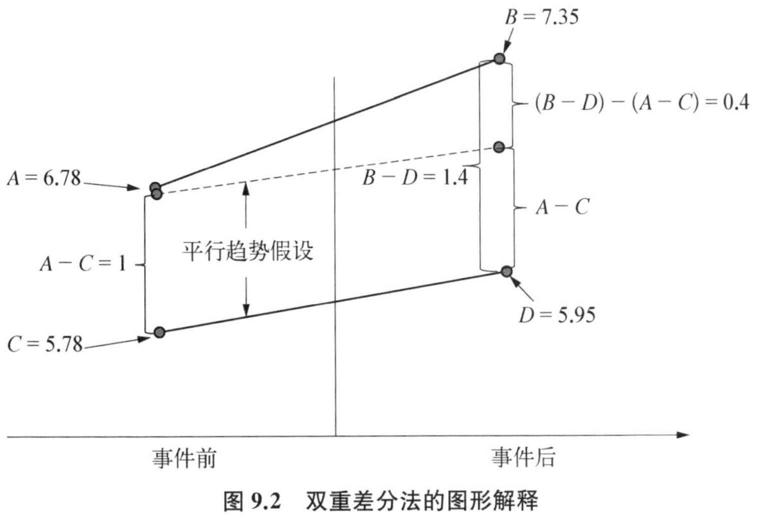

图 9.2　双重差分法的图形解释

第三节　双重差分法回归模型实例

一、基本双重差分法回归模型

基本双重差分法模型的形式为：

$$Y_{it} = \beta_0 + \beta_1 Treat_i + \beta_2 After_t + \beta_3 Treat_i \times After_t + e_{it} \tag{9.2}$$

其中，i 代表个体，t 代表时间。$Treat_i$ 是分组虚拟变量，如果个体 i 属于处置组，则 $Treat_i = 1$；否则，$Treat_i = 0$。$After_t$ 是分期虚拟变量，时间 t 在处置事件发生后，则 $After_t = 1$；否则，$After_t = 0$。处置事件为外生事件，意味着模型满足 $E(e_{it} \mid Treat_i, After_t) = 0$。

通过条件期望来理解系数 β_0、β_1、β_2 和 β_3 的含义，我们可以得到以下结果：

控制组在处置事件发生前 Y_{it} 的均值(图 9.2 中 C 点)为：

$$E(Y_{it} \mid Treat_i = 0, After_t = 0) = \beta_0$$

控制组在处置事件发生后 Y_{it} 的均值(图 9.2 中 D 点)为：

$$E(Y_{it} \mid Treat_i = 0, After_t = 1) = \beta_0 + \beta_2$$

处置组在处置事件发生前 Y_{it} 的均值(图 9.2 中 A 点)为：

$$E(Y_{it} \mid Treat_i = 1, After_t = 0) = \beta_0 + \beta_1$$

处置组在处置事件发生后 Y_{it} 的均值(图 9.2 中 B 点)为：

$$E(Y_{it} \mid Treat_i = 1, After_t = 1) = \beta_0 + \beta_1 + \beta_2 + \beta_3$$

处置组和控制组在处置事件发生前 Y_{it} 的均值差异($A-C$)为：

$$E(Y_{it} \mid Treat_i = 1, After_t = 0) - E(Y_{it} \mid Treat_i = 0, After_t = 0) = \beta_1$$

控制组处置事件发生前后 Y_{it} 的均值变化($D-C$)为：

$$E(Y_{it} \mid Treat_i = 0, After_t = 1) - E(y_{it} \mid Treat_i = 0, After_t = 0) = \beta_2$$

上面的结果给出了 β_0、β_1、β_2 的含义。下面我们用前面讨论过的双重差分的两个方法来看交乘项 $Treat_i \times After_t$ 的估计系数 β_3 的经济含义。

（一）方法 1：从横向差异理解

处置组在处置前后 Y_{it} 的均值差异 − 控制组在处置前后 Y_{it} 的均值差异

$$
\begin{aligned}
&=(B-A)-(D-C)\\
&=[\mathrm{E}(Y_{it}\mid Treat_i=1,\ After_t=1)-\mathrm{E}(Y_{it}\mid Treat_i=1,\ After_t=0)]\\
&\quad-[\mathrm{E}(Y_{it}\mid Treat_i=0,\ After_t=1)-\mathrm{E}(Y_{it}\mid Treat_i=0,\ After_t=0)]\\
&=[(\beta_0+\beta_1+\beta_2+\beta_3)-(\beta_0+\beta_1)]-[(\beta_0+\beta_2)-(\beta_0)]\\
&=[\beta_2+\beta_3]-[\beta_2]\\
&=\beta_3
\end{aligned}
$$

（二）方法 2：从纵向差异理解

处置组和控制组在处置后 Y_{it} 的均值差异 − 处置组和控制组在处置前 Y_{it} 的均值差异

$$
\begin{aligned}
&=(B-D)-(A-C)\\
&=[\mathrm{E}(Y_{it}\mid Treat_i=1,\ After_t=1)-\mathrm{E}(Y_{it}\mid Treat_i=0,\ After_t=1)]\\
&\quad-[\mathrm{E}(Y_{it}\mid Treat_i=1,\ After_t=0)-\mathrm{E}(Y_{it}\mid Treat_i=0,\ After_t=0)]\\
&=[(\beta_0+\beta_1+\beta_2+\beta_3)-(\beta_0+\beta_2)]-[(\beta_0+\beta_1)-(\beta_0)]\\
&=[\beta_1+\beta_3]-[\beta_1]\\
&=\beta_3
\end{aligned}
$$

可见，交乘项 $Treat_i \times After_t$ 的估计系数 β_3 就是双重差分估计量。图 9.3 直观地总结了前面所讨论系数的含义。

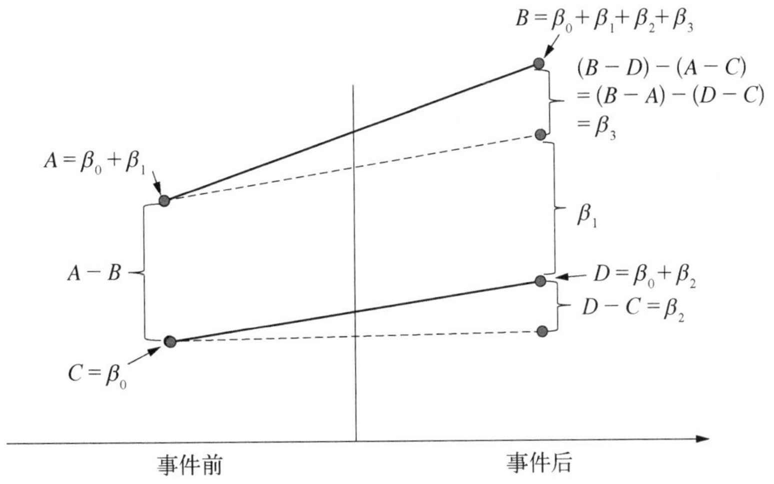

图 9.3　双重差分法回归系数图形显示

使用模型 $Y_{it}=\beta_0+\beta_1 Treat_i+\beta_2 After_t+\beta_3 Treat_i\times After_t+e_{it}$ 对表 9.1 的数据进行回归，结果如下：

```
. gen treat=id<=2 /* 产生组虚拟变量：处置组=1, 控制组=0*/

. gen after=year>=2014 /*事件发生前后虚拟变量： 2014 年和 2014 年后=1, 2014 年前=0 */

. gen treatafter=after*treat /*产生交叉变量 */

. list id year q tax treat after treatafter, sep(8) ab(12) noobs /*列出数据*/

  +--------------------------------------------------+
  | id   year      q   tax   treat   after   treatafter |
  |--------------------------------------------------|
  |  1   2010      7     0       1       0          0 |
  |  1   2011   7.02     0       1       0          0 |
  |  1   2012   7.04     0       1       0          0 |
  |  1   2013   7.06     0       1       0          0 |
  |  1   2014    7.6     1       1       1          1 |
  |  1   2015    7.5     1       1       1          1 |
  |  1   2016    7.6     1       1       1          1 |
  |  1   2017    7.7     1       1       1          1 |
  |--------------------------------------------------|
  |  2   2010    6.5     0       1       0          0 |
  |  2   2011   6.52     0       1       0          0 |
  |  2   2012   6.54     0       1       0          0 |
  |  2   2013   6.56     0       1       0          0 |
  |  2   2014    7.2     1       1       1          1 |
  |  2   2015    7.1     1       1       1          1 |
  |  2   2016    7.1     1       1       1          1 |
  |  2   2017      7     1       1       1          1 |
  |--------------------------------------------------|
  |  3   2010      6     0       0       0          0 |
  |  3   2011   6.02     0       0       0          0 |
  |  3   2012   6.04     0       0       0          0 |
  |  3   2013   6.06     0       0       0          0 |
  |  3   2014    6.2     0       0       1          0 |
  |  3   2015    6.2     0       0       1          0 |
  |  3   2016    6.2     0       0       1          0 |
  |  3   2017    6.2     0       0       1          0 |
  |--------------------------------------------------|
  |  4   2010    5.5     0       0       0          0 |
  |  4   2011   5.52     0       0       0          0 |
  |  4   2012   5.54     0       0       0          0 |
  |  4   2013   5.56     0       0       0          0 |
  |  4   2014    5.7     0       0       1          0 |
  |  4   2015    5.7     0       0       1          0 |
  |  4   2016    5.7     0       0       1          0 |
  |  4   2017    5.7     0       0       1          0 |
  +--------------------------------------------------+

. reg q after treat treatafter

      Source |       SS           df       MS      Number of obs   =        32
-------------+----------------------------------   F(3, 28)        =     58.95
       Model |     12.9352         3  4.31173333   Prob > F        =    0.0000
    Residual |       2.048        28  .073142857   R-squared       =    0.8633
-------------+----------------------------------   Adj R-squared   =    0.8487
       Total |     14.9832        31  .483329032   Root MSE        =    .27045

------------------------------------------------------------------------------
           q |      Coef.   Std. Err.      t    P>|t|     [95% Conf. Interval]
-------------+----------------------------------------------------------------
       after |        .17   .1352247     1.26   0.219    -.1069952    .4469952
       treat |          1   .1352247     7.40   0.000     .7230048    1.276995
  treatafter |         .4   .1912366     2.09   0.046     .0082696    .7917304
       _cons |       5.78   .0956183    60.45   0.000     5.584135    5.975865
------------------------------------------------------------------------------
```

结果显示，$\hat{\beta}_0=5.78$，$\hat{\beta}_1=1$，$\hat{\beta}_2=0.17$，$\hat{\beta}_3=0.4$。根据我们前面的讨论，估计系数的解释分别为：

$\hat{\beta}_0=5.78$：在税改发生的 2014 年前，控制组的平均业绩为 5.78。

$\hat{\beta}_1=1$：在税改发生的 2014 年前，处置组比控制组的平均业绩高 1。

$\hat{\beta}_2=0.17$：在税改发生的 2014 年前后，控制组的平均业绩提高了 0.17。

$\hat{\beta}_3=0.4$：在税改发生的 2014 年前后，处置组的平均业绩变化比控制组的平均业绩变化高 0.4，它反映了新税法对企业业绩的处置效应。

二、使用个体和时间固定效应

基本的双重差分法也是一种固定效应模型。常数项 β_0 是控制组的固定效应；β_1 是处置组（在未处置状态下）与控制组固定效应的差异；β_2 是事件发生时点前后时期固定效应的差异；β_3 是事件的固定效应（即处置效应）。

如果我们有同一个个体在不同时间信息的面板数据，就可以通过细化组和时期固定效应，来进一步提高这个模型的精度。我们可以把处置组和控制组的固定效应（β_0，β_1）细化为个体效应 α_i，并且把事件前后的时期固定效应（β_2）细化为每年的固定效应（$Year_t$）。细化后的模型为：

$$Y_{it}=\beta_3 Treat_i \times After_t+\alpha_i+Year_t+e_{it}$$

这个模型相对于基本双重差分法的优点是，α_i 和 $Year_t$ 是比 β_0、β_1 和 β_3 更精细的固定效应。α_i 是每个个体的固定效应，而简单模型里 β_0 和 β_1 是组固定效应。事实上，处置组（控制组）的组固定效应是处置组（控制组）个体固定效应的平均值。同理，$Year_t$ 是每年的固定效应；β_3 是时期固定效应，时期固定效应是时期内每年固定效应的平均值。因此，使用 α_i 和 $Year_t$ 替代 $Treat_i$ 和 $After_t$ 提高了模型的精度，这反映在估计系数的方差会降低。

下面是使用固定效应模型 $Y_{it}=\beta_3 Treat_i \times After_t+\alpha_i+Year_t+e_{it}$ 进行回归分析的结果。

```
. gen treat=id<=2 /* 产生组虚拟变量：处置组=1, 控制组=0*/

. gen after=year>=2014 /*事件发生前后虚拟变量： 2014 年和 2014 年后=1, 2014 年前=0 */

. gen treatafter=after*treat /*产生交叉变量 */

. tab id, gen(id)          /*个体虚拟变量*/

. tab year, gen(year) /*年虚拟变量*/
```

```
. reg q treatafter id1-id4 year2-year8, noconstant /*LSDV 回归, 无常数项*/

      Source |       SS           df       MS      Number of obs   =        32
-------------+----------------------------------   F(12, 20)       =  64401.30
       Model |  1352.4274        12  112.702283   Prob > F        =    0.0000
    Residual |       .035        20      .00175   R-squared       =    1.0000
-------------+----------------------------------   Adj R-squared   =    1.0000
       Total |  1352.4624        32    42.26445   Root MSE        =    .04183

------------------------------------------------------------------------------
           q |      Coef.   Std. Err.      t    P>|t|     [95% Conf. Interval]
-------------+----------------------------------------------------------------
  treatafter |         .4   .0295804    13.52   0.000     .3382964    .4617036
         id1 |          7   .0256174   273.25   0.000     6.946563    7.053437
         id2 |        6.5   .0256174   253.73   0.000     6.446563    6.553437
         id3 |          6   .0256174   234.22   0.000     5.946563    6.053437
         id4 |        5.5   .0256174   214.70   0.000     5.446563    5.553437
       year2 |        .02   .0295804     0.68   0.507    -.0417036    .0817036
       year3 |        .04   .0295804     1.35   0.191    -.0217036    .1017036
       year4 |        .06   .0295804     2.03   0.056    -.0017036    .1217036
       year5 |       .225   .0330719     6.80   0.000     .1560132    .2939868
       year6 |       .175   .0330719     5.29   0.000     .1060132    .2439868
       year7 |         .2   .0330719     6.05   0.000     .1310132    .2689868
       year8 |         .2   .0330719     6.05   0.000     .1310132    .2689868
------------------------------------------------------------------------------
```

我们看到，交叉项 $Treat_i \times After_t$ 的系数为 0.4，与简单固定效应模型结果一致。但方差为 0.029，比简单固定效应模型的方差 0.135 降低很多。

当然，我们也可以将 $Treat_i \times After_t$ 细化为 $\alpha_i \times Year_t$，这样我们可以得到事件对每个处置个体在事件发生后每一年的处置效应。但是，如果个体数量众多，那么这个交叉项要估计的系数就很多，而且通常我们只想知道对处置组的平均处置效应，因此 $Treat_i \times After_t$ 一般不再细化。

但是，如果要研究事件对处置组在不同时间的影响，可以将交叉项 $Treat_i \times After_t$ 中的 $After_t$ 细化。例如，如果要特别关注头两年的影响，可以将 $Treat_i \times After_t$ 细化为 $Treat_i \times After_1 + Treat_i \times After_2 + Treat_i \times After_{3+4}$，其中，$After_1$ 是事件发生后第一年的虚拟变量，$After_2$ 是事件发生后第二年的虚拟变量，$After_{3+4}$ 是事件发生后第三、四年的虚拟变量。这样我们可以研究事件对处置组在事件发生后第一年、第二年和两年后的影响。具体模型如下：

$$Y_{it} = \beta_3^1 Treat_i \times After_1 + \beta_3^2 Treat_i \times After_2 + \beta_3^3 Treat_i \times After_{3+4} + \alpha_i + Year_t + e_{it} \tag{9.3}$$

上式中的系数 β_3^1、β_3^2、β_3^3 反映了事件在不同时间的影响。

下面是 Stata 对模型(9.3)的估计结果。

```
. gen treat=id<=2 /* 产生组虚拟变量：处置组=1, 控制组=0*/

. gen after1=year==2014 /*产生年虚拟变量： 2014 年=1 */

. gen after2=year==2015 /*产生年虚拟变量： 2015 年=1 */
```

```
. gen after3=year>2015 /*产生年虚拟变量： 2015 年后=1 */

. gen treatafter1=after1*treat /*产生交叉变量 1 */

. gen treatafter2=after2*treat /*产生交叉变量 2 */

. gen treatafter3=after3*treat /*产生交叉变量 3 */

. tab id, gen(id)  /*个体虚拟变量*/

. tab year, gen(year) /*年虚拟变量*/

. reg q treatafter1 treatafter2 treatafter3 id1-id4 year2-year8, noconstant /*LSDV 回归, 无常数项*/

      Source |       SS           df       MS      Number of obs   =        32
-------------+----------------------------------   F(14, 18)       =  57961.39
       Model |   1352.4324        14  96.6023143   Prob > F        =    0.0000
    Residual |         .03        18  .001666667   R-squared       =    1.0000
-------------+----------------------------------   Adj R-squared   =    1.0000
       Total |   1352.4624        32    42.26445   Root MSE        =    .04082

------------------------------------------------------------------------------
           q |      Coef.   Std. Err.      t    P>|t|     [95% Conf. Interval]
-------------+----------------------------------------------------------------
 treatafter1 |        .45   .0456435     9.86   0.000     .3541065    .5458935
 treatafter2 |        .35   .0456435     7.67   0.000     .2541065    .4458935
 treatafter3 |         .4   .0353553    11.31   0.000     .3257212    .4742788
         id1 |          7       .025   280.00   0.000     6.947477    7.052523
         id2 |        6.5       .025   260.00   0.000     6.447477    6.552523
         id3 |          6       .025   240.00   0.000     5.947477    6.052523
         id4 |        5.5       .025   220.00   0.000     5.447477    5.552523
       year2 |        .02   .0288675     0.69   0.497    -.0406484    .0806484
       year3 |        .04   .0288675     1.39   0.183    -.0206484    .1006484
       year4 |        .06   .0288675     2.08   0.052    -.0006484    .1206484
       year5 |         .2    .036799     5.43   0.000     .1226882    .2773118
       year6 |         .2    .036799     5.43   0.000     .1226882    .2773118
       year7 |         .2   .0338502     5.91   0.000     .1288835    .2711165
       year8 |         .2   .0338502     5.91   0.000     .1288835    .2711165
------------------------------------------------------------------------------
```

$Treat_i \times After_1$、$Treat_i \times After_2$ 和 $Treat_i \times After_{3+4}$ 的系数分别为 $\hat{\beta}_3^1 = 0.45$、$\hat{\beta}_3^2 = 0.35$ 和 $\hat{\beta}_3^3 = 0.4$，说明第一年的影响最大，第二年有所下降，后两年有所反弹。

三、添加控制变量

到目前为止，模型只控制了个体和时间的固定效应。我们可以进一步加入其他可观测的随时间变化的变量，将模型拓展为：

$$Y_{it} = \beta_3 Treat_i \times After_t + \gamma X_{it} + \alpha_i + Year_t + e_{it} \tag{9.4}$$

其中，X_{it} 是个体 i 在时间 t 的可观测变量。加入的控制变量必须是不受事件影响的变量。

加入控制变量 X_{it} 的意义主要有以下 4 点：

1. 简单的双重差分法回归模型 $Y_{it} = \beta_3 Treat_i \times After_t + \alpha_i + Year_t + e_{it}$ 是用个体固定效应 α_i 控制了处置组和控制组之间不随时间变化特征的差异，时间固定效应 $Year_t$ 控制了处置组和控制组会随时间变化的特征。这里隐含的假设是，处置组和控制组随时间变化的特征在同一时间上的变化是相同的，因此能被同一个时间固定效应 $Year_t$ 所控制。如果这个假设成立，加入新的控制变量 X_{it} 并不会改变估计值，而只是分离出干扰项 e_{it} 的一部分变化，降低干扰项的"噪声"。在这种情况下，加入新的控制

变量 X_{it} 会降低估计值的方差。

2. 如果加入可观测变量 X_{it} 后，估计值改变了，就说明基本的平行趋势假设不成立，即处置组和控制组会随时间变化的特征在同一时间的变化是不相同的。例如，在通过税法改革的 A 省，企业规模的增加速度较快(但增加的原因与税法无关)，并且企业规模对业绩有正面影响。如果没有控制企业规模的变化，税法的影响就会因为包含了企业规模变化的影响而被过高估计。在这种情况下，加入控制变量 X_{it} 是为了控制处置组和控制组随时间变化的可观测特征差异可能导致的估计误差。

3. 如果加入可观测的随时间变化变量 X_{it} 后，估计值改变了，说明简单双重差分法可能存在缺失变量。这也引起了另一个问题：加入这些控制变量后，仍然可能存在缺失变量的问题。即存在不可观测的随时间变化的变量，这些变量与处置变量和结果变量之间存在相关性。例如，通过税法改革的 A 省在 2014 年后员工素质也大幅提升(但提高的原因与税法无关)，并造成企业经营业绩提高，如果员工素质无法观测到，我们就无法区别业绩的改变是缘于税法，还是缘于员工素质的改善。因此，理想的双重差分法是满足最基本的平行趋势假设，加入其他控制变量并不影响系数估计值，而只是影响方差。

4. 加入模型的其他控制变量应该是不受事件影响的变量。如果将受事件影响的变量作为控制变量，会造成第一章提到的过度控制误差。例如，在通过税法改革的 A 省，由于新税法，企业规模的增加速度较快，并且企业规模对业绩有正面影响。如果我们加入企业规模作为控制变量，意味着我们估计的是在企业规模不变的情况下，税法对业绩的影响。这显然会低估了税法的作用。可见在双重差分法里，加入其他的可观测控制变量并不是一个很容易的选择，需要根据理论和现有文献结果进行判断。

第四节　双重差分法假设条件检验

平行趋势假设是使用双重差分法估计处置效应的关键假设。平行趋势假设的要求是，在没有处置事件发生的情况下，控制组和处置组的被解释变量的均值差异在不同时间内保持一致。我们可以从下面几个角度间接验证这一条件。

一、比较处置组和控制组在事件发生前的趋势差异

检验平行假设的一个方法是，考察处置组和控制组在事件发生前被解释变量的变化趋势是否一致。一个简单的方法是，通过类似图 9.1 的图形观察两组在事件发生之前的趋势。我们也可以用更正式的验证方法。在双重差分法模型 $Y_{it}=\beta_0+$

$\beta_1 Treat_i + \beta_2 After_t + \beta_3 Treat_i \times After_t + e_{it}$ 中，$Treat_i$ 的系数 β_1 是处置组和控制组在事件发生前的平均差异。我们可以进一步分析处置组和控制组在事件发生前每年的差异，如果平行趋势成立，那么两组之间每年的差异应该没有显著区别。用本章的税改例子，我们可以把模型拓展为：

$$\begin{aligned} Y_{it} = & \beta_0 + \beta_1^{2010} Treat_i + \beta_1^{2011} Treat_i Year_{2011} \\ & + \beta_1^{2012} Treat_i Year_{2012} + \beta_1^{2013} Treat_i Year_{2013} + \beta_2 After_t \\ & + \beta_3 Treat_i \times After_t + e_{it} \end{aligned} \tag{9.5}$$

如果时间 t 是税改发生前的 n 年（$n=2011$，2012，2013），$Year_n = 1$；否则，$Year_n = 0$。如果个体 i 属于处置组，并且观测值在税改发生前的 n 年，那么 $Treat_i \times Year_n = 1$；否则，$Treat_i \times Year_n = 0$。在这个模型里，$Treat_i$ 的系数 β_1^{2010} 估计了处置组和控制组在税改发生前的 2010 年的差异（基准差异）。β_1^{2011}、β_1^{2012}、β_1^{2013} 反映了税改发生前的 2011、2012、2013 年处置组和控制组的差异相较于它们在 2010 年差异（基准差异）的变化；如果平行趋势假设成立（即差异不变），意味着 $\beta_1^{2011} = \beta_1^{2012} = \beta_1^{2013} = 0$。$Treat_i \times After_t$ 的系数 β_3 是税改发生后处置组和控制组的差异相较于它们在 2010 年差异（基准差异）的变化。

我们用前面的例子来进行平行趋势假设检验，结果如下：

```
*双重差分法平行检验

. gen treat=id<=2 /* 产生组虚拟变量：处置组=1，控制组=0*/
. gen after=year>=2014 /*产生时期虚拟变量： 2014 年和 2014 年后=1，2014 年前=0 */
. gen treatafter=after*treat /*产生组和时期交叉变量 */
. tab year, gen(year) /*年虚拟变量*/
. gen treatyear2=treat*year2 /*组和 2011 年交叉变量*/
. gen treatyear3=treat*year3 /*组和 2012 年交叉变量*/
. gen treatyear4=treat*year4 /*组和 2013 年交叉变量*/
. reg q treat treatyear2-treatyear4 after treatafter

      Source |       SS           df       MS      Number of obs   =        32
-------------+----------------------------------   F(6, 25)        =     26.38
       Model |     12.9392         6  2.15653333   Prob > F        =    0.0000
    Residual |       2.044        25      .08176   R-squared       =    0.8636
-------------+----------------------------------   Adj R-squared   =    0.8308
       Total |     14.9832        31  .483329032   Root MSE        =    .28594

------------------------------------------------------------------------------
           q |      Coef.   Std. Err.      t    P>|t|     [95% Conf. Interval]
-------------+----------------------------------------------------------------
       treat |        .97   .2260531     4.29   0.000     .5044349    1.435565
  treatyear2 |        .02   .2859371     0.07   0.945    -.5688984    .6088984
  treatyear3 |        .04   .2859371     0.14   0.890    -.5488984    .6288984
  treatyear4 |        .06   .2859371     0.21   0.835    -.5288984    .6488984
       after |        .17   .1429685     1.19   0.246    -.1244492    .4644492
  treatafter |        .43   .2674696     1.61   0.120     -.120864     .980864
       _cons |       5.78    .101094    57.17   0.000     5.571793    5.988207
------------------------------------------------------------------------------
```

结果显示，$\hat{\beta}_1^{2010}=0.97$，即处置组和控制组在税改发生前的2010年的差异为0.97(即基准差异为0.97)。$\hat{\beta}_1^{2011}=0.02$，$\hat{\beta}_1^{2012}=0.04$，$\hat{\beta}_1^{2013}=0.06$，并且不显著，显示了税改发生前的第3年、第2年和第1年，处置组和控制组的差异相较于它们在税改发生前的2010年差异(基准差异)的变化为0，说明处置组和控制组在事件发生前的平均业绩满足平行趋势假设。$Treat_i \times After_t$ 的系数 $\hat{\beta}_3=0.43$，说明税改发生后处置组和控制组的差异相较于它们在税改发生前的2010年差异增加了0.43。注意，这里 $Treat_i \times After_t$ 的系数0.43与前面 $Treat_i \times After_t$ 的系数0.4有所不同，因为这里得到的系数是以2010年差异为基准差异，前面得到的系数是以税改前所有年份的平均差异为基准差异。

平行趋势假设检验只能检验事件发生前处置组和控制组的趋势是否一致。事件发生后，我们无法获知，如果事件不发生，二者的趋势是否仍然一致。因此，平行趋势假设本质上是无法检验的。我们只能希望如果事件发生时间点前的趋势是一致的，那么它们在事件发生的时间点后(如果事件并未发生)仍然是一致的。

二、检验不受影响变量或组的结果

如果理论告诉我们某变量或组不受事件影响，我们可以用它们来检验事件是否是一个"单纯"的事件。如果发现事件对不该受影响的变量或组有影响，说明这个事件包含了其他作用。这类方法称为"安慰剂检验"(placebo test)或"证伪检验"(falsification test)。①

例如，在税法改革的A省，如果受影响的只是省属企业，对于央属企业并没影响，那么这种情况下我们可以将样本分为省属企业和央属企业，并对每个子样本使用双重差分法估计事件的影响。对于央属企业的双重差分得到的处置效应应该为0；如果不为0，则反映了处置组的A省在2014年后发生了某些与税改无关的事件并由此影响了企业业绩，意味着前面发现的税改对业绩的影响结果受到了其他因素的干扰，并无法证明税改对业绩有因果关系。

另一个检验方法是用事件发生前年份的数据做双重差分分析。例如，可以随意选择事件发生前的一个年份作为"假设事件"发生年。如果发现"假设事件"有显著作用，那么就说明即使在未实施新税法的情况下，我们也会发现处置组和控制组有差异。

---

① 这些名词是从医学中借鉴。"安慰剂效应"(placebo effect，又名"假药效应")是指给病人无效的药物或治疗，由于心理作用，病人感觉症状有所改善。

第五节　三重差分法

使用双重差分法估计政策或事件处置效应最有可能面临的问题是，存在其他混淆事件，并只发生在处置组，由此导致平行趋势假设不成立。在这种情况下，即使处置事件未发生，其他混淆事件也会导致处置组和控制组有差异。三重差分法可以帮助我们解决这类问题。

我们还是以研究税法对企业业绩的影响为例。如果 2014 年后，A 省不仅通过了新税法，而且还有其他利好因素发生。因此，即使没有新税法，A 省的企业业绩在 2014 年后也会比 B 省企业业绩增长得快。在这种情况下，平行趋势假设不成立，双重差分法无法识别出新税法对业绩的作用。但是，如果新税法并不影响原本就有免税优惠的企业，我们可以将样本分为普通企业和免税企业，并对每个子样本使用双重差分法。通过普通企业样本得到的双重差分结果反映了新税法和其他利好因素的作用，通过免税企业样本得到的双重差分结果反映了其他利好因素的作用。将前一个双重差分结果减去后一个双重差分结果，即得到三重差分，反映了新税法对普通企业业绩的影响。

基本三重差分法回归模型如下：

$$
\begin{aligned}
\mathrm{Y}_{\mathrm{it}} = {} & \beta_0 + \beta_1 Treat_i + \beta_2 After_t + \beta_3 High_i + \beta_4 Treat_i \times After_t + \beta_5 Treat_i \times High_i \\
& + \beta_6 High_i \times After_t + \beta_7 Treat_i \times High_i \times After_t + e_{\mathrm{it}}
\end{aligned}
$$

其中，如果个体是在处置组，那么 $Treat_i = 1$；否则，$Treat_i = 0$。如果时间是在事件后，那么 $After_t = 1$；否则，$After_t = 0$。如果个体受事件影响，那么 $High_i = 1$；否则，$High_i = 0$。三重差分法的使用要遵循以下几个要点：

1. 模型的完整性：三重差分法包含了 4 个单变量系数(包括常数项)、3 个两变量交叉项、1 个三变量交叉项。因此，基本三重差分法应该包含 8 个系数。

2. 系数的解释：要理解各个系数的意思，我们仍然可以使用前面的条件期望方法。这里我们重点关注两个变量：β_4 代表其他因素对处置组的影响，β_7 代表事件对处置组的处置效应。在本例中，税法对普通企业的处置效应为 β_7。

3. 第三重差分变量 $High_i$ 必须是外生的，即不受事件影响的变量。如果是会受到事件影响的变量，可以使用它们在事件发生前的值进行分组。例如，普通企业和免税企业的划分是不受新税法实施影响的。

4. 如果有个体面板数据和其他可观测变量 X_{it}，我们就可以将模型拓展为：

$$Y_{it}=\beta_1 Treat_i\times After_t+\beta_2 High_i\times After_t+\beta_3 Treat_i\times High_i\times After_t +\beta_4 X_{it}+\alpha_i+Year_t+e_{it}$$

三重差分法的另一个使用目的，是估计事件对不同个体处置效应的差异性。例如，税法改革对省属企业的作用相较于对央企的作用可能更大。这种情况下，我们将第三重差分变量定义为：$High_i=1$，如果省属；否则，$High_i=0$。通过三重差分回归得到的系数 β_7，反映了税法对省企和央企业绩影响的差异。

附　录

附录一　随机控制实验、准实验和观测研究

我们经常看到双重差分法被称为"准实验"(quasi experiment)方法。准实验与随机控制实验(random control experiment)以及观测研究(observational studies)有何区别呢?

随机控制实验的特点是，通过随机分配个体到处置组和控制组，保证了处置组和控制组，除了处置状态外，可观测特征的分布与不可观测特征的分布是相同的，因此两组观测结果的差异可以归因于处置效应。准实验是评估非随机干预行为的研究方法，它的目的和随机控制实验一样，也是为了确定干预行为与观测结果之间是否有因果关系。

准实验和随机控制实验的不同之处在于，前者的干预行为不是随机的，因此接受干预的处置组和未接受干预的控制组的特征分布并不相同。例如，要研究车速提示和高速交通事故的因果关系，我们的干预行为是给一些高速公路安装车速显示仪器。如果要达到随机分配的效果，就需要随机抽取足够多的高速公路安装车速提示屏(处置组)，并且要随机抽取足够多的高速公路不安装车速提示屏(控制组)。如果高速公路数量或者经费有限，我们只能给一些高速公路安装车速提示屏。在这种情况下，安装车速提示屏的高速公路和未安装的高速公路会存在系统性差异，即处置组和控制组是不同的。因此，准实验需要处置组和控制组满足一定条件(如平行趋势假设成立)并使用正确的方法(如双重差分法)，才能估计出干预行为和观测结果的因果关系。

准实验和非实验的观测研究的不同之处在于，准实验的干预行为是外生的，它不受个体特征的影响，因此它不存在自选择问题。例如，给哪些高速公路安装车速提示屏，并不是由驾驶员决定，并且驾驶员不会因为有车速提示屏而不开这段高速公路或

换开其他高速公路。但在社会科学里，干预行为的外生性通常不是那么“干净”的，例如新税法在A省的通过，要满足外生性，就应该不受A省企业特征的影响，但新税法的产生可能是由于A省企业的潜在发展前景较好而影响了政府的行为。由于社会科学中的政策干预等事件发生通常包含微观层面反馈的因素，因此社会科学中“准实验”的政策干预行为的外生性相对于自然科学中“准实验”的干预行为的外生性要弱一些。

附录二　双重差分法、潜在结果和处置效应

在本章正文中，我们采用直观的语言讲解了双重差分法的原理和运用。本附录把双重差分法用潜在结果的框架进行较正式的描述。读者可以对照正文，进一步理解双重差分法。

潜在结果为：

$$\begin{cases} Y_{it}(0), & \text{企业 } i \text{ 在时间 } t \text{ 如果未受到事件影响的潜在结果} \\ Y_{it}(1), & \text{企业 } i \text{ 在时间 } t \text{ 如果受到事件影响的潜在结果} \end{cases}$$

观测结果为：

$$Y_{it}=Y_{it}(1)Treat_{it}+Y_{it}(0)(1-Treat_{it})$$

如果个体 i 在时间 t 受到事件影响，那么 $Treat_{it}=1$；否则，$Treat_{it}=0$。注意，这个 $Treat_{it}$ 和 $Treat_i$ 不同。$Treat_{it}$ 是指个体 i 在时间 t 的处置状态，它会随个体和时间而变化，因此下标含有 i 和 t。$Treat_i$ 是指个体 i 是否在处置组，它不随时间变化，因此下标只含有 i。它们的关系是：$Treat_{it}=Treat_i \times After_t$。

1. 处置组在税改发生的2014年前

平均潜在结果为：

$$\begin{aligned} &T_{before}(1)=\mathrm{E}(Y_{it}(1) \mid Treat_i=1,\ After_t=0), && \text{如果受到事件影响} \\ &T_{before}(0)=\mathrm{E}(Y_{it}(0) \mid Treat_i=1,\ After_t=0), && \text{如果未受到事件影响} \end{aligned}$$

平均观测结果为：

$$T_{before}=T_{before}(0)$$

即：

$$\mathrm{E}(Y_{it} \mid Treat_i=1,\ After_t=0)=\mathrm{E}(Y_{it}(0) \mid Treat_i=1,\ After_t=0)$$

2. 处置组在税改发生的 2014 年后

平均潜在结果为：

$$T_{after}(1)=E(Y_{it}(1) \mid Treat_i=1, After_t=1), \quad \text{如果受到事件影响}$$

$$T_{after}(0)=E(Y_{it}(0) \mid Treat_i=1, After_t=1), \quad \text{如果未受到事件影响}$$

平均观测结果为：

$$T_{after}=T_{after}(1)$$

即：

$$E(Y_{it} \mid Treat_i=1, After_t=1)=E(Y_{it}(1) \mid Treat_i=1, After_t=1)$$

3. 控制组在税改发生的 2014 年前

平均潜在结果为：

$$C_{before}(1)=E(Y_{it}(1) \mid Treat_i=0, After_t=0), \quad \text{如果受到事件影响}$$

$$C_{before}(0)=E(Y_{it}(0) \mid Treat_i=0, After_t=0), \quad \text{如果未受到事件影响}$$

平均观测结果为：

$$C_{before}=C_{before}(0)$$

即：

$$E(Y_{it} \mid Treat_i=0, After_t=0)=E(Y_{it}(0) \mid Treat_i=0, After_t=0)$$

4. 控制组在税改发生的 2014 年后

平均潜在结果为：

$$C_{after}(1)=E(Y_{it}(1) \mid Treat_i=0, After_t=1), \quad \text{如果受到事件影响}$$

$$C_{after}(0)=E(Y_{it}(0) \mid Treat_i=0, After_t=1), \quad \text{如果未受到事件影响}$$

平均观测结果为：

$$C_{after}=C_{after}(0)$$

即：

$$E(Y_{it} \mid Treat_i=0, After_t=1)=E(Y_{it}(0) \mid Treat_i=0, After_t=1)$$

表 9A.1 总结了前面定义的平均潜在结果和平均观测结果。其中的加黑字体是可观测到的结果,未加黑字体是观测不到的反事实结果。

表 9A.1　平均潜在结果和平均观测结果

	处置事件前 (before)	处置事件后 (after)
处置组 (Treatment)	$T_{before}(1)$ $\boldsymbol{T_{before}=T_{before}(0)}$	$T_{after}(0)$ $\boldsymbol{T_{after}=T_{after}(1)}$
控制组 (Control)	$C_{before}(1)$ $\boldsymbol{C_{before}=C_{before}(0)}$	$C_{after}(1)$ $\boldsymbol{C_{after}=C_{after}(0)}$

我们先关注接受处置个体的平均处置效应 ATT。它的定义是：

$$ATT=\underbrace{T_{after}(1)}_{\text{观测结果}}-\underbrace{T_{after}(0)}_{\text{反事实结果}}$$

其中，$T_{after}(1)$ 是观测到的 T_{after}。因此要估计 ATT，我们需要估计观测不到的反事实结果 $T_{after}(0)$：处置组在 2014 年后如果没有受事件影响的平均潜在结果。

横截面单重差分法估计 ATT：

$$\begin{aligned}\widehat{ATT}(\text{横截面单重差分法})&=T_{after}-C_{after}=T_{after}(1)-C_{after}(0)\\&=\underbrace{(T_{after}(1)-T_{after}(0))}_{ATT}+\underbrace{(T_{after}(0)-C_{after}(0))}_{\text{横截面单重差分偏差}}\end{aligned}$$

因此，横截面单重差分法能够正确估计 ATT 的条件是：

$$T_{after}(0)=C_{after}(0)$$

即处置组和控制组在 2014 年后如果都没有受到事件影响的平均潜在结果是相等的。这个条件显然是不太可能成立的，因为有其他因素会造成，即使处置事件没有发生，它们的平均潜在结果也是不同的。

时间序列单重差分法估计 ATT：

$$\begin{aligned}\widehat{ATT}(\text{时间序列单重差分法})&=T_{after}-T_{before}=T_{after}(1)-T_{before}(0)\\&=\underbrace{(T_{after}(1)-T_{after}(0))}_{ATT}+\underbrace{(T_{after}(0)-T_{before}(0))}_{\text{时间序列单重差分偏差}}\end{aligned}$$

因此，事件序列重差分法能够正确估计 ATT 的条件是：

$$T_{after}(0)=T_{before}(0)$$

即处置组在事件发生后如果都没有受到事件影响的平均潜在业绩等于事件发生前的平均潜在业绩。这个条件显然是不太可能成立的，因为事件发生后，可能有其他事件发生，导致处置组在不受事件影响下的平均潜在结果也不同。

双重差分法估计 ATT：

$$\begin{aligned}\widehat{ATT}(\text{双重差分法}) &= (T_{after} - T_{before}) - (C_{after} - C_{before}) \\ &= (T_{after}(1) - T_{before}(0)) - (C_{after}(0) - C_{before}(0)) \\ &= \underbrace{T_{after}(1) - T_{after}(0)}_{ATT} \\ &\quad + \underbrace{[(T_{after}(0) - T_{before}(0)) - (C_{after}(0) - C_{before}(0))]}_{\text{双重差分法偏差}}\end{aligned}$$

可见，当：

$$T_{after}(0) - T_{before}(0) = C_{after}(0) - C_{before}(0) \tag{9A.1}$$

双重差分法的误差为 0。

公式(9A.1)意味着，在没有事件影响的情况下，控制组和处置组在事件发生前后的平均潜在结果变化是相等的。这个假设称为平行趋势假设。可以正式写为：

$$\Delta Y_{it}(0) \perp Treat_i$$

即潜在未处置结果的变化独立于处置变量。如果我们只关心均值，则只需要满足公式(9A.1)。

第十章　工具变量

用回归方法估计方程 $Y_i = \alpha + \beta_1 D_i + \beta_2 \boldsymbol{X}_i + e_i$ 所得的处置变量 D_i 系数 $\hat{\beta}_1$ 是 β_1 的无偏和一致估计量，其所需的条件是干扰项 e_i 的条件均值独立于处置变量 D_i，即 $\mathrm{E}(e_i \mid D_i, \boldsymbol{X}_i) = 0$。为满足这一条件，最直接的方法是加入控制变量 X_i，添加控制变量的方法可以直观地理解为“清理”干扰项，直到剩余的干扰因素与处置变量不相关。匹配模型和一般回归只是控制了可观测变量，面板数据也只能帮助我们控制不可观测且不随时间变化的变量。但在实际运用中，很多解释变量是不可观测并随时间变化的，因此，要通过添加变量来“完全清理”干扰项是不太现实的。工具变量提供了另一种解决办法。工具变量，顾名思义，不同于解释变量，是帮助我们找到因果关系的工具。工具变量解决内生性问题的思路不是“清理”干扰项，而是“清理”解释变量。如果我们直观地认为处置变量变化中与干扰项相关的部分是“坏的变化”、与干扰项不相关的部分是“好的变化”，工具变量的方法就是将处置变量中“坏的变化”清理掉，将“好的变化”分离出来，并只用“好的变化”部分去估计处置变量对被解释变量的因果影响。本章第一节结合因果关系图理解工具变量方法的本质；第二节详细介绍工具变量常用的两阶段估计法；第三节说明工具变量使用的局限性；第四节讨论使用工具变量需要检验的几个条件；第五节总结前面的内容并给出使用工具变量的建议流程；第六节用一个例子讲解如何使用 Stata 进行工具变量估计；第七节讨论运用工具变量的常见问题。

第一节　工具变量估计法的直观理解

一、工具变量估计法的图解

我们用一个简单的模型来理解工具变量的估计方法。假设结果方程为：

$$Y_i = \alpha + \beta_1 D_i + e_i \tag{10.1}$$

我们要估计处置变量 D_i 对 Y_i 的因果关系参数 β_1。D_i 与干扰项 e_i 是相关的，即

$\text{Cov}(D_i, e_i) \neq 0$，$D_i$ 是内生变量。OLS 回归的系数 $\hat{\beta}_1^{OLS}$ 为：

$$\hat{\beta}_1^{OLS} = \frac{\widehat{\text{Cov}}(Y_i, D_i)}{\widehat{\text{Var}}(D_i)}$$

其中，$\widehat{\text{Cov}}(Y_i, D_i)$ 和 $\widehat{\text{Var}}(D_i)$ 是样本协方差和方差。$\hat{\beta}_1^{OLS}$ 的样本概率极限值为：

$$\begin{aligned}\text{plim}\,\hat{\beta}_1^{OLS} &= \text{plim}\,\frac{\widehat{\text{Cov}}(Y_i, D_i)}{\widehat{\text{Var}}(D_i)} = \text{plim}\,\frac{\widehat{\text{Cov}}(\alpha + \beta_1 D_i + e_i, D_i)}{\widehat{\text{Var}}(D_i)} \\ &= \beta_1 + \text{plim}\,\frac{\widehat{\text{Cov}}(e_i, D_i)}{\widehat{\text{Var}}(D_i)} \\ &= \beta_1 + \underbrace{\frac{\text{Cov}(e_i, D_i)}{\text{Var}(D_i)}}_{\text{偏差}\neq 0}\end{aligned}$$

因为 D_i 是内生变量，$\text{Cov}(D_i, e_i) \neq 0$，所以 $\hat{\beta}_1^{OLS}$ 不依概率收敛于 β_1，即不是一致估计量。

图 10.1(a)描绘了公式(10.1)的关系。我们想要找到 D 对 Y 的因果影响，但有观测不到的干扰项 e 与 D 和 Y 同时相关。在这种情况下，D 到 Y 的路径有两条：$D \rightarrow Y$（因果路径）和 $D \leftarrow e \rightarrow Y$（混淆路径）。要找到 D 对 Y 的因果影响，我们需要截断混淆路径 $D \leftarrow e \rightarrow Y$。

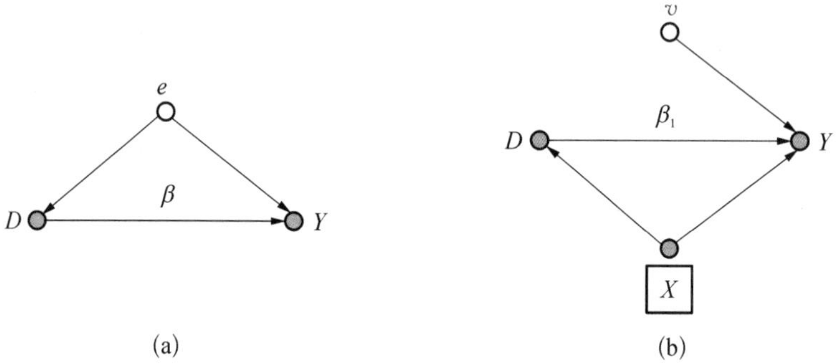

图 10.1　通过控制变量清理干扰项以解决内生性问题

增加控制变量的方法是指，通过控制变量将干扰项 e 中与 D 相关的部分分离出来。例如，我们知道另一个变量 X 会与 D 相关，并且也会影响 Y，如果忽略了 X，那么 X 就包含在干扰项里，导致 e 和 D 相关。如果可通过观测得到 X，我们就可以把干扰项分解为 $e_i = \beta_2 X_i + v_i$，其中 X 和 D 相关，v 和 D 不相关。方程(10.1)可分解为：

$$Y_i = \alpha + \beta_1 D_i + \beta_2 X_i + v_i \tag{10.2}$$

当控制了 X_i 后，D_i 和干扰项 v_i 不相关，所以回归得到的系数是 β_1 的一致估计。

图 10.1(b)显示了控制变量希望达到的效果。可以看到，原来的混淆路径 $D \leftarrow e \rightarrow Y$ 已经被分解了。其中 (D, v, Y) 没有路径，$D \leftarrow \boxed{X} \rightarrow Y$ 由于控制(给定)了 X，所以是一条死路径。这时候，D 到 Y 的开放路径只剩一条因果路径，即 $D \rightarrow Y$。因此，控制了 X 后，我们可以不受干扰地找到 D 对 Y 的因果影响。

在实际研究中，有些变量 X 往往是观测不到的，因此通过增加控制变量去“清理”干扰项是很困难的。工具变量走的是另一条途径：它先“清理”掉内生变量中与干扰项相关的变化(“坏”的变化)，再用与干扰项不相关的变化(“好”的变化)去估计对 Y 的作用。

工具变量的功能就是帮我们找到内生变量 D 中与干扰项 e 不相关的“好”的变化部分 $\hat{D}$。显然，一个能达到这种目的的工具变量 Z 需要满足两个条件：要清理出 D 中好的部分，Z 本身必须是“干净”的，即 Z 和干扰项 e 不相关，$\mathrm{Cov}(Z_i, e_i)=0$，我们称这个条件为“外生性”(exogeneity)；Z 能够清理内生变量 D，Z 必须是和 D 相关的，即 $\mathrm{Cov}(Z_i, D_i) \neq 0$，如果二者不相关，$Z$ 就是“没用的”工具变量，它的变化信息没法帮助我们分离出 D 中“好”的变化，我们称这个条件为“相关性”(relevance)。因此，一个合理的(valid)工具变量需要“有用”并且“干净”，即满足“相关性”和“外生性”。

图 10.2 描绘了工具变量 Z 应该满足的两个条件。

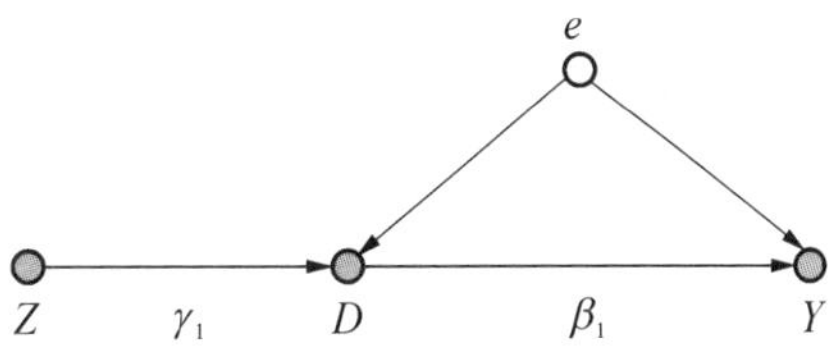

图 10.2　工具变量的相关性和外生性

从图 10.2 可以看到，工具变量 Z 会影响 D(相关性)，但 Z 和误差项 e 之间没有开放路径(外生性)。因此，Z 到 Y 的开放路径只有 $Z \rightarrow D \rightarrow Y$。(注意：$D$ 是对撞变量，因为 D 同时受到 Z 和 e 影响，因此另一条路径 $Z \rightarrow D \leftarrow e \rightarrow Y$ 是一条对撞路径，是死路径。)换言之，Z 影响 Y 的途径只有通过 D，没有其他途径，因此外生性也称为“排他性”(exclusion)。这也意味着，Z 对 Y 的作用＝Z 对 D 的作用×D 对 Y 的作用。

那么，我们要如何通过工具变量的这两个性质来估计 D 对 Y 的因果关系系数 β 呢？通常的方法有以下两种，虽然方法不同，但结果是一样的。这两种方法帮助我们从不同角度理解工具变量估计的原理。

二、估计方法

(一) 间接最小二乘法(Indirect Least Squares, ILS)

假设内生变量 D 和工具变量 Z 的回归关系如下：

$$D_i = \gamma_0 + \gamma_1 Z_i + u_i \tag{10.3}$$

其中，$\mathrm{Cov}(Z_i, u_i)=0$，回归系数 $\gamma_1=\dfrac{\mathrm{Cov}(D_i, Z_i)}{\mathrm{Var}(Z_i)}$。工具变量满足相关性 $\mathrm{Cov}(D_i, Z_i)\neq 0$，意味着 $\gamma_1\neq 0$。

将方程(10.3)代入方程(10.1)，可得：

$$Y_i=\alpha+\beta_1 D_i+e_i=\alpha+\beta_1(\gamma_0+\gamma_1 Z_i+u_i)+e_i=\underbrace{\alpha+\beta_1\gamma_0}_{\pi_0}+\underbrace{\beta_1\gamma_1}_{\pi_1}Z_i+\underbrace{\beta_1 u_i+e_i}_{\zeta_i} \tag{10.4}$$

可见工具变量 Z 和被解释变量 Y 的关系如下：

$$Y_i=\pi_0+\pi_1 Z_i+\zeta_i \tag{10.5}$$

外生性 $\mathrm{Cov}(Z_i, e_i)=0$ 意味着，在公式(10.5)中，工具变量 Z_i 和干扰项 ζ_i 不相关，因为 $\mathrm{Cov}(Z_i, \zeta_i)=\mathrm{Cov}(Z_i, \beta_1 u_i+e_i)=\beta_1\mathrm{Cov}(Z_i, u_i)+\mathrm{Cov}(Z_i, e_i)=0$。公式(10.5)的系数通过回归可以得到，$\pi_1=\mathrm{Cov}(Y_i, Z_i)/\mathrm{Var}(Z_i)$。

对比公式(10.4)和公式(10.5)中工具变量 Z_i 的系数值，可得：

$$\pi_1=\beta_1\gamma_1$$

它的意思是：

$$\underbrace{Z\text{ 对 }Y\text{ 的作用}}_{\pi_1}=\underbrace{Z\text{ 对 }D\text{ 的作用}}_{\gamma_1}\times\underbrace{D\text{ 对 }Y\text{ 的作用}}_{\beta_1}$$

因此，要得到 D 对 Y 的作用的系数 β_1，我们可以用下面关系得到：

$$D\text{ 对 }Y\text{ 的作用}=\frac{Z\text{ 对 }Y\text{ 的作用}}{Z\text{ 对 }D\text{ 的作用}}$$

$$\beta_1=\frac{\pi_1}{\gamma_1}$$

将 $\pi_1=\mathrm{Cov}(Y_i, Z_i)/\mathrm{Var}(Z_i)$ 和 $\gamma_1=\mathrm{Cov}(D_i, Z_i)/\mathrm{Var}(Z_i)$ 代入上式，我们得到间接最小二乘法的系数估计量 β^{ILS} ①：

$$\beta_1^{ILS}=\frac{\mathrm{Cov}(Y_i, Z_i)/\mathrm{Var}(Z_i)}{\mathrm{Cov}(D_i, Z_i)/\mathrm{Var}(Z_i)}=\frac{\mathrm{Cov}(Y_i, Z_i)}{\mathrm{Cov}(D_i, Z_i)} \tag{10.6}$$

---

① 在公式 $Y_i=\alpha+\beta D_i+e_i$ 的等号两边对 Z_i 取协方差，$\mathrm{Cov}(Y_i, Z_i)=\mathrm{Cov}(\alpha+\beta D_i+e_i, Z_i)=\beta\mathrm{Cov}(D_i, Z_i)$，也可以得到表达式 $\beta^{ILS}=\dfrac{\mathrm{Cov}(Y_i, Z_i)}{\mathrm{Cov}(D_i, Z_i)}$。

这个方法称为间接最小二乘法，顾名思义，这是一个间接的估计方法：该方法首先估计 Z_i 对 Y_i 的作用，再除以 Z_i 对 D_i 的作用。相关性和外生性保证了 Z_i 对 Y_i 的作用只通过 D_i，因此相除后得到 D_i 对 Y_i 的作用如下所示：

$$\underbrace{Z \xrightarrow{\gamma_1} D \xrightarrow{\beta_1} Y}_{\pi_1}$$

间接估计法让我们避免了使用 X 中与干扰项相关的变化去估计其对 Y 的作用，即避免了使用 X 信息中“坏”的部分。这个方法也称为工具变量法（instrumental estimator method）或系数比例法（ratio of coefficients method）。

（二）两阶段最小二乘法（Two Stages Least Square，2SLS）

两阶段最小二乘法是一种通过直接分解出 D_i 中与干扰项 e_i 不相关的变化部分 $\hat{D}_i$ 来进行估计的方法。该方法的原理如下：

第一阶段：通过工具变量 Z_i 将 D_i 分解为两个不相关的变量，$D_i = \hat{D}_i + v_i$，其中 $\hat{D}_i = \gamma_0 + \gamma_1 Z_i$。因为 Z_i 与干扰项 e_i 不相关，所以 $\hat{D}_i$ 也与 e 不相关，即 $\hat{D}_i$ 是 D_i 中“好的部分”；v_i 是与干扰项相关的变量，是 D_i 中“坏的部分”。分解 D_i 可以通过将 D_i 对 Z_i 回归，即：

$$D_i = \hat{D}_i + v_i = \gamma_0 + \gamma_1 Z_i + v_i \tag{10.7}$$

回归分解后 $\mathrm{Cov}(Z_i, v_i) = 0$，因此 $\mathrm{Cov}(\hat{D}_i, v_i) = 0$。图 10.3 直观地显示了 2SLS 的方法。可以看到，将 D 分解为两个变量 $\hat{D}$ 和 v。分解后的 $\hat{D}$ 与 e 之间不存在路径；$\hat{D}$ 到 Y 的开放路径只有一条，即 $\hat{D} \rightarrow Y$。

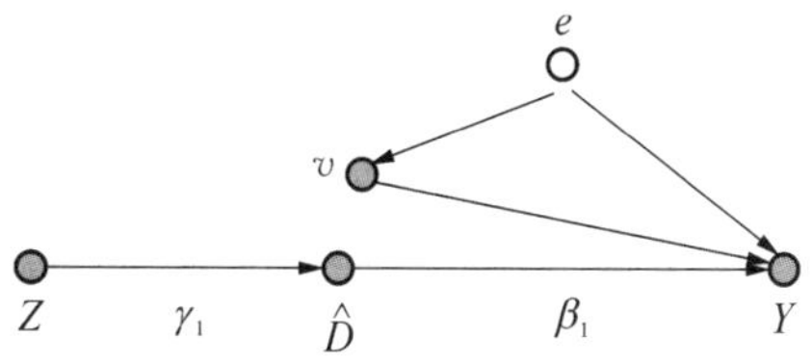

图 10.3　通过工具变量清理内生变量以解决内生性问题

第二阶段：用 D 中“好的部分” $\hat{D}$ 估计 D 对 Y 的影响，将分解后的 D 代入公式(10.1)，可得：

$$Y_i = \alpha + \beta_1 D_i + e_i = \alpha + \beta_1(\hat{D}_i + v_i) + e_i = \alpha + \beta_1 \hat{D}_i + \underbrace{\delta_i}_{\beta v_i + e_i} \tag{10.8}$$

$\hat{D}_i$ 与 v_i 和 e_i 都不相关，因此 $\mathrm{Cov}(\hat{D}_i, \delta_i) = 0$。对公式(10.8)进行回归，可以得到正确的 β_1：

$$\beta_1^{2SLS} = \frac{\mathrm{Cov}(Y_i, \hat{D}_i)}{\mathrm{Var}(\hat{D}_i)} = \frac{\mathrm{Cov}(Y_i, \gamma_0 + \gamma_1 Z_i)}{\mathrm{Var}(\gamma_0 + \gamma_1 Z_i)} = \frac{\gamma_1 \mathrm{Cov}(Y_i, Z_i)}{\gamma_1^2 \mathrm{Var}(Z)} = \frac{\mathrm{Cov}(Y_i, Z_i)}{\gamma_1 \mathrm{Var}(Z_i)}$$

$$=\frac{\operatorname{Cov}(Y_i, Z_i)}{\frac{\operatorname{Cov}(D_i, Z_i)}{\operatorname{Var}(Z_i)}\operatorname{Var}(Z_i)}=\frac{\operatorname{Cov}(Y_i, Z_i)}{\operatorname{Cov}(D_i, Z_i)} \tag{10.9}$$

将上式对比公式(10.6)中通过间接最小二乘法计算的系数β^{ILS}，我们可以看到，通过两阶段最小二乘法得到的系数β_1^{2SLS}和通过间接最小二乘法得到的系数β^{ILS}是相同的，即：

$$\beta_1^{2SLS}=\beta_1^{ILS}=\frac{\operatorname{Cov}(Y_i, Z_i)}{\operatorname{Cov}(D_i, Z_i)} \tag{10.10}$$

二者之所以会一致，是因为虽然这两个方法的处理方式稍有不同，但它们本质上都是通过工具变量Z达到使用D中与干扰项e不相关的部分$\hat{D}$去估计β_1的目的。

要求这两种方法对应的样本估计量，只需要将公式(10.10)中的协方差替换成样本协方差，即：

$$\hat{\beta}_1^{2SLS}=\hat{\beta}_1^{ILS}=\frac{\widehat{\operatorname{Cov}}(Y_i, Z_i)}{\widehat{\operatorname{Cov}}(D_i, Z_i)}=\frac{\sum_i(Z_i-\bar{Z})(Y_i-\bar{Y})}{\sum_i(Z_i-\bar{Z})(X_i-\bar{X})}$$

这个例子中工具变量的数量(1个)和内生变量的数量(1个)是一样的，但在模型中工具变量的数量大于内生变量的情况下，两阶段最小二乘法更为适用。下面我们根据工具变量数量和内生变量数量的关系，对3种不同的情况进行说明。

三、工具变量数量

(一) 工具变量的数量<内生变量的数量

在这种情况下，两种方法都无法估计出模型中内生变量的系数β_1。例如，在模型(10.1)中，我们有一个内生变量，如果工具变量数量为0，就无法识别内生变量的系数β_1。我们称这种情况为“识别不足”。

(二) 工具变量数量=内生变量数量

模型中内生变量的系数β_1可以得到唯一的估计值，比如模型只有一个内生变量和一个工具变量，ILS法和2SLS法将得到相同的唯一解。这种情况称为“刚好识别”。

(三) 工具变量数量>内生变量数量

如果分别使用不同工具变量，会得到不同的β_1估计值。例如，如果模型有两个工具变量Z_1和Z_2，用两个工具变量分别进行估计，那么无论使用哪个方法，都可以得到两个估计系数：

$$\hat{\beta}_1^{ILS, Z_1}=\hat{\beta}_1^{2SLS, Z_1}=\frac{\widehat{\operatorname{Cov}}(Y_i, Z_{1i})}{\widehat{\operatorname{Cov}}(D_i, Z_{1i})}, \quad \hat{\beta}_1^{ILS, Z_2}=\hat{\beta}_1^{2SLS, Z_2}=\frac{\widehat{\operatorname{Cov}}(Y_i, Z_{2i})}{\widehat{\operatorname{Cov}}(D_i, Z_{2i})}$$

如果这两个工具变量都是合理的，分别使用这两个工具变量得到的两个估计系数都是一致的估计。由于每个工具变量都包含了有效的信息，如果要一起用上这两个工具变量的信息，我们可以将这两个工具变量组合成一个工具变量。在这种情况下，2SLS 方法就比 ILS 方法优越。2SLS 提供了一个多工具变量的“最佳组合”方法。它通过第一阶段的回归，找到这两个工具变量的线性组合 $\gamma_1 Z_1 + \gamma_2 Z_2$ 来最佳地拟合 D，即通过回归方程：

$$D_i = \gamma_0 + \gamma_1 Z_{1i} + \gamma_2 Z_{2i} + v_i$$

得到 $\hat{D}_i = \hat{\gamma}_0 + \hat{\gamma}_1 Z_{1i} + \hat{\gamma}_2 Z_{2i}$。由于两个工具变量都是外生的，它们的线性组合 $\hat{D}_i$ 也和干扰项不相关，满足外生性。它之所以被称为“最佳拟合”，是因为回归方法最大化了这个线性组合和内生变量 D 的相关性。① 因此，这个做法的本质是用两个工具变量的线性组合最大限度地分离出 D_i 中的外生部分 $\hat{D}_i$。在分离出“最佳”外生部分 $\hat{D}_i$ 后，第二阶段将 Y_i 对 $\hat{D}_i$ 回归：

$$Y_i = \alpha + \beta_1 \hat{D}_i + \delta_i$$

由于 $\hat{D}_i$ 和 δ_i 不相关，所以求得的 $\hat{\beta}_1^{2SLS}$ 是 β_1 一致估计量。最小二乘法在处理多工具变量上是很方便的，因此它是使用工具变量最常用的方法，下一节我们详细地介绍它的应用。

第二节　两阶段最小二乘法

一、模型设置

假设我们要估计的结果模型是：

$$Y_i = \alpha + \beta_1 D_{1i} + \beta_2 X_{2i} + \cdots + \beta_k X_{ki} + e_i \tag{10.11}$$

其中，D_{1i} 是一个内生变量，$\mathrm{Cov}(D_{1i}, e_i) \neq 0$，$X_{2i}$，…，$X_{ki}$ 是其他外生变量。D_{1i} 有一个工具变量 Z_{1i} 满足以下两个条件：

（一）外生性

Z_{1i} 与结果模型(10.11)中的干扰项 e_i 不相关，$\mathrm{Cov}(Z_{1i}, e_i) = 0$，即当控制了模型里所有解释变量（包括内生变量和其他外生变量）对 Y_i 的作用后，Z_{1i} 对 Y_i 没有作用。外生性是一个“干净”的工具变量的要求：当控制了其他外生变量后，Z_{1i} 对 Y_i 的影响

① 事实上，两阶段估计量是在同方差情况下的最佳权重 IV－GMM 估计量。

只能通过内生变量 X_1 实现；当内生变量也被控制后，Z_{1i} 对 Y_i 应该没有作用。因此，控制了所有解释变量后，影响 Y_i 的剩余干扰因素 e_i 与 Z_{1i} 不相关。所以外生性也称为"排他性"(exclusion)。如果 $\mathrm{Cov}(Z_{1i}, e_i) \neq 0$，$Z_{1i}$ 和干扰项是相关的，我们就无法用 Z_{1i} 来"干净"地分离出 D_{1i} 中与干扰项不相关的"好"的部分。

（二）相关性

当控制了模型里所有外生变量与 D_{1i} 的相关性后，Z_{1i} 与 D_{1i} 仍然存在相关性。具体而言，内生变量 D_{1i} 对工具变量 Z_{1i} 和其他外生变量的回归关系如下：

$$D_{1i} = \gamma_0 + \gamma_1 Z_{1i} + \gamma_2 X_{2i} + \cdots + \gamma_k X_{ki} + v_i$$

其中，工具变量的系数 $\gamma_1 \neq 0$。

相关性是一个"有用"工具变量的条件：工具变量 Z_{1i} 与 D_{1i} 之间的相关性不能完全被其他外生变量与 X_{1i} 的相关性所包含，否则 Z_{1i} 无法提供新的信息去分离出"好"的 D_{1i}。

图 10.4 描绘了在控制多个外生变量的情况下工具变量的条件。

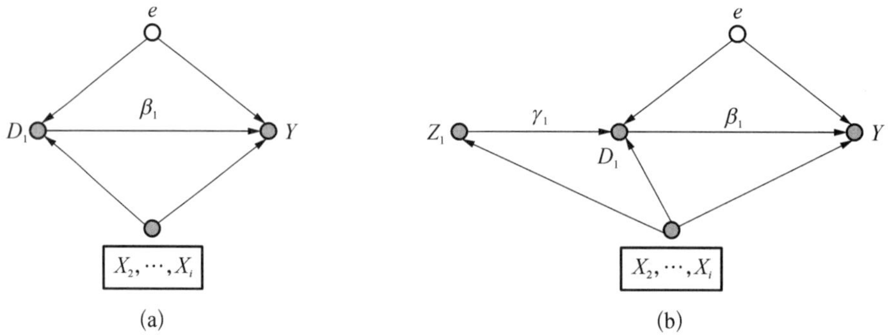

图 10.4 控制其他外生变量情况下的工具变量路径图

图 10.4(a)显示了结果模型(10.11)中，在控制了其他外生变量后，D_1 仍然与干扰项 e 相关(存在干扰路径)。

图 10.4(b)显示了工具变量的要求：控制了其他外生变量后，工具变量 Z_1 和 D_1 之间仍然存在路径 $Z_1 \to D_1$(相关性)，但 Z_1 到 Y 只有一条开放路径 $Z_1 \to D_1 \to Y$(外生性)。注意，$Z_1 \to D_1 \leftarrow e \to Y$ 是对撞路径，$Z_1 \to \boxed{X_2, \cdots, X_i} \to Y$ 是截断路径，二者都是死路径。

二、模型估计

（一）第一阶段

将内生变量对工具变量和所有外生变量进行回归：

$$\underbrace{D_{1i}}_{\text{内生变量}} = \gamma_0 + \underbrace{\gamma_1 Z_{1i}}_{\text{工具变量}} + \underbrace{\gamma_2 X_{2i} + \cdots + \gamma_k X_{ki}}_{\text{所有的外生变量}} + v_i$$

利用所得到的估计系数（$\hat{\gamma}_0$，$\hat{\gamma}_1$，$\hat{\gamma}_2$，…，$\hat{\gamma}_k$）计算内生变量的预测值：

$$\hat{D}_{1i} = \hat{\gamma}_0 + \hat{\gamma}_1 Z_{1i} + \hat{\gamma}_2 X_{2i} + \cdots + \hat{\gamma}_k X_k$$

这个预测值 $\hat{D}_{1i}$ 与 e_i 不相关，它是 D_{1i} 中“好”的变化部分。

（二）第二阶段

将预测值 $\hat{D}_{1i}$ 替代结果模型中的内生变量 D_{1i}，并进行回归：

$$Y_i = \alpha + \underbrace{\beta_1 \hat{D}_{1i}}_{\text{预测值}} + \underbrace{\beta_2 X_{2i} + \cdots + \beta_k X_k}_{\text{所有的外生变量}} + \delta_i$$

得到的 $\hat{D}_{1i}$ 系数 $\hat{\beta}_1^{2SLS}$ 称为样本两阶段最小二乘法（2SLS）系数。在第二阶段回归中，我们只使用了 D_{1i} 中与干扰项不相关的“好”的变化部分，因此得到的 $\hat{\beta}_1^{2SLS}$ 是系数 β_1 的一致估计量，即 $\text{plim}\,\hat{\beta}_1^{2SLS} = \beta_1$。

三、多个内生变量和多个工具变量

2SLS 可以很容易地处理有多个内生变量和多个工具变量的情况。假设我们要估计的模型是：

$$Y_i = \alpha + \beta_1 D_{1i} + \beta_2 D_{2i} + \beta_3 X_{3i} + \cdots + \beta_k X_{ki} + e_i \qquad (10.12)$$

其中，D_{1i} 和 D_{2i} 是内生变量。D_{1i} 有一个工具变量 Z_{1i}，D_{2i} 有两个工具变量 Z_{2i} 和 Z_{3i}。2SLS 的步骤如下：

（一）第一阶段

将每个内生变量单独对所有工具变量和所有其他外生变量进行回归：

$$\underbrace{D_{1i}}_{\text{内生变量}} = \gamma_0 + \underbrace{\gamma_1 Z_{1i} + \gamma_2 Z_{2i} + \gamma_3 Z_{3i}}_{\text{所有工具变量}} + \underbrace{\gamma_4 X_{3i} + \cdots + \gamma_{k+1} X_{ki}}_{\text{所有其他外生变量}} + v_{1i}$$

$$\underbrace{D_{2i}}_{\text{内生变量}} = \theta_0 + \underbrace{\theta_1 Z_{1i} + \theta_2 Z_{2i} + \theta_3 Z_{3i}}_{\text{所有工具变量}} + \underbrace{\theta_4 X_{3i} + \cdots + \theta_{k+1} X_{ki}}_{\text{所有其他外生变量}} + v_{2i}$$

用得到的系数计算每个内生变量的预测值：

$$\hat{D}_{1i} = \hat{\gamma}_0 + \hat{\gamma}_1 Z_{1i} + \hat{\gamma}_2 Z_{2i} + \hat{\gamma}_3 Z_{3i} + \hat{\gamma}_4 X_{3i} + \cdots + \hat{\gamma}_{k+1} X_{ki}$$

$$\hat{D}_{2i} = \hat{\theta}_0 + \hat{\theta}_1 Z_{1i} + \hat{\theta}_2 Z_{2i} + \hat{\theta}_3 Z_{3i} + \hat{\theta}_4 X_{3i} + \cdots + \hat{\theta}_{k+1} X_{ki}$$

（二）第二阶段

用内生变量的预测值替代结果模型中的内生变量并进行回归：

$$Y_i = \alpha + \underbrace{\beta_1 \hat{D}_{1i} + \beta_2 \hat{D}_{2i}}_{\text{预测值}} + \underbrace{\beta_3 X_{3i} + \cdots + \beta_k X_{ki}}_{\text{所有外生变量}} + \delta_i$$

得到的 D_1 和 D_2 的 2SLS 估计系数 $\hat{\beta}_1^{2SLS}$ 和 $\hat{\beta}_2^{2SLS}$ 是 β_1 和 β_2 的一致估计量。

2SLS 估计法的使用步骤很简单,但使用工具变量不是没有代价的,下面我们讨论使用工具变量的局限性。

第三节 工具变量估计法的局限性

为方便我们理解工具变量估计法的局限性,我们仍然考虑简单的单变量两阶段模型:

$$Y_i = \alpha + \beta_1 D_i + e_i \tag{10.13}$$

$$D_i = \gamma_0 + \gamma_1 Z_i + u_i \tag{10.14}$$

其中,D_i 是内生变量,Z_i 是工具变量。系数 β_1 的样本两阶段估计量为:

$$\hat{\beta}_1^{2SLS} = \frac{\widehat{\mathrm{Cov}}(Y_i, Z_i)}{\widehat{\mathrm{Cov}}(D_i, Z_i)} = \frac{\sum_i (Z_i - \bar{Z})(Y_i - \bar{Y})}{\sum_i (Z_i - \bar{Z})(X_i - \bar{X})}$$

我们从 $\hat{\beta}_1^{2SLS}$ 的偏差性(bias)和有效性(variance)两个角度讨论它在大样本和有限样本中的情况,并且同不处理外生性的 OLS 估计量 $\hat{\beta}_1^{OLS}$ 进行比较,进而理解工具变量估计量的局限性。

一、大样本下的局限性

(一) 偏差性

$\hat{\beta}_1^{2SLS}$ 的大样本概率极限值为:

$$\mathrm{plim}\,\hat{\beta}_1^{2SLS} = \mathrm{plim}\,\frac{\widehat{\mathrm{Cov}}(Y_i, Z_i)}{\widehat{\mathrm{Cov}}(D_i, Z_i)} = \beta_1 + \mathrm{plim}\,\frac{\widehat{\mathrm{Cov}}(Z_i, e_i)}{\widehat{\mathrm{Cov}}(D_i, Z_i)} = \beta_1 + \underbrace{\frac{\mathrm{Cov}(Z_i, e_i)}{\mathrm{Cov}(D_i, Z_i)}}_{\text{2SLS大样本偏差项}}$$

当工具变量是完全外生时,即 $\mathrm{Cov}(Z_i, e_i)=0$,2SLS 大样本偏差项$=0$,即:

$$\mathrm{plim}\,\hat{\beta}_1^{2SLS} = \beta_1$$

$\hat{\beta}_1^{2SLS}$ 是一致估计量(当样本足够大,估计量趋近真实值)。

但如果工具变量不完全是外生的,$\mathrm{Cov}(Z_i, e_i) \neq 0$,即使偏差项的分子 $\mathrm{Cov}(Z_i, e_i)$

很小，如果工具变量和内生变量的相关性很小，即偏差项里的分母 $\mathrm{Cov}(D_i, Z_i)$ 很小，这个偏差也会被放得很大。极端情况下，工具变量和内生变量完全不相关，$\mathrm{Cov}(D_i, Z_i)=0$，偏差会变得无限大。与内生变量相关性很小的工具变量称为弱工具变量。

如果不考虑内生性而直接使用 OLS 估计模型(10.13)，得到的系数为：

$$\hat{\beta}_1^{OLS}=\frac{\widehat{\mathrm{Cov}}(Y_i, D_i)}{\widehat{\mathrm{Var}}(D_i)}$$

它的概率极限为：

$$\operatorname{plim}\hat{\beta}_1^{OLS}=\operatorname{plim}\frac{\widehat{\mathrm{Cov}}(Y_i, D_i)}{\widehat{\mathrm{Var}}(D_i)}=\beta_1+\underbrace{\frac{\mathrm{Cov}(D_i, e_i)}{\mathrm{Var}(D_i)}}_{\text{OLS大样本偏差项}}$$

因为 $\mathrm{Cov}(D_i, e_i)\neq 0$，$\hat{\beta}_1^{OLS}$ 大样本偏差项 $\neq 0$，可得：

$$\operatorname{plim}\hat{\beta}_1^{OLS}\neq\beta_1$$

我们可以比较 $\hat{\beta}_1^{2SLS}$ 和 $\hat{\beta}_1^{OLS}$ 在大样本下的偏差：

$$\frac{\operatorname{plim}\hat{\beta}_1^{2SLS}-\beta_1}{\operatorname{plim}\hat{\beta}_1^{OLS}-\beta_1}=\frac{\mathrm{Cov}(Z_i, e_i)}{\mathrm{Cov}(D_i, Z_i)}\frac{\mathrm{Var}(D_i)}{\mathrm{Cov}(D_i, e_i)}$$

当这个比率大于 1 时，$\hat{\beta}_1^{2SLS}$ 的大样本偏差大于 $\hat{\beta}_1^{OLS}$ 的大样本偏差。显然，如果工具变量是完全外生的，即 $\mathrm{Cov}(Z_i, e_i)=0$，这个比率为 0，工具变量估计法是比 OLS 明显优越的估计方法。但如果工具变量不完全是外生的，即 $\mathrm{Cov}(Z_i, e_i)\neq 0$，在这种情况下，如果工具变量很弱，即 $\mathrm{Cov}(D_i, Z_i)\approx 0$，那么上式的比率可能远大于 1。这意味着，当工具变量不完全为外生时，如果工具变量是弱相关工具变量，即使是在大样本中，两阶段工具变量估计量 $\hat{\beta}_1^{2SLS}$ 也可能比 OLS 估计量的偏差还大。在实际研究中，要保证工具变量是完全外生的几乎不可能。因此，即使在大样本里，我们也要避免使用弱工具变量。

（二）有效性

工具变量两阶段估计量 $\hat{\beta}_1^{2SLS}$ 是渐近正态分布的，即：

$$\hat{\beta}_1^{2SLS}\xrightarrow{d}\mathrm{N}(\beta_1, \mathrm{Avar}(\hat{\beta}_1^{2SLS}))$$

在同方差情况下，其渐进方差为：

$$\mathrm{Avar}(\hat{\beta}_1^{2SLS})=\frac{\sigma_e^2}{N\sigma_D^2\rho_{DZ}^2}$$

其中，σ_e^2 和σ_D^2 分别是干扰项 e 和内生变量 D 的方差，ρ_{DZ} 是工具变量与内生变量的相关系数 $\rho_{DZ}=\dfrac{\mathrm{Cov}(D_i, Z_i)}{\sigma_{Di}\sigma_{Zi}}$。

如果不考虑内生性而直接使用 OLS 估计模型(10.13)，得到的系数的渐进方差为：

$$\mathrm{Avar}(\hat{\beta}_1^{OLS})=\frac{\sigma_e^2}{N\sigma_D^2}$$

对比 $\hat{\beta}_1^{2SLS}$ 和 $\hat{\beta}_1^{OLS}$ 的方差，得到：

$$\frac{\mathrm{Avar}(\hat{\beta}_1^{2SLS})}{\mathrm{Avar}(\hat{\beta}_1^{OLS})}=\frac{1}{\rho_{DZ}^2} \tag{10.15}$$

上式告诉我们两点：第一，由于工具变量和内生变量的相关系数小于 1，即 $\rho_{DZ}^2<1$，因此工具变量估计值的方差总是大于 OLS 估计值的方差，即 $\mathrm{Avar}(\hat{\beta}_1^{2SLS})>\mathrm{Avar}(\hat{\beta}_1^{OLS})$。这是因为，工具变量估计值只使用了 D_i 中与工具变量相关的一部分信息，而 OLS 使用了全部信息。因此如果变量并不是内生的，我们就应该避免使用工具变量估计，因为在这种情况下，$\hat{\beta}_1^{2SLS}$ 和 $\hat{\beta}_1^{OLS}$ 都是一致估计量，但 $\hat{\beta}_1^{OLS}$ 估计量方差较小，较为精准。第二，在弱工具变量的情况下，工具变量和内生变量的相关系数 ρ_{DZ} 很小，因此能分解出的内生变量"好"的信息很少。工具变量估计系数 $\hat{\beta}_1^{2SLS}$ 的估计精确度很低，造成方差 $\mathrm{Avar}(\hat{\beta}_1^{2SLS})$ 很大。所以在弱工具变量下，通常的显著性检验并不可靠。

二、有限样本下的局限性

（一）偏差性

在有限样本里，2SLS 估计量 β_1^{2SLS} 是有偏的估计量（估计量的期望值不等于真实值），即 $\mathrm{E}(\hat{\beta}_1^{2SLS})\neq\beta_1$。

Hahn and Hausman(2002)给出了在有限样本中，模型(10.13)的 $\hat{\beta}_1^{2SLS}$ 的偏差：

$$\hat{\beta}_1^{2SLS}\text{ 偏差}=\mathrm{E}(\hat{\beta}_1^{2SLS})-\beta_1=\frac{K\rho}{N}\left(\frac{1}{R^2}-1\right) \tag{10.16}$$

这个结果中的变量含义如图 10.5 所示。

从这个结果我们看到，工具变量数量(K)、样本数量(N)、内生变量与干扰项的相关系数(ρ)以及工具变量与内生变量的相关系数(R^2)都会影响估计值的偏差。其中尤其要注意 R^2，它是一阶段回归公式(10.14)中工具变量对内生变量的解释力度，反映了工具变量的相关性。当 R^2 很小时，意味着工具变量与内生变量的相关性较小，即为弱工具变量。弱工具变量会造成较大的偏差，尤其是当样本数量较小的时候（例如，$K\rho$ 不变的情况下，如果 R^2 从 0.2 下降到 0.1，N 从 100 下降到 50，偏差增加 4.5 倍）。

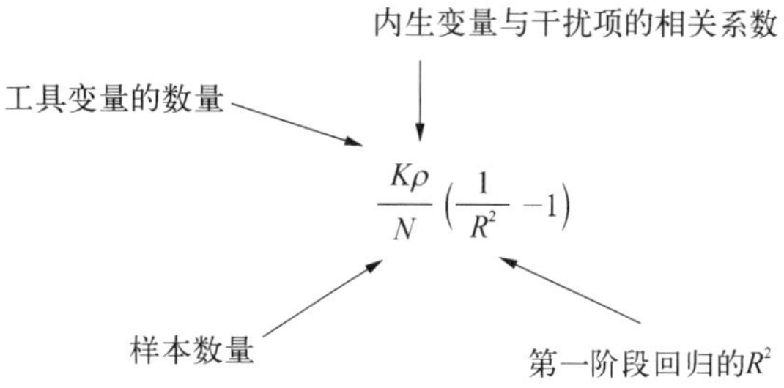

图 10.5　变量含义

我们知道，由于内生性，OLS 的估计量 $\hat{\beta}_1^{OLS}$ 是有偏的；而在有限样本里，工具变量估计量 $\hat{\beta}_1^{2SLS}$ 也是有偏的。那么我们的问题是，在有限样本里，使用工具变量和直接用 OLS 进行回归的系数估计值哪个更好？Hahn and Hausman(2002)比较了在有限样本中 β_1^{2SLS} 与 β_1^{OLS} 偏差的比率：

$$\frac{\mathrm{E}(\hat{\beta}_1^{2SLS})-\beta_1}{\mathrm{E}(\hat{\beta}_1^{OLS})-\beta_1}=\frac{K}{NR^2}$$

从上式可以看到，在有限样本里（N 较小），如果工具变量是弱工具变量（R^2 较小），这个比率可能大于 1，即 2SLS 估计量 $\hat{\beta}_1^{2SLS}$ 的偏差比 OLS 估计量 $\hat{\beta}_1^{OLS}$ 的偏差还大。这也意味着，即使工具变量处理了内生性问题，如果工具变量太弱，在有限样本里其偏差有可能比 OLS 的还糟糕。因此，即使存在内生性问题，在有限样本里，工具变量方法估计值并不一定比不处理内生性的 OLS 估计法准确。如果是弱工具变量，偏差可能很大，甚至可能比不处理内生性得到的系数 β_1^{OLS} 更大。

（二）有效性

在有限样本里，我们不知道 $\hat{\beta}_1^{2SLS}$ 的分布，因此通常使用的 t 检验在小样本里不适用。

小结

以上对两阶段工具变量估计量在大样本和有限样本性质的讨论表明，在使用工具变量时必须注意以下几点：

1. 2SLS 的估计系数 $\hat{\beta}_1^{2SLS}$ 只有在大样本里是一致的，在小样本里是有偏的。因此，当使用 2SLS 时，要注意样本数量。

2. 除非确定有内生性，否则应避免使用工具变量进行估计。因为如果不存在内生性，OLS 估计得到的估计量 $\hat{\beta}_1^{OLS}$ 和两阶段工具变量估计得到的估计量 $\hat{\beta}_1^{2SLS}$ 都是一致估计量，但 OLS 估计量 $\hat{\beta}_1^{OLS}$ 的精确度更高（方差更小）。

3. 避免使用弱工具变量。当样本数量有限时，使用弱工具变量得到的结果 $\hat{\beta}_1^{2SLS}$ 可能比没有处理内生性的 OLS 结果 $\hat{\beta}_1^{OLS}$ 的偏差还大；即使当样本数量很多时，弱相关工具变量也会对不完全满足外生条件工具变量造成的细微偏差进行放大；并且弱工具变量在有限样本和大样本情况下都对估计方差有很大的负面影响。因此，使用工具变量时，应该避免使用弱工具变量。

在了解了工具变量的性质及其局限性后，我们在使用工具时，必须进行一系列的相关检验，以确定是否应该使用工具变量以及所使用的工具变量是否合理，这将是下一节要讨论的内容。

第四节　工具变量运用的检验

一、是否需要使用工具变量？（内生性检验）

工具变量的参数估计量虽然是一致的，但是其方差大于 OLS 参数估计量的方差。所以，如果我们关注的变量并非内生的，OLS 是更好的选择。变量内生性的检验可以用来判断是否有必要使用工具变量。

（一）Durbin-Wu-Hausman χ_J^2 检验

Durbin-Wu-Hausman χ_J^2 检验简称 DWH 检验，也称为 Durbin χ_J^2 检验。Durbin-Wu-Hausman 提供了一个通过比较工具变量估计值 $\hat{\beta}_1^{2SLS}$ 和 OLS 估计值 $\hat{\beta}_1^{OLS}$ 来检验变量外生性的方法。如果可能的内生变量 D_i 有一个合理的工具变量 Z_i，我们可以通过下面的统计量去检验 D 是否是外生变量：

$$H=(\hat{\beta}_1^{2SLS}-\hat{\beta}_1^{OLS})'[\text{Avar}(\hat{\beta}_1^{2SLS})-\text{Avar}(\hat{\beta}_1^{OLS})]^{-1}(\hat{\beta}_1^{2SLS}-\hat{\beta}_1^{OLS})\sim\chi_J^2$$

DWH 检验的原假设是：H_0：D_i 是外生的，即 $\text{Cov}(D_i,e_i)=0$。在原假设下，OLS 和工具变量得到的参数估计量是一致的，因此 $\hat{\beta}_1^{2SLS}-\hat{\beta}_1^{OLS}$ 和 H 值应该接近于 0。备择假设下（D_i 是外生的），只有工具变量的参数估计量是一致的，OLS 是不一致的，所以二者差别 $\hat{\beta}_1^{2SLS}-\hat{\beta}_1^{OLS}$ 应该较大，H 值远远不等于 0。因此，当 H 值较大时，我们拒绝变量是外生的假设。

（二）回归形式的 Wu-Hausman F 检验

Wu-Hausman F 检验基于回归的测试形式，使用起来比较方便。为方便说明原理，我们仍使用简单模型：

$$Y_i=\alpha+\beta_1 D_i+e_i \tag{10.17}$$

$$D_i=\gamma_0+\gamma_1 Z_i+u_i \tag{10.18}$$

如果变量 D_i 是外生的，$\mathrm{Cov}(D_1, e_i)=0$，这也意味两个方程的干扰项不相关，即 $\mathrm{Cov}(u_i, e_i)=0$，因为 $\mathrm{Cov}(D_i, e_i)=\mathrm{Cov}(\gamma_0+\gamma_1 Z_i+u_i, e_i)=\gamma_1\mathrm{Cov}(Z_i, e_i)+\mathrm{Cov}(u_i, e_i)=\mathrm{Cov}(u_i, e_i)=0$。

反之，如果变量 D_i 是内生的，$\mathrm{Cov}(D_1, e_i)\neq 0$，意味着两个方程的干扰项相关，即 $\mathrm{Cov}(u_i, e_i)\neq 0$。

因此，变量内生性的检验就是检验方程(10.17)和方程(10.18)的干扰项是否相关：

$$H_0: \mathrm{Cov}(D_i, e_i)=0 \quad 等价于 \quad H_0: \mathrm{Cov}(u_i, e_i)=0$$

我们可以把两个干扰项的线性关系写为：

$$e_i=\rho u_i+\tau_i$$

如果二者不相关，意味着 $\rho=0$。因此：

$$H_0: \mathrm{Cov}(u_i, e_i)=0 \quad 等价于 \quad H_0: \rho=0$$

将 $e_i=\rho u_i+\tau_i$ 代入公式(10.17)，可得：

$$Y_i=\alpha+\beta_1 D_i+\rho u_i+\tau_i$$

由于 u_i 是观测不到的，我们可将第一阶段回归得到的残差项 $\hat{u}_i=D_i-\hat{\gamma}_0-\hat{\gamma}_1 Z_i$ 作为 u 的估计值代入模型，从而得到我们最终用来检验的回归方程：

$$Y_i=\alpha+\beta_1 D_i+\rho\hat{u}_i+\varepsilon_i$$

在原假设(变量 D_i 是外生变量)的情况下，使用 OLS 对上述模型进行估计，应该得到 $\rho=0$。如果 ρ 显著不等于 0，我们拒绝变量 D_i 是外生变量的假设。

注意：检验一个变量是否为外生的前提条件，是我们有一个合理的工具变量(满足相关性和外生性)。如果工具变量本身不是合理的，检验出来的结果就是没有意义的。

二、工具变量是否满足相关性？(弱工具变量检验)

工具变量需要满足的一个条件是相关性，但通过前面的讨论我们看到，仅仅满足工具变量与内生变量相关是不够的，我们需要二者的相关程度足够强，否则会造成弱工具变量的诸多相关问题。因此对于工具变量，我们需要检验其相关性的程度并判断其是否为弱工具变量。

如果只有一个内生变量，一个简单的检验方法就是观察 2SLS 中第一阶段关于所有工具变量的系数同时为 0 的 F 检验。如果第一阶段回归得到的 F 统计量非常低，这就表示所选的工具变量很可能是弱工具变量。当工具变量数量为 1，2，3，5，10 时，Stock，Wright and Yogo(2002)建议第一阶段的 F 统计量的关键值分别设为 8.96、11.59、12.83、15.09 和 22.88。如果第一阶段的 F 检验值低于这些关键值，则可能存在弱工具变量问题。

如果有多个内生变量和多个工具变量，Stock and Yogo(2005)提供了一个更为严谨的检验弱工具变量的方法。由于方法比较复杂，我们这里不展开介绍。简言之，这种检验方法是先计算一个被称为 *Minimum eigenvalue* 的统计量，如果该统计量高于 Stock and Yogo(2005)提供的对应关键值，则不存在弱工具变量问题。在本章第六节的例子中，我们将会介绍这种方法的应用。

三、工具变量是否是外生的？(过度识别检验)

工具变量的另一个条件是外生性。本质上而言，我们是不可能检验这个条件的，原因是，我们无法观测到干扰项，也就无法检验干扰项是否与工具变量相关。但我们可以在一定程度上对外生条件进行检验，同时充分认识到外生性检验的局限性。

(一) 恰当识别(工具变量的数量＝内生变量的数量)

在这种情况下，我们无法对外生性假设进行检验。这是因为，要检验 $\mathrm{Cov}(Z_i, e_i)=0$，由于 e_i 观测不到，我们必须先估计 e_i，再用它的估计值 $\hat{e}_i$ 检验 $\mathrm{Cov}(Z_i, \hat{e}_i)=0$。但是，当我们去估计 $\hat{e}_i=Y_i-\hat{\beta}_1 D_i$ 时，我们需要满足外生条件的工具变量才能得到一致的估计值 $\hat{\beta}_1$，从而得到一致的估计量 $\hat{e}_i$。因此，通过 $\mathrm{Cov}(Z_i, \hat{e}_i)=0$ 检验工具变量是否外生是没有意义的，因为要得到一致的估计量 $\hat{\beta}_1$，我们已经假设了工具是外生的。事实上使用工具变量 Z_i 估计出来的 $\hat{e}_i$ 总是满足 $\mathrm{Cov}(Z_i, \hat{e}_i)=0$，因为：

$$\begin{aligned}\mathrm{Cov}(Z_i, \hat{e}_i)&=\mathrm{Cov}(Z_i, Y_i-\hat{\beta}_1 D_i)=\mathrm{Cov}(Z_i, Y_i)-\hat{\beta}_1\mathrm{Cov}(Z_i, D_i)\\&=\mathrm{Cov}(Z_i, Y_i)-\frac{\mathrm{Cov}(Z_i, Y_i)}{\mathrm{Cov}(Z_i, D_i)}\mathrm{Cov}(Z_i, D_i)=0\end{aligned}$$

然而，这只是我们使用了假设 Z_i 是满足外生条件工具变量的必然结果，并不代表工具变量的确为外生。简言之，在恰当识别的情况下，工具变量的信息已经用在内生变量的系数估计上了，不能重复使用来检验其本身是否为外生。

(二) 过度识别(工具变量的数量＞内生变量的数量)

在这种情况下，我们可以对工具变量的外生性进行一定程度的检验。假设有一个内生变量和两个工具变量 (Z_1, Z_2)，我们可以采用下面的分步检验方法：

1. 先假设第一个工具变量 Z_1 满足外生条件，即 $\mathrm{Cov}(Z_{1i}, e_i)=0$，并只用 Z_1 作为工具变量得到系数的估计值 $\hat{\beta}_1^{Z_1}$。如果 Z_1 满足外生性的假设成立，$\hat{\beta}_1^{Z_1}$ 是 β_1 的一致

估计量，那么残差 $\hat{e}_i^{Z_1}=Y_i-\hat{\beta}_1^{Z_1}D_i$ 也是 e_i 的一致估计量。接着使用 $\hat{e}_i^{Z_1}$ 对工具变量 Z_2 的外生性进行检验，即检验 $\text{Cov}(Z_{2i},\ \hat{e}_i^{Z_1})=0$ 是否成立。注意，这个检验是建立在第一个工具变量 Z_1 满足外生性的假设成立的前提下。

2. 类似地，我们也可以先假设第二个工具变量 Z_2 满足外生条件，即 $\text{Cov}(Z_{2i},\ e_i)=0$，并只用 Z_2 作为工具变量得到系数的估计值 $\hat{\beta}_1^{Z_2}$。如果 Z_2 满足外生性的假设成立，$\hat{\beta}_1^{Z_2}$ 是 β_1 的一致估计量，那么残差 $\hat{e}_i^{Z_2}=Y_i-\hat{\beta}_1^{Z_2}D_i$ 也是 e_i 的一致估计量。接着使用 $\hat{e}_i^{Z_2}$ 对工具变量 Z_1 的外生性进行检验，即检验 $\text{Cov}(Z_{1i},\ \hat{e}_i^{Z_2})=0$ 是否成立。注意，这个检验是建立在第二个工具变量 Z_2 满足外生性的假设成立的前提下。

上述检验也称为过度识别检验(over-identification test)。它的局限性在于，我们必须先假设一个工具变量满足外生条件，才能检验另一个变量的外生性。因此，我们对检验结果的解释必须很谨慎：

首先，如果一个工具变量 Z_1 未通过外生性检验，有可能缘于另一个工具 Z_2 的外生性假设是错的(事实上它是内生的)，从而导致 Z_1 未通过外生性检验；也有可能缘于 Z_2 的外生性假设是正确的，但 Z_1 是内生的，所以未通过外生性检。但无论是哪种情况，当 Z_1 未通过内生性检验时，我们知道，在 Z_1 和 Z_2 中，至少有一个是内生的；同理，当 Z_2 未通过内生性检验时，我们知道，在 Z_1 和 Z_2 中，至少有一个是内生的。因此，如果过度识别检验没有通过，虽然我们无法知道哪个变量是内生的，但我们都可以得出至少有一个工具变量是内生的这一结论。因此，当过度识别检验未通过时，我们需要重新选择工具变量。

其次，如果一个工具变量 Z_1 通过了外生性检验，并不能说明 Z_1 一定是外生的，因为可能是另一个工具 Z_2 的外生性假设错误导致 Z_1 通过了外生性检验。同理，当 Z_2 通过检验时，我们也不能得出 Z_2 是外生的结论。因此，当过度识别检验通过时，我们并不能得出所有工具变量都是外生的这一结论。

在实际运用中，我们通常使用一个与上面分步法效果一样，但操作更方便的过度识别检验。其步骤如下：

第一步：原假设为“H_0：所有的工具变量都是外生的”。

第二步：先使用所有工具变量用 2SLS 进行回归，得到残差(干扰项的估计值)$\hat{e}_i$。如果所有工具变量都是外生的，残差 $\hat{e}_i$ 就是干扰项 e_i 的一致估计量。

第三步：将 $\hat{e}_i$ 作为被解释变量，所有的工具变量(和模型里的其他外生变量)作为解释变量，用 OLS 进行回归，得到 R^2。如果所有的工具变量都是外生的，那么它们与残差 $\hat{e}_i$ 是无关的，所以 R^2 会较小。

第四步：进行假设检验，在原假设“H_0：所有工具变量都是外生的”下，统计量

$NR^2 \sim x_q^2$。其中,N 是样本数,q 是自由度=工具变量数-内生变量数。如果 NR^2 大于相关的 x_q^2 关键值,那么我们可以得出结论:不是所有的工具变量都是外生的。虽然我们知道存在一些工具变量不是外生的,但我们并不知道哪些工具变量不是外生的。如果 NR 小于相关的 x_q^2 关键值,虽然通过了过度识别检验,但我们仍然不能确定所有工具变量都是外生的,因为可能有的工具变量是内生的,造成残差 $\hat{e}_i$ 的估计是错误的,检验也是无效的。

这个检验有很多"变种"和名称,有时容易引起混淆。Stata 的过度识别检验在不同情况下的检验统计值如下:

1. 如果使用 2SLS 估计量,但使用同方差(没有使用选项 robust VCE),Stata 报告 x_q^2 统计值,也称为 Sargan(1958)和 Basmann(1960)的 χ_q^2 统计值(二者略微有所不同,我们可以忽略差异细节)。

2. 如果使用 2SLS 估计量,但考虑异方差和自相关(即选项 robust VCE),Stata 报告 Wooldridge 的稳健得分过度识别检验(robust score test of overidentifying restrictions)。

3. 如果使用 IV-GMM 估计量,则报告 Hansen(1982)的 J 统计值(χ^2 分布)。

第五节　工具变量使用步骤

在上一节,我们介绍了使用工具变量时可能出现的问题。在使用工具变量时,我们需要非常谨慎,可以参照以下方法和步骤:

1. 清楚地定义研究问题,描述经济机制,设置基本的模型,对基本模型进行 OLS 回归,得到初步结果,理解并描述模型可能存在的内生性问题的原因(反向因果关系问题、遗漏变量问题、测量误差问题)。

2. 寻找有效的工具变量,我们需要根据经济机制和理论基础选择有效的工具,并解释为什么选择的工具变量是相关的和外生的。相关性通常较容易解释,要让读者信服工具变量的外生性是使用工具变量最具挑战性的地方。由于外生性本质上无法通过统计方法检验,因此使用描述性语言和经济原理说明工具变量的外生性是使用工具变量的关键之处。

3. 使用工具变量估计法对模型进行估计,同时进行必要的统计检验,并谨慎地对结果进行解释。具体包括:

(1) 检验变量内生性:Hausman 检验我们关心的变量是否是外生的。

(2) 检验工具变量相关性:报告第一阶段的 F 统计值,检验是否有弱工具变量。

(3) 检验工具变量外生性：在过度识别情况下，使用过度识别检验方法来检验工具变量是否是外生的；如果检验未通过，则存在至少有一个工具变量是内生的可能。

这些检验只是辅助性检验，根据前面的讨论，我们知道它们的结论是有局限性的。因此，这些检验不能替代前两个步骤中对处置变量可能内生的原因及工具变量有效性的讨论。

4. 将工具变量估计结果与 OLS 结果进行对比，理解结果为何有差异。

第六节　工具变量运用举例

本节我们通过介绍一篇备受关注的文章来具体讲解使用工具的步骤和 Stata 命令。

文章来源：Acemoglu，Daron，Simon Johnson and James A. Robinson (2001). The Colonial Origins of Comparative Development：An Empirical Investigation. *The American Economic Review* 91(5)：1369 - 1401.

文章的数据可以从作者网页下载：https://economics.mit.edu/faculty/acemoglu/data/ajr2001。

本节例子的目的是研究社会制度和经济发展是否存在因果关系。我们按上一节建议的工具变量使用步骤来讲解此例。

一、第一步

清楚地定义研究问题，描述经济机制，设置基本的模型，对基本模型进行 OLS 回归，得到初步结果，理解并描述模型可能存在的内生性问题的原因。

(一) 研究问题

好的社会制度(institution)对经济发展是否有促进作用?

(二) 经济机制

良好的社会制度意味着更好的产权保护和更少的扭曲资源配置的政策，会促进固定资产和人力资源的投入，并更有效率地产出。

(三) 基本模型

1. 被解释变量 $\log GDP_i$：log(人均 GDP)。

2. 处置变量 $Institutions$：国家制度，以 1985～1995 年间企业免受政府盘剥(expropriation risk)的指数平均值衡量；该值越大，说明制度越好。

3. 控制变量 $Latitude$：国家的地理纬度。

基本模型设置如下：

$$\log GDP_i = \alpha + \beta_1 Institutions_i + \beta_2 Latitude_i + e_i \tag{10.19}$$

OLS 的回归结果：

```
. regress loggdp institutions latitude, robust

Linear regression                               Number of obs     =         64
                                                F(2, 61)          =      64.91
                                                Prob > F          =     0.0000
                                                R-squared         =     0.5745
                                                Root MSE          =     .69166

------------------------------------------------------------------------------
             |               Robust
      loggdp |      Coef.   Std. Err.      t    P>|t|     [95% Conf. Interval]
-------------+----------------------------------------------------------------
institutions |   .4678871   .0626811     7.46   0.000     .3425484    .5932257
    latitude |   1.576884   .6506046     2.42   0.018     .2759197    2.877848
       _cons |   4.728082   .3413732    13.85   0.000     4.045464      5.4107
------------------------------------------------------------------------------
```

（四）上述模型可能存在内生性的原因

OLS 回归得到 *Institutions* 的系数值是 0.46，反映了社会制度和经济发展是正相关关系。但这并不能证明二者之间有因果关系，因为以下原因都可能造成二者之间有正相关关系，但并非因果关系：

1. 发展较好的经济体更有可能建立较好的制度(反向因果关系问题)。

2. 有可能存在一些未包含在控制变量里的因素(比如文化差别)同时影响国家经济发展和社会制度建设(遗漏变量问题)。

3. 社会制度是一个不易准确衡量的经济变量，任何度量值都可能存在相当大的误差(测量误差问题)。

上述原因都可能造成模型(10.19)中的 $\mathrm{Cov}(Institutions_i, e_i) \neq 0$。因此，要找到因果关系，我们不能用简单的 OLS 进行估计。

二、第二步

寻找有效的工具变量，我们需要根据经济机制和理论基础选择有效的工具，并解释为什么选择的工具变量是相关的和外生的。

（一）相关性

不同国家的社会制度为什么不同？追根溯源，一个国家的现有制度在一定程度上是早期社会制度的延续，早期的社会制度又与欧洲殖民政策有关。例如，英国人到澳大利亚实行建立“新欧洲”的长远政策，比利时人到刚果实行掠夺的短期政策，不同的殖民政策形成了早期的社会制度。但是，采取什么殖民策略又受到殖民者是否愿意长期在殖民地定居的影响，后者又受到殖民者最初登陆殖民地时死亡率的影响。具体关系可以用图 10.6 表示。

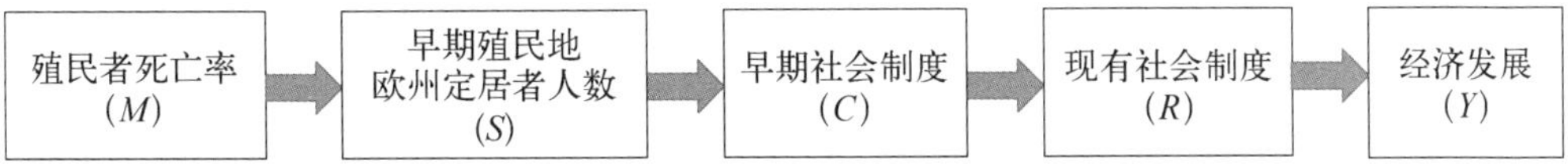

图 10.6　国家现有社会制度的追根溯源

图 10.6 中，M 表示殖民者死亡率（以 17～19 世纪之间殖民地驻扎的军人、海员以及宗教人员的死亡率来代表殖民者死亡率），S 表示早期殖民地欧洲定居者人数（以 1900 年殖民地欧洲人占总人口比例衡量），C 表示早期社会制度（以 1900 年国民的民主指数衡量），R 表示现有社会制度（以 1985～1995 年间平均的保护免征风险指数衡量）。

（二）外生性

M、S、C 都满足相关性的条件，但作者选择殖民者死亡率（M）作为主要的工具变量。这是因为，M 的外生性最强。如果选择 S（或 C）作为模型中的工具变量，它们还是可能与干扰项相关。例如，早期的定居人数可能反映定居者更喜欢迁徙到富裕地区并影响现有的经济发展；而且早期社会制度和现在经济发展水平也有可能同时受到某些地域特征影响而存在相关关系。相反，殖民者的死亡率除了通过制度影响经济发展，很难想象还有其他途径会影响经济发展。

三、第三步

使用工具变量估计法对模型进行估计，同时进行必要的统计检验，并谨慎地对结果进行解释。

根据前面的讨论，两阶段回归模型设置如下：

$$\log GDP_i = \alpha + \beta_1 Institutions_i + \beta_2 Latitude_i + \varepsilon_i \tag{10.20}$$

$$Institutions_i = \gamma_0 + \gamma_1 \log Mortality_i + \gamma_2 Latitude_i + u_i \tag{10.21}$$

其中，工具变量 $\log Mortality_i$ 是 log（早期殖民者死亡率）$_i$。

使用 Stata 的工具变量估计命令 ivregress 得到结果如下：

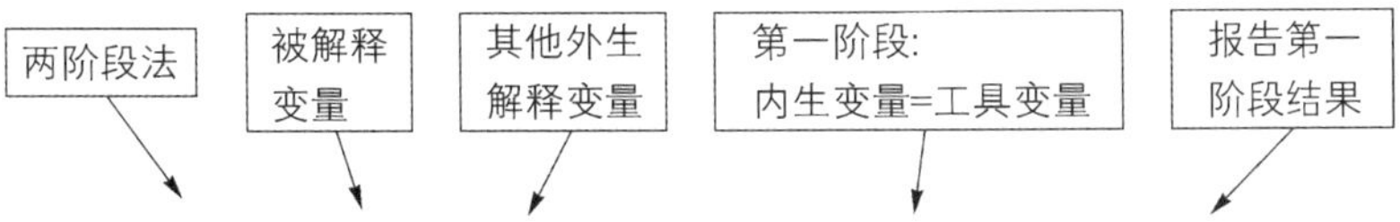


```
. ivregress 2sls loggdp latitude (institutions=logmortality), first

First-stage regressions
-----------------------
```

第一阶段结果

```
                                                  Number of obs   =        64
                                                  F(   2,     61)  =     12.82
                                                  Prob > F        =    0.0000
                                                  R-squared       =    0.2960
                                                  Adj R-squared   =    0.2729
                                                  Root MSE        =    1.2523
```

其他外生解释变量

工具变量

```
------------------------------------------------------------------------------
institutions |      Coef.   Std. Err.      t    P>|t|     [95% Conf. Interval]
-------------+----------------------------------------------------------------
    latitude |   2.001775   1.337176     1.50   0.140    -.6720747    4.675624
logmortality |  -.5102681   .1410186    -3.62   0.001    -.7922521    -.228284
       _cons |   8.529432   .8123128    10.50   0.000     6.905113    10.15375
------------------------------------------------------------------------------
```

第二阶段结果

内生解释变量

其他外生解释变量

```
Instrumental variables (2SLS) regression          Number of obs   =         64
                                                  Wald chi2(2)    =      35.68
                                                  Prob > chi2     =     0.0000
                                                  R-squared       =     0.1025
                                                  Root MSE        =      .9807

------------------------------------------------------------------------------
      loggdp |      Coef.   Std. Err.      z    P>|z|     [95% Conf. Interval]
-------------+----------------------------------------------------------------
institutions |    .995704   .2164236     4.60   0.000     .5715216    1.419886
    latitude |  -.6472071   1.303473    -0.50   0.620    -3.201967    1.907553
       _cons |   1.691814   1.262317     1.34   0.180    -.7822821     4.16591
------------------------------------------------------------------------------
Instrumented:  institutions
Instruments:   latitude logmortality
```

2SLS 估计法得到 *Institutions* 的系数为 0.995 并且统计显著。我们也注意到，Stata 把另一个外生解释变量 *Latitude* 自动加入第一阶段回归。接下来我们要对工具变量进行检验。

（一）Hausman 检验解释变量是否是外生的

虽然前面讨论了 *Institutions* 几乎不可能是外生变量，我们还是使用 Stata 的工具变量估计后检验命令 estat endogenous 进行统计检验。

χ_J^2检验

Wu-Hausman F检验

```
. estat endogenous

  Tests of endogeneity
  Ho: variables are exogenous

  Durbin (score) chi2(1)          =  15.2386  (p = 0.0001)
  Wu-Hausman F(1,60)              =  18.7508  (p = 0.0001)
```

Stata 报告了 χ_J^2 检验和 F 检验（两种方法的具体内容见上节）的结果。两种方法都拒绝了 *Institutions* 变量是外生的假设。当然，我们要注意这个结论的前提是，$\log Mortality_i$ 是一个有效的工具变量。

（二）检验工具变量是否是弱工具变量

检验工具变量的有效性，首先要检验工具变量的相关性。殖民者的死亡率作为工具变量的最大问题是，它可能是弱工具变量，即殖民者的死亡率和今天的制度即使有关系，也可能是很弱的。我们使用 Stata 的工具变量估计后检验命令 estat firstage 对第一阶段的结果进行分析，并判断是否存在弱工具变量问题。

```
. estat firststage

  First-stage regression summary statistics
  --------------------------------------------------------------------------
               |            Adjusted      Partial
      Variable |   R-sq.       R-sq.        R-sq.        F(1,61)   Prob > F
  -------------+------------------------------------------------------------
  institutions |  0.2960      0.2729       0.1767        13.0932    0.0006
  --------------------------------------------------------------------------

  Minimum eigenvalue statistic = 13.0932

  Critical Values                      # of endogenous regressors:    1
  Ho: Instruments are weak             # of excluded instruments:     1
  ---------------------------------------------------------------------
                                     |    5%     10%     20%     30%
  2SLS relative bias                 |         (not available)
  -----------------------------------+---------------------------------
                                     |   10%     15%     20%     25%
  2SLS Size of nominal 5% Wald test  |  16.38    8.96    6.66    5.53
  LIML Size of nominal 5% Wald test  |  16.38    8.96    6.66    5.53
  ---------------------------------------------------------------------
```

第一阶段回归的总结

2SLS relative bias这个检验不常使用，因为需要工具变量至少比内生变量多2个才能用

Stock and Yogo 提供的检验*Minimum eigenvalue*统计量的关键值

Stata 对第一阶段的分析包含了两个部分：

第一部分是第一阶段回归的总结。这包括了回归的 R-square 和 adjusted R-square。Partial-R-sq 是扣除了其他外生变量后工具变量的解释力度。结果显示，Partial-R-sq=0.17，说明 $\log Mortality$ 对 $Institutions$ 有一定的解释力度。F 值用于检验工具变量是否显著，$F=13.09>10$，用简单的标准，我们认为不存在弱工具变量问题。

第二部分是 Stock/Yogo 的弱工具检验。由于牵涉到较多技术细节，我们只需要了解如何使用结果。检验统计量 $Minimum\ eigenvalue=13.09$。因为我们使用的是 2SLS，我们要把统计量的值与 Stock/Yogo 检验表中“2SLS Size of nominal 5% Wald test”的关键值进行对比。通常我们需要 $Minimum\ eigenvalue$ 大于表中 10%对应的值。这里我们发现 13.09 小于但接近 16.38。

可见，使用简单的 F 检验和复杂的 Stock/Yogo 弱工具变量检验可能得到不同的结果，这个工具变量在能否确定为弱工具变量的边际上。

（三）过度识别情况下，检验工具变量是否是外生的

检验工具变量有效性的另一个条件是外生性，我们需要工具变量数量多于内生变量。前面提到，早期殖民地欧洲定居者人数（S）、早期社会制度（C）也可以作为工具变量，虽然它们在外生性方面不如殖民者死亡率（M）理想。下面的模型是将早期殖民地欧洲定居者人数（S）和殖民者死亡率（M）同时作为工具变量的结果：

$$\log GDP_i=\alpha+\beta_1 Institutions_i+\beta_2 Latitude_i+\varepsilon_i \tag{10.22}$$

$$Institutions_i=\gamma_0+\gamma_1\log Mortality_i+\gamma_2\ Euro1990_i+\gamma_2 Latitude_i+u_i \tag{10.23}$$

新的工具变量 $Euro1990_i$ 表示 1900 年欧洲人在国家 i 所占人口的比例。使用两个工具变量重新执行 2SLS 命令：

```
. ivregress 2sls loggdp latitude (institutions=logmortality euro1900), first

First-stage regressions
-----------------------

                                                Number of obs     =         63
                                                F(   3,      59)  =      11.42
                                                Prob > F          =     0.0000
                                                R-squared         =     0.3674
                                                Adj R-squared     =     0.3353
                                                Root MSE          =     1.2047

------------------------------------------------------------------------------
institutions |      Coef.   Std. Err.      t    P>|t|     [95% Conf. Interval]
-------------+----------------------------------------------------------------
    latitude |   .2004581   1.495034     0.13   0.894    -2.791099    3.192015
logmortality |  -.3684413   .1485276    -2.48   0.016    -.6656444   -.0712382
    euro1900 |   .0211563   .0082455     2.57   0.013     .0046571    .0376554
       _cons |   7.853131   .8308378     9.45   0.000     6.190628    9.515633
------------------------------------------------------------------------------

Instrumental variables (2SLS) regression          Number of obs     =         63
                                                  Wald chi2(2)      =      45.50
                                                  Prob > chi2       =     0.0000
                                                  R-squared         =     0.1742
                                                  Root MSE          =     .93496

------------------------------------------------------------------------------
      loggdp |      Coef.   Std. Err.      z    P>|z|     [95% Conf. Interval]
-------------+----------------------------------------------------------------
institutions |   .9458258   .1692131     5.59   0.000     .6141743    1.277477
    latitude |  -.5971357   1.157721    -0.52   0.606    -2.866227    1.671955
       _cons |   1.994732   .9930283     2.01   0.045     .0484318    3.941031
------------------------------------------------------------------------------
Instrumented:  institutions
Instruments:   latitude logmortality euro1900
```

可以看到，*institutions* 系数为 0.945，与只使用一个工具变量的结果相近。由于检验工具变量的外生性，我们使用 Stata 的 estat overid 命令：

```
. estat overid

  Tests of overidentifying restrictions:

  Sargan (score) chi2(1) =  .070283  (p = 0.7909)
  Basmann chi2(1)        =  .065894  (p = 0.7974)
```

由于我们使用 2SLS 方法，并假设了同方差，Stata 报告了 Sargent and Basmann 的 χ_q^2 统计值，二者都不显著，说明我们无法拒绝所有工具变量都是外生的假设。但要注意，我们并不能得出所有工具变量都是外生的结论，只能说通过这个检验，我们没有发现它们是内生的证据。

四、第四步

解释工具变量的经济显著性，并将估计结果与 OLS 结果进行对比，理解结果为何有差异。

（一）经济显著性

2SLS 的回归系数为 0.94，要了解其经济意义，选择两个典型的国家——尼日利亚（Nigeria）和智利（Chile）——为例。其中，尼日利亚的现有制度较差，两个国家之间在 *Institutions* 指数上的差距 2.24 会导致 GDP 产生 7 倍的差异。因此，上述回归结果说明，制度对经济发展水平具有较大的实质性影响。

（二）和 OLS 结果比较

2SLS 的回归系数 0.94 比 OLS 的回归系数 0.46 高，说明 OLS 有向下偏差。我们知道，测量误差会导致向下偏差。如果是前面提到的逆向关系和缺失变量原因造成的偏差，OLS 的估计值会比真实值高。因此，测量误差可能是造成系数差别的主要原因。

第七节　工具变量运用常见问题

本节总结了一些在工具变量的运用中经常会遇到的问题和常见的错误。

一、用计量软件估计工具变量模型，不要自己手动进行两步回归

自己手动进行两步回归可能得到错误的标准误差。要说明这个问题，我们考虑同方差的情况。我们知道工具变量的方差 $\mathrm{Avar}(\hat{\beta}^{2SLS})$ 的一致估计量为 $\widehat{\mathrm{Avar}}(\hat{\beta}^{2SLS})=\hat{\sigma}_e^2(\hat{\boldsymbol{D}}'\hat{\boldsymbol{D}})^{-1}$。干扰项的方差估计值 $\hat{\sigma}_e^2$ 是通过残存值计算的，即 $\hat{\sigma}_e^2=\dfrac{\hat{\boldsymbol{e}}'\hat{\boldsymbol{e}}}{N}$。其中，$\hat{\boldsymbol{e}}$ 是结果方程的残差向量 $\hat{\boldsymbol{e}}=\boldsymbol{Y}-\boldsymbol{D}'\beta_1^{2SLS}$。注意，在计算残差 $\hat{\boldsymbol{e}}$ 时用到的是内生变量的原值 $\boldsymbol{D}'$，不是预测值 $\hat{\boldsymbol{D}}'$。如果手动计算第二阶段回归，就容易犯直接使用第二阶段回归残差 $\hat{\boldsymbol{e}}=\boldsymbol{Y}-\hat{\boldsymbol{D}}'\beta_1^{2SLS}$ 的错误。注意，这里使用的是 $\hat{\boldsymbol{D}}'$，而不是原值 $\boldsymbol{D}'$。因此，手动回归第二阶段得到的标准误差是不对的。如果要使用手动方法进行回归，需要在估计出 $\hat{\beta}^{2SLS}$ 后，再用内生变量的原值 $\boldsymbol{D}'$ 代入方程计算残差 $\hat{\boldsymbol{e}}$，才能得出正确的估计。统计软件则自动做了这些计算，避免可能的错误。

二、第一阶段回归的解释变量应包含所有的外生变量

工具变量使用的一个常见的错误是，只使用工具变量作为解释变量来进行第一阶段回归。正确的做法是，将工具变量和所有外生的解释变量都包含在第一步回归中［如果解释变量包含个体固定效应（individual fixed effects）和时间固定效应（time fixed effect），那么也应该加入第一步回归］。不这样做的后果是，第二步的参数估计值不具有一致性。

第一阶段回归为什么要包括所有的外生变量，而不能只用工具变量呢？我们用一个简单的例子说明。假设要估计的模型为：

$$Y_i = \alpha + \beta_1 D_{1i} + \beta_2 X_{2i} + e_i \tag{10.24}$$

其中，D_{1i} 是内生变量，即 $\mathrm{Cov}(D_{1i}, e_i) \neq 0$；$X_{2i}$ 是外生变量，即 $\mathrm{Cov}(X_{2i}, e_i) = 0$；$D_{1i}$ 和 X_{2i} 是相关的，即 $\mathrm{Cov}(D_{1i}, X_{2i}) \neq 0$。$X_{2i}$ 的有效工具变量为 Z_i，满足相关条件 $\mathrm{Cov}(Z_i, X_{2i}) \neq 0$ 和外生条件 $\mathrm{Cov}(Z_i, e_i) = 0$。

下面我们考察第一阶段回归包含和不包含外生变量 X_{2i} 的区别。

如果第一阶段回归使用了工具变量 Z_i 和 X_{2i}（简称为长模型），那么第一阶段内生变量回归可分解为：

$$D_{1i} = \hat{D}_{1i}^L + \hat{u}_i = \hat{\gamma}_0 + \hat{\gamma}_1 Z_i + \hat{\gamma}_2 X_{2i} + \hat{u}_i \tag{10.25}$$

因为 D_{1i} 与 Z_i 和 X_{2i} 都相关，所以 $\hat{\gamma}_1 \neq 0$，$\hat{\gamma}_2 \neq 0$。回归分解保证了残差和解释变量不相关，即 $\mathrm{Cov}(Z_i, \hat{u}_i) = 0$，$\mathrm{Cov}(X_{2i}, \hat{u}_i) = 0$。

将公式(10.25)代入公式(10.24)，得到第二阶段回归方程：

$$Y_i = \alpha + \beta_1(\hat{D}_{1i}^L + \hat{u}_i) + \beta_2 X_{2i} + e_i = \alpha + \beta_1 \hat{D}_{1i}^L + \beta_2 X_{2i} + \underbrace{\delta_i^L}_{\beta_1 \hat{u}_i + e_i}$$

在这个方程里，$\hat{D}_{1i}^L$ 以及 X_{2i} 都与干扰项 $\delta^L (=\beta_1 \hat{u}_i + e_i)$ 不相关①，因此第二阶段的回归估计系数 $\hat{\beta}_1$ 和 $\hat{\beta}_2$ 分别是 β_1 和 β_2 的一致估计量。

如果第一阶段回归只用工具变量 Z_i，不包括 X_{2i}（简称为短模型），那么第一阶段内生变量回归可分解为：

$$D_{1i} = \hat{D}_{1i}^S + \hat{v}_i = \hat{\phi}_0 + \hat{\phi}_1 Z_i + \hat{v}_i \tag{10.26}$$

回归分解保证了残差和解释变量不相关，即 $\mathrm{Cov}(Z_i, \hat{v}_i) = 0$。

我们先看一下短模型的第一阶段回归公式(10.26)与长模型第一阶段回归公式(10.25)的关系。假设 X_{2i} 和 Z_i 的回归关系为：

$$X_{2i} = \hat{\theta}_0 + \hat{\theta}_1 Z_i + \hat{\epsilon}_i \tag{10.27}$$

代入公式(10.25)得到：

$$\begin{aligned} D_{1i} = \hat{D}_{1i}^L + \hat{u}_i &= \hat{\gamma}_0 + \hat{\gamma}_1 Z_i + \hat{\gamma}_2(\hat{\theta}_0 + \hat{\theta}_1 Z_i + \hat{\epsilon}_i) + \hat{u}_i \\ &= \hat{\gamma}_0 + \hat{\gamma}_2 \hat{\theta}_0 + (\hat{\gamma}_1 + \hat{\gamma}_2 \hat{\theta}_1) Z_i + \hat{u}_i + \hat{\gamma}_2 \hat{\epsilon}_i \end{aligned} \tag{10.28}$$

---

① $\mathrm{Cov}(\hat{D}_{1i}^L, \delta_i^L) = \mathrm{Cov}(\hat{D}_{1i}^L, \beta_1 \hat{u}_i + e_i) = \mathrm{Cov}(\hat{\gamma}_0 + \hat{\gamma}_1 Z_i + \hat{\gamma}_2 X_{2i}, \beta_1 \hat{u}_i + e_i) = 0$；$\mathrm{Cov}(X_{2i}, \delta_i^L) = \mathrm{Cov}(X_{2i}, \beta_1 \hat{u}_i + e_i) = 0$。

对比公式(10.26)和公式(10.28)，我们看到，短模型第一阶段系数和长模型第一阶段系数以及残差项的关系为：

$$\hat{\phi}_0 = \hat{\gamma}_0 + \hat{\gamma}_2 \hat{\theta}_0,\ \hat{\phi}_1 = (\hat{\gamma}_1 + \hat{\gamma}_2 \hat{\theta}_1),\ \hat{v}_i = \hat{u}_i + \hat{\gamma}_2 \hat{\epsilon}_i \tag{10.29}$$

如果使用短模型进行第二阶段估计，将 $D_{1i} = \hat{D}_{1i}^S + \hat{v}_i$ 代入公式(10.24)，得到第二阶段方程为：

$$Y_i = \alpha + \beta_1(\hat{D}_{1i}^S + \hat{v}_i) + \beta_2 X_{2i} + e_i = \alpha + \beta_1 \hat{D}_{1i}^S + \beta_2 X_{2i} + \underbrace{\delta_i^S}_{\beta_1 \hat{v}_i + e_i} \tag{10.30}$$

在这个方程中，干扰项 δ_i^S 等于：

$$\delta_i^S = \beta_1 \hat{v}_i + e_i$$

将公式(10.29)中的 $\hat{v}_i = \hat{u}_i + \hat{\gamma}_2 \hat{\epsilon}_i$ 代入上式，得到：

$$\delta_i^S = \beta_1 \hat{v}_i + e_i = \beta_1(\hat{u}_i + \hat{\gamma}_2 \hat{\epsilon}_i) + e_i = \beta_1 \hat{u}_i + \beta_1 \hat{\gamma}_2 \hat{\epsilon}_i + e_i$$

我们看到，短模型第二阶段方程的干扰项 δ_i^S 中包含了 $\hat{\epsilon}_i$，从公式(10.27)我们知道，$\mathrm{Cov}(X_{2i}, \hat{\epsilon}_i) \neq 0$。因此在短模型第二阶段回归中，$X_{2i}$ 与干扰项 δ_i^S 相关，变成了内生变量。当一个变量为内生变量，通常会造成所有变量的系数估计不一致，因此第二阶段的回归估计无法得到一致估计量。

直观而言，第一阶段回归没有加入 X_{2i} 作为控制变量，造成残差项中包含 X_{2i} 的信息，并且进入第二阶段的干扰项，进而造成第二阶段 X_{2i} 与干扰项相关。上面的讨论说明了，在第一阶段回归必须把所有的外生变量都加上，否则第二阶段回归的系数通常是不一致的。计量软件的工具变量命令会自动把所有的外生变量都加入第一阶段回归，这也是我们建议使用计量软件而非手动进行估计的另一个原因。

三、避免用组均值作为工具变量

假设模型为：

$$Y_{ij} = \alpha + \beta X_{ij} + e_{ij}$$

其中，Y_{ij} 代表第 j 组第 i 个个体的观测值，假设自变量存在内生性，即 $\mathrm{Cov}(X_{ij}, e_{ij}) \neq 0$。这里的组可以是行业、学校、省等。

一些研究使用组(不包含 i 的)均值 $\overline{X}_{-i,j} = \frac{1}{J-1}\sum_{k=1,k\neq i}^{J} X_{kj}$ (J 表示第 j 组样本数量)作为工具变量，第一阶段回归方程为：

$$X_{ij} = \gamma_0 + \gamma_1 \overline{X}_{-i,j} + u_{ij}$$

理由是：(1) 组内个体 i 的特征 X_{ij} 会受到组内其他个体的平均或加总特征影响，即满足相关条件；(2) 组内其他个体的平均或加总特征不直接影响个体 i 的结果 Y_{ij}，即满足外生条件。

这个方法看起来很有道理，但实际上通常是错误的，原因是，组均值作为工具变量，不满足外生性的要求。我们来看一个简单的例子[详细讨论可以参见 Gormley and Matsa(2014)]。假如干扰项包含了观测不到的行业固定效应 $Industry_j$ 以及 $e_{ij}=Industry_j+v_{ij}$，有：

$$Y_{ij}=\alpha+\beta X_{ij}+\underbrace{e_{ij}}_{Industry_j+v_{ij}}$$

通常一个行业内的企业 i 的特征 X_{ij} 会受到行业固定效应 $Industry_j$ 的影响，二者是相关的，即 $\mathrm{Cov}(X_{ij},\ Industry_j)\neq 0$，造成 X_{ij} 的内生性。如果行业内每个企业的特征 X_{ij} 都与行业固定效应 $Industry_j$ 相关，它们的特征均值 $\overline{X}_{-i,\,j}$ 必然也与行业固定效应 $Industry_j$ 相关，即 $\mathrm{Cov}(\overline{X}_{-i,\,j},\ Industry_j)\neq 0$，因此特征均值 $\overline{X}_{-i,\,j}$ 与包含行业固定效应的干扰项 e_{ij} 是相关的，即 $\mathrm{Cov}(\overline{X}_{-i,\,j},\ e_{ij})=\mathrm{Cov}(\overline{X}_{-i,\,j},\ Industry_j+v_{ij})\neq 0$，这就意味着 $\overline{X}_{-i,\,j}$ 不满足外生条件。

如果在模型里加入行业的固定效应，也不能解决这个问题。加入固定效应后的第一阶段回归为：

$$X_{ij}=\gamma_0+\gamma_1\overline{X}_{-i,\,j}+\gamma_2 Industry_j+u_{ij}$$

$\overline{X}_{-i,\,j}$ 与 $Industry_j$ 几乎是共线性的，它们的区别只在于，计算 $\overline{X}_{-i,\,j}$ 时不包含 X_{ij}。因此，在控制了行业固定效应 $Industry_j$ 后，$\overline{X}_{-i,\,j}$ 的新信息只有 X_{ij}，与内生变量完全重合。因此，工具变量并没有提供新的信息帮我们分离出它的外生部分。可见在存在组固定效应的情况下，使用组均值作为工具变量是错误的。

我们再看一个简单的例子，说明行业均值不能作为工具变量的另一个原因。假如我们要研究企业多元化经营对业绩的影响，使用下面的模型：

$$Y_{ij}=\alpha+\beta X_{ij}+e_{ij}$$

其中，Y_{ij} 表示在行业 j 中企业 i 的业绩，X_{ij} 表示在行业 j 中企业 i 的分业经营程度。如果干扰项里包含了 CEO 的过度自信（$overconfidence$），即：

$$Y_{ij}=\alpha+\beta X_{ij}+\underbrace{e_{ij}}_{Overconfidence_{ij}+u_{ij}} \tag{10.31}$$

假设过度自信的企业 CEO 比较容易进行分业经营，同时过度自信也会导致经营业绩较差。如果没有控制过度自信，缺失变量就会造成 X_{ij} 的内生性，即 $\mathrm{Cov}(X_{ij}$，

$e_{ij}) = \mathrm{Cov}(X_{ij}, Overconfidence_{ij} + u_{ij}) \neq 0$。

把公式(10.31)按行业(不包含企业 i)取平均值可得：

$$\bar{Y}_{-i,j} = \alpha + \beta \bar{X}_{-i,j} + \underbrace{\bar{e}_{-i,j}}_{\overline{Overconfidence}_{-i,j} + \bar{u}_{-i,j}} \tag{10.32}$$

如果每个企业的平均分业经营程度与过度自信是相关的，则行业的平均分业经营程度 $\bar{X}_{-i,j}$ 与行业的平均过度自信 $\overline{Overconfidence}_{-i,j}$ 也是相关的，即 $\mathrm{Cov}(\bar{X}_{-i,j}, \overline{Overconfidence}_{-i,j}) \neq 0$。因此，公式(10.32)也存在内生性。

图 10.7 给出了使用行业分业经营均值作为工具变量，对于变量相关性的要求。当 $\bar{X}_{-i,j}$ 作为 X_{ij} 的工具变量，外生性要求 $\mathrm{Cov}(\bar{X}_{-i,j}, e_{ij}) = 0 \Rightarrow \mathrm{Cov}(\bar{X}_{-i,j}, Overconfidence_{ij}) = 0$，即一个行业的平均分业经营的程度与企业 i 的过度自信不相关。由于行业平均分业经营的程度与行业过度自信的程度是相关的，即 $\mathrm{Cov}(\bar{X}_{-i,j}, \overline{Overconfidence}_{-i,j}) \neq 0$，因此要满足外生性要求 $\mathrm{Cov}(\bar{X}_{-i,j}, Overconfidence_{ij}) = 0$，则必须满足 $\mathrm{Cov}(\overline{Overconfidence}_{-i,j}, Overconfidence_{ij}) = 0$，即企业 i 的过度自信与行业平均过度自信不相关；否则，行业平均过度自信会同时影响企业 i 的过度自信和行业平均分业程度，从而造成二者相关。但是，这就会产生一个不合理的假设：我们

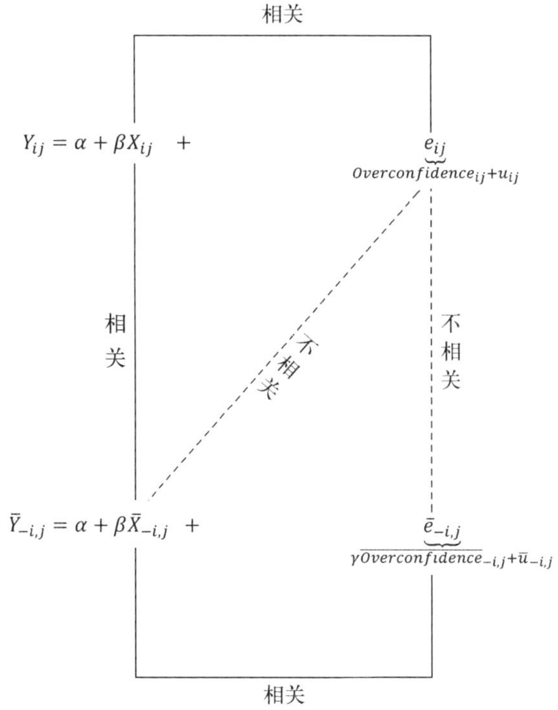

图 10.7　行业分业经营均值作为工具变量的变量相关性要求

一方面要求企业 i 的分业经营决定受本行业中其他企业经营的影响(相关性要求),但另一方面又要求企业 i 的过度自信不受本行业中其他企业过度自信的影响(外生性要求)。如果存在行业内的互相影响,二者应该同时受到影响。[1]

上面讨论的两种情况都说明了,使用行业的均值或加总值作为工具变量通常无法满足外生要求。

四、避免用内生变量的滞后项作为工具变量

一个常见的做法是,使用内生变量的滞后变量作为工具变量。例如,我们想要估计的模型是:

$$Y_{it}=\alpha+\beta X_{it}+e_{it}$$

因为 $\text{Cov}(X_{it}, e_{it})\neq 0$,存在内生性问题,这也意味着:

$$Y_{i,t-1}=\alpha+\beta X_{i,t-1}+e_{i,t-1}$$

$\text{Cov}(X_{i,t-1}, e_{i,t-1})\neq 0$,存在内生性问题。

一个常见的做法是,用 $X_{i,t}$ 的滞后项 $X_{i,t-1}$ 作为工具变量。如果 X_t 是序列相关的,即 $\text{Cov}(X_{it}, X_{i,t-1})\neq 0$,那么 $X_{i,t-1}$ 满足相关性假设。

但是,如果干扰项 e_{it} 也存在时间序列相关,即 $e_{it}=\rho e_{i,t-1}+\epsilon_t$,那么 $\text{Cov}(X_{i,t-1}, e_t)=\text{Cov}(X_{i,t-1}, \rho e_{i,t-1}+\epsilon_t)=\rho\text{Cov}(X_{i,t-1}, e_{i,t-1})\neq 0$,即外生性要求不满足。只有当 $\rho=0$,即干扰项不存在时间序列相关时,滞后项 $X_{i,t-1}$ 作为 X_{it} 的工具变量才满足外生条件。因此,使用内生变量的滞后项作为工具变量通常是不合理的,因为它一方面为了满足相关性条件,要求内生变量是序列相关;另一方面为了满足外生条件,要求干扰项不存在序列相关。这一矛盾说明,通常应避免将内生变量的滞后变量作为工具变量使用。

五、模型含有二次项的工具变量的用法

当模型里含有内生变量的二次项,例如 $Y=\alpha+\beta_1 X+\beta_2 X^2+e$,一个常见的错误是,用手动做法在第一步拿一个工具变量 Z 来计算拟合值 $\hat{X}$,然后用 $\hat{X}$ 计算 $\hat{X}^2$,再把 $\hat{X}$、$\hat{X}^2$ 代入第二步进行回归。正确的做法是,用 Z 和 Z^2 作为 X 和 X^2 的工具变量,并使用计量软件估计模型。

六、模型存在交叉项时工具变量的用法

当模型里含有交叉项,例如 $Y=\alpha+\beta_1 X_1+\beta_2 X_2+\beta_3 X_1 X_2+e$,其中 X_1 是内生

---

① 同理,用不同行业的行业均值作为工具变量也存在类似问题。

变量，X_2 是外生变量。这就造成交叉项 X_1X_2 也是内生变量。假设只有一个工具变量 Z，一个常见的错误做法是，在第一步用一个工具变量 Z 来计算拟合值 $\hat{X}_1$，然后用 $\hat{X}_1$ 计算 $\hat{X}_1X_2$，再把 $\hat{X}_1$、$\hat{X}_1X_2$ 代入第二步进行回归。正确的做法是，用 Z 作为 X_1 的工具变量，ZX_2 作为 X_1X_2 的工具变量，并使用软件估计模型。

七、理解工具变量估计结果只是局部平均处置效应

对于工具变量估计结果的解释，我们需要谨慎对待。它与 OLS 结果的适用范围有所区别。在没有内生性问题的情况下，OLS 参数估计量使用了所有 X 的变化去估计其对 Y 的影响，因此 OLS 估计得到的系数 β 是平均处置效应。它描述的是：X 变化一个单位，引起 Y 的均值 β 的变化。而在有内生性情况下，我们无法使用所有的 X 的变化去估计其对 Y 的影响，因为部分 Y 的变化和干扰项变化相关。通过工具变量方法得到的估计系数 β 是使用了与工具变量 Z 变化相关的 X 变化去估计其对 Y 的影响。因此，得到的系数 β 描述的是：对于那些其特征 X 会受到工具变量 Z 影响的个体，X 变化一个单位引起它们的 Y 均值变化。我们又将其称为局部平均处置效应(local average treatment effect)，这里的“局部”是指一部分个体。

我们用一个例子来解释局部平均处置效应。假设我们要研究独立董事人数对公司业绩的影响，独立董事人数 X 是内生变量，工具变量 Z 是一项新的法律，要求公司至少有 4 名以上董事。我们将工具变量 Z(法律)对内生变量 X(董事会人数)的影响汇总到表 10.1 中。

表 10.1 法律对董事会人数的影响

		在法律通过之前	
		独立董事≤4	独立董事>4
在法律通过之后	独立董事≤4	从未执行组(never taker)	对抗组(defier)
	独立董事>4	依从组(complier)	总是执行组(always taker)

我们可以看到，受法律影响的公司有 4 类：第一类，本来独立董事少于 4 人，法律通过后，拒绝执行，仍然少于 4 人，我们称这类为“从未执行组”(never taker)；第二类，本来独立董事多于 4 人，法律通过后，仍然保持大于 4 人，我们称这类为“总是执行组”(always taker)；第三类，本来董事少于 4 人，法律通过后，发生了改变，增加到多于 4 人，我们称这类为“依从组”(complier)；第四类，本来董事多于 4 人，法律通过后，反而低于 4 人，我们称这类为“对抗组”(defier)。这 4 类中，“从未执行组”和

“总是执行组”不受法律影响，即对这两组企业，工具变量 Z 和 X 不存在相关关系，因此它们的信息没有被用来估计 β。如果“对抗组”不存在，β 的估计信息来源于“依从组”，因此估计结果 β 只反映了这一组公司独立董事人数对业绩的影响。对于其他组中公司独立董事的作用，我们无法得出结论，它们可能大于或小于 β。因此，我们说工具变量的估计结果是局部的平均处置效应。只有当处置效应是同质情况下，局部平均处置效应才等于平均处置效应。我们在解释工具变量时必须谨慎。

工具变量的估计结果是局部平均处置效应也意味着，使用不同工具变量可能会得到不同值。例如，如果若干年后，又有另一条法律要求独立董事人数超过 8 人。受这条法律影响的是独立董事少于 8 人的企业。如果独立董事人数增加对原本独立董事少于 4 人的企业和原本少于 8 人的企业影响是不同的，那么用两种不同时间的法律变化分别作为工具变量，得到的结果不同。如果把两个工具变量合并，得到的结果是两个局部平均处置效应的平均值。

八、工具变量是越多越好吗？

使用多个有效的工具变量可以让我们在第一阶段找到内生变量更多和干扰项无关的“好的”变化，因此可以提高估计的有效性（efficiency），但这并不意味着工具变量越多越好。在第三节，我们说明了两阶段估计量在有限样本里是有偏的，并且工具变量数量增加和弱工具变量会进一步放大这个偏差。

因此，使用多工具变量要权衡有效性（efficiency）和偏差性（bias）。当存在弱工具变量或同质工具变量时，添加的工具变量能提供的新信息较少，对提高有效性作用不大，但会增强偏差性。因此当存在多工具变量时，应当避免添加弱工具变量和同质工具变量。即便使用多工具变量进行估计，最终结果也应同单独使用具有最显著关系的工具变量的结果进行对比，或者通过比较添加和不添加某个工具变量的结果来考察并决定是否添加某个工具变量。

九、工具变量是解决内生性的“万灵药”吗？

理论上，好的工具变量是解决内生性的有效方法。但是，好的工具变量不仅要满足外生性和相关性，而且不能是弱相关性。由于外生性是无法通过统计检验确认的，因此无论估计结果如何，我们对工具变量的外生性都会有所怀疑。虽然相关性比较容易满足，但弱相关工具变量会造成偏差和统计检验的错误。在实际运用中，外生性和强相关性通常是很难兼得的。一个较为明确的外生工具变量通常很可能是相关性很低的变量；反之，一个相关性很高的变量很可能不是外生的。

第十一章　样本自选择模型

因果关系实证分析依赖的是通过样本去推断总体的因果关系。如果样本是通过随机抽样产生的，样本就代表着总体；如果样本不是随机抽样产生，而是个体自行选择产生的，那么样本就有可能不代表总体，从而通过样本估计得到的结果去推断总体的因果关系可能就会存在偏差。本章的目的是理解样本选择偏差产生的原因及其解决方法。第一节用一个简单的例子直观地讨论了样本选择偏差产生的原因，具体分析基于可观测变量选择与基于不可观测变量选择的区别，即二者如何对因果关系估计造成影响；第二节讲解处理样本选择偏差方法的原理；第三节具体讲解处理基于不可观测变量选择的样本选择偏差的传统 Heckman 两阶段模型，并进一步分析为什么样本选择偏差也可认为是缺失变量造成的内生性问题，以及它与一般缺失变量的内生性问题有何区别；第四节用一个实例讲解如何用 Stata 估计传统 Heckman 模型；第五节介绍 Heckman 模型的一个常见拓展模型——二元内生选择变量的处置效应估计模型，这个模型在实际运用中经常遇到，比如研究私有化与否对企业业绩的影响、参加培训与否对成绩的影响，这些解释变量都是自选择的二元变量；第六节讨论运用样本选择模型的常见问题。

第一节　样本自选择偏差产生原因的直观理解

我们通过一个简单的例子来直观地理解样本自选择偏差产生的原因。假设我们要研究智商对大学学习成绩的影响，如果我们可以对总体随机抽样，这些随机抽样的样本代表了总体，我们让这些抽到的人都上大学；换言之，上大学是随机分配的，并不是个体自我选择的。我们称这个样本为随机分配样本。随机分配上大学的样本特征分布和总体的特征分布是一样。对随机分配上大学的人观测到他们的智商和大学成绩，然后估计结果方程：

$$Score_i = \alpha + \beta IQ_i + e_i \tag{11.1}$$

其中，$Score_i$ 是成绩，IQ_i 是智商，干扰项 e_i 是个体不可观测特征。为方便讨论，假设不可观测特征 e_i 是个体的学习动力，$e_i = Motivation_i$，并且学习动力 $Motivation_i$ 和智商 IQ_i 在总体里是不相关的。由于随机分配的样本代表了总体，因此在随机分配的样本里，学习动力 $Motivation_i$ 和智商 IQ_i 也不相关。

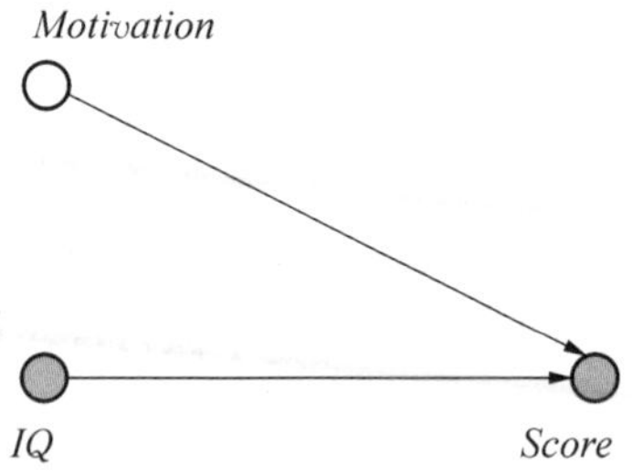

图 11.1 变量路径图随机：随机分配上大学的样本

用随机分配上大学的样本估计模型(11.1)，如图 11.1 所示。IQ_i 和 $Score_i$ 之间只有一条因果路径 $IQ \rightarrow Score$。因此，通过回归方程得到的系数 β 不受混淆路径的影响，反映了二者的因果关系。

为方便进一步理解，我们用一个具体的数据例子进行讲解。表 11.1 给出了随机抽样后分配上大学的样本信息，我们简称为随机分配样本数据。其中，*Score*(成绩)和 *IQ*(智商)的值是可观测到的，*Motivation*(学习动力)的值是观测不到的。

表 11.1 随机分配上大学的个体情况

Score(成绩) (可观测到)	*IQ*(智商) (可观测到)	*Motivation*(学习动力) (不可观测到)
73	90	−5
78	90	0
83	90	−5
75	100	−5
80	100	0
85	100	5
77	110	−5
82	110	0
87	110	5

表 11.2 总结了表 11.1 个体特征的分布情况。第(1)、(2)、(3)列显示的是不同 *IQ* 和 *Motivation* 的个体对应的学习成绩。第(4)、(5)、(6)列显示的是对应人数。从表 11.2 可以看到，对于任何 *IQ* 水平组，平均学习动力为 $0[(-5+0+5)/3=0]$，即 $E(Motivation_i \mid IQ_i)=0$。这说明，在随机分配数据里，$Motivation_i$ 期望值并不随着 IQ_i 的值而改变，即 IQ_i 和 $Motivation_i$ 是不相关的。第 7 列是不同智商样本对应的平均成绩，可以看到智商每增加 10，平均学习成绩增加 2 分。

表 11.2　随机分配上大学的个体特征分布

	成　绩			人数分布			平均成绩
	(1)	(2)	(3)	(4)	(5)	(6)	(7)
	Motivation（学习动力）			*Motivation*（学习动力）			
IQ（智商）	−5	0	5	−5	0	5	
90	73	78	83	1	1	1	78
100	75	80	85	1	1	1	80
110	77	82	87	1	1	1	82

如果用随机分配上大学的数据去估计结果方程：

$$Score_i = \alpha + \beta IQ_i + \underbrace{e_i}_{Motivation_i}$$

其中，变量 $Motivation_i$ 是不可观测的，属于回归的干扰项。由于 $\mathrm{E}(e_i \mid IQ_i) = \mathrm{E}(Motivation_i \mid IQ_i) = 0$，用 OLS 估计这个模型得到的系数 β 不会受到干扰项的影响，它反映了 *IQ* 对 *Score* 的因果影响。

下面是利用表 11.1 中随机分配的 9 个观测值进行回归得到的结果：

```
. reg score IQ

      Source |       SS           df       MS      Number of obs   =         9
-------------+----------------------------------   F(1, 7)         =      1.12
       Model |         24          1          24   Prob > F        =    0.3251
    Residual |        150          7  21.4285714   R-squared       =    0.1379
-------------+----------------------------------   Adj R-squared   =    0.0148
       Total |        174          8       21.75   Root MSE        =    4.6291

------------------------------------------------------------------------------
       score |      Coef.   Std. Err.      t    P>|t|     [95% Conf. Interval]
-------------+----------------------------------------------------------------
          IQ |         .2   .1889822     1.06   0.325     -.246872     .646872
       _cons |         60   18.96111     3.16   0.016     15.16409    104.8359
```

结果显示，$Score_i = 60 + 0.2IQ_i + e_i$，即当 *IQ* 每增加 10，学习成绩平均增加 2 分。这个结果与表 11.2 中的数据一致。虽然我们无法观测到 $Motivation_i$，但由于随机分配样本中 $Motivation_i$ 与 IQ_i 不相关，把它放入回归方程的干扰项满足干扰项与解释变量不相关的条件，因此回归结果得到了准确的 *IQ* 对 *Score* 的因果影响。图 11.2(a)显示了回归结果。

但是，如果上大学与否并非随机分配，而是由个体自己选择决定上大学与否，那么上大学样本里的个体特征（*IQ* 和 *Motivation*）的分布就会与总体不一样。这种情况下

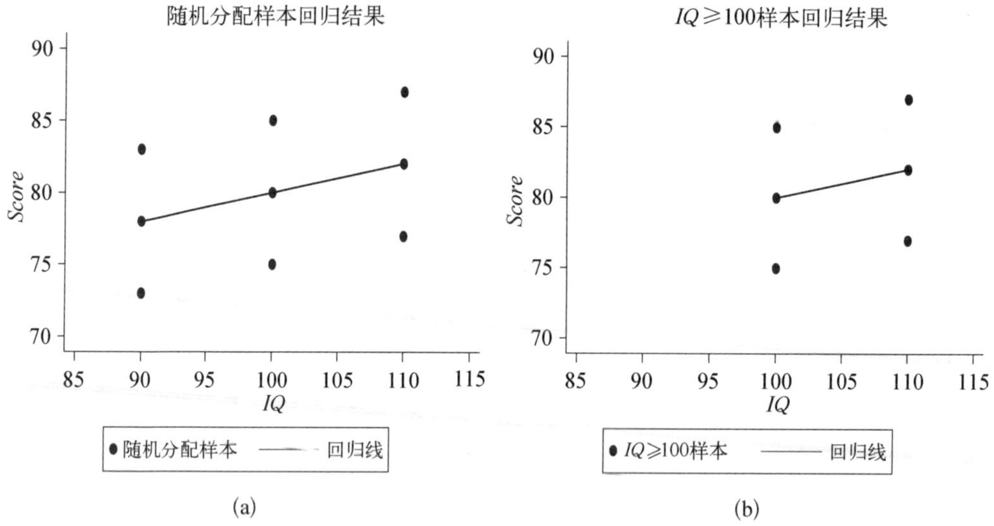

图 11.2 (a) 随机分配样本回归结果；(b) 基于可观测变量自选择的样本回归结果

的样本称为自选择样本。样本的自选择(sample self-selection)有两种情况：

第一种情况为，个体选择是否上大学只受可观测特征的影响，造成样本中可观测特征分布与总体不同，这类样本的选择称为“基于可观测变量选择”(selection on observables)。这类样本的选择并不会导致估计结果偏差。在本例中，假设个体 i 上大学的效用 $Utility_i$ 取决于个体可观测特征智商 IQ_i，可以用一个简单的公式描述：

$$Utility_i = IQ_i - 100$$

假设当上大学的效用 $Utility_i \geqslant 0$，个体会选择上大学；反之，个体选择不上大学。在这种情况下，只有 IQ 等于或大于 100 的人上大学；IQ 低于 100 的人因为效用小于 0，选择不上大学。

表 11.3 显示了基于可观测变量 IQ 选择上大学的样本，智商为 90 的 3 个人没有大学成绩。体现在数据里，当 $IQ=90$，*Score* 变量缺失了 3 个观测值，

表 11.3 基于可观测变量 *IQ* 选择上大学的样本

Score(成绩)	*IQ*(智商)	*Motivation*(学习动力)
.	90	−5
.	90	0
.	90	−5
75	100	−5
80	100	0

（续表）

Score（成绩）	*IQ*（智商）	*Motivation*（学习动力）
85	100	5
77	110	−5
82	110	0
87	110	5

用回归方程(11.1)对表 11.3 中基于可观测变量 *IQ* 选择上大学的样本数据进行回归，结果如下：

```
. reg score IQ if IQ>=0100 /*用 IQ>=100 的数据做回归*/

      Source |       SS           df       MS      Number of obs   =         6
-------------+----------------------------------   F(1, 4)         =      0.24
       Model |          6         1           6   Prob > F        =    0.6499
    Residual |        100         4          25   R-squared       =    0.0566
-------------+----------------------------------   Adj R-squared   =   -0.1792
       Total |        106         5        21.2   Root MSE        =         5

------------------------------------------------------------------------------
       score |      Coef.   Std. Err.      t    P>|t|     [95% Conf. Interval]
-------------+----------------------------------------------------------------
          IQ |         .2   .4082483     0.49   0.650     -.933479    1.333479
       _cons |         60   42.91464     1.40   0.235    -59.15015    179.1502
------------------------------------------------------------------------------
```

结果显示，$Score_i = 60 + 0.2IQ_i + e_i$，即当 *IQ* 每增加 10，学习成绩平均增加 2 分，与随机分配上大学的样本结果一样。图 11.2(b)显示了缺失 $IQ = 90$ 的样本回归结果。我们可以看到，虽然缺失了 $IQ = 90$ 的 3 个观测值，但回归方程的斜率并没有改变。这类样本的选择通常被误认为是样本选择偏差。事实上，虽然它造成了样本与总体不一致，但由于是可观测变量造成的，在结果方程里通过控制可观测变量就避免了偏差。在本例中，由于结果方程里已经控制了可观测变量 *IQ*，因此基于 *IQ* 进行自我选择而造成样本与总体的差异并不会导致估计偏差。

图 11.3 显示了使用可观测变量自选择样本的变量路径图。上大学效用 *Utility* 变量和智商 *IQ* 变量之间有一条因果路径 $IQ \to Utility$，如果使用只选择上大学的样本，就等同于给定 $Utility > 0$。给定 $Utility > 0$ 并不会产生混淆路径。*IQ* 到 *Score* 之间仍然只有一条因果路径 $IQ \to Score$。因此，使用可观测变量自选择产生的样本进行回归，仍然可以正确估计 *IQ* 对 *Score* 的因果影响。

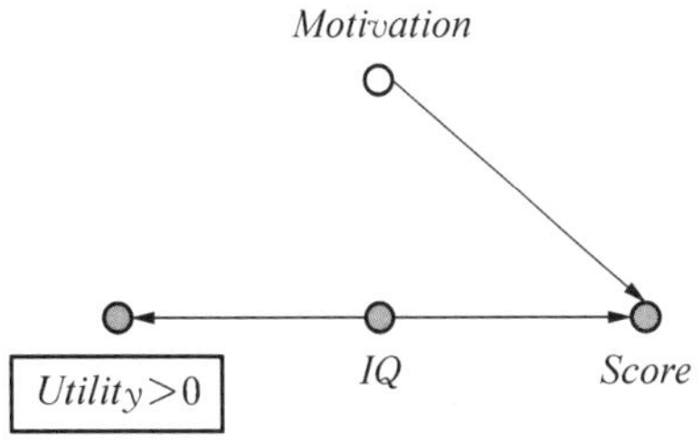

图 11.3　基于可观测变量自选择的样本的变量路径

第二种情况为，个体选择是否上大学不仅受到可观测特征影响，还受到不可观测特征影响，造成样本中可观测特征分布和不可观测变特征分布与总体不同。这类样本选择称为“基于不可观测变量选择”(selection on unobservables)。由于我们无法在结果方程里控制不可观测特征，而只能将其包含在干扰项里，因此会造成干扰项与其他解释变量相关。本例中，如果个体 i 上大学的效用不仅取决个体的智商 IQ，还取决于个体学习动力 $Motivation$，假设效用函数为：

$$Utility_i = -9 + 0.1IQ_i + Motivation_i$$

当 $Utility > 0$，个体才会选择上大学。可以想象，要使得上大学的效用为正，即 $Utility > 0$，如果是智商相对较低的人选择了上大学，他们必然是学习动力较强的；同理，如果是学习动力较弱的人选择了上大学，他们必然是智商较高的。因此，在自选择情况下的大学生样本里，有些人是相对低智商、高动力的，有些人是相对高智商、低动力的，即智商和学习动力在样本里存在负相关关系，从而导致结果方程(11.1)中的 IQ_i 和干扰项 e_i 在样本里是相关的，虽然它们在总体里是不相关的。

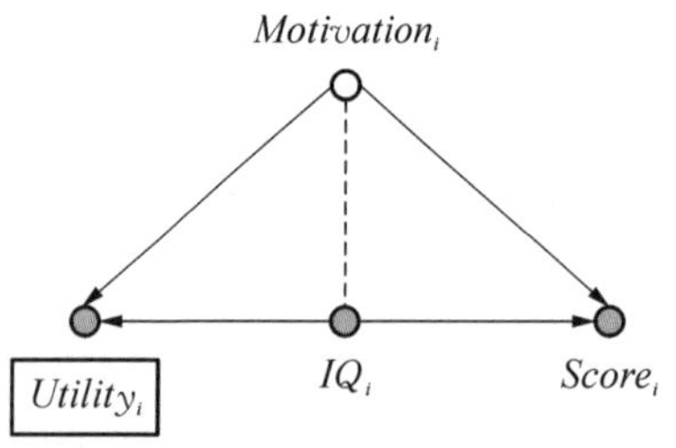

图 11.4 基于不可观测变量自选择的样本的变量路径

图 11.4 显示了使用不可观测变量选择样本的变量路径图。由于上大学是个体的自我选择，并且 IQ_i 和 $Motivation_i$ 都会影响是否上大学的决定，因此变量 $Utility_i$ 是一个对撞变量。当样本只包含选择上大学的个体，也就意味着给定对撞变量 $Utility_i > 0$，就造成了衍生路径 $IQ_i \cdots Motivation_i$，因此 IQ_i 和 $Motivation_i$ 在样本里产生了相关性。这种情况下，IQ_i 和 $Score_i$ 之间存在因果路径 $IQ_i \rightarrow Score_i$ 和衍生路径 $Motivation_i \cdots IQ_i$，因此二者间的相关性不再反映因果关系。

如果估计偏差是由于不可观测变量自选择造成的，我们没法通过增加控制变量的方法来解决。要解决这个问题，必须依赖其他新的信息。下面我们通过具体步骤来分析，如何解决由不可观测变量造成的样本选择偏差。这里所指的样本自选择问题，通常是由不可观测变量造成的样本选择问题。在下面的讨论中，我们简称这类问题为自选择问题。

第二节 样本自选择偏差解决办法的直观理解

假设观测到的样本如表 11.4 所示。样本里包含 4 个缺失大学成绩的样本。其中，$IQ=90$ 的个体中有 2 人选择不上大学，因此没有大学成绩；$IQ=100$ 和 $IQ=110$ 的个体中分别有 1 人选择不上大学。表 11.4 和表 11.3 的数据缺失方式明显不同。在表 11.3 中，缺失大学成绩完全取决于 IQ；而在表 11.4 中，缺失大学成绩并不完全取决于 IQ，可见受到了不可观测因素 *Motivation* 的影响。

表 11.4　(基于不可观测变量)自选择的大学生样本

Score(成绩)	*IQ*(智商)	*Score*(成绩)	*IQ*(智商)
.	90	85	100
.	90	.	110
83	90	82	110
.	100	87	110
80	100		

如果我们用表 11.4 中的数据去估计结果方程，回归得到以下结果：

```
. reg score IQ

      Source |       SS           df       MS      Number of obs   =         5
-------------+----------------------------------   F(1, 3)         =      0.27
       Model |  2.41428571         1  2.41428571   Prob > F        =    0.6390
    Residual |  26.7857143         3  8.92857143   R-squared       =    0.0827
-------------+----------------------------------   Adj R-squared   =   -0.2231
       Total |        29.2         4         7.3   Root MSE        =    2.9881

------------------------------------------------------------------------------
       score |      Coef.   Std. Err.      t    P>|t|     [95% Conf. Interval]
-------------+----------------------------------------------------------------
          IQ |   .0928571   .1785714     0.52   0.639    -.4754368    .6611511
       _cons |   73.92857   18.26324     4.05   0.027     15.80679    132.0504
------------------------------------------------------------------------------
```

结果显示，$Score_i=73+0.092IQ_i+e_i$，IQ_i 的系数比使用随机分配样本回归得到的系数 0.2 下降了很多。

图 11.5 直观地比较了随机分配样本回归结果与自选择样本回归结果的差异。我们可以看到，由于自选择缺失的样本点(空心圆点)，造成自选择样本回归线(虚线)的斜率比总体回归线(实线)的斜率小。但在实际研究中，我们往往不知道真实情况如何，因此单凭样本的信息，我们无法知道样本回归系数偏差的方向和大小。

如果要通过自选择样本去"倒推"总体的因果关系，我们必须知道另一个信息：个体如何自选择进入样本？这个信息让我们有可能"还原"总体的因果关系。

在上例中，样本只包含了自己选择读大学的人。假如理论告诉我们，上大学与否是由个体的效用函数：

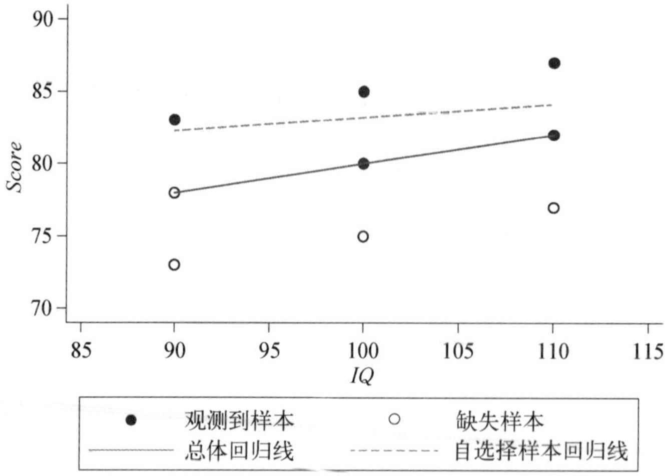

图 11.5 总体回归结果和自选择样本回归结果比较

$$Utility_i = -9 + 0.1 \times IQ_i + Motivation_i$$

决定的：当 $Utility_i > 0$，选择上大学(进入样本)；当 $Utility_i \leqslant 0$，选择不上大学(不在样本中)。因此，这个方程也称为选择方程。从效用函数中，我们看到智商 IQ_i 和学习动力 $Motivation_i$ 与上大学的效用 $Utility_i$ 是正相关的。

虽然我们观测不到每个个体的 $Motivation_i$，但我们知道 $Motivation$ 的分布，即 $Motivation$ 有 3 个可能值(−5，0，5)。同时通过选择方程，我们知道选择上大学的个体的 $Utility_i > 0$，即 $Motivation_i \geqslant 9 - 0.1 \times IQ_i$。这个条件提供给我们关于不可观测变量 $Motivation_i$ 与可观测变量 IQ_i 之间关系的新信息：如果 IQ_i 较低的人上大学，他们通常需要较高的学习动力。具体而言，从选择方程，我们可以推断：

对于 $IQ_i = 90$ 的人，需要 $Motivation_i > (9 - 0.1 \times 90) = 0$ 才会去上大学，意味着 ($IQ_i = 90$，$Motivation_i = -5$) 的人和 ($IQ_i = 90$，$Motivation_i = 0$) 的人不上大学。

对于 $IQ_i = 100$ 的人，需要 $Motivation_i > (9 - 0.1 \times 100) = -1$ 才会去上大学，意味着 ($IQ_i = 100$，$Motivation_i = -5$) 的人不上大学。

对于 $IQ_i = 110$ 的人，需要 $Motivation_i > (9 - 0.1 \times 110) = -2$ 才会去上大学，意味着 ($IQ_i = 110$，$Motivation_i = -5$) 的人不上大学。

因此，我们推断，选择不上大学的人中，智商为 90 的有 2 个人，他们的学习动力分别为 −5 和 0；智商为 100 的有 1 个人，他的学习动力为 −5；智商为 110 的有 1 个人，他的学习动力为 −5。由于缺少这 4 个人，IQ 和 $Motivation$ 的分布与总体的不一样。表 11.5 总结了我们推断的样本个体的智商和学习的动力分布。

表 11.5 通过选择方程推断的样本个体智商和学习动力的分布

	成绩			人数分布		
	(1)	(2)	(3)	(4)	(5)	(6)
	Motivation（学习动力）			*Motivation*（学习动力）		
IQ（智商）	−5	0	5	−5	0	5
90	.	.	83	0	0	1
100	.	80	85	0	1	1
110	.	82	87	0	1	1

从表 11.5 的信息，我们可以计算样本中不同 *IQ* 的人的平均学习动力：

$$\mathrm{E}(Motivation_i \mid IQ_i = 90, \text{样本}) = 5 \times 1 = 5$$

$$\mathrm{E}(Motivation_i \mid IQ_i = 100, \text{样本}) = 0 \times \frac{1}{2} + 5 \times \frac{1}{2} = 2.5$$

$$\mathrm{E}(Motivation_i \mid IQ_i = 110, \text{样本}) = 0 \times \frac{1}{2} + 5 \times \frac{1}{2} = 2.5$$

我们看到，样本中低 *IQ* 个体的平均学习动力 *Motivation* 较高，即智商 *IQ* 与学习动力之间产生了负相关关系。用一个简单的方程表示为：$\mathrm{E}(Motivation_i \mid IQ_i,\text{样本}) = f(IQ_i)$。

IQ_i 与 $Motivation_i$ 不再不相关的后果是：使用自选择样本估计回归方程 $Score_i = \alpha + \beta IQ_i + e_i$，结果会由于解释变量 IQ_i 与干扰项 e_i（包含不可观测变量 $Motivation_i$）相关而造成 β 估计值发生偏差。

由于我们知道干扰项 e_i 与解释变量 IQ_i 的相关性方程 $\mathrm{E}(Motivation_i \mid IQ_i,\text{样本}) = f(IQ_i)$，如果在结果回归方程中将其“控制”掉，那么剩下的干扰项 v_i 就与自变量不相关了。要达到这个目的，我们需要对估计的结果方程调整如下：

$$Score_i = \alpha + \beta IQ_i + \mathrm{E}(Motivation_i \mid IQ_i,\text{样本}) + v_i \tag{11.2}$$

我们把 $\mathrm{E}(Motivation_i \mid IQ_i,\text{样本})$ 称为调整项 $Adjust_i$。控制了调整项，这个方程的干扰项 v_i 与解释变量 IQ_i 无关，就可以估计出正确的 β。

问题的关键在于，如何控制 $\mathrm{E}(Motivation_i \mid IQ_i,\text{样本})$？如果我们要控制它，就必须知道它的值。通过选择方程我们知道，$\mathrm{E}(Motivation_i \mid IQ_i = 90,\text{样本}) = 5.0$，$\mathrm{E}(Motivation_i \mid IQ_i = 100,\text{样本}) = 2.5$，$\mathrm{E}(Motivation_i \mid IQ_i = 110,\text{样本}) = 2.5$。把这些值添加到样本数据里，得到的数据如表 11.6 所示。

表 11.6　增添调整项的自选择样本数据

Score(成绩)	*IQ*(智商)	$Adjust_i = E(Motivation_i \mid IQ_i)$
.	90	.
.	90	.
83	90	5.0
.	100	.
80	100	2.5
85	100	2.5
.	110	.
82	110	2.5
87	110	2.5

用添加调整项的表 11.6 中的样本数据回归调整的结果方程：

$$Score_i = \alpha + \beta IQ_i + Adjust_i + v_i$$

其中，$Adjust_i = E(Motivation_i \mid IQ_i)$，得到的结果为：

```
. reg score IQ adjust

      Source |       SS           df       MS      Number of obs   =         5
-------------+----------------------------------   F(2, 2)         =      0.17
       Model |         4.2         2         2.1   Prob > F        =    0.8562
    Residual |          25         2        12.5   R-squared       =    0.1438
-------------+----------------------------------   Adj R-squared   =   -0.7123
       Total |        29.2         4         7.3   Root MSE        =    3.5355

------------------------------------------------------------------------------
       score |      Coef.   Std. Err.      t    P>|t|     [95% Conf. Interval]
-------------+----------------------------------------------------------------
          IQ |         .2   .3535534     0.57   0.629    -1.321217    1.721217
      adjust |          1   2.645751     0.38   0.742    -10.38375    12.38375
       _cons |         60   42.72002     1.40   0.295    -123.8094    243.8094
------------------------------------------------------------------------------
```

由上述例子可知，用新的方程对样本进行回归得到的 *IQ* 系数与用原方程对随机分配回归得到的 *IQ* 系数是一样的，都是 0.2。我们通过样本选择方程提供的信息“复原”了总体的因果关系。这个例子也告诉我们，样本选择偏差对回归结果影响的本质是：由于不可观测变量造成的样本选择，导致了解释变量和干扰项在样本里是相关的，即使它们在总体中并不相关。解决方案是：通过样本选择方程计算出每个个体干扰项的平均偏差，并把它作为控制变量添加到结果方程中。

本节例子帮助我们理解样本缺失变量的问题和解决方法，但它是一个简化的例子。下面我们正式介绍样本选择模型。由于这个模型是由 Heckman 提出的，因此也称为 Heckman 样本选择模型。

第三节　传统 Heckman 样本选择模型

一、模型设置

Heckman 模型有不同的变种。这节我们讨论传统的 Heckman 选择模型。其模型设定为：

结果方程：

$$Y_i^* = \alpha + \boldsymbol{X}_i'\boldsymbol{\beta} + e_{1i}$$

选择方程：

$$D_i^* = \boldsymbol{Z}_i'\boldsymbol{\gamma} + e_{2i}$$

$$\begin{cases} D_i = 1, & \text{如果} D_i^* > 0 \\ D_i = 0, & \text{如果} D_i^* \leqslant 0 \end{cases}$$

样本中观测到的结果为：

$$\begin{cases} Y_i = Y_i^*, & \text{如果 } D_i = 1 \\ Y_i \text{ 缺失}, & \text{如果 } D_i = 0 \end{cases}$$

其中，$\boldsymbol{X}_i$ 是决定结果的解释变量；$\boldsymbol{Z}_i$ 是决定样本选择的解释变量；e_{1i} 是结果方程的干扰项，它包含不可观测但会影响结果的变量；e_{2i} 是样本选择方程的干扰项，它包含不可观测但会影响选择的变量；$\boldsymbol{X}_i$ 和 $\boldsymbol{Z}_i$ 为外生变量，即 $\boldsymbol{X}_i$ 和 $\boldsymbol{Z}_i$ 独立于 e_{1i} 和 e_{2i}；$\boldsymbol{Z}_i$ 包含了 $\boldsymbol{X}_i$ 的所有变量，并有至少一个变量不在 $\boldsymbol{X}_i$ 里（参见本章第五节对这个问题的详细讨论）。

如果我们用上述模型描绘前一节的例子，具体如下：

结果方程：

$$Score_i^* = \alpha + \beta IQ_i + e_{1i}$$

选择方程：

$$Utility_i^* = \gamma_0 + \gamma_1 IQ_i + \gamma_2 Parent\ Education_i + e_{2i}$$

$$\begin{cases} D_i = 1, & \text{如果} Utility_i^* > 0 \\ D_i = 0, & \text{如果} Utility_i^* \leqslant 0 \end{cases}$$

为方便理解本章第一节的例子，假设 $\boldsymbol{X}_i$ 和 $\boldsymbol{Z}_i$ 都是 IQ_i。这里选择方程中多了一个解释变量 $Parent\ Education_i$（父母受教育程度），因为子女是否选择上大学会受到父母受教育程度的影响,但父母受教育程度不会直接影响子女学习成绩,因此这个变量不在结果方程里。

样本里观测到的结果为:

$$\begin{cases} Score_i = Score_i^*, & \text{如果 } D_i = 1 \\ Score_i \text{ 缺失}, & \text{如果 } D_i = 0 \end{cases}$$

如果结果方程和选择方程的干扰项 e_{1i} 和 e_{2i} 包含相同的不可观测的变量(如 *Motivation* 变量),二者是相关的。例如,$e_{1i} = \theta_0 + \theta_1 Motivation_i + u_1$,$e_{2i} = \gamma_0 + \gamma_1 Motivation_i + u_2$,二者通过 $Motivation_i$ 产生相关性。在前两节的例子中,为方便理解,我们假设 $e_{1i} = e_{2i} = Motivation_i$,意味着二者是完全相关的。但在模型里,二者并不是完全相关的。

Heckman 选择模型直接假设二者的相关关系如下:

$$\begin{pmatrix} e_{1i} \\ e_{2i} \end{pmatrix} \sim \mathrm{N}\left(\begin{pmatrix} 0 \\ 0 \end{pmatrix}, \begin{pmatrix} \sigma^2 & \rho\sigma \\ \rho\sigma & 1 \end{pmatrix} \right) \tag{11.3}$$

即 e_{1i} 和 e_{2i} 服从均值为 0 的二元正态分布。e_{1i} 的方差为 σ^2,e_{2i} 的方差为 1。二者的相关系数为 ρ。从第一节的讨论中,我们知道这个假设的目的是让我们能够通过选择方程得到关于 e_{2i} 的信息,从而可以反推样本里的 e_{1i} 情况。

二、Heckman 模型如何解决样本选择偏差

为理解该模型设置是如何解决样本选择偏差的,我们先看自选择样本观测结果的条件期望函数:

$$\begin{aligned}
& \mathrm{E}(Y_i \mid \text{样本}, \boldsymbol{X}_i) \\
&= \mathrm{E}(Y_i \mid D_i = 1, \boldsymbol{X}_i) \\
&= \mathrm{E}(Y_i^* \mid D_i^* > 0, \boldsymbol{X}_i) \\
&= \mathrm{E}(\alpha + \boldsymbol{X}_i'\boldsymbol{\beta} + e_{1i} \mid \boldsymbol{Z}_i'\boldsymbol{\gamma} + e_{2i} > 0, \boldsymbol{X}_i) \\
&= \alpha + \boldsymbol{X}_i'\boldsymbol{\beta} + \mathrm{E}(e_{1i} \mid e_{2i} > -\boldsymbol{Z}_i'\boldsymbol{\gamma}, \boldsymbol{X}_i) \\
&= \alpha + \boldsymbol{X}_i'\boldsymbol{\beta} + \mathrm{E}(e_{1i} \mid e_{2i} > -\boldsymbol{Z}_i'\boldsymbol{\gamma})
\end{aligned}$$

由此可见,自选择样本结果条件期望函数多出了一项 $\mathrm{E}(e_{1i} \mid e_{2i} > -\boldsymbol{Z}_i'\boldsymbol{\gamma})$。由于 e_{1i} 和 e_{2i} 是相关的,所以 $\mathrm{E}(e_{1i} \mid e_{2i} > -\boldsymbol{Z}_i'\boldsymbol{\gamma}) \neq 0$。并且如果 $\boldsymbol{Z}_i'$ 和 $\boldsymbol{X}_i'$ 是相关的(比如上例中 $\boldsymbol{Z}_i'$ 和 $\boldsymbol{X}_i'$ 都包含了 IQ_i),$\mathrm{E}(e_{1i} \mid e_{2i} > -\boldsymbol{Z}_i'\boldsymbol{\gamma})$ 会和 $\boldsymbol{X}_i'$ 相关。因此,如果要准确地估计 $\boldsymbol{\beta}$,就必须把多出来的这个偏差项“控制”掉。增加控制变量后样本结果回归方程为:

$$Y_i = \alpha + \boldsymbol{X}_i'\boldsymbol{\beta} + \mathrm{E}(e_{1i} \mid e_{2i} > -\boldsymbol{Z}_i'\boldsymbol{\gamma}) + v_i \tag{11.4}$$

其中，v_i 是样本结果回归模型的干扰项，在增加了控制项后，$\mathrm{E}(v_i \mid 样本, \boldsymbol{X}_i') = 0$。估计方程(11.4)的关键是，要知道新增控制项 $\mathrm{E}(e_{1i} \mid e_{2i} > -\boldsymbol{Z}_i'\boldsymbol{\gamma})$ 的值是多少。事实上，我们并不需要具体观测到 e_{1i} 和 e_{2i}，只需要知道二者分布的关系，我们就可以推导出，对于给定 $\boldsymbol{Z}_i'$ 值，对应 e_{1i} 的平均值。通过 e_{1i} 和 e_{2i} 是二元正态分布的假设，可以推导出：

$$\mathrm{E}(e_{1i} \mid e_{2i} > -\boldsymbol{Z}_i'\boldsymbol{\gamma}) = \rho\sigma\lambda(\boldsymbol{Z}_i'\boldsymbol{\gamma}) = \rho\sigma \frac{\phi\left(\dfrac{-\boldsymbol{Z}_i'\boldsymbol{\gamma}}{\sigma}\right)}{1-\Phi\left(\dfrac{-\boldsymbol{Z}_i'\boldsymbol{\gamma}}{\sigma}\right)}$$

其中：

$$\lambda_i = \lambda(\boldsymbol{Z}_i'\boldsymbol{\gamma}) = \frac{\phi\left(\dfrac{-\boldsymbol{Z}_i'\boldsymbol{\gamma}}{\sigma}\right)}{1-\Phi\left(\dfrac{-\boldsymbol{Z}_i'\boldsymbol{\gamma}}{\sigma}\right)}$$

称为逆米尔斯比例(Inverse Mills Ratio，IMR)，ϕ 是正态分布的概率密度函数，Φ 是正态分布的累积概率函数。想了解细节的同学，可以自学二元正态分布的性质。

增加逆米尔斯比例项 λ_i 的样本结果回归方程(11.4)变为：

$$Y_i = \alpha + \boldsymbol{X}_i'\boldsymbol{\beta} + \rho\sigma\lambda_i + v_i \tag{11.5}$$

公式(11.5)可以通过两阶段估计法来估计。

第一阶段，使用 Probit 模型估计样本选择方程：

$$\Pr(D_i = 1 \mid \boldsymbol{Z}_i) = \Pr(e_{2i} > -\boldsymbol{Z}_i'\boldsymbol{\gamma} \mid \boldsymbol{Z}_i) = \Phi(\boldsymbol{Z}_i'\boldsymbol{\gamma})$$

得到 $\boldsymbol{\gamma}$ 的估计值 $\hat{\boldsymbol{\gamma}}$，然后把 $\hat{\boldsymbol{\gamma}}$ 代入 *IMR* 公式，算出每个个体的 *IMR*，即 $\lambda_i = \lambda(\boldsymbol{Z}_i'\hat{\boldsymbol{\gamma}}) = \dfrac{\phi\left(\dfrac{-\boldsymbol{Z}_i'\hat{\boldsymbol{\gamma}}}{\sigma}\right)}{1-\Phi\left(\dfrac{-\boldsymbol{Z}_i'\hat{\boldsymbol{\gamma}}}{\sigma}\right)}$。

第二阶段，使用样本数据，将 Y_i 对 $\boldsymbol{X}_i'\boldsymbol{\beta}$ 和 λ_i 进行回归：

$$Y_i = \alpha + \boldsymbol{X}_i'\boldsymbol{\beta} + \rho\sigma\lambda_i + v_i$$

两阶段法通过在回归方程中加入 *IMR*，修正了样本选择偏差，得到的 $\hat{\boldsymbol{\beta}}$ 是总体 $\boldsymbol{\beta}$ 的一致估计值。

小结

样本选择偏差也可以理解为一个缺失变量偏差(omitted variable bias)问题。如果不存在样本自选择问题,我们只需要通过 $\boldsymbol{Y}$ 对 $\boldsymbol{X}$ 的回归,就可以得到系数 $\boldsymbol{\beta}$ 的一致估计量。然而在自选择样本中,我们还需要加上一个调整变量 $IMR_i = \lambda_i = \lambda(\boldsymbol{Z}_i'\boldsymbol{\gamma})$,否则干扰项里包含 λ_i,就会与解释变量相关。因此,样本选择偏差的校正可以看作加入了被遗漏的变量。但这种样本选择造成的内生性与一般的缺失变量内生性有所不同。一般的缺失变量内生性是指模型里缺失了应当控制的变量,造成干扰项包含缺失变量,导致即使使用总体或随机抽样数据,解释变量与干扰项也依然相关。样本选择偏差造成的内生性并非由于模型本身缺失变量,而是由于样本选择造成解释变量和干扰项在样本内存在相关性,产生了与缺失变量一样的后果。由此可见,二者结果虽然都会造成内生性,但形成的原因并不相同。

第四节 Heckman 样本选择模型的应用例子

本节通过一个例子讲解 Heckman 模型的实际运用。为加深读者理解,我们用手动操作和 Stata 的 Heckman 命令两种方法讲解。

一、模型设置

这个例子是研究受教育程度对女性工资水平的影响。为方便方法讨论,我们这里简化了模型。

结果方程为:

$$Wage_i^* = \alpha + \beta_1 Edu_i + \beta_2 Age_i + e_{1i} \tag{11.6}$$

其中,$Wage_i^*$ 是工资水平,Edu_i 是受教育程度,Age_i 是年龄,干扰项 e_{1i} 包含了不可观测但会影响工资水平的变量(比如个体的性格)。对于总体或随机分配样本,干扰项与解释变量不相关,即 $\mathrm{E}(e_{1i} \mid Edu_i, Age_i) = 0$。

由于只有参加工作的人,我们才能观测到工资水平,但是否参加工作是自我选择的。选择方程为:

$$Utility_i^* = \gamma_0 + \gamma_1 Edu_i + \gamma_2 Age_i + \gamma_3 Children_i + e_{2i} \tag{11.7}$$

$$\begin{cases} Work_i = 1, & \text{如果 } Utility_i^* > 0 \\ Work_i = 0, & \text{如果 } Utility_i^* \leqslant 0 \end{cases}$$

选择方程里除了 Edu_i 和 Age_i，多了一个变量 $Children_i$，即小孩的数量。有小孩可能会降低妇女参加工作的能力，也可能增加妇女参加工作以增加收入的愿望，因此 γ_3 可以是正值，也可以是负值。但小孩的数量不会影响工资水平，因此只体现在选择方程中，而不体现在结果方程中。干扰项 e_{2i} 包含了不可观测但会影响参加工作效应的变量（比如个体的性格）。由于 e_{1i} 和 e_{2i} 都包含了一些相同的不可观测的变量（比如个体的性格），二者是相关的。Heckman 模型假设二者的分布是相关系数为 ρ 的二元正态分布，即公式(11.3)。

由于只有当参加工作的效应足够大时，妇女才会参加工作，我们也才能观测到她们的工资水平，因此样本中观测到的工资为：

$$\begin{cases} Wage_i = Wage_i^*, & \text{如果 } Work_i = 1 \\ Wage_i \text{ 缺失}, & \text{如果 } Work_i = 0 \end{cases}$$

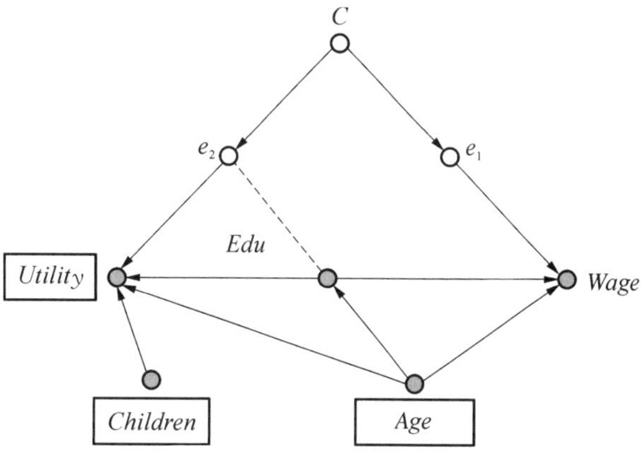

图 11.6　自选择参加工作的因果路径图

通过前面学习的知识，我们知道，在参加工作的自选择样本里，受教育程度与干扰项是相关的。我们也可以通过图 11.6 来直观理解产生相关性的原因。图 11.6 中的因果路径描述了公式(11.6)和公式(11.7)的关系。图中结果方程的干扰项 e_1 和选择方程的干扰项 e_2 受到一个共同因素 C（比如个体性格）的影响，因此产生了相关性。Age、$Gender$ 和 $Children$ 是给定变量。由于样本只包含有工作的妇女，因此 $Utility$ 也是给定变量（$Utility > 0$）。由于 $Utility$ 是一个对撞变量，它同时由 e_2 和 Edu 决定，因此当给定对撞变量 $Utility$，产生了衍生路径 $Edu \cdots e_2$ 时，Edu 到 $Wage$ 有两条路径：一条是因果路径 $Edu \rightarrow Wage$，另一条是混淆路径 $Edu \cdots e_2 \leftarrow C \rightarrow e_1 \rightarrow Wage$。换言之，$Edu$ 和 e_1 在样本中产生了相关关系。因此，用样本直接估计结果方程(11.6)，无法得到系数 β_1 的正确估计。

可见，如果用自选择参加工作的样本对结果方程(11.6)进行回归，受教育程度的系数是有偏的估计量。要“控制”掉自选择偏差，我们需要在结果方程里加入逆米尔斯比例作为调整项。调整后的回归模型为：

$$Wage_i = \alpha + \beta_1 Edu_i + \beta_2 Age_i + \rho\sigma\lambda_i + v_i \tag{11.8}$$

其中，逆米尔斯比例为：

$$\lambda_i = \frac{\phi(\gamma_0 + \gamma_1 Edu_i + \gamma_2 Age_i + \gamma_3 Children_i)}{1 - \Phi(\gamma_0 + \gamma_1 Edu_i + \gamma_2 Age_i + \gamma_3 Children_i)}$$

二、样本数据

样本数据来源：http://www.stata－press.com/data/r9/womenwk.dta。为方便讲解，我们随机抽取 500 个观测点，使用 wage、age、education 和 children 这 4 个变量。下面显示前 20 个数据：

```
. list wage age education children if _n<=20

     +--------------------------------------+
     |     wage   age   educat~n   children |
     |--------------------------------------|
  1. |        .    22         10          0 |
  2. | 31.14036    38         20          0 |
  3. | 22.54067    52         12          0 |
  4. | 31.43297    34         12          0 |
  5. | 22.64223    37         12          0 |
     |--------------------------------------|
  6. |        .    26         10          1 |
  7. |  33.3669    55         12          1 |
  8. | 29.79183    46         16          1 |
  9. | 29.45003    36         16          2 |
 10. |        .    42         10          2 |
     |--------------------------------------|
 11. |  28.2336    35         16          3 |
 12. | 21.45072    37         16          4 |
 13. | 27.49488    50         12          2 |
 14. | 21.05862    40         16          5 |
 15. |        .    46         10          0 |
     |--------------------------------------|
 16. | 21.31364    48         16          1 |
 17. | 29.98607    34         12          1 |
 18. | 28.84641    34         10          3 |
 19. |        .    23         10          0 |
 20. | 28.72256    53         16          2 |
     +--------------------------------------+
```

可以看到，传统 Heckman 样本选择模型对应数据的特点是，解释变量并没有缺失，只有被解释变量缺失观测值。

三、手动估计模型

下面我们来手动实现对样本结果方程的 Heckman 两阶段估计。

第一阶段：估计逆米尔斯比例 $\lambda_i = \lambda(\gamma_0 + \gamma_1 Edu_i + \gamma_2 Age_i + \gamma_3 Children_i)$。

1. 运用 Probit 模型估计选择模型，即：

$$\Pr(Work_i = 1 \mid \boldsymbol{Z}_i) = \Phi(\gamma_0 + \gamma_1 Edu_i + \gamma_2 Age_i + \gamma_3 Children_i)$$

得到如下结果：

gen work=(wage~=.) /*当 wage 未缺失时，work=1，反之为 0*/

probit work education age children /*估计 D=1 的概率*/

```
Probit regression                               Number of obs     =        500
                                                LR chi2(3)        =     112.50
                                                Prob > chi2       =     0.0000
Log likelihood = -257.93187                     Pseudo R2         =     0.1790

------------------------------------------------------------------------------
work |        Coef.   Std. Err.        z     P>|z|      [95% Conf. Interval]
-------------+----------------------------------------------------------------
   education |   .0788721    .021873     3.61   0.000      .0360019    .1217424
         age |    .034842   .0081518     4.27   0.000      .0188647    .0508193
    children |   .4135434   .0532372     7.77   0.000      .3092004    .5178864
       _cons |  -2.358045   .3840701    -6.14   0.000     -3.110809   -1.605282
------------------------------------------------------------------------------
```

2. 用估计出来的系数（$\hat{\gamma}_0$，$\hat{\gamma}_1$，$\hat{\gamma}_2$，$\hat{\gamma}_3$）去计算逆米尔斯比例 λ_i。

$$\lambda_i=\frac{\phi(\hat{\gamma}_0+\hat{\gamma}_1 Edu_i+\hat{\gamma}_2 Age_i+\hat{\gamma}_3 Children_i)}{1-\Phi(\hat{\gamma}_0+\hat{\gamma}_1 Edu_i+\hat{\gamma}_2 Age_i+\hat{\gamma}_3 Children_i)}$$

Stata 的手动计算步骤如下：

. predict Z if e(sample), xb　　/*用 probit 得到的系数计算 $Z=\hat{\gamma}_0+\hat{\gamma}_1\text{Edu}_i+\hat{\gamma}_2\text{Age}_i+\hat{\gamma}_3\text{Children}_i$*/

. generate phi=normalden(Z)　　/* 计算对应的正态分布的概率密度值 $\phi(Z)$*/

. generate PHI=normal(Z)　　/* 计算对应的正态分布的累计分布值 $\Phi(Z)$*/

. generate lambda=phi/PHI　　/*计算逆米尔斯比例 $\lambda=\phi(Z)/\Phi(Z)$*/

生成新变量后的前 20 个数据如下：

. list wage age education children Z phi PHI lambda if _n<=20

work　　$\hat{z}$　　$\hat{\phi}$　　Φ　　$\hat{\lambda}_i=\hat{\phi}/\Phi$

```
     +-------------------------------------------------------------------------------------+
     |     wage   age   educat~n   children   work          Z       phi        PHI   lambda |
     |-------------------------------------------------------------------------------------|
  1. |        .    22         10          0   0    -.8027998   .2890423   .2110452  1.369575 |
  2. | 31.14036    38         20          0   1     .5433937   .3441847   .7065706    .48712 |
  3. | 22.54067    52         12          0   1     .4002046     .36824   .6554971  .5617722 |
  4. | 31.43297    34         12          0   1    -.2269515   .3887993   .4102308  .9477576 |
  5. | 22.64223    37         12          0   1    -.1224255   .3959638    .451281  .8774217 |
     |-------------------------------------------------------------------------------------|
  6. |        .    26         10          1   0    -.2498884   .3866789   .4013368  .9634773 |
  7. |  33.3669    55         12          1   1      .918274   .2617011   .8207623  .3188513 |
  8. | 29.79183    46         16          1   1     .9201846   .2612419   .8212618  .3180982 |
  9. | 29.45003    36         16          2   1     .9853079   .2455255   .8377636  .2930726 |
 10. |        .    42         10          2   0     .7211271   .3076013   .7645844  .4023118 |
     |-------------------------------------------------------------------------------------|
 11. |  28.2336    35         16          3   1     1.364009   .1573631   .9137177  .1722229 |
 12. | 21.45072    37         16          4   1     1.847237   .0724339   .9676436   .074856 |
 13. | 27.49488    50         12          2   1     1.157607   .2041366   .8764879  .2329029 |
 14. | 21.05862    40         16          5   1     2.365306   .0243244   .9909924  .0245455 |
 15. |        .    46         10          0   0     .0334083   .3987197   .5133255  .7767385 |
     |-------------------------------------------------------------------------------------|
 16. | 21.31364    48         16          1   1     .9898686   .2444221   .8388808  .2913669 |
 17. | 29.98607    34         12          1   1     .1865919   .3920575   .5740097  .6830154 |
 18. | 28.84641    34         10          3   1     .8559345   .2765813    .803983  .3440139 |
 19. |        .    23         10          0   0    -.7679578   .2970609   .2212561  1.342611 |
 20. | 28.72256    53         16          2   1     1.577622   .1149355   .9426737   .121925 |
     +-------------------------------------------------------------------------------------+
```

3. 用计算出的逆米尔斯比例 λ_i 估计回归方程 $Wage_i = \alpha + \beta_1 Edu_i + \beta_2 Age_i + \rho\sigma\hat{\lambda}_i + v_i$。

```
. reg wage education age lambda

      Source |       SS           df       MS      Number of obs   =       339
-------------+----------------------------------   F(3, 335)       =     45.74
       Model |  4087.69615         3  1362.56538   Prob > F        =    0.0000
    Residual |  9980.09194       335  29.7913192   R-squared       =    0.2906
-------------+----------------------------------   Adj R-squared   =    0.2842
       Total |  14067.7881       338  41.6206748   Root MSE        =    5.4581

------------------------------------------------------------------------------
        wage |      Coef.   Std. Err.      t    P>|t|     [95% Conf. Interval]
-------------+----------------------------------------------------------------
   education |   1.090739   .1025349    10.64   0.000     .8890454    1.292432
         age |   .2030079   .0415386     4.89   0.000     .1212986    .2847172
      lambda |    6.18579   1.170333     5.25   0.000     3.865958    8.505621
       _cons |  -1.355023   2.392826    -0.57   0.572    -6.061881    3.351035
------------------------------------------------------------------------------
```

回归结果显示，λ_i (lambda)的系数为 6.185，t 值为 5.25。对应模型中的系数为 $\rho\sigma$。这说明，结果方程的干扰项 e_{1i} 和选择方程的干扰项 e_{2i} 是显著正相关的，即 $\rho > 0$，支持使用 Heckman 模型的合理性。在矫正了自选择偏差后，Edu_i 的系数为 1.09，说明教育对收入有正的因果影响。

四、使用 Stata 的 Heckman 命令估计模型

Stata 的命令如下：

命令 | 结果方程 | 选择方程的解释变量 | 两阶段估计

```
. heckman wage education age, select(education age children) twostep
```

Heckman 命令会自动根据 wage 是否缺失来估计第一阶段选择方程，结果如下：

```
Heckman selection model -- two-step estimates   Number of obs      =       500
(regression model with sample selection)        Censored obs       =       161
                                                Uncensored obs     =       339

                                                Wald chi2(2)       =    102.46
                                                Prob > chi2        =    0.0000

------------------------------------------------------------------------------
        wage |      Coef.   Std. Err.      z    P>|z|     [95% Conf. Interval]
-------------+----------------------------------------------------------------
wage         |
   education |   1.090739    .118871     9.18   0.000     .8577559    1.323722
         age |   .2030079   .0475188     4.27   0.000     .1098728     .296143
       _cons |  -1.355023   2.763239    -0.49   0.624    -6.770872    4.060826
-------------+----------------------------------------------------------------
select       |
   education |   .0788721    .021873     3.61   0.000     .0360019    .1217424
         age |    .034842   .0081518     4.27   0.000     .0188647    .0508193
    children |   .4135434   .0532372     7.77   0.000     .3092004    .5178864
       _cons |  -2.358045   .3840701    -6.14   0.000    -3.110809   -1.605282
-------------+----------------------------------------------------------------
mills        |
      lambda |    6.18579   1.318485     4.69   0.000     3.601607    8.769972
-------------+----------------------------------------------------------------
         rho |    0.91638
       sigma |  6.7502176
------------------------------------------------------------------------------
```

结果方程系数 → wage

选择方程系数 → select

逆米尔斯比率系数 → mills

ρ σ → rho, sigma

用 Stata 的 Heckman 命令得到的系数大小与我们采用手动两步法得到的结果是一致的，Edu_i 的系数为 1.09。一个小差别是，Heckman 命令系数的方差比手动方法的系数方差小。这是因为，第一阶段得到的逆米尔斯比例 λ_i 是一个估计值，用到第二阶段回归需要调整方差。Stata 自动调整了标准差。因此，如果使用两步法，最好直接使用 Stata 命令；如果使用手动方法，则需要自行对方差进行调整。

第五节　内生选择变量处置效应模型

一、模型设置

自选择样本偏差的原理及其处理方法的另一个主要运用，是估计内生二元选择变量(endogenous binary-treatment variable)的处置效应。下面是一个常见的内生二元自选择变量的模型：

$$Y_i = \alpha_0 + \alpha_1 D_i + \boldsymbol{X}'_i\boldsymbol{\beta} + e_{1i} \tag{11.9}$$

其中，D_i 是一个二元选择变量。如果个体选择接受处置，$D_i=1$；反之，则 $D_i=0$。$\boldsymbol{X}'_i$ 是控制变量。

是否接受处置是自我选择，选择公式为：

$$Utility_i = \boldsymbol{Z}'_i\boldsymbol{\gamma} + e_{2i} \tag{11.10}$$

其中，$\boldsymbol{Z}'_i$ 是影响效用函数的变量。只有当效用函数 $Utility_i > 0$，个体才选择接受处置，此时二元选择变量为：

$$\begin{cases} D_i = 1, & \text{如果 } Utility_i > 0 \\ D_i = 0, & \text{如果 } Utility_i \leqslant 0 \end{cases}$$

与传统的 Heckman 模型一样，该模型有以下两个假设：

1. $\boldsymbol{Z}_i$ 和 $\boldsymbol{X}_i$ 为外生变量，它们与干扰项无关；

2. $\begin{pmatrix} e_{1i} \\ e_{2i} \end{pmatrix} \sim \mathrm{N}\left(\begin{pmatrix} 0 \\ 0 \end{pmatrix}, \begin{pmatrix} \sigma^2 & \rho\sigma \\ \rho\sigma & 1 \end{pmatrix}\right)$，即 e_{1i} 和 e_{2i} 服从二元正态分布，相关关系为 ρ。

对模型(11.9)，我们不能简单地直接进行回归，原因为，D_i 是由 $Utility_i$ 决定的，$Utility_i$ 是由 e_{2i} 决定的，因此 D_i 和 e_{2i} 是相关的，但 e_{2i} 又和 e_{1i} 相关，从而导致 D_i 是和 e_{1i} 相关的。因此在模型(11.9)里，由于解释变量 D_i 和干扰项 e_{1i} 是相关的，简单回归得到的 D_i 系数就不能反映因果关系，因此 D_i 被称为二元内生选择变量。

换言之，有些不可观测的变量(包含在 e_{2i} 中)会影响选择 D_i，这些不可观测的变

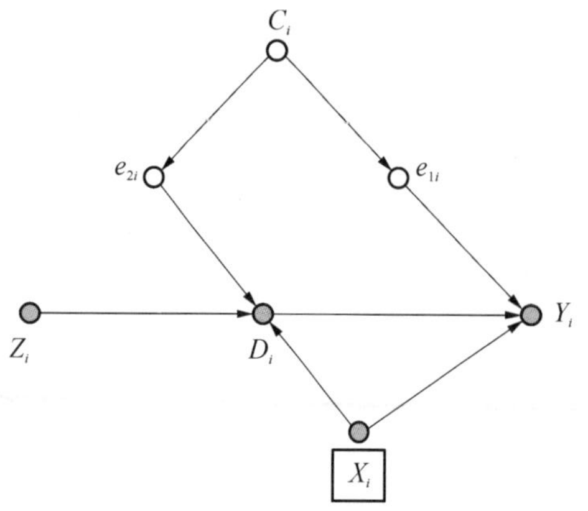

图 11.7　内生选择变量处置效应路径图

量(也包含在 e_{1i} 中)也会影响结果 Y_i，造成 D_i 和 e_{2i} 相关。

图 11.7 显示了二元内生选择变量处置效应模型的路径图。不可观测变量 e_{2i} 和 e_{1i} 存在相关性,是由于它们同时受到一个不可观测变量 C_i 的影响。在控制了 $\boldsymbol{X}_i$ 后，D_i 到 Y_i 存在一条因果路径 $D_i \rightarrow Y_i$ 以及一条混淆路径 $D_i \leftarrow e_{2i} \leftarrow C_i \rightarrow e_{1i} \rightarrow Y_i$。因此，即使在控制了 $\boldsymbol{X}_i$ 后，D_i 和 Y_i 之间的相关性并不反映它们的因果关系。

要得到选择变量 D_i 与干扰项 e_{2i} 相关可能造成的具体偏差,我们还是通过条件期望方程。

当 $D_i=1$，即决定选择处置,期望结果为:

$$\begin{aligned}
&\mathrm{E}(Y_i \mid \boldsymbol{X}_i,\ D_i=1)\\
&=\alpha_0+\alpha_1+\boldsymbol{X}_i'\boldsymbol{\beta}+\mathbf{E}(e_{1i} \mid D_i=1,\ \boldsymbol{X}_i)\\
&=\alpha_0+\alpha_1+\boldsymbol{X}_i'\boldsymbol{\beta}+\mathbf{E}(e_{1i} \mid e_{2i}>-\boldsymbol{Z}_i'\boldsymbol{\gamma})\\
&=\alpha_0+\alpha_1+\boldsymbol{X}_i\boldsymbol{\beta}+\rho\sigma\frac{\phi(-\boldsymbol{Z}_i\boldsymbol{\gamma})}{1-\Phi(-\boldsymbol{Z}_i\boldsymbol{\gamma})}
\end{aligned} \tag{11.11}$$

当 $D_i=0$，即决定选择不接受处置,期望结果为:

$$\begin{aligned}
&\mathrm{E}(Y_i \mid \boldsymbol{X}_i,\ D_i=0)\\
&=\alpha_0+\boldsymbol{X}_i'\boldsymbol{\beta}+\mathbf{E}(e_{1i} \mid D_i=0,\ \boldsymbol{X}_i)\\
&=\alpha_0+\alpha_1+\boldsymbol{X}_i'\boldsymbol{\beta}+\mathbf{E}(e_{1i} \mid e_{2i}<-\boldsymbol{Z}_i\boldsymbol{\gamma})\\
&=\alpha_0+\boldsymbol{X}_i\boldsymbol{\beta}+\rho\sigma\frac{-\phi(-\boldsymbol{Z}_i\boldsymbol{\gamma})}{\Phi(-\boldsymbol{Z}_i\boldsymbol{\gamma})}
\end{aligned} \tag{11.12}$$

我们看到,自选择变量模型事实上包含了两个样本选择偏差:对选择了 $D_i=1$ 的样本,偏差项为逆米尔斯比例 $\lambda_i(D_i=1)=\rho\sigma\dfrac{\phi(-\boldsymbol{Z}_i\boldsymbol{\gamma})}{1-\Phi(-\boldsymbol{Z}_i\boldsymbol{\gamma})}$；对选择了 $D_i=0$ 的样本,偏差项为逆米尔斯比例 $\lambda_i(D_i=0)=\rho\sigma\dfrac{-\phi(-\boldsymbol{Z}_i\boldsymbol{\gamma})}{\Phi(-\boldsymbol{Z}_i\boldsymbol{\gamma})}$。

二、估计方法

要得到自选择变量的处置效应系数 α_1，我们有两种估计方法。

（一）方法 1

使用传统 Heckman 样本选择模型分别估计：

对 $D_i=1$ 的样本回归估计模型：

$$Y_i=\alpha_0+\alpha_1+\boldsymbol{X}_i'\boldsymbol{\beta}+\rho\sigma\frac{\phi(-\boldsymbol{Z}_i\boldsymbol{\gamma})}{1-\Phi(-\boldsymbol{Z}_i\boldsymbol{\gamma})}+v_{1i} \tag{11.13}$$

对 $D_i=0$ 的样本回归估计模型：

$$Y_i=\alpha_0+\boldsymbol{X}_i'\boldsymbol{\beta}+\rho\sigma\frac{-\phi(-\boldsymbol{Z}_i\boldsymbol{\gamma})}{\Phi(-\boldsymbol{Z}_i\boldsymbol{\gamma})}+v_{2i} \tag{11.14}$$

然后将模型(11.13)得到的截距项值 $\alpha_0+\alpha_1$ 减去模型(11.14)得到的截距项值 α_0，从而得到 D_i 的系数 α_1，并检验差值的显著性。

（二）方法 2

我们也可以将这两个公式整合到一起，表示为：

$$Y_i=\alpha_0+\alpha_1 D_i+\boldsymbol{X}_i'\boldsymbol{\beta}+\rho\sigma\left[\frac{\phi(-\boldsymbol{Z}_i\boldsymbol{\gamma})}{1-\Phi(-\boldsymbol{Z}_i\boldsymbol{\gamma})}D_i+\frac{-\phi(-\boldsymbol{Z}_i\boldsymbol{\gamma})}{\Phi(-\boldsymbol{Z}_i\boldsymbol{\gamma})}(1-D_i)\right]+u_i \tag{11.15}$$

可以看到，当 $D_i=1$，方程(11.15)=方程(11.13)；当 $D_i=0$，方程(11.15)=方程(11.14)。方法 2 比方法 1 更加便捷，它一次性得到了 D_i 的系数值和它的统计显著性。下面我们通过一个实例说明具体的估计方法。

三、实例

假设我们要估计企业选择多行业经营或单一行业经营对企业业绩的影响。结果方程如下：

$$Q_i=\alpha_0+\alpha_1 Div_i+\beta_1\log Size_i+\beta_2 Firmage_i+e_{1i}$$

其中，Q_i 是企业的业绩衡量指标——托宾 Q 值。$Div_i=1$，如果选择多行业经营；反之，$Div_i=0$。$\log Size$ 表示企业规模，$Firmage_i$ 表示公司年龄。

选择多元化经营的方程为：

$$Utility_i=\gamma_0+\gamma_1\log Size_i+\gamma_2 Firmage_i+\gamma_3 SNP_i+\gamma_4 Family_i+e_{2i} \tag{11.16}$$

$$\begin{cases}Div_i=1, & \text{如果 } Utility_i>0\\ Div_i=0, & \text{如果 } Utility_i\leqslant 0\end{cases}$$

选择方程的解释变量包含了两个新变量：一个是 SNP_i（企业如果是标准普尔 500 指数的组成公司，则 $SNP_i=1$；反之，$SNP_i=0$）；另一个是 $Family_i$（如果企业是家族企业，则 $Family_i=1$；反之，$Family_i=0$）。标准普尔 500 指数的组成公司比较容易进行分业经营，家族企业通常选择单一行业。

下表显示了样本的前 10 个数据。

```
. list q div logsize firmage div if _n<=10

     +-----------------------------------------------+
     |         q   div   logsize   firmage   div |
     |-----------------------------------------------|
  1. | 2.6766595     1         9         5     1 |
  2. | 4.8393968     1         8         8     1 |
  3. | 6.4239827     1        12        11     1 |
  4. | 6.9593147     1        12        14     1 |
  5. | 5.1391854     0        11         9     0 |
     |-----------------------------------------------|
  6. | 4.3254788     0        12        10     0 |
  7. | 8.4796553     0        14        12     0 |
  8. | 4.4753711     0        12         5     0 |
  9. | 6.6809394     0        12        12     0 |
 10. | 3.5331897     0        12        12     0 |
     +-----------------------------------------------+
```

用 Stata 的 etregress 命令得到的结果如下：

```
. etregress q logsize firmage, treat(div = logsize firmage family snp)
```

结果方程　　　　选择方程

```
Linear regression with endogenous treatment       Number of obs     =        895
Estimator: maximum likelihood                     Wald chi2(3)      =     382.97
Log likelihood = -2337.4535                       Prob > chi2       =     0.0000

------------------------------------------------------------------------------
             |      Coef.   Std. Err.      z    P>|z|     [95% Conf. Interval]
-------------+----------------------------------------------------------------
q            |
     logsize |   .4871284   .0427821    11.39   0.000      .403277    .5709798
     firmage |   .2089371   .0261514     7.99   0.000     .1576813    .2601929
       1.div |   3.523774   .2866479    12.29   0.000     2.961955    4.085594
       _cons |  -3.171959   .5601416    -5.66   0.000    -4.269816   -2.074102
-------------+----------------------------------------------------------------
div          |
     logsize |  -.0522111   .0262634    -1.99   0.047    -.1036863   -.0007358
     firmage |   .0172323   .0161498     1.07   0.286    -.0144207    .0488852
      family |  -.6608069   .0957371    -6.90   0.000    -.8484481   -.4731656
         snp |   .2461184    .101773     2.42   0.016      .046647    .4455899
       _cons |  -.1286863   .3513711    -0.37   0.714     -.817361    .5599883
-------------+----------------------------------------------------------------
     /athrho |  -.8021885   .0904662    -8.87   0.000     -.979499    -.624878
    /lnsigma |   .8201464    .032946    24.89   0.000     .7555735    .8847193
-------------+----------------------------------------------------------------
         rho |  -.6652585   .0504287                      -.752849   -.5545152
       sigma |   2.270832   .0748148                      2.128832    2.422304
      lambda |   -1.51069   .1533443                      -1.81124   -1.210141
------------------------------------------------------------------------------
LR test of indep. eqns. (rho = 0):   chi2(1) =    26.57   Prob > chi2 = 0.0000
```

结果显示，Div_i 的系数 $\alpha_i=3.5$，说明在控制了自选择可能造成的内生性后，结果显示分业经营对企业业绩有正的作用。

小结

传统 Heckman 模型关注的是在样本自选择情况下，如何估计某一解释变量 X_i 对 Y_i 的因果效应，而内生选择变量处置效应模型关注的是自选择变量 D_i 本身的处置效应；传统 Heckman 模型只需要调整一个当 $D_i=1$ 的逆米尔斯比例 $\lambda_i(D_i=1)$，而自选择变量处置效应模型需要同时调整当 $D_i=1$ 时的逆米尔斯比例 $\lambda_i(D_i=1)$ 和当 $D_i=0$ 时的逆米尔斯比例 $\lambda_i(D_i=0)$。

第六节 样本自选择模型运用常见问题

一、解释变量的选择

我们在前面提到，虽然 Heckman 模型没有强制要求结果方程的解释变量 $\boldsymbol{X}_i$ 和 $\boldsymbol{Z}_i$ 是不一样的，但在实际运用中要求 $\boldsymbol{Z}_i$ 至少包含一个与 $\boldsymbol{X}_i$ 不相同的变量。这是因为，如果 $\boldsymbol{Z}_i$ 与 $\boldsymbol{X}_i$ 完全一样，那么 Heckman 模型的第二阶段就容易出现共线性问题。

假设 $\boldsymbol{Z}_i=\boldsymbol{X}_i$，即样本回归方程变为 $Y_i=\alpha+\boldsymbol{X}_i'\boldsymbol{\beta}+\lambda(\boldsymbol{X}_i'\hat{\boldsymbol{\gamma}})+e_i$。表面看起来，由于 $\boldsymbol{X}_i$ 同时以线性形式 $\boldsymbol{X}_i'\boldsymbol{\beta}$ 和非线性形式 $\lambda(\boldsymbol{X}_i'\hat{\boldsymbol{\gamma}})$ 进入模型，似乎不会有完全的共线性问题，但是，$\lambda(\boldsymbol{X}_i'\hat{\boldsymbol{\gamma}})$ 在定义域的大部分范围内是近似线性的，因而实际上会导致严重的共线性问题。要解决这一问题，就必须加入额外的解释变量 $\boldsymbol{Z}_i$，即需要有一个工具变量会影响选择，但不会影响结果，这个条件也称为排他性约束条件（exclusion constraints）。虽然满足这个条件的变量不容易找，但这是必须满足的一个条件。值得注意的是，在 $\boldsymbol{Z}_i$ 中加入了额外的工具变量并不必然解决问题，工具变量的质量同样重要。当 $\boldsymbol{Z}_i$ 中额外的工具变量偏弱且解释力有限时，这种近似多重共线性仍然可能出现。

二、二元正态分布假设

Heckman 模型假设，结果方程和选择方程的干扰项服从二元正态分布。如果这一假设得不到满足，调整项 $\lambda(\boldsymbol{X}_i'\hat{\boldsymbol{\gamma}})$ 就可能是错误的，从而可能导致估计的严重偏差。如果无法满足正态性假设，一种替代方案是，假定干扰项服从一些特定的非正态分布。但是，现有的理论很少指出应该使用何种特定的分布来替代正态分布，这也是使用 Heckman 模型的一个弱点。

三、选择模型必须为 Probit 模型

在一些使用 Heckman 模型的研究中，研究者在第一阶段估计选择方程用的模型是 Logit 模型而不是 Probit 模型，这是不合理的。原因是，Heckman 模型假设干扰项是正态分布，Probit 模型也假设干扰项为正态分布，而 Logit 模型不具备干扰项正态分布假设，因此 Probit 模型和 Heckman 模型吻合。

为方便不熟悉 Probit 模型的读者，我们在这里简要说明一下 Probit 模型。Probit 模型是用来估计被解释变量是一个二元 0/1 变量的模型，它的设置如下：
二元变量 $D_i=1$ 或 0 取决于如下方程：

$$D_i^*=\boldsymbol{Z}_i'\boldsymbol{\gamma}+e_i$$

$$\begin{cases}D_i=1, & \text{如果} D_i^*>0 \\ D_i=0, & \text{如果} D_i^*\leqslant 0\end{cases}$$

假设 e_i 是标准正态分布，则 $D_i=1$ 的概率为：

$$\Pr(D_i=1\mid\boldsymbol{Z}_i)=\Pr(D_i^*>0\mid\boldsymbol{Z}_i)=\Pr(e_i>-\boldsymbol{Z}_i'\boldsymbol{\gamma}\mid\boldsymbol{Z}_i)=\Phi(\boldsymbol{Z}_i'\boldsymbol{\gamma})$$

要估计模型的参数，我们使用最大似然估计。

四、检查相关系数 $\boldsymbol{\rho}$

我们之所以要在样本结果方程 $Y_i=\alpha+\boldsymbol{X}_i'\beta+\rho\sigma\lambda(\boldsymbol{Z}_i'\gamma)+v_i$ 中加入 $\lambda(\boldsymbol{Z}_i'\gamma)$，是因为 $\lambda(\boldsymbol{Z}_i'\gamma)$ 与 $\boldsymbol{X}_i'$ 可能相关。但当 $\rho=0$ 时，是否加入 $\lambda(\boldsymbol{Z}_i'\gamma)$ 并不影响结果。换言之，当影响选择的不可观测变量 e_{2i} 与影响结果的不可观测变量 e_{1i} 不相关时，样本自选择并不会造成估计偏差，这种情况也称为外生样本选择。因此，在结果报告中应该提供 ρ 的估计值和方差，以确定存在内生样本选择问题。

第十二章　断点回归

随机实验是进行因果关系推断的理想方法。但由于成本和伦理等方面的限制，在社会科学研究中很少使用随机试验方法。我们通常只能依赖非随机实验产生的观测数据来推断因果关系，因此那些接近随机实验产生的观测数据就有特殊的价值。断点回归(Regression Discontinuity Design，RDD)就是一种研究非随机实验但接近随机实验数据的方法。它适用于研究某些特定社会科学事件的后果，这些事件的特点是，个体是否受到事件的影响，取决于其某个可观测特征的值是否大于给定的临界值。例如，学生奖学金的发放是根据他们的考试成绩是否达到 90 分，候选人是否当选取决于其得票率是否超过 50%。这些事件(获得奖学金或者当选)发生的概率在某个临界点(学习成绩=90，得票率=50%)发生了变化。如果事件发生概率发生了从 0 到 1 的变化(例如，得票率≤50%，当选概率=0；得票率>50%，当选概率=1)，这类事件的分析方法称为清晰断点回归(Sharp RDD)。如果概率发生了非 0 到 1 的变化(例如，考试成绩高于 90 分，获取奖学金的概率增大，但评委会还会考虑一些其他因素，因此获得奖学金概率并不等于 1)，这类事件的分析方法称为模糊断点回归(Fuzzy RDD)。由于在实际运用中，大部分情况下使用的是清晰断点回归并且二者原理基本相同，本章将集中讲解清晰断点回归。第一节讲解断点回归的直观理解；第二节讲述使用断点回归的前提条件；第三节给出断点回归常用的 Stata 命令和估计步骤；由于断点回归使用到较多图形分析，学习和理解断点回归最有效的方法是通过实例，因此第四节我们通过一个研究实例详细讲解如何运用 Stata 断点回归命令，并了解在 RDD 使用中要注意的问题，进一步理解 RDD 的理论基础。

第一节　断点回归的直观理解

我们通过一个简单的例子来理解断点回归的原理。假设政府有一个针对低收入人群的医疗福利政策。政府会根据病人的收入情况给每个人评分，分数越高，代表收入越高。同时病人的健康情况用健康指数衡量，指数越高说明越健康。图 12.1 的散点图显示了病人接受和未接受治疗情况下潜在健康指数(纵轴)和收入(横轴)的关系。图中的曲线是散点的回归拟合曲线,它反映了病人平均潜在健康情况与收入的关系。图中上方的曲线代表接受处置的平均潜在健康结果与收入关系的函数,$E(Y_i(1) \mid X_i)=f(X_i)$;图中下方的曲线代表未接受处置的平均潜在健康结果和收入关系的函数,$E(Y_i(0) \mid X_i)=g(X_i)$。两条回归曲线之间的距离代表给定收入水平的平均治疗效果。例如,对收入 $X_i=30$ 的病人的平均治疗效果为:

$$\tau(30)=E(Y_i(1) \mid X_i=30)-E(Y_i(0) \mid X_i=30)=f(30)-g(30)$$

接下来,对于不同收入水平的病人的平均治疗效果,按不同收入的人数比率 $P(x)$ 取平均值,就可以得到总体平均治疗效果 $ATE=\sum_{x=20}^{80} P(x)\tau(x)$。

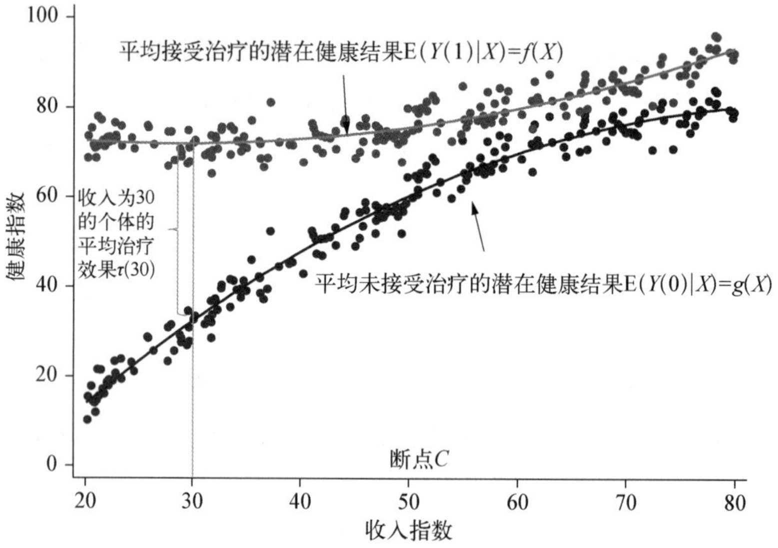

图 12.1　同时观测到每个病人接受治疗和未接受治疗的健康情况

但问题是,对于同一个病人,我们不可能同时观测到他接受治疗和未接受治疗情况下的病情。假设实际情况是,政府规定只对收入水平低于或等于 50 的病人提供这项治疗,收入高于 50 的病人未能接受这项治疗,那么收入 50 就成为病人是否接受治疗的划分值,也称为断点 C。对于收入低于或等于 50 的人,我们观测到了他们接受治疗的潜在健康指数;对于收入高于 50 的人,我们观测到了他们没有接受治疗的潜在健康指数。平均观测值结果如下:

$$E(Y_i \mid X_i)=\begin{cases}E(Y_i(0) \mid X_i), & X_i>50 \\ E(Y_i(1) \mid X_i), & X_i \leqslant 50\end{cases}$$

图 12.2 显示观测结果与收入的关系。我们看到,以收入 50 为分界线,左边的人

接受治疗，因此观测到了他们接受治疗的潜在健康指数；右边的人没有接受治疗，因此观测到了他们未接受治疗的潜在健康指数。但对于任何一个收入值 X_i，不存在同时接受治疗和未接受治疗的观测结果。这与匹配方法对于给定 X_i 值需要同时有接受处置和未接受处置观测结果值的“共同支撑域”的要求恰恰相反。在没有“共同支撑域”的情况下，如何去估计处置效应（治疗效果）？

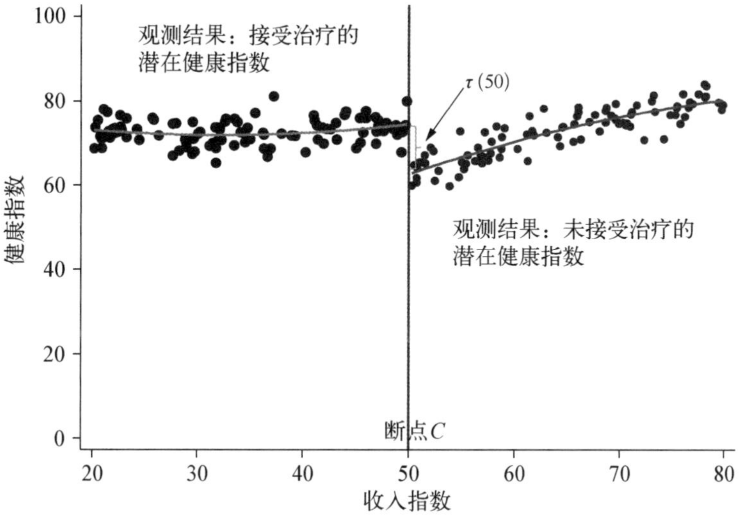

图 12.2　收入低于（高于）50 的病人接受（未接受）治疗所观测到的健康情况

对比图 12.1 和图 12.2，我们发现，对于在 $X_i=50$ 的点，我们“几乎”同时观测到了接受治疗的平均潜在健康结果 $E(Y_i(1) \mid X_i=50)$ 和未接受治疗的平均潜在健康结果 $E(Y_i(0) \mid X_i=50)$。我们可以用 $X_i=50$ 的稍微左侧的接受治疗的平均观测值去“近似”当 $X_i=50$ 时接受治疗的平均潜在结果 $E(Y_i(1) \mid X_i=50)$，用 $X_i=50$ 的稍微右侧的未接受治疗的平均观测值去“近似”当 $X_i=50$ 时未接受治疗的平均潜在健康结果 $E(Y_i(0) \mid X_i=50)$ 的值。例如，有些病人的收入是 49.9，他们接受了治疗，平均观测健康结果为 $E(Y_i \mid X_i=49.9)=E(Y_i(1) \mid X_i=49.9)$。有些病人的收入是 50.1，他们未接受治疗，平均观测健康结果为 $E(Y_i \mid X_i=50.1)=E(Y_i(0) \mid X_i=50.1)$。我们可以考虑用观测值 $E(Y_i \mid X_i=49.9)$ 和 $E(Y_i \mid X_i=50.1)$ 分别去近似 $E(Y_i(1) \mid X_i=50)$ 和 $E(Y_i(0) \mid X_i=50)$ 的值，并近似地估计当 $X_i=50$ 时的治疗效果 $\tau(50)$：

$$\tau(50)=E(Y_i(1) \mid X_i=50)-(Y_i(0) \mid X_i=50)$$
$$\approx E(Y_i \mid X_i=49.9)-(Y_i \mid X_i=50.1)$$

严格来讲，潜在结果函数在断点 C 处是连续的，使得我们可以用接近断点 C 的观测值去估计断点处的处置效应。这是因为，连续性意味着：

$$\tau_C = \mathrm{E}(Y_i(1) \mid X_i = C) - (Y_i(0) \mid X_i = C)$$
$$= \lim_{x \uparrow C} \mathrm{E}(Y_i \mid X_i = x) - \lim_{x \downarrow C} \mathrm{E}(Y_i \mid X_i = x)$$

其中，τ_C 是在 $X_i = C$ 的处置效应，$x \uparrow C$ 表示 x 从小于 C 的地方无限趋近 C，$x \downarrow C$ 表示 x 从大于 C 的地方无限趋近 C。潜在结果函数的连续性保证了通过在断点两边附近的观测值去估计断点处的处置效应是合理的。因此，"连续性"是理解断点回归的一个要点。

另一个理解断点回归的要点是"局部随机性"，即在断点两边附近个体是否接受处置是随机的。在本例中，如果某些随机发生的意外收入或支出使得部分病人收入刚好高于或低于 50，意味着收入刚好高于 50 和收入刚好低于 50 是随机的，导致接受治疗与否也是随机的。这个局部随机性保证了在断点 50 左右的病人除了对是否接受治疗有差异外，在其他的特征上没有系统性差异。因此，我们可以通过他们的平均健康差异来估计治疗效果。由于在断点附近局部随机性的特点，断点回归也可被视作一种局部随机实验方法，虽然它使用的是观测数据而非真正的实验数据。

上面这个例子说明了，断点回归适用于估计断点处的处置效应，但这也是它的局限性。本例中，RDD 可以估计收入在 50 的治疗效果，但对于不同收入的病人，治疗效果可能是不同的。因此，断点回归的结果只适用于断点处的个体，不能推广到其他个体，其结论仅具有局部性。

第二节　断点回归的数据要求

作为一个依靠观测数据（而非随机实验数据）的研究方法，如果要通过断点回归来估计因果关系，就需要满足一些前提条件。

1. 断点回归的数据需要包含以下 3 个基本变量：

（1）配置变量（assignment variable），也称作驱动变量（forcing variables，running variables）：配置变量是个体的一个连续特征变量，匹配变量的值是否大于断点将决定个体是否接受处置。在上节例子中，配置变量为收入。

（2）断点（cut-point）：用于决定个体是否接受处置的阈值。在上节例子中，收入 50 为断点。

（3）观测结果：个体接受处置或未接受处置的观测结果。在上节例子中，个体的观测健康指数为观测结果。

2. 配置变量的值在断点附近无法被准确操纵。"无法被准确操纵"的意思是，存在一些随机因素，导致配置变量的值大于或小于断点存在偶然性。本例中，如果有病人为了接受治疗而能够将收入降低到 50，或者有病人不愿意接受治疗而能够将收入增加超过 50，那么收入稍微低于 50 的人和收入稍微高于 50 的人就不是局部随机分配的，可能存在系统性差异，也就不具备可比性。二者观测结果的差异就不能反映处置效应。

3. 断点的选择不受配置变量的影响。在本例中，如果有个病人收入是 52，由于某种原因，为了能够让这个病人接受治疗，政府将断点设为 52，这时断点的选择就受到了配置变量（收入）的影响。这种情况同样造成，在断点左右的个体不是局部随机形成的。

4. 除了处置状态在断点处发生跳跃式变化外，其他未处置的个体特征变量在断点处没有显著差异。如果其他特征变量在断点处也有显著差异，则观测结果在断点处的变化不一定是由处置状态变化造成的。在上例中，如果收入略低于 50 的病人比收入略高于 50 的病人在未接受治疗时期的锻炼时间明显较多，那么前者在接受治疗后的健康水平比后者高可能是由于前者锻炼时间较多，而非治疗的效果。

在实际研究中，我们需要检验这些条件是否满足，这需要对配置变量和断点的产生进行充分的了解，进而确定断点选择不受配置变量的影响、配置变量不会被准确操纵，而且其他未处置的特征变量在断点处没有显著差异。

第三节　RDD 的估计步骤和相应 Stata 命令

一、常用的 Stata RDD 命令

目前使用的 Stata RDD 命令基本上为非官方命令。我们主要介绍 Calonico, Cattaneo, Farrell and Titiunik（CCFT）编写的 Stata 非官方 RDD 命令组。它的优点是，可以完整地执行 RDD 的所有需求，并且选项较多，在计算估计标准误差时较严谨。表 12.1 总结了常用的 Stata RDD 命令及其功能。

表 12.1　常用的 Stata RDD 命令和功能

命令	功能
rdplot	绘制结果变量和配置变量拟合图
rdbwselect	拟合图分区数量选择：可单独使用或包含在 rdplot 选项里
rdrobust	RDD 局部多项式估计
rdwdensity	局部多项式估计带宽选择：可单独使用或包含在 rdrobust 选项里
rddensity	检验配置变量密度函数是否连续

这些命令可以从 https://rdpackages.github.io/下载。具体说明可以参照：Calonico，S.，M. D. Cattaneo，M. H. Farrell and R. Titiunik（2017）. Rdrobust：Software for Regression-discontinuity Designs. *Stata Journal* 17：372 - 404；Cattaneo，Idrobo and Titiunik（2019，2010）。

另外，比较常用的 RDD 命令有 Stata 的官方命令 cmogram 和 McCrary(2008)写的 DCdensity 命令。下面我们来总结一下 RDD 的估计步骤和对应的 Stata 命令。

二、RDD 的估计步骤

在实际运用中，根据其目的和具体执行方式，估计 RDD 有以下主要步骤：

（一）第一步

目的是理解使用 RDD 方法背后的经济机制，需要回答为什么要使用和为什么能使用 RDD 方法。具体执行如下：

讨论配置变量和断点的产生过程，确定配置变量和断点选择是独立的。

（二）第二步

目的是观察结果变量在断点处是否有明显的跳跃。具体执行如下：

1. 用散点图显示结果变量和配置变量的关系(twoway scatter)。

2. 用拟合图显示结果变量和配置变量的关系(rdplot)，通常有多项式回归拟合和区间均值拟合两种方法。这两种方法都需要做一些选择。

（1）多项式回归拟合：选择多项式次数。

（2）区间均值拟合：

① 选择区间的分割方式：按配置变量值平均分割；按观测数量平均分割。

② 选择区间的数量：手动设置；选择 IMSE 最优区间数量(rdbwselect)。

（三）第三步

目的是通过统计方法，具体检验数据是否符合使用 RDD 的前提条件。第三步和第一步是互补的，区别是，前者着重从统计角度利用 RDD 的合理性，而后者着重从经济意义角度论证。具体执行如下：

统计检验 RDD 的有效性：

1. 检验配置变量密度函数在断点处的连续性(rddensity，DCdensity)；

2. 检验非结果特征变量在断点处的连续性(rdplot，rdrobust)。

（四）第四步

目的是在确定使用 RDD 合理性后，估计处置变量在断点处的跳跃程度和显著性。具体执行如下：

断点处处置效应的点估计。通常有以下两种方法，这两种方法的执行需要研究者做一些选择：

1. 全局多项式回归(regress)：多项式次数选择。

2. 局部多项式回归(rdrobust)：多项式次数选择；带宽选择；权重选择。

RDD的原理虽然简单，但在实际运用中需要做一些判断，比如方程形式和带宽的选择，并且在RDD使用中较多依赖图形分析，因此学习RDD的方法最好是通过实际例子。下面我们通过一个具体例子来讲解RDD的运用。

第四节 RDD运用实例

本节通过介绍一篇实证文章来讲解相关Stata命令和RDD的估计细节。

文章来源：Campello，Murillo，Janet Gao，Jiaping Qiu and Yue Zhang (2018). Bankruptcy and the Cost of Organized Labor: Evidence from Union Elections. *Review of Financial Studies* 31，no.3：980－1013.

文章背景：本文的目的是研究工会对企业债券价格的影响。企业债券的价格取决于企业的破产概率，以及一旦企业破产，债权人能够拿到的企业剩余价值。一方面，一个强大的工会可能造成企业工资过高、经营缺乏弹性，从而增加破产概率，并且当企业破产时，强大的工会将同债权人争夺企业的剩余财产，这些行为都会损害债权人的利益。因此，当一个企业的工会势力变强时，企业债券价格就会下跌。另一方面，由于工人在乎工作的稳定性，强大的工会将要求企业管理层降低经营风险。由于债权人也希望企业降低经营风险，在降低经营风险方面，工会和债权人的利益是一致的，因此强大的工会将有助于债券价格的提升。可见，理论上工会如何影响企业债券价格并没有一个简单的答案，工会如何影响债券价格是一个实证问题。

为什么要使用RDD方法：要估计工会和企业债券价格的因果关系，一个简单的思路是比较有工会企业和没有工会企业的债券价格，但这个办法很有可能受到缺失变量问题的干扰，因为有工会企业和没有工会企业之间除了工会差异之外，还有其他很多可观测到和观测不到的差异，因此很难识别工会和债券价格差异之间的因果关系。

本文利用美国企业成立工会投票事件来估计工会对债券价格的因果影响。当成立工会投票结果公布后，企业的债券价格会对投票结果做出反应。RDD的方法是，通过比较工会得票率在50%左右企业的债券价格变化来估计工会的影响。

数据包括：

1. 配置变量(*vote_for_share*)：支持成立工会的得票率。

2. 断点：得票率为50%。如果支持工会成立得票率≥50%，企业必须成立工会；

反之，则不必成立工会。

3. 虚拟变量(*win*)：*win*=1，如果支持工会成立得票率≥50%；*win*=0，如果得票率<50%。

4. 结果变量(*return*)：工会选举结果产生后12个月内企业债券超额回报率。如果企业债券价格回报低于市场同期平均回报水平，其超额回报率为负；反之，其超额回报率为正。

我们先用Stata的describe命令描述数据：

```
. des vote_for_share win year_election

              storage   display    value
variable name   type    format     label      variable label
-------------------------------------------------------------------------------------------
vote_for_share  double  %12.0g                配置变量:支持成立工会得票率
win             float   %9.0g                 工会胜利(win)：等于1 如果工会支持得票率大于 50%
year_election   double  %12.0g                选举年
-------------------------------------------------------------------------------------------
```

对数据进行统计总结：

```
. sum vote_for_share win year_election

    Variable |        Obs        Mean    Std. Dev.       Min        Max
-------------+---------------------------------------------------------
vote_for_s~e |        721    .4142032    .1871253          0          1
         win |        721    .2565881    .4370533          0          1
year_elect~n |        721    1990.026    9.447406       1977       2010.
```

数据显示，成立工会的平均得票率为41.4%；*win*的均值为0.256，显示有25.6%的选举，成立工会投票通过(得票率>50%)；样本包含了从1977年到2010年的选举。

接下来，我们根据上一节建议的RDD步骤来估计工会选举结果对债券收益的影响。

一、讨论配置变量和断点的产生过程

工会投票的过程是先由企业员工向政府提交成立工会申请，政府批准后要求企业组织一次成立工会的员工投票。如果支持成立工会的得票率超过50%，员工可以成立工会；如果得票率不超过50%，则不能成立工会。断点50%是法律规定的，很明显不会受到得票率的影响。由于工会选举是匿名投票，因此几乎不可能人为操纵选举结果。

二、用散点图显示结果变量和配置变量的关系

RDD分析应以图形显示开始，第一个图形是简单的散点图，它的横轴是配置变量，纵轴是结果变量。散点图令我们对数据情况有了第一步的直观印象，并且有助于发现数据异常值。

图 12.3 用 Stata 的 twoway scatter 命令得到了关于配置变量 *vote_for_share* 和结果变量 *return* 的散点图。

```
twoway (scatter return vote_for_share, legend(off) xlabel(#10) ylabel(#10,nogrid) xline(0.50001)
ytitle("企业债券回报率 return") xtitle("支持成立工会得票率 vote_for_share"))
```

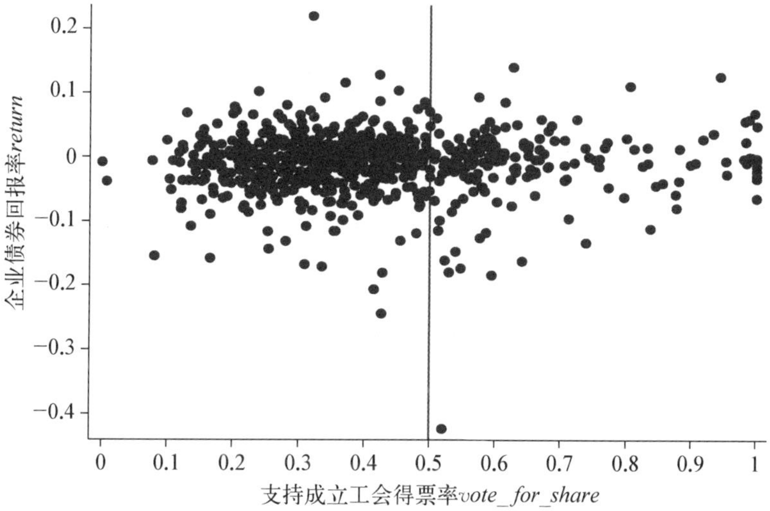

图 12.3 配置变量 vote_for_share 和结果变量 return 关系散点图

图中断点左边（*vote_for_share*≤0.5）的点是工会选举失败的债券回报率，断点右边（*vote_for_share*>0.5）的点是工会选举成功的债券回报率。因为成立工会的得票率必须大于 0.5，因此我们将断点定为一个稍微大于 0.5 的值 0.50001。从图中我们看到，*return* 和 *vote_for_share* 并没有明显的关系。如果我们检验两种情况下债券的平均超额回报率，结果如下：

均值差异*t*检验

按*win*值分组

```
. ttest return, by(win)

Two-sample t test with equal variances
------------------------------------------------------------------------------
   Group |     Obs        Mean    Std. Err.   Std. Dev.   [95% Conf. Interval]
---------+--------------------------------------------------------------------
       0 |     536   -.0087442    .0019149    .0443335   -.0125059   -.0049825
       1 |     185   -.0121036    .0043398    .0590278   -.0206658   -.0035415
---------+--------------------------------------------------------------------
combined |     721   -.0096062    .0018065     .048508   -.0131529   -.0060595
---------+--------------------------------------------------------------------
    diff |            .0033595    .0041373               -.0047631    .0114821
------------------------------------------------------------------------------
    diff = mean(0) - mean(1)                                      t =   0.8120
Ho: diff = 0                                     degrees of freedom =      719

    Ha: diff < 0                 Ha: diff != 0                 Ha: diff > 0
 Pr(T < t) = 0.7915         Pr(|T| > |t|) = 0.4171          Pr(T > t) = 0.2085Two-
```

我们发现，它们的均值差异为 0.0033，P 值为 0.4171，统计上并没有显著差异。

散点图的缺点是，数据中有很多噪声，很难从中判断出数据的规律。我们需要对数据进一步提炼信息。

三、用拟合图显示结果变量和配置变量的关系

去除散点图噪声的方法通常是对数据进行“平滑”拟合。所谓“平滑”拟合，通常有两个方法：

1. 多项式方程回归：对所有散点进行多项式回归，并绘制回归函数的图形。
2. 分区均值拟合：先将数据分成若干区间，对每个区间内的结果变量取均值，再根据结果变量的均值和对应区间配置变量中值绘制关系图。

这两个方法可以在 rdplot 命令中一起实现：

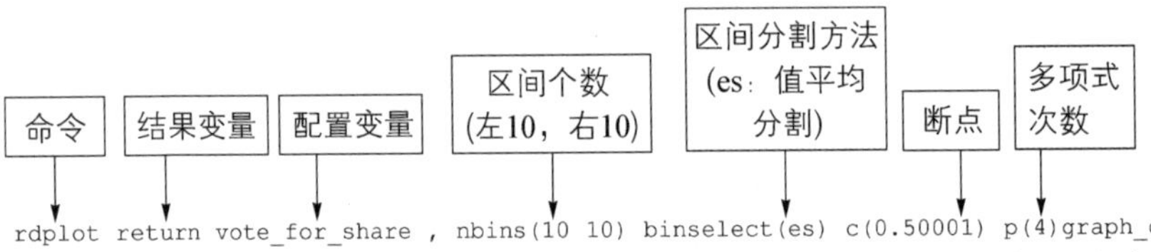


```
rdplot return vote_for_share , nbins(10 10) binselect(es) c(0.50001) p(4)graph_options(legend(off) xtitle("voting_for_share") ytitle("return") ylabel(-.08(0.02)0.06,nogrid) subtitle("值平均分割法，区间数=20")) legend(off))
```

运行上述命令后，得到图 12.4。

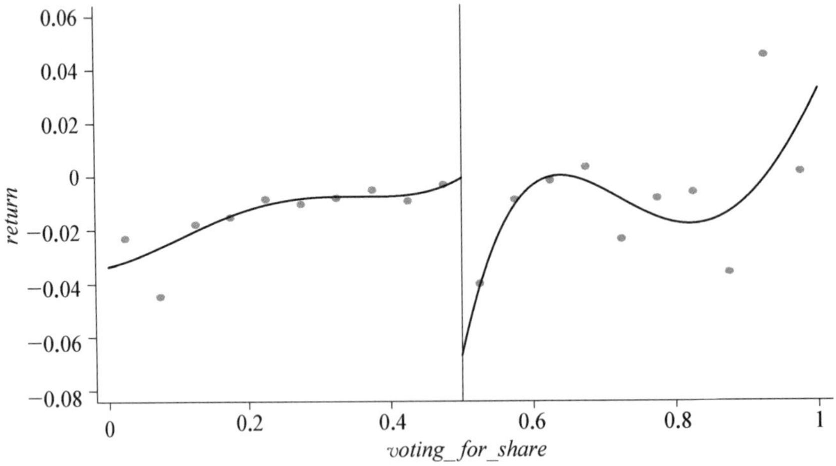

图 12.4　结果变量和配置变量拟合关系图：值平均分割(20 个区间)

我们通过命令的选项来学习绘制拟合图并解释拟合图的要点。

(一) 多项式回归拟合

图 12.4 中的曲线是使用多项式方程对 $Y = return$ 和 $X = voting\_for\_share$ 回归

拟合的结果，这个方法需要选择多项式的次数。在绘图过程中次数选择不必很严谨，可以尝试 2～4 项式。这里选择了 rdplot 命令的缺失设置 4 次多项式 p(4)，即断点左右的观测点分别使用 4 次多项式方程 $Y=a+b_1X+b_2X^2+b_3X^3+b_4X^4+e$ 进行回归拟合。在后面第五步介绍使用全局多项式法估计处置效应时，我们会详细讨论如何选择多项式的次数。

（二）分区均值拟合

图中的黑点是分区均值拟合结果。分区均值拟合需要将数据分成若干区间，对每个区间内的结果变量取均值，再根据结果变量的均值和对应区间配置变量中值绘制点关系图。在划分区间时面临两个选择问题：区间分割方法，以及区间分割数量。

1. 区间分割方法

区间分割方法有 2 种：值平均分割和数量平均分割。我们通过本例说明这两种方法。

(1) 值平均分割(Evenly-spaced, ES)

值平均分割法是将配置变量平均分割为若干等值距离区间。在本例中，配置变量取值范围为 0～1，如果平均分割为 n 个区间，每个区间距离为 $1/n$。在图 12.4 中，我们选择数量平均分割 binselect(es)选项，并且断点左右各有 10 个区间[nbins(10, 10)]，即每个区间距离为 0.05。图中的 20 个黑点对应的 Y 轴值为每个区间观测结果 *return* 的均值，它们对应的 X 轴值为每个区间的配置变量的中值。

(2) 数量平均分割(Quantile-spaced, QS)

数量平均分割法按样本数量平均分割为若干包含相同样本数量的区间。在本例中，一共有 721 个样本，如果按数量平均分割为 n 个区间，每个区间包含样本量为 $721/n$，如果 $n=20$，每个区间样本量大小 $=721/20$，约为 36 个。我们可以使用 binselect(qs)选项来实现数量平均分割。

命令如下：

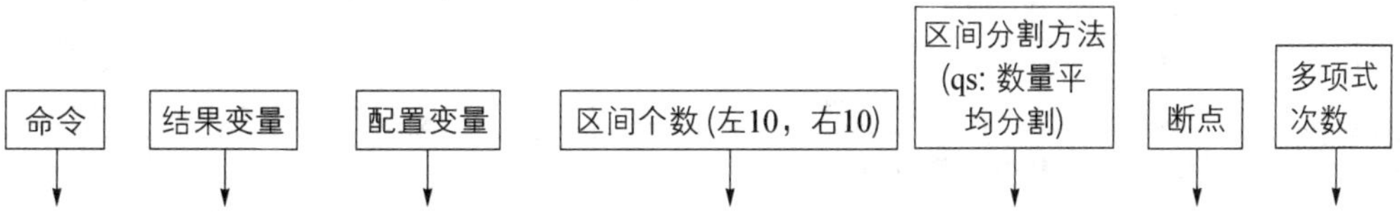


```
rdplot     return     vote_for_share,     nbins(10     10)     binselect(qs)     c(0.50001)     p(4)
graph_options(xtitle("voting_for_share")     ytitle("return")     ylabel(-.08(0.02)0.06,     nogrid)
subtitle("数量平均分割法，区间数=20") legend(off))
```

运行上述命令后，得到图 12.5。

可以看到，按数量平均分割，左右两端区间较大，中间区间较少。这是因为，大部分观测点在中间，要保证每个区间数量一样，观测点较少的地方需要较大的区间范围。

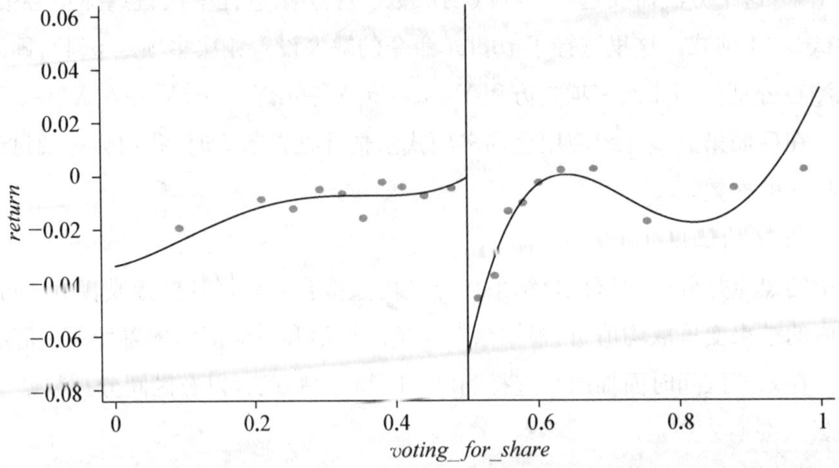

图 12.5 结果变量和配置变量拟合关系图：数量平均分割(20 个区间)

2. 区间分割数量

当确定了分割方式后，我们需要选择区间分割的数量。前面我们手动选择了 20 个区间，这种方法的缺陷是，区间的选择有一定的随意性。另一种方法是使用 IMSE 最优区间数量，所谓"IMSE 最优"，就是最小化区间平均值估计量的"积分均方误差"(Integrated Mean Squared Error, IMSE)。这个方法的原理是：如果区间增多，区间平均值估计量偏差(bias)降低，但每个区间内观测值较少，估计量方差(variance)增加。IMSE 最优区间数量是指权衡这二者的因素，通过最小化估计量的 IMSE 得到的区间数量。

在 rdplot 命令里，如果我们去掉手动区间选项 binselect( )，rdplot 会自动采用 IMSE 最优区间数量来实现区间分割。下面的命令使用了值平均分割法和 IMSE 最优区间数：

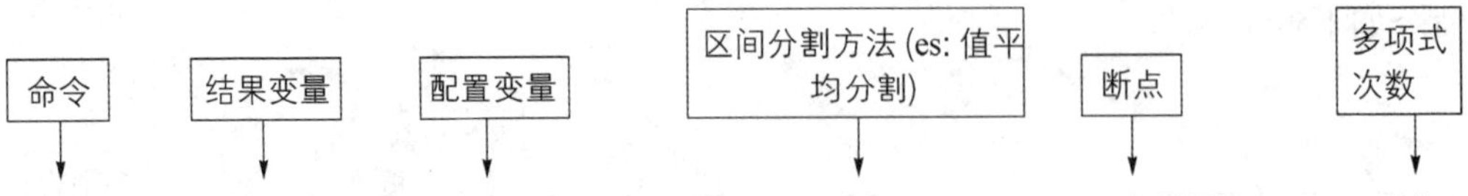


```
rdplot          return          vote_for_share,          binselect(es)          c(0.50001)          p(4)
graph_options(xtitle("voting_for_share")          ytitle("return")     ylabel(-.08(0.02)0.06,nogrid)
subtitle("值平均分割法，区间数=IMSE 最优区间数") legend(off))
```

运行上述命令后，得到图 12.6。

图 12.6 显示了运用值平均分割法并选择 IMSE 最优区间数量的结果。最优区间数量为：左边平均分为 4 个区间，右边平均分为 9 个区间。

在实际研究中，较常使用的还是值平均分割法和手工设定区间数量(通常会使用 10、20、30、40 个以验证其稳健性)，因为其简单易懂而且较为透明。

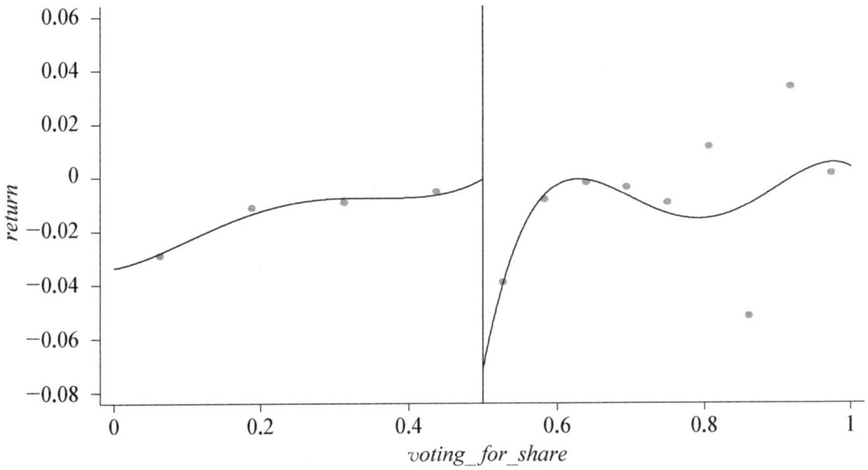

图 12.6　结果变量和配置变量拟合关系图：值平均分割(IMSE 最优区间)

如果平滑拟合后的图形没有明确显示结果变量在断点处有跳跃，这就意味着很可能没有显著的处置效果，即使后面使用更复杂的统计方法，发现了显著的处置效果，其稳健性也是可疑的。因此，通过图形考察结果变量和配置变量的关系是 RDD 的关键第一步。在本例中，我们看到债券的回报率在得票率为 50％处有明显的跳跃，为我们下一步研究提供了初步证据。

四、验证 RDD 的有效性

第二节讨论了 RDD 能够估计处置效应时，数据需要满足的条件。检验这些条件通常有以下两个方法。

(一) 检验配置变量的概率分布连续性

RDD 的有效性的一个前提是，配置变量的值是不能被准确操纵的。也就是说，个体无法准确地操纵投票结果大于或小于 50％。假如工人能够操纵投票结果大于 50％，那么我们会观测到 49％的投票结果数量明显少于 51％的投票结果数量。因此，如果配置变量无法被准确操纵，那么在断点左边的观测点数量和在断点右边的观测点数量应该大致相同，即配置变量的概率函数在断点处应该是连续的。

检验分布的连续性可以通过观察配置变量的概率分布图来进行。如果没有操纵，在断点附近应该观察不到不连续性。图 12.7 显示了使用 McCrary(2008)的 DCdensity 检验命令得到的得票率的密度函数。得票率的概率在断点处有一些不连续，但仅通过观察无法确定其不连续性是否显著。

正式检验配置变量在断点处是否连续的方法最早是由 McCrary(2008)提出的。它的原理是，在断点两边各选定一定的区间；接着将概率值对配置变量运行两个局部

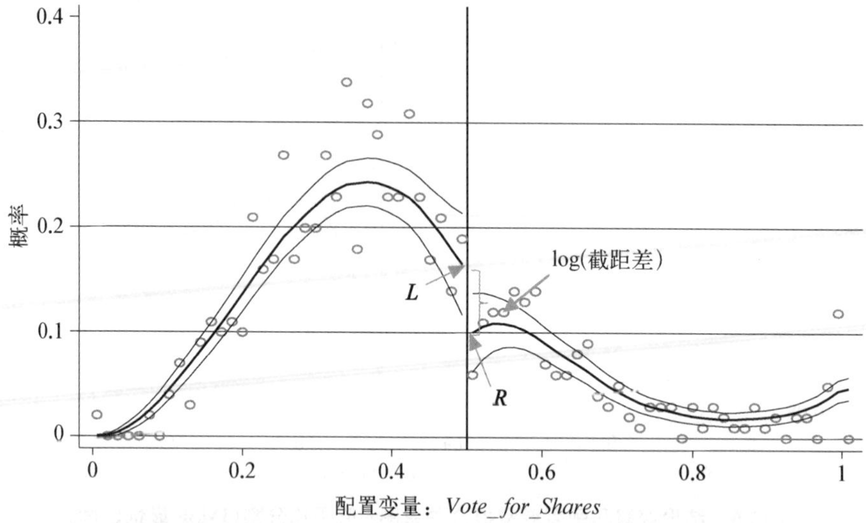

图 12.7 McCrary(2008)检验配置变量在断点处的密度函数是否连续

线性回归，一个在左边，一个在右边，分别得到回归直线在断点左边和右边的截距值(图 12.7 中的 L 点和 R 点)；接着通过检验 log(截距差)是否存在显著差异，来检验密度函数在断点处是否连续。

下面是 McCrary(2008)的 DCdensity 检验命令显示的结果：

命令 → 处置变量 → 断点 → 产生一些相关变量

```
. DCdensity vote_for_share, breakpoint(0.50001) generate(Xj Yj r0 fhat se_fhat)
```

```
Using default bin size calculation, bin size = .013937818
Using default bandwidth calculation, bandwidth = .146294867
```

使用缺失设置计算得到区间=0.0139和带宽=0.146

```
Discontinuity estimate (log difference in height): -.481126158
                                              (.276699613)
```

log（截距差）=−0.481，t值为0.276

正式检验得到在断点处左右密度函数的 log(截距差)$=-0.481$，t 值为 0.276，显示没有显著差异。McCrary(2008)的缺陷是，需要选择局部线性回归的区间。DCdensity 的程序使用了缺失设置，但这些设置并非最优带宽和区间数。因此在使用上需要主观判断。

Cattaneo，Jansson and Ma (2017) 提供了另一个检验密度函数在断点处是否连续的方法。这个检验方法也是使用局部多项式密度估计，但在统计性质上比 McCrary(2008)优越。这个方法可以通过 rddensity 命令操作如下：

命令　处置变量　断点　绘图

```
. rddensity vote_for_share, c(0.50001) plot plot_range(0 1) graph_options(title("配置变量密度函数")
xtitle("vote_for_share") ytitle("概率")
```

图 12.8 显示了使用 Cattaneo，Jansson and Ma(2017)的检验命令 rddensity 得到的得票率的密度函数。

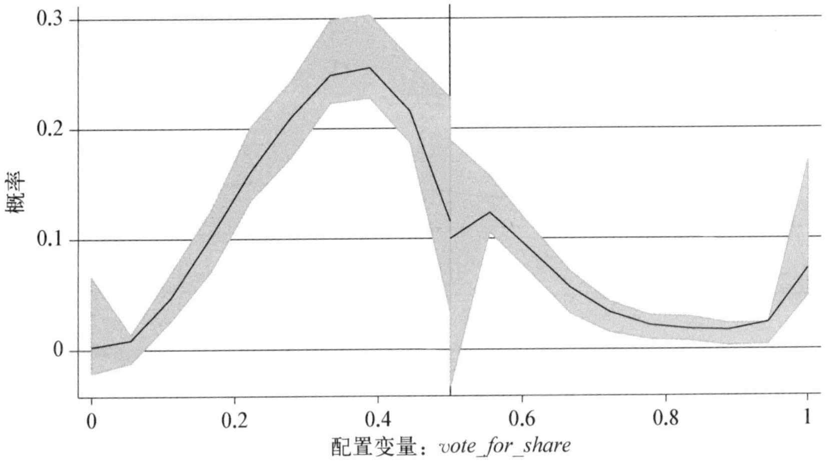

图 12.8　Cattaneo，Jansson and Ma(2017)检验配置变量在断点处的密度函数是否连续

Cattaneo，Jansson and Ma(2017)的统计检验结果如下：

```
Computing data-driven bandwidth selectors.

RD Manipulation Test using local polynomial density estimation.
Cutoff c = .50001 |Left of c   Right of c          Number of obs =        721
------------------+----------------------           Model         = unrestricted
     Number of obs |      541          180           BW method     =         comb
Eff. Number of obs |      164           91           Kernel        =   triangular
    Order est. (p) |        2            2           VCE method    =    jackknife
    Order bias (q) |        3            3
       BW est. (h) |    0.107        0.114

Running variable: vote_for_share.
----------------------------------------------
            Method |          T          P>|T|
------------------+---------------------------
            Robust |    -0.6953         0.4869
----------------------------------------------
```

连续性检验 t 值

rddensity 的结果显示，连续性检验的 t 值为 -0.6953，我们无法拒绝配置变量的密度函数在断点处左右是连续的假设。

（二）检验个体特征变量连续性

在断点回归中，我们希望观测结果在断点处的“跳跃”变化是由于配置变量在断点处的变化造成的。如果其他个体特征变量值也在断点处发生了“跳跃”，得到的观测结果的“跳跃”就可能是由于其他个体特征变量“跳跃”造成的，而并非由于配置变量变化造成的。

检验个体其他特征变量的连续性，可以使用前面学习的 rdplot，绘制出显示特征变量和配置变量关系的平滑拟合图，并且观测在断点处是否连续。下面我们选取两个重要的企业特征变量——企业规模和利润。注意，这些变量必须是在事件发生前的值。使用 rdplot 得到图 12.9 的平滑图。

```
*图A:企业利润
rdplot roa vote_for_share, nbins(10 10) binselect(es) c(0.50001) p(4) graph_options(xtitle("配置变量voting_for_share") ytitle("利润率roa") ylabel(0.015(0.03)0.15) legend(off))
*图B:企业规模
rdplot size vote_for_share, nbins(10 10) binselect(es) c(0.50001) p(4) graph_options(xtitle("配置变量voting_for_share") ytitle("企业规模size") ylabel(4(2)12) legend(off))
```

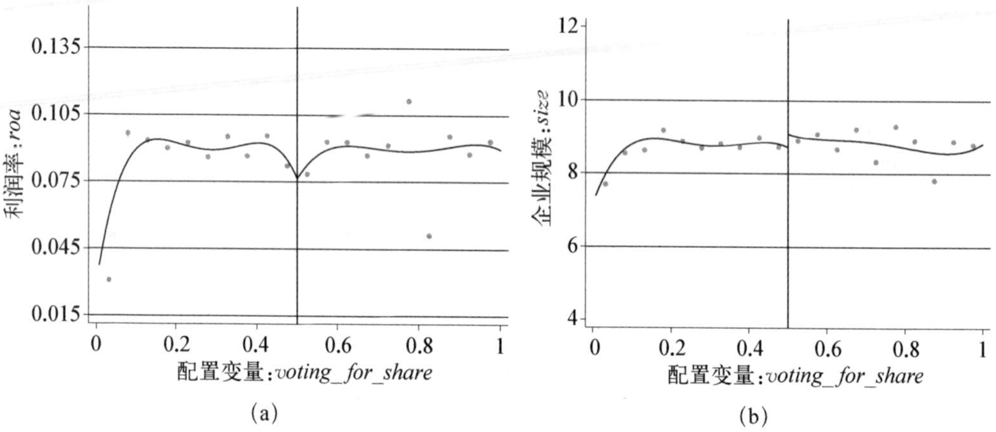

图 12.9　检验处置前的可观测特征变量在断点处是否连续

图中显示利润率和公司规模在断点处都没有明显的跳跃。当然上图只是建议性的结果。正式检验特征变量在断点处的连续性，也可以通过下面的点估计方法来确认变量在断点处的跳跃是否统计显著。

五、断点处置效应估计

在通过图形直观地研究结果变量和配置变量的关系后，我们要正式估计结果变量在断点处"跳跃"程度的大小和显著性。这里通常有两种方法：全局多项式回归和局部多项式回归。

（一）全局多项式回归

全局多项式回归方法使用所有的观测值去拟合观测结果和配置变量的多项式关系。具体而言，它对断点左边和右边的点分别回归多项式：

左边：

$$Y_i = \alpha_{l0} + \alpha_{l1}(x_i - C) + \alpha_{l2}(x_i - C)^2 + \cdots + \alpha_{lp_{left}}(x_i - C)^{p_{left}} + u_i$$

右边：

$$Y_i = \alpha_{r0} + \alpha_{r1}(x_i - C) + \alpha_{r2}(x_i - C)^2 + \cdots + \alpha_{rp_{right}}(x_i - C)^{p_{right}} + \nu_i$$

其中，p_{left} 和 p_{right} 分别是左、右两边多项式的次数。左、右两边多项式是不同次数，可以更好地拟合数据点。方程的自变量为配置变量减去断点值，这样做的目的是使得方程截距值为多项式在断点处的截距（而不是在原点的截距）。

断点处的处置效应＝接受处置边的多项式截距项－未接受处置边的多项式截距项

在本例中，得票率高于 50％的企业成立工会（即接受处置），因此断点处的处置效应＝右边方程的截距－左边方程的截距＝$\alpha_{r0}-\alpha_{l0}$。

一个更方便的方法是将上述两个方程合并为一。例如，当 $p_{left}=k$，$p_{right}=k+w$，可得：

$$
\begin{aligned}
Y_i = {} & \alpha_{l0}+\tau T+\alpha_{l1}(x_i-C)+\alpha_{l2}(x_i-C)^2+\cdots+\alpha_{lk}(x_i-C)^k \\
& +(\alpha_{r1}-\alpha_{l1})T(x_i-C)+(\alpha_{r2}-\alpha_{l2})T(x_i-C)^2+\cdots+(\alpha_{rk}-\alpha_{lk})T(x_i-C)^k \\
& +a_{r,k+1}T(x_i-C)^{k+1}+\cdots+\alpha_{r,k+w}T(x_i-C)^{k+w}+e_i
\end{aligned}
$$

其中，T 是虚拟变量，对接受处置的观测值等于 1，对未接受处置的观测值等于 0。T 的系数 τ 就是截距差，即断点处的处置效应。在本例中，T 就是 win 变量：$win=1$，如果支持工会成立得票率＞50％；$win=0$，如果得票率≤50％。

下面是使用 4 次多项式的全局 Stata 命令：

```
. gen X1 = vote_for_share-0.5 /*配置变量-断点值*/
. gen X2 = X1^2 /*2 次项*/
. gen X3 = X1^3 /*3 次项*/
. gen X4 = X1^4 /*4 次项*/
. gen win_v1 = X1*win /* win*1 次项*/
. gen win_v2 = X2*win /* win*2 次项*/
. gen win_v3 = X3*win  /* win*3 次项*/
. gen win_v4 = X4*win /* win*4 次项*/
reg return win X1 X2 X3 X4 win_X1 win_X2 win_X3 win_X4, cluster(groupid)

Linear regression                               Number of obs     =        721
                                                F(9, 197)         =       1.29
                                                Prob > F          =     0.2419
                                                R-squared         =     0.0320
                                                Root MSE          =     .04803

                              (Std. Err. adjusted for 198 clusters in groupid)
------------------------------------------------------------------------------
             |               Robust
      return |      Coef.   Std. Err.      t    P>|t|     [95% Conf. Interval]
-------------+----------------------------------------------------------------
         win |  -.0710408    .029877    -2.38   0.018    -.1299607    -.012121
          X1 |   .1594402   .2505468     0.64   0.525    -.3346578    .6535382
          X2 |   1.278399   2.138897     0.60   0.551    -2.939676    5.496473
          X3 |   4.045804   6.667646     0.61   0.545    -9.103321    17.19493
          X4 |   3.726643   6.754254     0.55   0.582    -9.593278    17.04657
      win_X1 |   1.248502   .7517225     1.66   0.098    -.2339546    2.730958
      win_X2 |  -10.62324   5.673482    -1.87   0.063     -21.8118     .565311
      win_X3 |   19.44872   16.38834     1.19   0.237    -12.87039    51.76783
      win_X4 |  -23.39117    16.0897    -1.45   0.148    -55.12133     8.33899
       _cons |  -.0006145   .0082346    -0.07   0.941    -.0168539    .0156249
------------------------------------------------------------------------------
```

$X1$、$X2$、$X3$、$X4$ 的系数值分别是 α_{l1}、α_{l2}、α_{l3}、α_{l4}；win_X1、win_X2、win_X3、win_X4 的系数值分别是 $\alpha_{r1}-\alpha_{l1}$、$\alpha_{r2}-\alpha_{l2}$、$\alpha_{r3}-\alpha_{l3}$、$\alpha_{r4}-\alpha_{l4}$。截距项 $\_cons$ 值是 α_{l0}，win 的系数值是 τ。图 12.10 显示了 *cons* 值和 *win* 的系数值对应的位置。

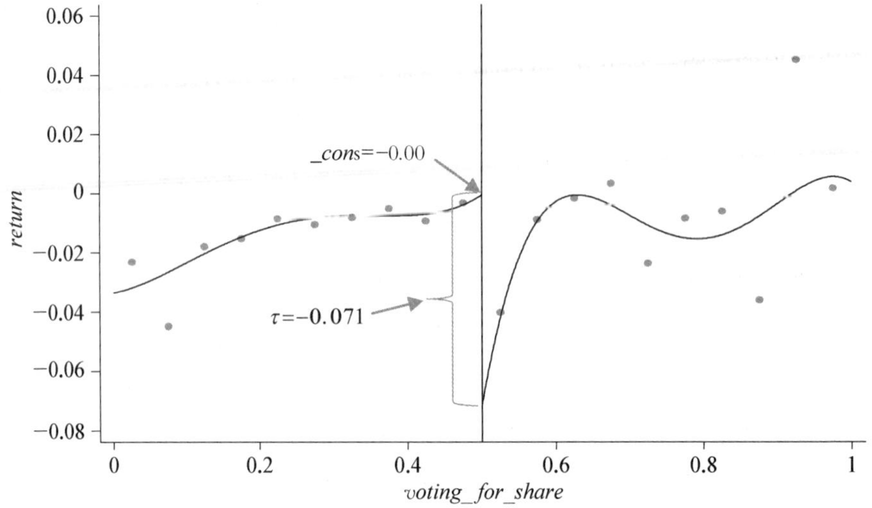

图 12.10　全局多项式回归

根据 *win* 的系数值为−0.071，t 统计值为−2.38，我们可以得出结论，工会选举得票刚好超过 0.5 的公司债券收益率比工会选举得票刚好小于 0.5 的公司债券收益率小 0.071，并且统计上显著。

在上面的检验中，我们允许断点两边方程的系数是不同的，这让我们能够更自由地去分别回归两边方程的数据。如果限制两边方程的系数是一样的，我们可以去掉交叉项，只回归 $Y_i=\alpha_{l0}+\tau T+\alpha_1(x_i-C)+\alpha_2(x_i-C)^2+\cdots+\alpha_p(x_i-C)^p+e_i$。这样做的好处是，使用同样的数据，但估计较少的参数，可以降低参数估计的方差；但缺点是，断点两边的结果变量和配置变量的关系很可能是不同的，这样的限制会造成估计错误。因此，通常不建议使用这样的设置。

- 方程次数选择

回归多项式面临的一个问题是多项式次数的选择。虽然有一些正式的统计方法可以帮助我们选择方程[比如 Akaike Information Criterion (AIC)方法]，但不同的方法得到的结果不一定相同。并且，为了显示结果的透明性和稳健性，在实际运用中，通常是通过尝试并报告一系列的次数(1～6 次)来观察结果是否对次数选择很敏感。

全局回归多项式这个方法的好处是，把所有的数据都用上，降低了估计的方差。

它的缺点是，将距离断点很远的数据也用来回归多项式方程，因此结果对多项式方程的设置很敏感，并且容易受到数据异常值的干扰。由于我们关心的只是断点处的处置效应，所以一个更稳健和常用的方法是局部多项式回归。

（二）局部多项式回归

局部多项式回归方法将回归的区域限制在断点附近的数据，通常使用低次多项式，例如一次或二次多项式。这种方法的优点是，它不受距离断点很远的数据的影响，结果也较不依赖于方程次数的选择。

1. 模型次数选择

局部多项式回归通常选择一次或二次多项式。由于比较常用一次多项式，即使用线性方程进行局部回归，因此它通常也称为局部线性回归。局部线性回归估计下面的线性方程为：

$$Y_i = \alpha_{l0} + \tau T + \alpha_{l1}(x_i - C) + (\alpha_{r1} - \alpha_{l1})T(x_i - C) + \varepsilon_i$$

上式中得到的系数 τ 就是断点处的处置效应。

2. 核函数权重选择

选择模型次数后，接下来需要选择，是否要给越接近断点处的观测值越高的权重？因为我们希望估计的是断点处的处置效应，越接近断点处的值就是对断点值越好的近似值，因此应对其赋予较高的权重。通常建议使用三角核函数（triangular kernel function）作为核函数，因为它与 MS 最优带宽一起使用时，可以得到均值平方误差（Mean Square Error, MSE）最优的系数估计量 $\hat{\tau}$。

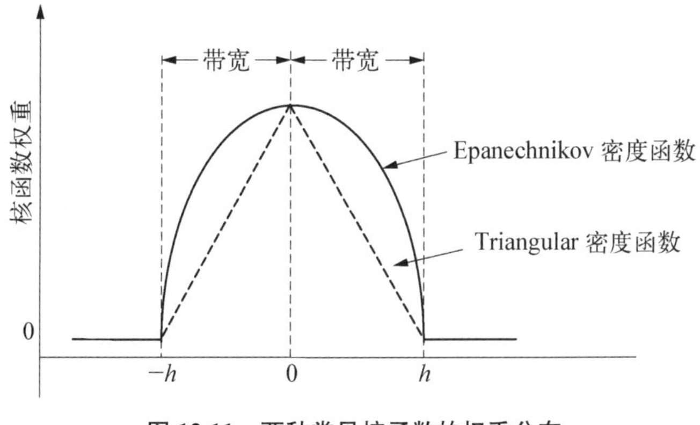

图 12.11 两种常见核函数的权重分布

3. 带宽选择

在选择模型次数和核函数后，局部回归需要选择“局部”的范围，即带宽 h。如图 12.11 所示，带宽决定断点 C 两边的范围 $[C-h, C+h]$ 内的样本被用来估计多项式。带宽越大，局部回归就越接近全局回归，结果就越受到多项式方程设置和数据异常值的影响，造成偏差越大。带宽越小，局部回归可用的数据就越少，造成估计的方差就越大。因此，带宽的选择面临着偏差和方差之间的权衡。局部断点回归的结果对带宽的选择通常比较敏感，因此带宽的随意设置可能会得到不同的结果。在实践中，最常用的带宽是使得 RDD 的估计系数 τ 的均值平方误差(MSE)最小的带宽，也称为 MSE 最优带宽。这个方法的原理是，在选取了核函数和模型次数后，选择 h 最小化 $MSE(\tau)=Bias^2(\tau)+Variance(\tau)$。

在确定好上述 3 个选项后，我们可以用 rdrobust 的命令进行估计，命令如下：

命令　结果变量　处置变量　断点　核函数(三角)　多项式次数(一次)　带宽选择(mserd)　方差估计选择(cluster)

```
rdrobust return vote_for_share, c(0.50001) kernel(triangular) p(1) bwselect(mserd) vce(cluster
groupid)
```

上面的命令中，我们选择了一次多项式、triangle 三角核函数、MSE 最优带宽(“mserd”是指断点两边选择相同的 MSE 最优带宽)。得到如下结果：

断点左右的数据信息

总样本数量

实际使用样本数量(带宽内的样本量)

多项式次数:1

带宽大小

按一般线性回归方法估计置信区间

```
Cutoff c = .50001 | Left of c  Right of c            Number of obs =        721
-------------------+----------------------           BW type       =      mserd
     Number of obs |       541         180           Kernel        = Triangular
Eff. Number of obs |       192          93           VCE method    =    Cluster
    Order est. (p) |         1           1
    Order bias (q) |         2           2
       BW est. (h) |     0.121       0.121
       BW bias (b) |     0.214       0.214
         rho (h/b) |     0.565       0.565
Number of clusters |       133          72

Outcome: return. Running variable: vote_for_share.
------------------------------------------------------------------------------
            Method |   Coef.    Std. Err.     z      P>|z|    [95% Conf. Interval]
-------------------+----------------------------------------------------------
      Conventional | -.05482     .02515   -2.1798   0.029   -.104105    -.005529
            Robust |    -           -     -2.0411   0.041   -.120935    -.002453
------------------------------------------------------------------------------
```

结果显示，$\tau=-0.05482$，使用集群标准误差，得到检验统计量 $Z=-2.1798$，结果统计显著。

我们可以通过 rdplot，将上面的结果用图形显示出来。使用下面的命令得到图 12.12。

```
rdrobust return vote_for_share, c(0.50001) kernel(triangular) p(1) bwselect(mserd) vce(cluster
groupid) /*使用rdobust进行局部线性估计*/

local bandwidth = e(h_l) /*将mse-最优带宽值赋予变量bandwith */

rdplot return vote_for_share if abs(vote_for_share-0.50001) <= `bandwidth', c(0.50001) p(1)
h(`bandwidth') kernel(triangular) graph_options(xtitle("vote_for_share") ytitle("return") )
ylabel(,nogrid) title("局部线性回归") legend(off)) /*运用rdplot画出局部线性回归图*/
```

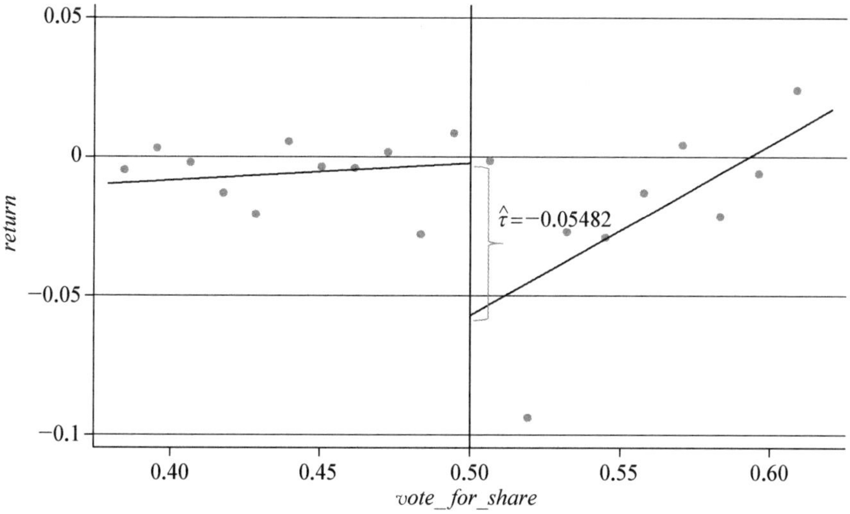

图 12.12　局部线性回归

上图两条直线在断点处截距的距离就是 $\hat{\tau}=-0.05482$。

4. 点估计的置信区间

使用局部多项式估计的另一个问题是，如何计算估计值的置信区间。前面的方法中我们使用了一般线性回归的集群方差，这个方差考虑到数据中干扰项在群里的相关性。我们知道，在线性回归中，系数的 95%置信区间为：

$$95\%\ Conf.\ Interval=(\hat{\tau}-1.96\sqrt{Variance}\ ,\ \hat{\tau}+1.96\sqrt{Variance}\ )$$

在全局多项式回归中，我们也使用一般回归计算置信区间的方法，但这个方法并不适用于局部线性回归。与全局多项式估计不同，局部多项式估计需要选择带宽。带宽的选择中，使用 MSE 最优带宽，它最小化带宽选择造成的估计偏差和方差平方和的均值；但 MSE 最优带宽并没有完全去除带宽选择带来的误差。理论上，只有当带宽等于 0（即所有观测点都在断点），局部多项式估计值 $\hat{\tau}$ 才是真实值 τ 的无偏估计。但如果带宽等于 0，我们就没有观测值可以用来估计。

因此，在局部多项式估计中，我们需要把与带宽选择相关的估计值偏差 *Bias* 考虑到置信区间。

$$95\%\ Conf.\ Interval=[(\hat{\tau}-Bias)-1.96\sqrt{Variance}\ ,\ (\hat{\tau}-Bias)+1.96\sqrt{Variance}\ ]$$

由于 *Bias* 需要使用估计值 $\widehat{Bias}$，因此当把 *Bias* 考虑进去，我们不能使用原来的方差，必须使用新的方差，称之为 robust bias-corrected 方差 $Variance_{bc}$。最终得到的 95%置信区间成为偏差调整稳健置信区间（robust bias-corrected confidence interval）：

$$95\%\ Conf.\ Interval$$
$$=[(\hat{\tau}-\widehat{Bias})-1.96\sqrt{Variance_{bc}},\ (\hat{\tau}-\widehat{Bias})+1.96\sqrt{Variance_{bc}}]$$

注意，这个置信区间同一般的置信区间不一样，它是以 $\hat{\tau}-\widehat{Bias}$ 为中心的区间，而不是以 $\hat{\tau}$ 为中心的区间。

如何计算 $\widehat{Bias}$ 和 $Variance_{bc}$，牵涉到较多的细节，在此我们不详细介绍。在实际运用中，可以通过 rdrobust 实现。我们来重新看一些前面 robust 命令的结果：

```
rdrobust return vote_for_share, c(0.50001) kernel(triangular) p(1) bwselect(mserd)  vce(cluster
groupid)

                 Cutoff c = .50001 | Left of c  Right of c          Number of obs =         721
                 -------------------+----------------------          BW type       =       mserd
                    Number of obs  |       541         180          Kernel        =  Triangular
                Eff. Number of obs |       192          93          VCE method    =     Cluster
                    Order est. (p) |         1           1
                    Order bias (q) |         2           2
                       BW est. (h) |     0.121       0.121
                       BW bias (b) |     0.214       0.214
                         rho (h/b) |     0.565       0.565
               Number of clusters  |       133          72

Outcome: return. Running variable: vote_for_share.
------------------------------------------------------------------------------
           Method |   Coef.     Std. Err.     z       P>|z|    [95% Conf. Interval]
------------------+-----------------------------------------------------------
     Conventional | -.05482      .02515    -2.1798    0.029    -.104105     -.005529
           Robust |    -            -      -2.0411    0.041    -.120935     -.002453
------------------------------------------------------------------------------
```

（图中标注：与偏差估计有关的参数；按一般线性回归方法估计置信区间；按偏差调整稳健置信区间）

这个结果提供了一些与估计偏差有关的参数信息。我们主要关心的是点估计结果。Robust 提供了两个结果：一个是按一般线性回归置信区间得到的结果(conventional)，另一个是按偏差调整稳健置信区间得到的结果。两个方法的点估计值是一样的，$\hat{\tau}=0.05482$；但置信区间不一样，前者是(−0.104105，−0.005529)，后者是(−0.120935，−0.002453)。两个结果都显示，点估计在 95%置信度显著不等于 0。我们的研究结论为：工会成立投票通过，将造成企业债券价格在选举后的 12 个月内下跌 5.482%，反映债权人并不希望企业有一个强大的工会。

通过这个例子，我们讲解了使用 RDD 的步骤及其原理。对结果的稳健性可以进一步从下面两个方面进行检验：

第一，在 RDD 的多项式回归中，只需要将配置变量作为自变量就足以达到估计目的。但是，我们可以考虑在多项式估计中加入其他特征变量 $\boldsymbol{Z}$ 作为自变量，具体如下：

$$\begin{aligned}Y_i=&\alpha_{l0}+\tau T+\alpha_{l1}(x_i-c)+\alpha_{l2}(x_i-c)^2+\cdots+\alpha_{lp}(x_i-c)^p\\&+(\alpha_{r1}-\alpha_{l1})T(x_i-c)+(\alpha_{r2}-\alpha_{l2})T(x_i-c)^2+\cdots\\&+(\alpha_{rp}-\alpha_{lp})T(x_i-c)^p+\boldsymbol{Z}'\boldsymbol{\beta}+e_i\end{aligned}$$

在 RDD 中,我们需要其他特征变量在断点处没有区别;如果有区别,结果变量的差异可能是由其他特征差异造成的,而非处置事件造成的。因此,加入这些特性变量的目的不应该是控制处置组和控制组的差异,而仅仅是为了降低干扰项的方差,提高估计精度。因此,加入控制变量后,系数的估计值的标准误差应该降低。如果估计值发生较大变化,那么说明其他特征变量也影响了结果变量在断点处的跳跃。

第二,进行安慰剂检验,即检验一个不应该受处置事件影响的结果变量(安慰剂变量)在断点处是否也存在断点。我们可以用前面学习的方法来检验处置组和控制组的安慰剂变量在断点处是否有显著差异;如果存在显著差异,我们就应该怀疑,前面发现的结果变量在断点处的断点可能是由其他原因造成的。

Stata RDD 命令

本章使用的 RDD 命令可以通过 Stata 的 net install 下载。具体如下:

- net install rdrobust, from(https://raw.githubusercontent.com/rdpackages/rdrobust/
- master/stata) replace net install rddensity, from(https://raw.githubusercontent.com/
- rdpackages/rddensity/master/stata) replacenet install lpdensity, from(https://sites.

google.com/site/nppackages/lpdensity/stata) replace

由于作者对这些程序会进行更新,因此旧版命令的一些选项可能会发生变化。使用旧版命令的读者可能需要根据最新版程序进行调整。

作者也提供了使用相关命令的复制数据(replication data)例子。具体链接:https://rdpackages.github.io/replication/。

参考文献

Abadie, A. and G. W. Imbens (2012). Matching on the Estimated Propensity Score. Harvard University and National Bureau of Economic Research.

Acemoglu, Daron, Simon Johnson and James A. Robinson (2001). The Colonial Origins of Comparative Development: An Empirical Investigation. *American Economic Review* 91(5): 1369 - 1401.

Angrist, J. D., Imbens G. W. and Rubin D. B. (1996). Identification of Causal Effects Using Instrumental Variables. *Journal of the American Statistical Association* 8: 328 - 336.

Angrist, J. D. and Krueger A. B. (1999). Empirical Strategies in Labor Economics. In *Handbook of Labor Economics*, Vol. 3, pp. 1277 - 1366. Amsterdam: lsevier.

Angrist, J. D. and J. S. Pischke (2009). *Mostly Harmless Econometrics: An Empiricist's Companion*. Princeton University Press.

Arellano, M. (2003). *Panel Data Econometrics*. Oxford University Press (Oxford, United Kingdom).

Bertrand, M., E. Duflo and S. Mullainathan (2004). How Much Should We Trust Differences-in-Differences Estimates? *Quarterly Journal of Economics* 119(1): 249 - 275.

Bound, J., D. A. Jaeger and R. Baker (1995). Problems with Instrumental Variables Estimation When the Correlation between the Instruments and the Endogenous Explanatory Variables is Weak. *Journal of the American Statistical Association* 90: 443 - 450.

Bound, J. and A. B. Krueger (1991). The Extent of Measurement Error in Longitudinal Earnings Data: Do Two Wrongs Make a right? *Journal of Labor Economics* 9: 1 - 24.

Bryson, A., Dorsett, R. and S. Purdon (2002). The Use of Propensity Score Matching in the Evaluation of Active Labour Market Policies. LSE Research Online Documents on Economics, London School of Economics and Political Science, LSE Library.

Cameron, A. Colin and Douglas L. Miller (2015). A Practitioner's Guide to Cluster-Robust Inference. *Journal of Human Resources*, Spring vol. 50 no.2: 317 - 372.

Campello, M., J. Gao, J. Qiu and Y. Zhang (2018). Bankruptcy and the Cost of Organized Labor: Evidence from Union Elections. *Review of Financial Studies* 31, no.3: 980 - 1013.

Caliendo, M. and S. Kopeing (2008). Some Practical Guidance for the Implementation of Propensity

Score Matching. *Journal of Economic Survey* 22 (1): 31 - 72.

Calonico, S., M. D. Cattaneo, M. H. Farrell and R. Titiunik (2017). Rdrobust: Software for Regression-discontinuity Designs. *Stata Journal* 17: 372 - 404.

Cattaneo, M. D., N. Idrobo and R. Titiunik (2019). A Practical Introduction to Regression Discontinuity Designs: Foundations. *Cambridge Elements: Quantitative and Computational Methods for Social Science*. Cambridge University Press.

Cattaneo, M. D., N. Idrobo and R. Titiunik (2020). A Practical Introduction to Regression Discontinuity Designs: Extensions. *Cambridge Elements: Quantitative and Computational Methods for Social Science*. Cambridge University Press.

Cattaneo, M. D., M. Jansson and X. Ma (2018). Manipulation Testing Based on Density Discontinuity. *Stata Journal* 18: 234 - 261.

Card, D. (2001). Estimating the Return to Schooling: Progress on Some Persistent Econometric Problems. *Econometrica* 69: 1127 - 1160.

Cattaneo, M. D. and J. C. Escanciano (2017). Regression Discontinuity Designs: Theory and Applications. *Advances in Econometrics*, volume 38. Emerald Group Publishing.

Chamberlain, G. (1986). Asymptotic Efficiency in Semiparametric Model with Censoring. *Journal of Econometrics* 32: 189 - 218.

Cochrane, W. and S. Chambers (1965). The Planning of Observational Studies of Human Populations. *Journal of the Royal Statistical Society*, Series A: 128, 234 - 266.

Cohen, J. and P. Cohen (1975). *Applied Multiple Regression/Correlation Analysis for the Behavioral*. Hillside, NJ: Lawrence Erlbaum Associates.

Davidson, R. and J. G. MacKinnon (1993). *Estimation and Inference in Econometrics*. New York: Oxford University Press.

Dehejia, R. H. and Wahba S. (1999). Causal Effects in Nonexperimental Studies: Re-evaluating the Evaluation of Training Programs. *Journal of the American Statistical Association* 94, 1053 - 1062.

Dehejia, R. H., Wahba S. (2002). Propensity Score Matching Methods for Non-experimental Causal Studies. *Review of Economics and Statistics* 84: 151 - 161.

Donner, A. (1986). A Review of Inference Procedures for the Intraclass Correlation Coefficient in the One-way Random Effects Model. *International Statistical Review* 54: 67 - 82.

Elwert, F. and C. Winship (2014). Endogenous Selection Bias: The Problem of Conditioning on a Collider Variable. *Annual Review of Sociology* 40: 1, 31 - 53.

Fisher, R. A. (1935). *Design of Experiments*. Edinburgh: Oliver & Boyd.

Frisch, R. and F. V. Waugh (1933). Partial Time Regressions as Compared with Individual Trends. *Econometrica* 1(4): 387 - 401.

Franco, A., N. Malhotra and G. Sinonovits (2014). Publication Bias in the Social Sciences:

Unlocking the File Drawer. *Science* 19：1502－1505.

Foster，G. (2009). A Diagrammatic Exposition of Regression and Instrumental Variables for the Beginning Student. *The Journal of Economic Education* 40：3，278－296.

Gleason，J. R. (1997). Computing Intraclass Correlations and Large ANOVAs. *Stata Technical Bulletin* 35：25－31. Reprinted in Stata Technical Bulletin Reprints，vol. 6，pp. 167－176. College Station，TX：Stata Press.

Gormley，T. A. and Matsa，D. A. (2014). Common Errors：How to (and Not to) Control for Unobserved Heterogeneity. *Review of Financial Studies* 27(2)：617－661.

Hahn，J.，Hausman，J. (2002). A New Specification Test for the Validity of Instrumental Variables. *Econometrica* 70：163－189.

Hahn，J.，Hausman，J. (2003). Weak Instruments：Diagnosis and Cures in Empirical Economics. *American Economic Review* 93 (2)：118－125 (May).

Hahn，J.，P. Todd and W. van der Klaauw (2001). Identification and Estimation of Treatment Effects with a Regression-discontinuity Design. *Econometrica* 69(1)：201－209.

Hausman，J. (1978). Specification Tests in Econometrics. *Econometrica* 47(6)：1251－1272.

Heckman，J. (1979). Sample Selection Bias as a Specification Error. *Econometrica* 47(1)：153－161.

Heckman，J. (2001). Microdata，Heterogeneity and the Evaluation of Public Policy. *Journal of Political Economy* 109 (4)：673－748.

Heckman J.，H. Ichimura and P. Todd (1998). Matching as an Econometric Evaluation Estimator. *Review of Economic Studies* 65，261－294.

Heckman J.，H. Ichimura，J. Smith and P. Todd (1998). Characterizing Selection Bias Using Experimental Data. *Econometrica* 66(5)：1017－1098.

Holland，P. W. (1986). Statistics and Causal Inference. *Journal of the American Statistical Association* 81：396，945－960.

Hsiao，C. (2003). *Analysis of Panel Data*. Cambridge，United Kingdom：Cambridge University Press.

Imbens，G. and T. Lemieux (2008). Regression Discontinuity Designs：A Guide to Practice. *Journal of Econometrics* 142(2)：615－635.

Ip，E. H. S. (2001). Visualizing Multiple Regression. *Journal of Statistics Education* 9(1).

Jann，B. (2005). Making Regression Tables from Stored Estimates. *The Stata Journal* 5(3)：288－308.

Jann，B. (2007). Making Regression Tables Simplified. *The Stata Journal* 7(2)：227－244.

Kennedy，P. E. (1981). The "Ballentine"：A Graphical Aid for Econometrics. *Australian Economic Papers* 20：414－416.

Kennedy，P. (2008). *A Guide to Econometrics*，6th Edition. Hoboken：Wiley-Blackwell.

Kish，L. (1965). *Survey Sampling*. New York：Wiley.

Krueger, A. (1999). Experimental Estimates of Education Production Functions, *Quarterly Journal of Economics* 114(2): 497 - 532.

Lee, D. S. (2008). Randomized Experiments from Non-random Selection in U.S. House Elections. *Journal of Econometrics* 142(2): 675 - 697.

Lee, D. S. and Lemieux, T. (2010). Regression Discontinuity Designs in Economics. *Journal of Economic Literature* 48(2): 281 - 355.

Lemmon, M. L., Roberts, M. R. and Zender, J. F. (2008). Back to the Beginning: Persistence and the Cross-Section of Corporate Capital Structure. *The Journal of Finance* 63: 1575 - 1608.

Marchenko, Y. V. (2006). Estimating Variance Components in Stata. *Stata Journal* 6: 1 - 21.

McCrary, J. (2008). Manipulation of the Running Variable in the Regression Discontinuity Design: A Density Test. *Journal of Econometrics* 142(2): 698 - 714.

Moulton, B. R. (1986). Random Group Effects and the Precision of Regression Estimates. *Journal of Econometrics* 32(3), 385 - 397.

Moulton, B. R. (1990). An Illustration of a Pitfall in Estimating the Effects of Aggregate Variables on Micro Units. *The Review of Economics and Statistics* 72: 334 - 338.

Newey, W. K. and K. D. West (1987). A Simple, Positive Semi-Definite, Heteroscedasticity and Autocorrelation Consistent Covariance Matrix. *Econometrica* 55(3): 703 - 708.

Pearl, J. (2009). *Causality: Models, Reasoning, and Inference*, 2nd ed. New York: CambridgeUniv. Press.

Pearl, J. (1995). Causal Diagrams for Empirical Research. *Biometrika* 82(4): 669 - 710.

Petersen, M. A. (2009). Estimating Standard Errors in Finance Panel Data Sets: Comparing Approaches, *Review of Financial Studies* 22(1): 435 - 480.

Robins, J. M. (2001). Data, Design, and Background Knowledge in Etiologic Inference. *Epidemiology* 11: 313 - 320.

Rosenbaum, P. R. and D. B. Rubin (1983). The Central Role of the Propensity Score in Observational Studies for Causal Effects. *Biometrika* 70: 41 - 55.

Rosenbaum, P. R. and D. B. Rubin (1985). The Bias Due to Incomplete Matching. *Biometrics* 41: 103 - 116.

Roy, A. (1951). Some Thoughts on the Distribution of Earnings. *Oxford Economic Papers* 3: 135 - 146.

Rubin, D. B. and Thomas N. (1996). Matching Using Estimated Propensity Scores, Relating Theory to Practice. *Biometrics* 52: 249 - 264.

Shahar, E. and D. J. Shahar (2010). Causal Diagrams, Information Bias, and Thought Bias. *Pragmatic and Observational Research* 1: 33 - 47.

Stock, J. H. and M. Yogo (2005). Test for Weak Instruments in Linear IV Regression. In *Identification and Inference for Econometric Models: Essays in Honor of Thomas J.*

Rothenberg, ed. Donald W. Andrews and James H. Stock. Cambridge: Cambridge University Press.

Stock, J. H., J. H. Wright and M. Yogo (2002). A Survey of Weak Instruments and Weak Identification in Generalized Method of Moments. *Journal of Business and Economic Statistics* 20: 518 - 529.

White, H. and K. Chalak (2009). Settable Systems: An Extension of Pearl's Causal Model with Optimization, Equilibrium, and Learning. *Journal of Machine Learning Research* 10: 1759 - 1799.

William, G. (1981). Sample Selection Bias as a Specification Error: Comment. *Econometrica* 49(3): 795 - 798.

William, G. (2000). *Econometric Analysis*. Upper Saddle River. N.J: Prentice Hall.

Winer, B. J., D. R. Brown and K. M. Michels (1991). *Statistical Principles in Experimental Design*, 3rd ed. New York: McGraw-Hill.

Wooldridge, J. M. (2002). *Econometric Analysis of Cross Section and Panel data*. Cambridge, Massachusetts: The MIT Press.